ONTDEK

D1720677

IJsland

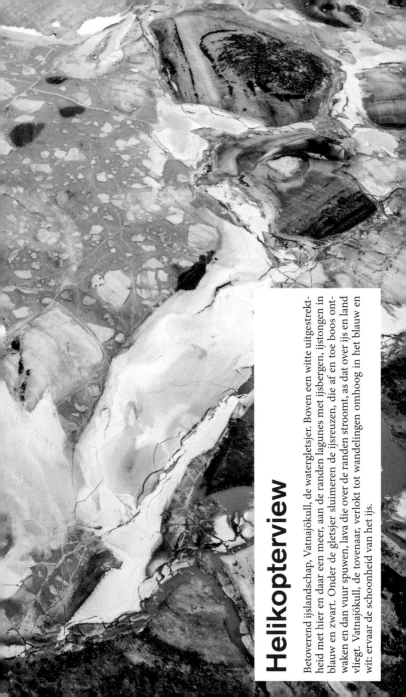

Helikopterview

Betoverend ijslandschap, Vatnajökull, de watergletsjer. Boven een witte uitgestrektheid met hier en daar een meer, aan de randen lagunes met ijsbergen, ijstongen in blauw en zwart. Onder de gletsjer sluimeren de ijsreuzen, die af en toe boos ontwaken en dan vuur spuwen, lava die over de randen stroomt, as dat over ijs en land vliegt. Vatnajökull, de tovenaar, verlokt tot wandelingen omhoog in het blauw en wit: ervaar de schoonheid van het ijs.

In vogelvlucht

Boomstammen uit

Paardrijden in 5 gangen

Hólar •

• Sauðárkr

Grettir was de sterkste

Eiríksstaðir •

Fumarolen

Kerlingarfjöll •

Wachten op de uitbraak

Geysir •

Þingvellir •

Rechter en beul

Reykjavík •

Hella •

Hveragerði •

Hekla •

Þórsmč •

Hornstrandir •

• Bolungarvik

15.000 ton vis per jaar

Eenzaam

Overal krijsende vogels

Nevel

Thuis van een Viking

• Bíldudalur

Fjord met waterval

Het ene na het andere scheepswrak

'Daal af in de krater van de Snæfellsjökull, …, vermetele wandelaar, en je zult het middelpunt van de aarde bereiken'

• Snæfellsjökull

Hier woont bijna iedereen

Helleport

Fasten your seatbelts Keflavík •

Blue Lagoon •

Enorme badkuip

Tomaten-paradijs

Met een eilandbier

Droomple

• Heymaey   Vik

Witte schuimkoppen van Atlantische golve rollen over zwarte stranden

IJsland — het vulkanische eiland in het hoge noorden. Vlieg er van west naar oost en van noord naar zuid overheen. Veel lava, veel ijs, veel actieve vakantie!

Siberië

Melrakkaslétta

De poolvos wenst je goedenacht

Kleine maar fijne stad van kunstenaars en studenten

Donderend monster

Akureyri

Dettifoss

Elfen

Mývatn

Bakkagerði

Hoor, wat piept daar toch?

Seyðisfjörður

Veerboot uit Denemarken

Ódáðahraun

Droge lava-woestenij

Sprengisandur

Hallormsstaður

Reyðarfjörður

Fascinerende ijsgrotten

Kverkjöll

Vuur

Wauw – een bos!

Tanken, een worstje eten en weer verder over de Ringweg

Vatnajökull

Höfn

Aluminium

Skaftafell

ijs

Er dwars doorheen

Gletsjer-wandeling

Kirkjubæjarklaustur

Eerst Ierse monniken, toen Noormannen

Van hot naar her

Wonderland — kliffen en hoogland, gletsjers en vulkanen, middernachtzon en noorderlicht. In IJsland is niet zomaar één landschap te bewonderen, te beleven en te ontdekken.

Het legendarische eiland

Hoog in het noorden ligt het omstuwde eiland, waarvan ontdekkingsreizigers geloofden dat het ging om het legendarische Ultima Thule. Atlantische golven knagen aan de kust tussen Vík í Mýrdal en Skógar, witte golfkammen rollen over zwarte lavastranden en de wind blaast fris in je gezicht. Hier kun je genieten van de ruimte en de eenzaamheid, luisteren naar het meerstemmige koor van zeevogels. Stenen en rotsen herbergen verhalen die net zo verbazingwekkend zijn als het hele eiland.

Blauw, wit, zwart

Bij de gletsjerlagune Jökulsárlón doet IJsland zijn naam alle eer aan. Hier drijven ijsbergen in alle tinten blauw, wit en zwart rond en daarachter verheft zich de hoge gletsjer Vatnajökull. Een ideaal filmdecor – zie James Bond (*Die Another Day*) en *Game of Thrones*. Op het meer zwemmen eenden, af en toe kijkt een nieuwsgierige zeehond op uit het water.

De beroemde haringplek

Ingebed tussen steile bergen ver in het noorden ligt Siglufjörður. Ooit de rijkste haringstad van het land, nu een beroemde misdaadlocatie die rijk is aan charme.

Een berg, nee, dé berg, Herðubreið, midden in het hoogland. De tafelberg is van een perfecte schoonheid en aan zijn voeten ligt de meest onrendabele lavawoestenij van IJsland. Als je hier wandelt of gewoon op de lava gaat zitten, kun je de stilte horen. Een ongewone ervaring. Een goede plek om eens na te denken over het leven van de vroegere outlaws, en ook over dat van jezelf.

Kijk uit voor de Yule Lads! De dertien grove kerels zijn uit op kattenkwaad.

IJsland van binnenuit

Klim naar beneden in een van de vele lavagrotten, groot en zeer diep, soms over zeer steile trappen. Hier ben je zo dicht bij het middelpunt van de aarde dat je zou kunnen denken dat je een held bent uit de gelijknamige roman van Jules Verne. Fascinerende kleuren en vormen zullen je verrassen in deze onderwereld. Als je het liever kouder hebt, ga dan naar binnen in een gletsjer of duik tussen twee continentale platen in het Þingvallavatn-meer. Wil je de kracht van het water ervaren, stap dan op een raft of onderneem een kajaktocht over een gletsjerlagune met uitzicht op de Vatnajökull. Het maakt niet uit wat of hoe, elke ervaring brengt je dichter bij IJsland.

De microbrouwerijen in IJsland zijn er trots op alleen het allerbeste water te gebruiken. Sommigen zweren bij gletsjerwater, anderen bij bergwater. Maakt niet uit – de verschillende soorten bier zijn beslist elke slok waard.

En zo op het bord ...

Aan de haven in Reykjavík kun je de vangst van de dag zien, die de koks omtoveren tot uitstekende gerechten. Veel havensteden hebben hun speciale restaurant. Salthúsið in Grindavík, serveert bijvoorbeeld uitstekende gezouten vis. Wat ooit een gerecht voor eenvoudige mensen was, is nu een culinair hoogstandje. De eenvoudige visstoofpot Plokkfiskur, gemaakt van aardappelpuree, uien en vis, is een lifestylegerecht geworden. Zelfs de populaire caloriebom broodje krab met mayonaise wordt nog steeds geserveerd, hoewel de trend is om meer salade en groenten uit de eigen kassen te gebruiken. Veel restaurants maken reclame voor hun regionale specialiteiten, het is de moeite waard ze allemaal te gaan proeven!

Menige vissersboot in IJsland is nog van hout. Voor een revisie worden de boten aan wal gebracht

Inhoud

Ter plekke

Reykjavík en naburige steden 14

Reykjanes en de Gouden Cirkel 48

Het zuidwesten 74

Het zuidoosten 100

Het oosten 120

Het noorden 148

De westelijke fjorden 180

Het westen 198

De kleine lettertjes

Het hoogland 220

Het magazine

Ter

plekke

In heel IJsland is er in bijna elke stad een zwembad met zwemwater op een perfecte temperatuur, zoals hier in Lýsuhólslaug op het schiereiland Snæfellsnes

Reykjavík en naburige steden

De kleine metropool — hier bruist het leven en is alles begonnen. Het ideale startpunt van je reis.

Reykjavík ⭐

Reykjavík is een jonge stad, en dus is er groei en probeert men dingen uit. Nieuwe gebouwen, restaurants, pubs, designwinkels, bouwplaatsen en oases als tuinen en binnenplaatsjes.

De valk, heraldisch dier en in de 18e eeuw grote handelswaar.

Austurvöllur

De plek waar de inwoners van Reykjavík en het hele eiland graag zijn – Austurvöllur. Op het terras van het café kun je met een kop koffie uitkijken over de plek in het hart van de stad en kijken naar de mensen die zich in de zomer op het grasveld vermaken.

Kolaportið

Al jaren een instituut: de vlooienmarkt in het douanehuis – trefpunt voor vreemde types en aanbiedingen.

Harpa

De concertzaal is een opvallend gebouw aan de haven. De glazen gevel schittert in vele kleuren in de zon.

Hallgrímskirkja

De witte kerk is het symbool van de stad, van verre zichtbaar met een verlicht kruis op de torenspits.

Erin duiken

blz. 29
Perlan

De futuristisch ogende glazen koepel rust als een glinsterende parel op zes warmwatertanks. Binnen kun je door een ijsgrot lopen in de tentoonstelling over de wonderen van IJsland.

blz. 30
Nauthólsvík

In de badplaats met goudkleurig zand en warm water dat in zee stroomt, krijg je het Mallorca-gevoel.

blz. 32
Fietstocht langs de kust

Een tocht met zicht op weidse verten en besloten hoekjes, waarbij je de stad beleeft in musea, wijken, cafés, stranden en vooral in prachtige vergezichten. Reykjavík is de ideale fietsstad, want het is overal vlak.

blz. 47
De zoete verlokking

Chocolade uit IJsland heeft een lange traditie, maar is pas echt hip sinds 2013, toen de repen van OmNom op de markt kwamen. Originele verpakkingen en fantasierijke creaties vormen het succesvolle concept. Let op de wolf.

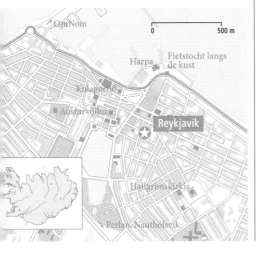

De hoge zitzuilen van Ingólfur ondersteunen de stad, in het wapen tenminste.

Reykjavík aan de Reykjavíkers: dat is de wens van veel inwoners in de zomer, wanneer de stad volloopt met toeristen.

beleven

Koel en regenachtig, populair en volgeboekt

Waar begint en eindigt Reykjavík? Als je per schip van zee komt, arriveer je in het centrum. Als je per bus of auto naar de IJslandse hoofdstad reist, kom je door een schijnbaar eindeloze zee van huizen, die de bouwsector momenteel nog verder uitbreidt: bouwkranen en omleidingen op vele plaatsen. Nou ja, Reykjavík is een jonge stad, dus die rekt en strekt zich nog.

Het best kun je gaan zitten in een café bij Austurvöllur (zie blz. 20), dan ben je midden in het historische gedeelte. Aan dit plein staan belangrijke gebouwen zoals het parlement en de kathedraal. Als je op zoek bent naar iets historisch in Reykjavík, zul je teleurgesteld worden. Het oudste huis uit 1786 lijkt meer op een schuurtje, en je bent er net zo snel weer uit als in. Maar als je op zoek bent naar iets verrassends, dan vind je dat in Reykjavík. Verlaat de hoofdstraten, dwaal door kleine straatjes of kijk op binnenplaatsjes. Wandel door de Fischersund (zie blz. 22) en slenter door de Godenwijk (zie blz. 26) met de kleurige huizen.

De hoofdstad telt zo'n 120.000 inwoners en vormt met de naburige steden Hafnarfjörður, Kópavogur, Garðabær en Seltjarnarnes een grootstedelijk gebied

waar ongeveer 65% van de IJslandse bevolking woont. Reykjavík is zonder meer het toeristische bolwerk, een centrum van kunst en kunstenaars – en voor de inwoners natuurlijk het centrum van het land.

TER ORIËNTATIE

Service Center: in het stadhuis, Tjarnagata 11, tel. 411 60 40, visitreykjavik.is, dag. 8-20 uur.
Service Center: op de camping, Sundlaugarvegur 34, tel. 568 69 44, reykjavikcampsite.is, het hele jaar geopend, mei/sept.-apr. receptie onregelmatig bezet.
What's on toeristeninfo: Laugavegur 5, Tryggvagata 11, tel. 551 36 00, whatson.is, dag. 9-21 uur.
reykjavik.is: informatie over de stedelijke voorzieningen (in het Engels).
visitreykjavík.is: alle informatie die je als toerist nodig hebt.
grapevine.is: informatie over cultuur, politiek, winkelen en dergelijke in Reykjavík.
Auto: spitsuur in de namiddag; in de binnenstad alleen betaald parkeren.
Bus: de luchthavenbus van Keflavík rijdt naar het centrale busstation en Reykjavíks binnenlandse luchthaven.

Reykjavík ♥ C6

Kaart 2, Groot-Reykjavík

De 'stichtingsstad' Reykjavík strekte zich uit van de Tjörninvijver tot de haven 500 m verderop, waar nu de opvallende Harpa staat. Niets is hier echt oud, als je Europese maatstaven hanteert. Sterker nog: de meeste 'oude' gevels zijn van de moderne tijd; de buitenkant is nep, de binnenkant is van beton. Er is geen oudstedelijke flair, maar deze vreemde stedelijke mengelmoes is net als Reykjavík: een beetje geïmproviseerd, een beetje hip en een beetje snel, snel, snel.

Het historische centrum

Bedrijvigheid van groot en klein
Rumoer en drukte vind je vooral aan de noordoever van de stadsvijver **Tjörnin ❶**. Talloze kinderen voeren toast aan honderden eenden; geklets en gelach vullen het plein. Meer dan veertig verschillende vogelsoorten, waaronder eenden, kortbekganzen, zwanen en diverse soorten meeuwen, verzamelen zich hier. Vroeger stonden er boerderijen aan de zuidoever, tegenwoordig zijn er parken en wandelpaden rond de grote vijver. Het deel van het park ten zuiden van Skothúsvegur heet Hljómskálagarður en is vernoemd naar de achthoekige muziektent bij de ingang van het park.

Direct vanaf de krijsende meeuwen leidt een plankier over de vijver naar het **Stadhuis ❷**, langs het beeld van de 'Onbekende bureaucraat'. De twee gebouwen van het stadhuis, met hun opvallende betonnen boogdaken, verrijzen uit het water. Deze aanblik is bedrieglijk: ze rusten op een kunstmatig eiland dat aan de rand van het meer is aangelegd; een andere plek was voor het complex niet te vinden in het dichtbebouwde historische centrum. Vanwege deze kostbare onderneming wordt het stadhuis, ontworpen door de architecten Margrét Harðardóttir en Steve Christer en klaar voor ingebruikname in 1992, beschouwd als een prestigeobject van de toenmalige burgemeester en latere premier Davið Oddson. In de foyer zie je een grote reliëfkaart van IJsland en modellen van de huidige bouwprojecten in de stad.

De inwoners van Reykjavík waren destijds niet blij met het ontwerp, ze waren meer voorstander van houten panden zoals **Iðnó ❸** (Vonarstræti 3, idno.is). Het prachtig gerestaureerde houten gebouw aan het 'Eendenplein' werd in 1897 gebouwd als gemeenschapscentrum voor de vereniging van ambachtslieden en diende tot 1989 als locatie voor de toen opgerichte Reykjavík Theatre Community. Nu is het

Kop van beton? Wie naar het beeld van Magnús Tómasson kijkt, moet onwillekeurig om ambtenaren lachen

Reykjavík

Bekijken

1. Tjörnin
2. Stadhuis
3. Iðnó
4. Austurvöllur
5. Alþingishúsið
6. Dómkirkjan
7. Hótel Borg
8. Aðalstræti
9. Valkenhuis
10. Fischersund
11. Ingólfstorg
12. Lækjartorg
13. Harpa
14. Arnarhóll
15. Stjórnarráðshúsið
16. Icelandic Art Centre
17. Menntaskólinn
18. Hallgrímskirkja
19. Nationaal Theater
20. Tuin van de republiek
21. Perlan
22. Hoofdgebouw universiteit
23. Noordse Huis
24. Whales of Iceland
25. Aurora Reykjavík
26. *Partnerschap* en *Zonnereis*
27. Höfði
28. Laugardalshöll
29. Botanische tuin
30. Dierentuin
31. Viðey
32. Árbæjarsafn
33. Nationale Galerie
34. '871 +/-2'
35. Hafnarhús
36. Einar Jónsson Museum
37. Fallusmuseum
38. Cultuurhuis
39. Nationaal Museum
40. Ásmundur Sveinsson Museum
41. Víkin Scheepvaart- en Visserijmuseum
42. Living Art Museum

Slapen

1. Hótel Borg
2. Oddsson
3. Butterfly Guesthouse
4. Flóki by Guesthouse Reykjavík

Eten

1. The Reykjavík Food Walk
2. Perlan Restaurant
3. Café Loki
4. Hlemmur Mathöll
5. Múlakaffi
6. Cat Café (Kattakaffihusid)
7. Valdís

Shoppen

1. Farmers Market
2. 12 Tónar
3. The Handknitting Association of Iceland
4. Kolaportið

Actief

1. Stadsbibliotheek
2. PADI Dive Center
3. Whale Watching Center
4. Borgarhjól
5. Reykjavík Bike Tours
6. Nauthólsvík
7. Laugardalslaug

Uitgaan

1. The Irishman Pub
2. Kaffibarinn
3. Kaffi Sólon
4. Kiki Queer Bar
5. The Downtown Bar

---

de plek voor theater en muziekuitvoeringen, een café en restaurant nodigen uit om een hapje te eten. Wat fijn wonen vroeger in IJsland betekende is te zien rond de Tjörnin, want hier vestigden zich de rijke Reykjavíkers: ambtenaren, hoogopgeleide burgers en rijke kooplieden. De huizen langs **Tjarnargata** zijn privébezit, andere huisvesten gemeentelijke voorzieningen.

Wij zijn het volk!

Van de vijver gaan we naar de plaats van activiteiten voor Reykjavík en IJslanders, de **Austurvöllur** 4. Sinds de 'potten- en pannendemonstratie' in 2008-2009 is het plein een begrip voor iedere bezoeker. Het was hier toen kleurrijk, luidruchtig en militant; er sneuvelden ook enkele auto's aan de rand. De burgers schreeuw-

RUST NIET IN VREDE? **R**

Hólavallagarður is een prachtige begraafplaats aan de andere kant van Suðurgata op de oostoever van de Tjörnin. In het midden staat de grafsteen van Jón Sigurðsson, de 19e-eeuwse strijder voor de onafhankelijkheid van IJsland. Fans van misdaadromans herinneren zich misschien Arnaldur Indriðasons *Grafteken*. Dit boek begint met de ontdekking van een naakt lijk op het graf van de vrijheidsstrijder.

den luidkeels tegen het stilzwijgen van de politici over de financiële crisis.

Vanaf de noordzijde kun je het plein goed overzien. Je kunt onder het genot van een kopje koffie of thee naar mensen kijken vanaf de terrassen van de cafés. In het midden van het plein, omgeven door gazons en bloemen, staat een standbeeld van de beeldhouwer Einar Jónsson dat de IJslandse strijder voor onafhankelijkheid in de 19e eeuw uitbeeldt: Jón Sigurðsson. Zijn geboortedag 17 juni is de feestdag van IJsland, dan zijn er volop festiviteiten en gesprekken voor zijn standbeeld. In de zomer zijn de groene zones populaire locaties om te picknicken en van de zon te genieten.

Aan de zuidkant van het plein staat het grijze basaltgebouw **Alþingishúsið** ❺, de zetel van het IJslandse parlement. Het relatief kleine gebouw uit 1880-1881 heeft een balkon vanwaar ministers het volk konden toespreken. Het was een van de eerste stenen gebouwen van twee verdiepingen in de stad, ontworpen door de Deense architect Ferdinand Mehdal. In 1908 werd de koepel aan de tuinzijde toegevoegd, en in 2001 kwam er een nieuwe vleugel bij, waar nu de hoofdingang is (bezichtiging na aanmelding: heimsoknir@althingi.is, tel. 563 05 00).

Iets achteraf aan de oostkant van het plein staat de oudste en belangrijkste kerk van de stad: **Dómkirkjan** ❻ (dom kirkjan.is, dag. 10-14 uur), een dwerg naast zijn buren. Dom is de naam van het kerkje, dat in 1788 ook door architect Mehdal werd ontworpen. Elk jaar begint de opening van het parlement hier met een gezamenlijke dienst. Voor belangrijke, rijke en beroemde mensen zijn er doop-, huwelijks- en begrafenisplechtigheden. Schuin tegenover staat het eerbiedwaardige **Hótel Borg** ❼, in 1925 ontworpen door Guðjón Samúelsson. Opdrachtgever was de *glíma*-worstelaar Jóhannes Jósefsson, die in Amerika rijk was geworden als worstelaar en performer (zie blz. 279).

Meer dan 1000 jaar terug

Daal af naar de fundering van een 'langhuis' in de tentoonstelling '**871 +/-2**' ❸❹ (zie blz. 35). De ingang bevindt zich in de **Aðalstræti** ❽, de oude hoofdstraat van Reykjavík. Behalve de naam, *aðal* betekent 'hoofd', herinnert niets aan vroeger: auto's hobbelen over het plaveisel dat dateert uit de 20e eeuw. Ten tijde van de stichting van de stad (1786) lag hier alleen aangestampte aarde – een modderpad als het regende. Het plein aan de overkant, met het standbeeld van Skúli Magnússon, was ooit een begraafplaats. Magnússon (1711-1794) begon met de eerste IJslandse wolfabriek op Aðalstræti nr. 10, waarmee de basis werd gelegd voor de opkomst van Reykjavík als handelscentrum. Dit gebouw – een groot woord voor een klein huisje – staat er zelfs nog. Tegenwoordig is het net als 230 jaar geleden donker geschilderd en zijn er tentoonstellingen over het oude Reykjavík te zien. Hiermee heb je de oudste bouwwerken van de stad gezien, want alle andere gebouwen stammen uit een latere tijd of zijn alleen maar replica's, zoals het **Valkenhuis** ❾ (Fálkahús) op de hoek van Aðalstræti en

Hafnarstræti. In de 18e en de 19e eeuw werden hier IJslandse valken gehouden voordat ze door een ondergrondse gang rechtstreeks naar de haven werden gebracht om naar Denemarken te worden verscheept. Wil je de klok een tikje verder terugdraaien? De **Fischersund** ❿ is een smal straatje met lage huizen die dicht tegen elkaar zijn gebouwd, en is relatief steil. Stel je nu voor dat het straatje vies en onverhard is en naar vis stinkt – en je bent teruggereisd in de tijd. Dit wat lichtschuwe straatje had verschillende bestemmingen: een tijdlang herbergde het de officieel niet bestaande bordelen. Tegenwoordig is de Fischersund netjes en verzorgd.

Stadsplanning vandaag de dag

De Austurstræti begint bij de **Ingólfstorg** ⓫, een plein dat zo vreemd is ontworpen dat het daardoor juist interessant is. Via een stenen boogpoort loop je een helling af naar het lagergelegen niveau van het plein en ga je rechtstreeks naar twee basaltzuilen. Aan de pilaren zijn metalen pijpen bevestigd, waaruit oorspronkelijk stoom kwam – deze pijpen en ook de 'poort' zijn bedoeld ter nagedachtenis aan de eerste bewoner Ingólfur Arnarson. Deze Ingólfur was oorspronkelijk ook verantwoordelijk voor de naam Reykjavík, letterlijk namelijk 'rook- of stoombaai' (zie blz. 36). Ingólfstorg is populair bij jonge skaters, en is verder ideaal als

een ontmoetingsplaats, met een ijs- en hotdogkraam.

Parallel aan de Austurstræti lopen de Hafnarstræti en de Tryggvagata naar het voormalige marktplein **Lækjartorg** ⓬, waar nu een busstation gevestigd is. In Austurstræti staan nog enkele houten gebouwen uit de 19e eeuw, maar de meeste moesten wijken voor nieuwbouw of vielen ten prooi aan brand. Een van de eerste gebouwen die zijn ontworpen door de staatsarchitect Guðjón Samúelsson is het hoekhuis met een torentje uit 1916 op **Austurstræti 16**. Het werd gebouwd voor de firma Nathan & Olsen en was destijds het grootste gebouw van het land. In 1928-1930 werd de begane grond in gebruik genomen door een door Samúelsson ontworpen apotheek, waarvan de toonbank nog te zien is in de bar die zich er nu heeft gevestigd. Een ander gebouw van Samúelsson zie je op nr. 11, de **Landsbankinn**.

In de Tryggvagata is het **Hafnarhús** ㉟ (zie blz. 35) interessant. Dit voormalige pakhuis herbergt een prachtige collectie werken van de IJslandse kunstenaar Erró. Voor de rest zie je in de straat het douanegebouw, het belastingkantoor, een hotel en het recentste nieuwbouwcomplex – een mix van hotel, woningen en winkels. Deze combinatie krijgt momenteel op verschillende plaatsen in de stad vorm. In het voormalige douanehuis trekt in het weekend de **Kolaportið** ❹, de zeer originele vlooienmarkt, veel be-

---

FACTCHECK REYKJAVÍK **F**

Aantal inwoners: Groot-Reykjavík 252.390, Reykjavík 142.740
Belang: hoofdstad
Eerste indruk: kleine stad die zich als metropool voordoet
Tweede indruk: levendig, chaotisch, voortdurend in verandering
Bijzonderheden: stadsbestuur, regering, bisschopszetel, universiteit en hogescholen, de meeste culturele instellingen van het land, kortom: het middelpunt van het land

In de binnenstad vind je veel van de kleurrijke houten huizen die
Reykjavík zo bezienswaardig maken. Omwegen door de zijstraten zijn
zeker de moeite waard

zoekers. Hier kun je allerlei ongewone dingen vinden. De enige rommelmarkt van Reykjavík is een instituut en de kraampjes met IJslands eten zijn bijzonder: aardappelen, zeekoeteieren, vis, enzovoort. Echt een belevenis! In het douanehuis vind je bovendien nog een café (Tryggvagata 19, za., zo. 11-17 uur).

De glazen dobbelstenen van reusachtige demonen

Het grote concert- en congrescentrum **Harpa** ⓭ is het opvallendste gebouw aan de haven. De glazen gevel glinstert in vele kleuren in de zon en weerspiegelt de zee en de schepen. 's Nachts verlichten duizenden gekleurde leds de honingraatvormige ramen, en bij speciale concerten flikkeren ze als een lichtorgel op de muziek. Het fraaie bouwwerk dreigde bijna de grootste bouwval van het land te worden, omdat de bouw bijna een jaar

stil kwam te liggen vanwege de financiële crisis van 2008. Maar sinds 2011 domineert het congres- en concertgebouw de haven.

Harpa betekent harp, en dat is wel een passende naam voor de thuisbasis van het IJslands symfonieorkest, waarvan de klanken nu goed tot hun recht komen dankzij de uitstekende akoestiek. De IJslandse Opera heeft ook eindelijk zijn voorheen beperkte thuisbasis kunnen verlaten en beschikt nu over de modernste podiumtechnologie voor zijn producties. De ontwerpers van de twee in elkaar grijpende bouwkubussen zijn de Deense architectengroep Henning Larsen en het IJslandse architectenbureau Batterið. Beide zijn al onderscheiden voor eerdere werken. De Deens-IJslandse kunstenaar Ólafur Elíasson, internationaal bekend om zijn lichtinstallaties, is verantwoordelijk voor

De zonnestralen, die vele malen worden gebroken door het glas met kleureffect in de ramen van Harpa, veranderen het trappenhuis van de concertzaal in een lichtinstallatie waar je doorheen kunt lopen

de duizelingwekkende lichteffecten. Ook de trap is een belevenis. Loop de witte treden op en kijk omhoog naar de ramen: het licht vermenigvuldigt zich en er gaat een magische wereld open. In de toekomst krijgen de glazen kubussen een buurman – een hotel natuurlijk.

Austurbakki 2, harpa.is, rondleiding ISK1500, zie website voor data

Politiek en onderwijs

Daar staat hij nu, dapper uitkijkend over de zee van huizen aan zijn voeten, Ingólfur Arnarson, die we al kennen van de Ingólftorg (zie blz. 22). Ook de **Arnarhóll** ⓮ staat in het teken van deze eerste inwoner van Reykjavík. Het 4 m hoge bronzen beeld toont de koene Viking zoals de beeldhouwer Einar Jónsson zich hem in 1907 voorstelde. Waar is het vrije uitzicht op de zee, lijkt hij zich af te vragen. De talrijke bezoekers om hem heen ontspannen zich met een picknick of vinken de bezichtiging van deze grote held van IJsland af.

Belangrijke figuren uit de huidige geschiedenis van het land lopen in en uit het nabijgelegen **Regeringshuis** ⓯ (Stjórnarráðshúsið). De president en de premier regeren samen in het kleine gebouw, dat oorspronkelijk was bedoeld als gevangenis. In 1815 kreeg het een nieuwe functie als de officiële residentie van de Deense landvoogd. Tijdens de financiële crisis van 2008 had men het eenvoudig zijn oude functie kunnen teruggeven, en dat zou terecht zijn geweest … Voor het gebouw staan twee standbeelden: van de Deense koning Christiaan IX, die de eerste grondwet van IJsland in zijn hand houdt, en Hannes Hafstein, die in 1904 de eerste premier van het land werd.

Het grootste aaneengesloten historische ensemble van gebouwen in Reykjavík staat tussen Bankastræti en Amtmannsstigur en valt sinds 1979 onder de monumentenzorg. De houten huizen werden gebouwd tussen 1834 en 1905. Naast restaurants, souvenirwinkels en het toeristenbureau vind je hier ook het **Icelandic Art Centre** ⑯ in Gimli (Lækjargata 3, icelandicartcenter.is). Het opvallende witte huis met een toren werd in 1904 gebouwd van beton. Bijzonder aan de architectuur is het betonnen dak, dat hier voor het eerst werd toegepast.

Alle 'belangrijke' IJslanders gingen ooit naar de school hiernaast: het **Menntaskólinn í Reykjavík** ⑰ is het oudste gymnasium van het land. De geschiedenis ervan gaat terug tot de Latijnse school in de bisschopszetel van Skálholt in de 11e eeuw (zie blz. 72). Dat het een plaats van kennis is, blijkt uit het beeld van Pallas Athena. Ernaast staat het beeldhouwwerk *Het gezicht van de zon* van Ásmundur Sveinsson.

Kunst in het koelhuis

Een gezellige wandeling over de Fríkjuvegur langs de oever van het Tjörnin brengt je naar de **Nationale Galerie** ㉝ (blz. 35) in een interessant bouwwerk dat in 1916 als koelhuis werd gebouwd. In de zalen van het museum zijn veel werken van IJslandse kunstenaars uit de 19e en de 20e eeuw te zien, terwijl in wisselende exposities ook werk van internationale kunstenaars wordt gepresenteerd.

Het alternatieve centrum – 101 Reykjavík

Nadat je een tijdje kalm aan hebt gedaan, wil je vast weten waar het bruist in Reykjavík, de stad die nooit slaapt. Het nummer 101 is eigenlijk de postcode van het centrum van Reykjavík, maar sinds de gelijknamige roman van Hallgrímur Helgason en de verfilming daarvan staat dit deel van de stad synoniem aan uitgaan. Het gaat hierbij om de Laugavegur en zijn zijstraten.

De centrale straat van Reykjavík

Kroegen, bars, restaurants, tussendoor hotels, hostels, souvenirwinkels: kortom, alles wat de toerist wenst. Tot een paar jaar geleden was de **Laugavegur** de belangrijkste winkelstraat met de meest IJslandse designwinkels, kunstgaleries, natuurlijk ook cafés en restaurants, bars en discotheken, een straat met flair. Van de oude gevestigde winkels zijn er nog maar een paar over, maar gelukkig zijn ze er nog. De inwoners van Reykjavík winkelen nauwelijks meer in deze straat, omdat deze te duur, te rumoerig, te toeristisch zou zijn. Wat hebben zij ook te zoeken bij de talloze souvenirwinkels en reisbureaus? In de zomer zie je hier bijna alleen maar toeristen.

Straten die de moeite waard zijn

Maar maak je geen zorgen, er zijn nog steeds interessante designwinkels in Reykjavík. Wandel maar eens door de zijstraten van Laugavegur en slenter door de **Skólavörðustígur**, de **Hverfisgata** en de **Bankastræti**. De Skólavörðustígur is

---

EXCLUSIEF OF ALLEEN MAAR POPULAIR?

'Ervaar de noordelijkste – en coolste – hoofdstad van de wereld en wandel door de luxe winkelboulevard Laugavegur', zo wordt deze straat in Reykjavík aangeprezen. Helaas zie je in de zomer in de Laugavegur bijna alleen nog maar toeristen. Daarmee gaat het originele karakter van deze winkelstraat verloren.

ONTDEKKINGSREIS
Nader tot de hemel

Wandeling met bezichtiging van de Hallgrímskirkja

Bij de Skóla-
vörðuholt
strekt zich de
'Godenwijk' uit.
Vijftien straten dra-
gen hier de namen
van goden uit de
Noordse mytho-
logie, zoals Odin,
Thor en Freya.
Wandel door de
straatjes, neem
een kijkje op de
binnenplaatsjes,
ga door de boog-
poorten en bewon-
der de bloeiende
tuintjes. Reykjavík
is een groene,
boomrijke stad.

Als je de straat **Skólavörðustígur** inloopt, krijg je opeens
een fantastisch beeld voor ogen. Aan het eind van de
omhooglopende straat verheft zich de lichte toren van
de **Hallgrímskirkja** ⓲ met zijn gebogen zijvleugels alsof
ze je willen omarmen. De architect Guðjón Samúelsson
(1887-1950) had nauwelijks een ingenieuzere plek kunnen vinden voor zijn meesterwerk. De Hallgrímskirkja
is genoemd naar de geestelijke Hallgrímur Pétursson
(1614-1674), van wie de passieliederen ook buiten de
grenzen van IJsland bekend zijn.

Een eerste benadering

De Skólavörðustígur is de mooiste route die je naar de
kerk kunt nemen, niet in de laatste plaats omdat de weg
wordt bedekt door een regenboog. De wandeling wordt
bijna feeëriek als de straatverlichting brandt. In december
komt er nog de feestelijke kerstverlichting bij als je naar
de verlichte kerk loopt. Talrijke winkels langs de straat
verleiden tot kijken en kopen, en de smalle zijstraatjes
maken deel uit van de zogenaamde Godenwijk (zie
links). Hier staan de kleine, kleurrijke huisjes, die ooit
voornamelijk waren gebouwd van hout en waren afgedekt met golfplaten. Ze hebben lang het beeld gevormd
van het rustige Reykjavík. Het
plein rond de Hallgrímskirkja
is heel anders ontworpen.
Voor de hoofdingang staat
een **standbeeld van Leifur
Eiríksson**, de ontdekker van
de Nieuwe Wereld – zo'n 500
jaar eerder dan Columbus.
Het beeld van Stirling Calder
was een geschenk van de Verenigde Staten ter gelegenheid
van het duizendjarig bestaan
van de Althing in 1930. Leifur

Info

Begin:
Skólavörðustigur/
hoek Laugavegur

Duur:
circa 30 min. plus
bezichtigingstijd

Info:
Skólavörðuholt, hall
grimskirkja.is, kerk en
toren dag. 10-17, mei-
sept. 9-21 uur, laatste
entree toren halfuur
voor sluitingstijd,
torenklim ISK1400

Orgelconcerten:
in de zomer regel-
matig, in elk even
jaar internationale
festivals, zie website

staat op een sokkel die lijkt op de boeg van een schip. Niet alleen was hij de eerste die voet zette op Canadese bodem, hij bracht het christendom naar Groenland. Het grote open plein benadrukt het gevoel van uitgestrektheid.

Bedenker van de architectuur

De bouwer van de Hallgrímskirkja, Guðjón Samúelsson (1887-1950), was de eerste volledig opgeleide architect van IJsland. Na een studie in Kopenhagen keerde hij in 1915 terug naar zijn vaderland en werd daar in 1919 benoemd tot rijksbouwmeester. Vanaf het begin was beton zijn favoriete bouwmateriaal. Na een grote brand in het centrum van Reykjavík in 1915 werd de bouw van houten gebouwen in steden vrijwel bij wet verboden. Samúelsson ontwierp talrijke, meestal zeer representatieve gebouwen voor Reykjavík en in het hele land. Vele zijn bepalend voor het stadsbeeld, zoals de katholieke kerk Landakotskirkja, de eerste kerk die werd gebouwd van gewapend beton. Ook hele woonwijken en rijtjeshuizen in het westen van Reykjavík zijn terug te voeren op zijn ontwerpen.

De bekroning van een stadsheuvel

Samúelsson had al in 1927 een kerk gepland voor de heuvel Skólavörðuholt. In die tijd maakte hij het eerste ontwikkelingsplan voor de stad, een imposant plein met een stadspoort, openbare gebouwen en vooral musea. Een soort centrum van de IJslandse cultuur, met onder meer ook het **Atelier van Einar Jónsson** 36, is nu een museum (zie blz. 35). De oorspronkelijk ontworpen kerk leek destijds meer op een basiliek. Samúelssons latere plannen voor de Hallgrímskirkja werden gerealiseerd met een imposante, 73 m hoge toren en brede uitspringende zijarmen, die doen denken aan de opstelling van basaltzuilen, waarin ontvangst- en administratieruimten zijn ondergebracht. Het zijaanzicht onthult een enigszins bizarre stilistische mengeling van neogotische en expressionistische stijlen. Met de bouw van het betonnen bouwwerk werd direct ter plaatse begonnen in 1945, maar de uiteindelijke voltooiing duurde tot 1986 omdat 40% van de bouwkosten moest worden gefinancierd door donaties. Het resultaat was een kerk die veel te groot was voor de toenmalige kleine stad, maar die van bijna overal te zien is. Het is een ideaal

Op de Skólavörðustígur vind je tal van opmerkelijke designers en juweliers. Zo werken bij Ófeigur Gullsmiðja acht ontwerpers – IJslanders en Finnen – en worden er geregeld kleine exposities gehouden (ofeigur.is, nr. 5).

Leif Eiríksson, de ontdekker van de Nieuwe Wereld, troont voor de indrukwekkende Hallgrímskirkja op een sokkel die doet denken aan een schedel

oriëntatiepunt, gemakkelijk herkenbaar tot ver buiten de stadsgrenzen en met het verlichte kruis op de torenspits zelfs 's nachts.

Helder en onopgesmukt – het interieur

Zonder twijfel oogt de kerk vandaag de dag vrij bizar. Het glanzende witte granieten pleisterwerk beschermt het gebouw tegen weersinvloeden. Als je het interieur van de kerk, waar plaats is voor ongeveer 1200 personen, betreedt, valt meteen de aangename eenvoud op – helder, duidelijk en uitnodigend ondanks de uitgestrektheid. Neogotische elementen verdelen de zijkanten, de apsis en het plafond: zeer smalle, hoge lancetvensters en een typisch ribgewelf. Het koor staat onder een koepel die een citaat lijkt van de Sacré-Coeur. Bij de ingang verwelkomt een Jezusbeeld van Einar Jónsson de bezoekers. Het beeld doet nederig, vredig en vriendelijk aan in de hoge kathedraal. Boven de ingang werd het orgel van Johannes Klais in 1992 perfect ingepast in de spitsboog. De uitstekende akoestiek van de zaal maakt koorzang en orgelmuziek even aangenaam. Dat de zaal vanaf het begin bedoeld was voor concerten, blijkt uit de zitplaatsen. Niet alleen zijn de goed gepolsterde banken zeer comfortabel, hun rugleuningen kunnen ook naar behoefte worden neergeklapt. Hierdoor komt de klank van het orgel volledig tot zijn recht, omdat je je ernaartoe kan wenden.

trouwens meteen ook de mooiste route naar de **Hallgrímskirkja** ⓲ (zie wandeling blz. 26).

Als je honger begint te krijgen, moet je over de Laugavegur omhoog en over de **Austurstræti** omlaag lopen, waar je restaurants, bistro's en cafés vindt naar ieders smaak. Het nachtleven van Reykjavík is ook in hetzelfde gebied geconcentreerd. In de Laugavegur is het nog steeds een drukte van belang, maar dat geldt ook voor de parallelle straten Hverfisgata, Bankastræti en Austurstræti. Naast de Austurstræti loopt de **Hafnarstræti**, die op zijn beurt uitkomt op de **Naustin** – ook in deze twee straten vind je een paar kroegen. Over het algemeen heeft elke Reykjavíker verschillende favoriete kroegen waar hij in het weekend graag langsgaat. Het komt zelden voor dat nachtbrakers de hele avond op één plek blijven. Wat zo'n kroegentocht nog beter maakt, zijn de ultrakorte loopafstanden tussen bars, pubs en clubs. Dit betekent dat op vrijdag- en zaterdagavond de straten altijd vol mensen zijn en de inwoners bijna altijd wel iemand tegenkomen die ze kennen. Als je ergens lange rijen voor de ingang ziet, is het een club die momenteel erg hip is. Vooral in clubs wordt iets in stijl verwacht, een outdooroutfit is een no-go.

Op het gebied van winkelen en uit eten gaan heeft het centrum van Reykjavík er de laatste jaren concurrentie bij gekregen: de oude haven (zie blz. 31) wordt met zijn winkels en restaurants steeds aantrekkelijker.

Voor de natie!

IJslanders zijn trots op de onafhankelijkheid en de natie, zoals blijkt uit de reeks prachtige culturele gebouwen langs de **Hverfisgata**, opgericht ter herinnering aan bijzondere culturele prestaties en historische gebeurtenissen. Eerst kom je vanuit de Arnarhóll langs het **Cultuurhuis**, met aan de buitenkant de namen van IJslandse auteurs. Het is tegenwoordig een dependance van de Nationale Galerie met de 19e eeuw als zwaartepunt. Daarachter verheft zich het indrukwekkende gebouw van het **Nationaal Theater** ⓳ (Þjóðleikhús, Hverfisgata 19, leikhusid.is). Guðjón Samúelsson had oorspronkelijk een sprookjespaleis voor ogen, maar uit kostenoverwegingen moest hij zich beperken en het resultaat was een groots elfenkasteel. De bouw begon in 1928, maar het bouwwerk kon pas in 1950 in gebruik worden genomen. De bovenste vensterlijsten aan de gevel zijn vormgegeven als gestileerde basaltzuilen. Ook het plafond van de grote zaal is bijzonder fraai in deze stijl. Interessant is het donkergrijze buitenpleisterwerk, bestaande uit onder andere kwarts en obsidiaan. Pal naast het theater ligt de **Tuin van de republiek** ⓴ (vrij toegankelijk), die in 1994 werd aangelegd ter gelegenheid van het vijftigjarig bestaan van de republiek IJsland. Hoe het heden zich manifesteert? Met nieuwe hotels en woontorens, die verderop in de straat te vinden zijn.

Stadsheuvel Öskjuhlíð

Vrije tijd en avontuur

Wat doen de inwoners van Reykjavík om zich te ontspannen? Joggen, wandelen, zwemmen en chillen. De 61 m hoge beboste stadsheuvel Öskjuhlíð is hiervoor een populaire bestemming. Talrijke paden kronkelen omhoog naar de heuveltop, waar zich het tweede oriëntatiepunt van Reykjavík bevindt: **Perlan** ㉑, de parel. Meer dan 130 plantensoorten groeien hier en vormen een leefomgeving voor 84 vogelsoorten.

Glinsterend als een parel rust het futuristisch ogende glazen koepelgebouw, ontworpen door architect Ingimundur Sveinsson, op zes warmwatertanks, waarvan twee nog steeds in deze functie in gebruik zijn. De tanks bevatten 20 miljoen liter thermaal water uit de warmwaterbronnen in en rond Reykjavík. Dit wordt gebruikt om huizen, zwembaden en sommige straten te verwarmen.

Perlan belichaamt een geslaagde mix van pragmatisme, gigantisme, hightech en vrije tijd. De tentoonstelling 'Wonders of Iceland' is niet alleen populair bij gezinnen. Op de hele benedenverdieping worden bezoekers meegenomen in een belevingswereld met een kijkje bij gletsjers en ijsgrotten – een virtuele onderdompeling in de natuur van IJsland is gegarandeerd. De verbluffende presentaties zijn gemaakt door wetenschappers in samenwerking met kunstenaars. Kijken naar het spektakel van de kunstmatige geiser is ook erg leuk: elke 5 minuten spuit een 15 m hoge fonteinstraal omhoog, voorafgegaan zelfs door de fascinerende waterbel van het origineel, de geiser Strokkur. In 2018 werd ook een planetarium geopend. Op de vierde verdieping kun je via de cafetaria bij het observatiedek (ISK490) rond de koepel komen, waar je een fantastisch panoramisch uitzicht hebt. Naast de verrekijkers staan luidsprekers waaruit beschrijvingen van de bezienswaardigheden in verschillende talen te horen zijn – als het systeem werkt.

Dag. 9-22 uur, perlan.is, ISK5390, gezin met 2 kinderen ISK14.990, cafetaria op 4e en 5e verdieping 9-23, restaurant op 5e verdieping dag. 11.30-18 uur

Nauthólsvík

Vergeet je zwembroek niet
Niet ver van Öskjuhlíð, in een baai, ligt het badstrand **Nauthólsvík** ❻ met goudkleurig zand en warm water

dat uitstroomt in zee – hier krijg je een gevoel als op Mallorca. In de zomer is Nauthólsvík ook navenant druk, want het hele strand meet slechts 100 m – niettemin een bijzondere plek.

Nauthólsvegi, nautholsvik.is, half mei-half aug. dag. 10-19, anders ma.-vr. 11-19, za. 11-16 uur, winter ISK890, kleedhokjes

Bij de universiteit

Kenniscampus
Op het grote terrein met een kleine vijver tussen de vierbaansverkeersader Hringbraut en de Suðurgata worden steeds nieuwe gebouwen toegevoegd – de campus van de in 1911 opgerichte Universiteit van IJsland groeit nog steeds door. Onder de universiteitsgebouwen bevindt zich de vestiging van DeCode-genetics – een bedrijf dat de genetische samenstelling van alle IJslanders wilde vastleggen.

Het oudste gebouw op de campus is het **hoofdgebouw van de universiteit** ㉒ (Saemundargata 2), dat in 1936-1940 werd ontworpen en gebouwd door Guðjón Samúelsson. Voor de poort staat het beeld *Sæmundur op de zeehond* van Ásmundur Sveinsson. In de aangrenzende gebouwen zijn de diverse faculteiten ondergebracht. Het gebouw voor natuurwetenschappen naast het Noordse Huis is qua architectuur bijzonder geslaagd. Het **Noordse Huis** ㉓ werd ontworpen door de beroemde Finse ontwerper Alva Aalto en werd in 1968 in gebruik genomen. Het herbergt een bibliotheek en tentoonstellingsruimtes. Het vestingachtige gebouw aan de Suðurgata huisvest de **Universiteitsbibliotheek** en de **Nationale Bibliotheek**. Het oude gebouw met een fraaie ronding bij de rotonde is het **IJslands Nationaal Museum**. (zie blz. 38).

Langs de kust

Verfrissende zeelucht

Reykjavík is ongetwijfeld een havenstad, maar vergeleken met een wereldhaven als Rotterdam gaat het er hier allemaal rustig en bijna wat vrijblijvend aan toe. De **oude haven** (Gamla Höfn), die zich uitstrekt van de landtong Örfirisey tot aan het centrum, is de laatste jaren omgetoverd tot een hippe nieuwe wijk met musea, winkels, restaurants en hotels. Er liggen nog steeds vissersboten en kleinere schepen aan de kaden, en hier vertrekken ook de boten om walvissen te kijken. Je kunt de reis het beste combineren met een bezoek aan de tentoonstelling **Whales of Iceland** ㉔ (Fiskislóð 23-25, whalesoficeland.is, dag. 10-17 uur, ISK4300), waar 23 levensechte walvismodellen een indruk geven van de omvang van deze zeereuzen. Voor wie verlangt naar het noorderlicht is de multimediashow **Aurora Reykjavík** ㉕ (Grandagarður 2, aurorareykjavik.is, dag. 9-21 uur, ISK3900) een aanrader. Zelfs in de zomer kun je hier genieten van prachtige schouwspelen aan de hemel. Slenter verder door de straten en ontdek het heerlijke ijs van **Valdís** ❼ (zie blz. 40) of de chocoladespecialiteiten van **OmNom** (zie blz. 47), zie waar de chef-koks van de restaurants van Reykjavík hun vis betrekken, neem een kijkje in het **atelier van Ólafur Elíasson** (Grandagarður 20) – maar vergeet vooral niet het uitzicht op zee bij een broodje krab. Via de oude haven leidt een mooie fietsroute naar Seltjarnarnes (zie Ontdekkingsreis blz. 32).

Wandelen met uitzicht

De skyline langs de vierbaanskustweg **Sæbraut** heeft met zijn architectuur van overwegend glas en staal een grootstedelijke en internationale allure. Pal langs de kust, parallel aan de weg, loopt een wandel- en fietspad. Hier zie je ook twee kunstwerken: Pétur Bjarnarsons *Partnerschap*, dat doet denken aan een harpoenpunt, en de veel gefotografeerde *Zonnereis* ㉖ (*Sólfar*) van Jón Gunnar Arnarson. Het fascinerende kunstwerk van Arnarson ontleent zijn vorm aan de oude Vikingschepen en is tegelijkertijd filigraanachtig en licht; afhankelijk van de gezichtshoek lijkt het object boven het water te zweven. Het uitzicht over de zee met de bergketens op de verre oever is prachtig. Het is dan ook logisch dat de appartementen in de hoge wooncomplexen tot de duurste van de stad behoren. Een van de oudste gebouwen met uitzicht op zee is **Höfði** ㉗ (1909, Borgartún), het legendarische ontvangsthuis van de stad, waar Ronald Reagan en Michail Gorbatsjov elkaar in 1986 ontmoetten. Vanaf dit punt is het niet ver naar **Laugar-**

Aan de Sæbraut laat Reykjavík zich van zijn moderne kant zien met hoge flatgebouwen en kunstwerken

ONTDEKKINGSREIS
Meer zee gaat niet

Fietstocht langs de oude haven en de kust

Info

Begin:
Höfði (zie blz. 31)

Duur:
6 uur met
bezichtiging

Afstand:
30-35 km

**Reykjavík Bike
Tours:**
fietsverhuur en georganiseerde tochten,
ook met Segways,
zie blz. 41

Deze fietstocht is zonder meer mijn favoriet in Reykjavík. De prachtige kustpromenade strekt zich uit tot aan Seltjarnarnes en is breed genoeg, zodat je niet met joggers hoeft te concurreren om de ruimte. Zelfs bij tegenwind is het niet erg inspannend om voortgang te boeken – je rijdt altijd op hetzelfde hoogteniveau langs de oude haven en rond het schiereiland Seltjarnarnes.

Vergezicht en de eerste koffiepauze

Fiets vanaf het beginpunt **Höfði** (zie blz. 31) in westelijke richting. Het zijn niet alleen de bezienswaardigheden langs de **Sæbraut**, maar vooral het prachtige uitzicht op het berglandschap en de kleine eilandjes in de baai die je telkens weer zullen laten stoppen. Op bijzonder zonnige dagen kun je zelfs Snæfellsjökull in het westen zien liggen. Niet alleen leuke cafés voor een eerste pauze, maar ook kleine designwinkels hebben hun intrek genomen in de oude groene gebouwen langs de **Geirsgata**. Alleen langs de **Mýrargata** is geen fietspad aangelegd, verder kun je heel ontspannen fietsen.

De oude haven heeft zich opnieuw uitgevonden

Verrassend genoeg bestaat de oude scheepswerf nog steeds, en er liggen regelmatig kotters aangemeerd. Vanaf de rotonde volgt de route de **Grandagarður**. Het is de moeite waard om door de straten van de oude haven te lopen en te stoppen bij de kleine winkeltjes. Ga even op verkenning uit en laat je niet misleiden door de grote pakhuizen: binnen vind je spannende musea of kleine bedrijfjes, eventueel met fabrieksverkooppunten, zoals de chocoladefabrikant OmNom (zie blz. 47). Een tussenstop bij **Aurora Reykjavík 25** (zie blz. 31) is aan te bevelen. Hier kun je alles te weten komen over het noorderlicht. Scheepvaartliefhebbers kunnen van alles te weten komen over schepen en de visserij in het **Víkin Scheepvaart- en Visserijmu-**

Grótta · Faxaflói · **Oude haven** · Grandagarður · Þúfan · Beschermd natuurgebied · SELTJARNARNES · 25 · 41 M · Mýrargata · **Harpa** · Geirsgata · Sæbraut · **begin** · Höfði · Sæbraut · Skerjafjörður · Reykjavíkur Flugvöllur · **einde** · Perlan · Öskjuhlíð · FOSSVOGSDALUR4 · Nauthólsvík · 1 · 2 km

seum **41** (zie blz. 38). Heb je je ooit afgevraagd wat dat groene heuveltje is aan het eind van de pier? Dat is **Þúfa**, een kunstwerk waar je overheen kunt lopen en dat een geweldig uitzicht biedt op het moderne Reykjavík met de grote concertzaal Harpa. Of je kunt een kijkje nemen bij de vangst van de vissers.

De vuurtoren is de bestemming

Volg vanaf dit punt het kustpad met weidse vergezichten naar de **vuurtoren Grótta**, die op een klein eilandje staat op de uiterste punt van Seltjarnarnes, een ideale plek voor een picknick. Het vogelreservaat in de nabijheid van de vuurtoren biedt de mogelijkheid om in de pauze noordse sterns of kuifeenden te observeren (zie blz. 45). Fiets vervolgens langs de zuidkant van Seltjarnarnes met uitzicht op de berg Keilir op het schiereiland Reykjanes. Hier staan tal van schitterende villa's en huizen, sommige met mooi aangelegde tuinen. Nadat je om de **luchthaven** heen bent gefietst, waarvan de landingsbaan bijna tot aan de zee reikt, kun je je ontspannen bij het badstrand **Nauthólsvík** of in het bos bij **Öskjuhlíð** (zie blz. 29) met zijn vele wandelpaden. Ga van hieruit terug naar het centrum of neem nog even een kijkje bij de villa's en bungalows van het welgestelde IJsland in de traditierijke wijk **Fossvogsdalur**.

ZOALS BIJ MOEDER **M**

We hebben het natuurlijk over de IJslandse Mami met *plokkfiskur* (visgerecht) en gerechten met schelvis en lamsvlees. Hier kun je traditionele thuisgerechten krijgen met soep, salade en koffie tegen redelijke prijzen. Als je echte IJslanders wilt ontmoeten, ga dan naar **Múlakaffi** 5, waar politieagenten, buschauffeurs en kantoorpersoneel eten. Toch komen hier weinig toeristen, want de inrichting is niet fancy of hip, maar sober formica (Hallarmúli 1, mulakaffi.is, ma.-vr. 8-14 uur, €).

---

dalur, waar je gemakkelijk een hele dag kunt doorbrengen (zie Ontdekkingsreis blz. 36). Vanuit Höfði kun je ook een fietstocht maken naar Seltjarnarnes (zie Ontdekkingsreis blz. 32).

Klein eiland, grote geschiedenis
In de Kollafjörður ten noordoosten van Reykjavík ligt het eilandje **Viðey** ㉛ (voor veerverbindingen zie blz. 43). Elk najaar, tussen 19 oktober en 8 december, wordt vanaf het eiland de duisternis verlicht. Yoko Ono ontwierp ter nagedachtenis aan John Lennon de **Imagine Peace Tower**, die sinds 2007 een laserstraal de lucht in stuurt tussen Lennons geboortedatum en de datum van zijn dood (zie Imagine Peace Tower Tour op elding.is). Overigens was het eiland al bekend in de 10e eeuw. In 1225 werd hier een klooster gewijd aan de heilige Augustinus, dat bestond tot 1551. Hierna vielen de bezittingen van het klooster toe aan de Deense kroon.

Het landhuis **Viðeyjarstofa**, waarin sinds de restauratie in 1988 een restaurant is gevestigd (tel. 533 50 55), werd in 1753-1755 als ambtswoning gebouwd voor de landvoogd Skúli Magnússon en

is tegenwoordig het oudste stenen gebouw van IJsland. De architect was de Deen Eigtved, die ook het Deense kasteel Amalienborg in Kopenhagen ontwierp. Het tweede overgebleven gebouw op het eiland, de kerk, werd gebouwd in 1774. Aan het begin van de 20e eeuw werd aan de oostkust van het eiland het dorp Sundbakki gebouwd, samen met een zeer succesvolle visfabriek. Jarenlang kwam een kwart van de visproducten van IJsland hiervandaan. Maar nadat de fabriek failliet ging, verhuisden de mensen naar Reykjavík; de laatsten verlieten het dorp in 1943. De ruïnes en fundamenten van de huizen zijn nu nog te zien en zijn voorzien van een toelichting. In het westelijke deel staat het landschapskunstwerk **Milestones** van beeldhouwer Richard Serra; het zijn negen paren van basaltzuilen die zijn ingepast in het landschap.

Árbæjarsafn

Gezellig en sfeervol
Het interessante openluchtmuseum **Árbæjarsafn** ㉜ is vanaf 1957 ingericht rond de boerderij Árbær. Andere historische gebouwen zijn vanuit het hele land bijeengebracht en hier herbouwd. Aan het begin van de 20e eeuw werd de oude zodenboerderij nog gebruikt als herberg, want hij lag aan de weg naar het oosten. Het huidige houten gebouw met golfplaten bekleding verving het oude zodenhuis in 1891. Tegenwoordig staat in de directe omgeving van de boerderij de in 1842 gebouwde en in 1960 naar Árbær overgebrachte kerk van Silfrastaðir uit het nederzettingsgebied van de Skagafjörður in Noord-IJsland. Verder zie je hier een gereconstrueerde sacristie en een smederij. De inrichting van de huizen geeft een goede indruk van de leefomstandigheden in die tijd. Zelfs bij de selectie van dieren voor het terrein

werd bijvoorbeeld teruggegrepen op een oud schapenras.

Als je tijdens deze wandeling door het verleden even wilt pauzeren, heb je daartoe de mogelijkheid bij het Dillonshús. De Ierse edelman Arthur E.D. Dillon liet het pand in 1835 bouwen voor zijn verloofde Sire Ottesen, die er een amusementshal runde. Tegenwoordig zijn in het Dillonshús het restaurant van het museum en een kleine oude winkel gevestigd.

Kistuhyl, borgarsogusafn.is/en/p/arbaer-open-air-museum, juni-aug. dag. 10-17, sept.-mei dag. 13-17, ISK2350, rondleiding dag. 13 uur

Musea

Kunst met toekomst

㉝ Nationale Galerie: de lichte zalen, waar een uitstekende cafetaria bezoekers bovendien uitnodigt om even bij te komen, herbergen ongeveer tienduizend werken van IJslandse kunstenaars uit de 19e en de 20e eeuw. Met de Vasulka Chamber, die als het centrum voor de IJslandse digitale kunst fungeert, sluit de galerie aan bij de toekomst.

Fríkirkjuvegur 7, listasafn.is, dag. 10-17 uur, okt.-apr. ma. gesl., ISK2000

Virtueel langhuis

㉞ '871 +/-2': was het nu wel of niet zijn huis? De fundamenten van het 'langhuis' dateren immers uit de tijd van de eerste nederzetting (930 n.Chr.) en het zou dus het huis van Ingólfur Arnarson kunnen zijn – dat is tenminste een aantrekkelijk idee. De archeologische opgravingen en aangetroffen objecten maken deel uit van een succesvolle multimediashow over de eerste nederzetting Reykjavík. Je daalt hierbij af naar de kelder van Hótel Reykjavík. Meer geschiedenis is vervolgens te vinden op nummer 10 (zie blz. 21).

Aðalstræti 16, borgarsogusafn.is, dag. 10-17 uur, ISK2900

Popartstrips

㉟ Hafnarhús: in het voormalige pakhuis worden vaak tentoonstellingen gehouden van hedendaagse IJslandse kunstenaars. De collectie van Erró, in 1932 geboren als Guðmundur Guðmundsson, is naast de geslaagde architectuur de moeite waard. Hij maakte ongeveer vierduizend werken, waarvan een selectie hier te zien is. Erró werd bekend door zijn werken op groot formaat in popartstijl met geïntegreerde elementen van stripboeken, geestig en politiek getint tegelijk. De multifunctionele zalen worden ook gebruikt voor concerten en recepties. Vanuit de cafetaria heb je een prachtig uitzicht op de haven.

Tryggvagata 17, artmuseum.is, dag. 10-17 (do. 22) uur, ISK2350

De man voor het heroïsche

㊱ Einar Jónsson Museum: het voormalige huis en atelier van de beeldhouwer en schilder Einar Jónsson (1874-1954) is nu een museum (Listasafn Einars Jónssonar). Het gebouw werd ontworpen door de kunstenaar samen met de architect Einar Erlendsson. De werken van Jónsson zijn niet onomstreden, want de beelden, waarvan sommige volledig overladen zijn met symboliek, doen sterk denken aan de stijl van de nationaalsocialistische heldencultus. Een bezoek aan de tuin met zijn geslaagde combinatie van kunst en natuur is zeker aan te bevelen.

Eiriksgata 3, lej.is, di.-zo. 12-17 uur, ISK1500, tuin het hele jaar geopend

Fallussen in soorten en maten

㊲ Fallusmuseum: het IJslandse Fallusmuseum (Íslenska Reðasafn) is het enige in zijn soort. De exposities zijn met veel plezier samengesteld door een toegewijd verzamelaar. Naast bijna alle fallussen van IJslandse zoogdieren zijn er ook talloze kunst- en gebruiksvoorwerpen te zien – uiteraard allemaal in de vorm van een fallus. Sinds het voorjaar

ONTDEKKINGSREIS
Waterbeleving met alle zintuigen

Een aangename wandeling door Laugardalur

Stoom, stoom en nog eens stoom: dat zag Ingólfur Arnarson toen hij eindelijk zijn hoge zitzuil terugvond. Hij had die in zee gegooid bij de eerste aanblik van de IJslandse kust. De goden zouden zo beslissen waar hij op het onbekende eiland aan land zou gaan: op de plek waar de hoge zuil aanspoelde, zou hij zijn boerderij bouwen … waaruit enkele eeuwen later Reykjavík voortkwam. De 'rook' van deze warmwaterbronnen bracht Ingólfur Arnarson ertoe de plaats Reykjavík te noemen, ofwel 'rokende baai'. Zo wordt het verteld in het *Landnámabók* (Vestigingsboek). De stoom, die hem als boer eerst nutteloos leek, bleek in onze tijd van onschatbare waarde. De naam Laugardalur betekent 'dal van de warmwaterbronnen' en deze bronnen worden tegenwoordig gebruikt voor de verwarming en de warmwatervoorziening voor de huizen, zwembaden en kassen in Reykjavík. Als het water de huishoudens bereikt, heeft het een temperatuur van ongeveer 75°C. De route die ooit door de wasvrouwen vanuit het centrum werd genomen, was de Laugavegur (zie blz. 25), die eindigt bij het Hilton Hotel Nordica.

Een aangename oase van café en bistro in de botanische tuin is Café Flóran (dag. 10-16 uur, floran.is).

Van kunst naar sport

Links van de ingang van het park zie je het voormalige **atelier van kunstenaar Ásmundur Sveinsson** 40 in een opvallend wit gebouw met een ronde koepel, dat nu ruimte biedt aan een museum met beeldentuin (zie blz. 38). Onderweg naar het park kom je langs de **Laugardalshöll** 28, de grote sporthal die ook wordt gebruikt voor tentoonstellingen en concerten. In 1972 speelde zich hier de beroemde wedstrijd om het wereldkampioenschap schaken af tussen Bobby Fischer (VS) en Boris Spassky (USSR). Laugardalur heeft verschillende sportfaciliteiten, waaronder een rolschaatsbaan, voetbalvelden en een voetbalhal.

Ze wassen de hele dag

In het midden van het park omvat een stenen bassin de warmwater-bronnen waarin vroeger de was werd gedaan. Panelen met historische foto's laten zien hoe de wasplaats er ooit uitzag. Hier staat het beeld *De wasvrouw* (1937) van Ásmundur Sveinsson ter nagedachtenis aan de Reykjavíkse vrouwen die hier dagelijks de was deden. Een ander monument herdenkt Eiríkur Hjartarson, die in 1929 begon met het planten van bomen in de vallei. In 1955 nam de gemeente de ontstane groene ruimte over.

De botanische tuin is in het weekend een populaire bestemming voor Reykjavíkers

Wat groeit daar?

In 1961 richtte de stad op hetzelfde terrein de **botanische tuin** ㉙ (Grasagarður) op, die een interessante natuurbeleving biedt. Enkele duizenden planten groeien en gedijen hier, ongeveer 350 zijn inheems in IJsland. Het is een mooie gevarieerde tuin met een thematische indeling. Café Flora (dag. 8-22 uur) in een paviljoen nodigt uit om even lekker bij te komen. Nadat je hebt gezien wat er in IJsland groeit, geeft de kleine **dierentuin** ㉚ (Húsdýragarðurinn) die vooral populair is bij de jonge Reykjavíkers, je inzicht in de fauna – zo maak je kennis met schapen en geiten. Daarnaast zijn er zeehonden, rendieren en vossen in de verblijven te zien. Verder vind je hier een aquarium, een kennisruimte en een cafetaria. Bij de dierentuin ligt ook een familiepark met draaimolens, een boot-schommel en nog veel meer.

In het water

Aan het eind van de wandeling kun je een duik in het warme bronwater nemen. Een aanrader is het grootste zwembad van Reykjavík, **Laugardalslaug** ❼, met een vijftigmeterbad, een niet-zwemmersbassin, een pieren-bad, twee waterglijbanen, diverse warme baden en een stoombad. En wees gerust: je zult hier veel Reykjavíkers tegenkomen, want hier is de 'rokende baai' omgezet in een en al waterplezier.

Info

Begin:
Laugavegur bij
Hotel Hilton

Botanische tuin:
grasagardur.is, dag.
zomer 10-19, winter
10-15 uur, rondlei-
ding vr. 12.40 uur
(vooraf aanmelden),
toegang gratis

Dierentuin:
mu.is, dag. 10-18
(zomer wo. 20) uur,
ISK1650

Laugardalslaug:
voor openingstijden
zie blz. 42

van 2011 is op de tentoonstelling ook een menselijk exemplaar te zien.

Hafnartorg, Kalkofnsvegur 2, phallus.is, dag. 10-19 uur, ISK3000

Handgeschreven sagen

❸❽ Cultuurhuis: het Cultuurhuis is gevestigd in het voormalige gebouw van de Nationale Bibliotheek. Het is de moeite waard een kijkje te nemen in de oude leeszaal, waar talloze eerste uitgaven te zien zijn. Tegenwoordig is het huis eigendom van de Nationale Galerie; de tentoonstellingen tonen voornamelijk werken uit de collectie daarvan, die de geest van de 19e eeuw tot het midden van de 20e eeuw weerspiegelen.

Hverfisgata 15, listasafn.is, dag. 10-17 uur, okt.-apr. ma. gesl., ISK2200

IJsland – vroeger en nu

❸❾ Nationaal Museum: het IJslands Nationaal Museum (Þjóðminjasafn) geeft een uitstekend overzicht van de culturele geschiedenis van IJsland vanaf het begin tot heden. Vanwege de geslaagde multimediapresentatie en de lichte architectuur van de zalen werd het museum in 2006 onderscheiden. Een bezoek geeft een goed inzicht in de hedendaagse IJslandse samenleving. Er zijn ook interessante tijdelijke tentoonstellingen.

Suðurgata 41, thjodminjasafn.is, mei-15 sept. dag. 10-17, 16 sept-apr. di.-zo. 11-17 uur ISK2500, tot 18 jaar gratis

Bekend in de stad

❹⓿ Asmundur Sveinsson Museum: vlak bij de rotonde naar de sportfaciliteiten vind je het atelier en de beeldentuin van Ásmundur Sveinsson (Ásmundarsafn), de bekendste en meest besproken beeldhouwer van IJsland. De koepel, de Dome genoemd, werd in 1942 door de beeldhouwer zelf gebouwd, en vertoont invloeden van Griekse en Turkse architectuur. In de met licht overgoten zalen komen zijn deels filigrane werken goed

tot hun recht. Diverse werken van zijn hand zijn in de stad te zien.

Sigtún 5, artmuseum.is, mei-sept. dag. 10-17, okt.-apr. dag. 13-17 uur, tuin het hele jaar geopend, ISK1450, dagkaart met Hafnarhúsið en Kjarvalsstaðir ISK2350

Leven met en op de zee

❹❶ Víkin Scheepvaart- en Visserijmuseum: het museum in de voormalige visfabriek biedt een uitstekende documentatie van het leven en de werkomstandigheden in de visserij, de levensader van IJsland. In het museum ligt ook het kustwachtschip Óðinn (rondleiding ISK1500).

Grandagarður 8, maritimemuseum.is, dag. 10-17 uur, ISK2350, combikaartje met kustwachtschip ISK3350

Avant-garde

❹❷ Living Art Museum: dit museum werd opgericht in 1978 door toegewijde IJslandse kunstenaars als tegenbeweging voor de gevestigde kunst. Het biedt nu nog steeds een ideaal platform voor jonge en originele kunstenaars. Er worden ook regelmatig internationale avant-gardekunstenaars getoond. De Kling & Bang Gallery en een atelier van Ólafur Elíasson bevinden zich in hetzelfde gebouw.

Nýlistasafn, Grandagarður 20, Marshall House, nylo.is, wo.-zo. 12-18 uur, toegang gratis

Slapen

Rijk aan traditie

❶ Hótel Borg: het hotel in het centrum van de stad, vlak bij Austurvöllur, is gebouwd in 1930 en in 2006-2007 gerestaureerd in de oorspronkelijke art-decostijl. Elk van de 56 kamers is ingericht met afzonderlijk en speciaal gemaakt meubilair. Van de 56 kamers zijn er 7 suites, waarvan één zelfs over twee verdiepingen met een uitzicht rondom over Reykjavík.

Pósthússtræti 11, tel. 551 14 40, hotelborg. is, €€€

Met zeezicht

② Oddsson: het hotel-hostel is gevestigd in het bekende JL House van Reykjavík. Jón Loftsson bouwde het in 1948 als handelshuis voor zijn bedrijf. Het gebouw valt al van verre op omdat het als een ronde boog in het hoekperceel tussen Hringbraut en Eiðsgrandi is gebouwd. Lange tijd was hier de kunstacademie gevestigd. Het aanbod varieert van familiekamers tot slaapzalen, met voor ieder wat wils. Er is een gezellig cafégedeelte, een ontmoetingsplaats voor iedereen. Het uitzicht over zee is prachtig, en vanuit sommige kamers kun je zelfs Snæfellsjökull zien.
Hringbraut 121, tel. 519 51 33, circlehostel. hotelsreykjavik.net, €–€€

In de populaire wijk

③ Butterfly Guesthouse: dit kleine pension ligt in Weststadt, een zeer trendy wijk. De gevel van het huis is versierd met geschilderde vlinders. Lichte kamers met een gemeenschappelijke badkamer en kookgelegenheid. Er zijn ook appartementen in het pand.
Ránargata 8 a, tel. 894 18 64, butterfly.is, €€

Gezinsvriendelijk

④ Flóki by Guesthouse Reykjavík: je verblijft in drie centraal gelegen, typisch Reykjavíkse panden. De kamers zijn eenvoudig ingericht, maar bieden alles wat je nodig hebt. Sommige kamers en het appartement hebben toegang tot de tuin en er is een speelplaats voor kinderen. Hier kunnen ook rondleidingen worden geboekt.
Flókagata 1, tel. 856 61 20, €–€€

Eten

Alles in één keer

① The Reykjavík Food Walk: maak kennis met IJslandse gerechten en enkele hoogtepunten van Reykjavík tijdens een culinaire stadswandeling.

Klapparstígur 25, tel. 775 35 55, thereykjavik foodwalk.com, 3-4 uur, US$119, inclusief eten

Highlight

② Perlan Restaurant: restaurant in bistrostijl in de draaiende koepel op de 5e verdieping van het Perlan, met 360 graden uitzicht over Reykjavík. Eenvoudige gerechten als fish-and-chips en pizza. Snel en goed.
Op de stadsheuvel Öskjuhlíð, in de koepel van het Perlan, tel. 566 90 00, perlan.is/veitingar, dag. 11.30-18 uur, €€

Met de kerk in zicht

③ Café Loki: traditionele IJslandse gerechten zoals stokvis met zelfgemaakt

Met talent en inspiratie hebben de koks van Reykjavík de IJslandse keuken in de afgelopen jaren gerevolutioneerd

CATS AROUND THE COFFEE ◼ **C**

Ja, er is – eindelijk, zullen de liefhebbers zeggen – ook een kattencafé in Reykjavík: **Cat Cafe** (Kattakaffihusid) **6**, het eerste kattencafé in IJsland. Het is een hit onder kattenliefhebbers en de gezellige sfeer zorgt ervoor dat zowel katten als bezoekers zich thuis voelen. Er is ook gebak en koffie verkrijgbaar (Bergstaðastræti 10a, kattakaffi husid.is, dag. 11-17.30 uur, €).

roggebrood en vleessoep, plus broodjes en skyr.
Lokastígur 28, tel. 466 28 28, loki.is, dag. 8-22, €

Markt met etenswaar
4 **Hlemmur Mathöll:** het voormalige busstation is een markt geworden met diverse restaurants, bistro's en cafés, en je kunt er ook brood en IJslandse groenten kopen. Het menu varieert van Aziatisch tot vegetarisch. Een ideale plek als je op een bus moet wachten en de bedrijvigheid wilt bekijken.
Laugavegur 107, dag. tot 21 uur

Nog niet zo bekend
5 **Múlakaffi:** eten als de IJslanders, zie Tip blz. 34.

Spinnen inbegrepen
6 **Cat Cafe:** zie Tip boven.

Smaakfestijn
7 **Valdís:** zelfgemaakt ijs in de oude haven, van klassieke smaken tot zoethoutijs, 1 bolletje ISK700, 2 bolletjes ISK900, 3 bolletjes ISK1100.
Grandagarður 21, tel. 586 80 88, valdis.is, dag. 11.30-23 uur

Shoppen

In de twee winkelcentra Kringlan (kringlan. is) en Smáralind (smaralind.is, in Kópavogur) kun je zowel internationale labels als IJslandse merken vinden – goede alternatieven bij slecht weer.

Modieus breiwerk
1 **Farmers Market:** breiwerk kan zo mooi zijn, zelfs met de klassieke patronen. Er is ook modieuze chic. Het is altijd de moeite waard om te kijken.
Hólmaslóð 2, tel. 552 19 60, farmersmarket.is, ma.-vr. 10-18, za., zo. 10-18 uur

Voor muziekliefhebbers
2 **12 Tónar:** onafhankelijk label en legendarische muziekwinkel, waar alle IJslandse muzikanten te koop zijn. Ga zeker eens luisteren. Behalve naar adviezen kun je op vrijdag ook luisteren naar livemuziek.
Skólavörðustígur 15, tel. 551 56 56, 12tonar. is, ma.-wo. 10-18, do. 10-20, vr., za. 10-23, zo. 12-18 uur

Wollig
3 **The Handknitting Association of Iceland:** als je op zoek bent naar wollen producten zoals truien, mutsen en dekens, vind je hier een breed assortiment, van traditioneel tot modieus. Als je van breien houdt, kun je hier IJslandse wol vinden – met brei-instructies.
Skólavörðustígur 19, tel. 552 18 90, handknit. is, ma.-vr. 9-18, za., zo. 12-18 uur

Vlooienmarkt
4 **Kolaportið:** de enige echte vlooienmarkt van Reykjavík, zie blz. 22.

Actief

Stadswandelingen
1 **Stadsbibliotheek:** juni-aug. do. 15 uur literaire wandeling (thrillers, spookver-

halen, ISK1500), 14 uur film over elfen en trollen (5e verdieping).

Borgarbokasafn in het Grófarhús, Tryggvagata 15, kaartjes in de bibliotheek of via tix.is

Duiken
❷ PADI Dive Center: duiktrips rond Reykjavík, bij het schiereiland Reykjanes en in de Þingvallavatn. Ook nachttochten en snorkelen.

Hólmaslóð, tel. 578 62 00, dive.is, silfra-duiktrips vanaf ISK33.490

Walvissen kijken
❸ Whale Watching Center: drie keer per dag vertrekken er boten om walvissen te spotten (ISK13.990 per persoon). Om in de stemming te komen bezoek je het walviscentrum (ISK4300). Van 20 mei tot 15 augustus zijn er ook kolonies papegaaiduikers te zien op de eilanden voor de kust.

Ægisgarður 5, oude haven, tel. 519 50 00, elding.is, apr.-okt.

Fietsverhuur
❹ Borgarhjól: mannen- en vrouwenfietsen, enkele kinderfietsen. Betaling uitsluitend per creditcard.

Hverfisgata 50, tel. 551 56 53, borgarhjol.is, ma.-vr. 8-18 uur, fiets 1 dag vanaf ISK5000

Bike & Segway
❺ Reykjavík Bike Tours: zelfstandig de stad verkennen is natuurlijk mogelijk, ook met een e-bike. Er zijn bovendien rondleidingen, ook per Segway (1 persoon ISK45.000, hoe meer deelnemers, hoe goedkoper).

Ægisgarður 7, oude haven, tel. 897 27 90, icelandbike.com, zomer dag. 9-17, winter vr., za. vanaf 10 uur

Zwemmen
Stedelijke baden: Reykjavík heeft het strandbad **Nauthólsvík** ❻ (zie blz. 30) bij de zee en zeven thermale baden, waaronder **Laugardalslaug** ❼

ONTMOET IJSLANDERS

Als je IJsland eens wil zien vanuit een volledig gepersonaliseerd perspectief, vind je bij **Funky Iceland** gidsen om bijvoorbeeld mee bij een typisch IJslands gezin thuis te eten of om je rond te leiden door de stad op basis van je persoonlijke wensen. Kortom: hier kun je je eigen persoonlijke stadsgids ontmoeten (tel. 868 1223, funkyiceland.is, vanaf ISK12.000).

(zie blz. 37). Reykjavík werd in 1998 lid van de Association of European Spa Cities vanwege de goede kwaliteit van zijn thermale water.

reykjavik.is/en/swimming-pools, zwembaden: ma.-vr. 6.30-22, za., zo. 8/9-22 uur, toegang ISK1330, tot 16 jaar, 67+ of met Reykjavík City Card gratis; **Laugardalslaug:** buitenbad ma.-vr. 6.30-22, za., zo. 8-22, binnenbad ma.-do. 8-15, za., zo. 12-21 uur, ISK1330, met Reykjavík City Card gratis

Uitgaan

Darts en karaoke
❿ The Irishman Pub: een grote selectie bieren, lekkere cocktails en dartborden. Liefhebbers van karaoke kunnen hier een zaal huren. Een zeer populaire ontmoetingsplek en daarom altijd goed vol.

Klapparstigur 27, theirishmanpub.is, zo.-do. 12-1, vr., za. 12-3 uur

Knus
⓫ Kaffibarinn: iedereen die de roman *101 Reykjavík* heeft gelezen, zou een kijkje moeten nemen op deze locatie. Druk, gezellig, luidruchtig, een hangplek voor kunstenaars.

Bergstaðarstræti 1, zo.-do. 15-1, vr., za. 15-4.30 uur

Reykjavík rockt: een breed scala aan nationale en internationale muziekgroepen treedt op tijdens het Iceland Airwaves festival

Populair trefpunt

☀ Kaffi Sólon: al jarenlang overdag een populair restaurant en bistro, 's avonds een ontmoetingsplek. Vooral de vijftigplussers houden stand tegen elke verandering.
Bankastræti 7a, tel. 562 32 32, solon.is, zo.-do. 11-23.45, vr., za. tot 1 uur

Queer en niet

☀ Kiki Queer Bar: hier ontmoeten de queer scene en iedereen die plezier wil maken elkaar op twee verdiepingen.
Laugavegur 22, zo.-do. 21-1, vr., za. 21-4.30 uur

Bijn altijd happy hour

☀ The Downtown Bar: het extra lange happy hour is één reden om hier te komen. De andere zijn het bier, de sfeer en het feit dat er vaak livemuziek te horen is.
Lækjargata 6, thedowntownbar.is, dag. 12-23 uur

Evenementen

De brochures *What's on in Reykjavík* en *Reykjavík city guide*, verkrijgbaar bij de toeristenbureaus, geven een overzicht van alle evenementen.

● **Winter Lights Festival:** februari is meestal nog een sombere maand, dus is het tijd om licht en vreugde in het leven te brengen. Het festival is een mengeling van kunst, cultuur, sport, geschiedenis en vooral licht.

● **Food and Fun:** foodandfun.is. Een bron van vreugde in februari is de internationale culinaire wedstrijd, waaraan verschillende restaurants in de stad deelnemen. De nadruk ligt op plezier en uitstekend eten, bereid door internationale koks met uitsluitend IJslandse producten.

● **Literatuurfestival Reykjavík:** bokmenn tahatid.is. Sinds 1985 wordt om het jaar een internationaal literatuurfestival met auteurs van hoog kaliber gehouden - de volgende datum is april 2025. Dit omvat ook workshops, bijvoorbeeld over vertaalkwesties.

● **DesignMarch:** designmarch.is. Maart. Enerzijds geeft het designcentrum een eigen presentatie, anderzijds vind je er talrijke werken van IJslandse ontwerpers.

● **Reykjavík Art Festival:** artfest.is. Het internationaal bekendste culturele festival met IJslandse en internationale gasten op het gebied van beeldende kunst, theater en muziek vindt plaats in juni.

● **RAFLOST:** raflost.is. In mei draait alles om de nieuwste mediakunst.

● **Nationale feestdag:** heel IJsland viert feest op 17 juni met optochten, muziekoptredens, openluchtpodia, kraampjes en dans. In Reykjavík is het vooral een feest voor gezinnen.

● **Reykjavík Pride:** gaypride.is. De kleurrijke lhbtq-parade in augustus krijgt steeds meer aanhangers, ook onder toeristen. Een groot zomerfestival met verschillende optredens in Reykjavíkse clubs.

● **Cultuurnacht:** op de 3e zaterdag in augustus vinden overal in de stad culturele evenementen plaats, met afsluitend vuurwerk. Op dezelfde dag: Reykjavík Marathon.

● **Reykjavík Jazz Festival:** reykjavikjazz. is. Half augustus. Vijf dagen lang staan evenementen in verschillende clubs en plaatsen in het teken van de jazz.

● **Internationaal Filmfestival:** riff.is. Het filmfestival in het najaar met aandacht voor jong talent.

● **Iceland Airwaves:** icelandairwaves.is. Het muziekevenement in oktober heeft een bijna legendarische status. Nieuwe acts uit de Verenigde Staten, IJsland en Europa treden hier op. Trefpunt voor scouts.

● **Sequences Art Festival:** sequences. is. Een week van jonge kunst in oktober/ november.

Info

● **Stadsbus:** straeto.is. Het busbedrijf voor de binnenstad is Stræto, met ook buslijnen naar Hafnarfjörður, Mosfellsbær en Akranes. De belangrijkste haltes in de stad zijn Lækjartorg, Hlemmur, Grensás en Mjódd met bijbehorende overstappunten. De bussen rijden overdag elke 20 min. en 's avonds en in het weekend elke 30 min. of elk uur. Het tarief is ISK550, en het is de moeite waard de Reykjavík City Card (zie blz. 41) te kopen als je van plan bent geregeld de bus te nemen.

● **Veerboot naar Viðey:** elding.is/videy-ferry-schedule-prices, 15 mei-aug. vanuit de nieuwe haven van Reykjavík (Starfabakki-Sundahöfn) dag. elk uur heen 10.15-17.15, terug 12.30-18.30 uur. Van de oude haven dag. heen 11.50, 14.50, terug 11.30, 14.30, 17.30 uur, vanaf de Harpa Concert Hall Pier dag. heen 12 en 15, terug 11.30, 14.30 en 17.30 uur; sept.-14

REYKJAVÍK CITY CARD

Een aanrader is de Reykjavík City Card, die verkrijgbaar is met een geldigheid van 1 dag (ISK5040), 2 dagen (ISK7000) of 3 dagen (ISK8630). Met deze kaart heb je onbeperkt gebruik van het openbaar vervoer, gratis toegang tot acht musea en het openluchtmuseum Árbærsafn, evenals de zeven gemeentelijke zwembaden, de IJslandse dierentuin, de ijsbaan en het familiepark (in de zomer), een boottocht naar Viðey en nog veel meer. De kaart is verkrijgbaar bij het toeristenbureau, in sommige musea en hotels en bij de grote busstations. Je kunt de kaart ook online kopen via visitreykjavik.is/reykjavik-city-card en deze dan meteen uitprinten.

Lievelingsplek

Waar horizon en zee in elkaar overgaan

Op de uiterste noordwestpunt van het schiereiland Seltjarnarnes staat de **vuurtoren van Grótta** (Gróttu viti, ♥ C 6). Bij eb steken enkele rotsen, die overigens wel glibberig zijn, uit het water omhoog, zodat je naar het eilandje met de vuurtoren kunt lopen. Hier kun je in alle rust op het strand zitten en luisteren naar de branding die over de kiezels rolt, en kijken naar de vele vogels die opgewonden heen en weer rennen, pikkend naar kleine diertjes tussen de stenen. Reykjavík ligt achter je: als je je omdraait, zie je de torenhoge gebouwen als een decor. Maar nog mooier is het uitzicht over zee. Hier kun je in gedachten verzonken raken. Soms zie je in de verte een schip, en op zomernachten kun je het schouwspel beleven van de middernachtzon met zijn fascinerende kleurenspel.

mei za., zo. alleen vanuit de nieuwe haven heen 13.15, 14.15, 15.15, terug 13.30-16.30 uur, ISK2100.
- **Regionale bus:** BSÍ Busterminal, Vatnsmýrarvegur 10, tel. 580 54 00, bsi.is, dag. 4.30-24 uur. Hier vertrekken alle regionale bussen naar de rest van het land. Bovendien komt luchthavenbus hier aan.
- **Vliegtuig:** binnenlandse vluchten vanaf Reykjavík Airport. Voor betreffende vliegmaatschappijen zie blz. 250.

Seltjarnarnes

📍 **Kaart 3, C 6**

Alleen als je weet waar de markeerstenen liggen, kun je de stadsgrens herkennen, anders rij je rechtstreeks van Reykjavík naar de naburige stad Seltjarnarnes. In de latere eeuwen werden hier boerderijen gebouwd. Tegenwoordig is Seltjarnarnes met zijn 4700 inwoners vooral een slaapstad van Reykjavík, met een eigen bestuur, maar zonder industrie van betekenis – maar met culturele voorzieningen en fantastische recreatiemogelijkheden. Overigens is niet alleen de ligging aantrekkelijk – aan drie kanten omgeven door de zee met prachtig uitzicht op Snæfellsjökull en in de richting van Reykjanes – maar ook de indeling van het stadje met zijn lage gebouwen.

Het witte stenen huis **Nesstofa** huisvestte oorspronkelijk het doktershuis en de apotheek, later werd het verbouwd tot opleidingscentrum voor medische beroepen (tot 1875). Tegenwoordig kun je de oude apotheek nog van binnen bekijken (Austurströnd 2, tel. 595 91 11, zomer dag. 13-17 uur, toegang gratis). Vanuit Reykjavík kun je Seltjarnarnes prachtig verkennen tijdens een fietstocht (zie Ontdekkingsreis blz. 32).

Op de punt van het schiereiland ligt het **vogelreservaat Grótta**. Van de vuurtoren Grótta (zie Lievelingsplek blz. 44) leidt een prachtig wandelpad door het gebied langs de kust naar de golfbaan. Aan de ene kant zie je de zee en aan de andere kant de kleine vijver Bakkatjörn en kwelders, waar in de vroege zomer vogels broeden: grauwe ganzen, meeuwen en eidereenden, maar ook mussen en wulpen. Informatieborden vertellen je over alles wat hier vliegt en broedt.

Actief

Pure ontspanning
Seltjarnarneslaug: gezellig bad, aangenaam vanwege het zoute water, veel Reykjavíkers gaan hier baden.
Suðurströnd, tel. 561 15 51, ma.-vr. 6.30-21, za., zo. 8-19.30 uur

Kópavogur 📍 **Kaart 3, C 6**

De op één na grootste stad van IJsland, Kópavogur (39.000 inwoners), grenst in het zuiden direct aan Reykjavík. Als je naar de ontwikkeling van de stad kijkt, krijg je de indruk dat deze wil concurreren met de grote broer. De enige echte hoogbouw van het land en een enorm winkelcentrum, Smáralind, bevinden zich hier. Ook op cultureel gebied spant de stad zich in met bezienswaardige culturele instellingen. De qua architectuur prachtige concertzaal **Salurinn** (Hamraborg 6, salurinn.is) werd geopend in 1999 en was toen de eerste van zijn soort in IJsland – lang voordat de bouw van het concertgebouw in Reykjavík zelfs maar werd aanbesteed. Als bouwmateriaal werden drijfhout en steen uit IJsland gebruikt, en de goede akoestiek in de zaal is bijzonder indrukwekkend. Dit is een uitstekende plek om naar klassieke muziek te luisteren.

Musea

Voor onderzoekers

Natuurhistorisch Museum: het museum (Náttúrrufræðistofa) heeft twee bezienswaardige collecties, een over de fauna van het land, met de nadruk op vogels en schelpen, en een over rotsen en mineralen.
Hamraborg 6a, natkop.kopavogur.is, ma.-vr. 8-18, za. 11-17 uur, toegang gratis

Modern van glas

Kunstmuseum (Gerðarsafn): het kleine maar fijne kunstmuseum van de stad concentreert zich met zijn collectie en tentoonstellingen op de IJslandse kunst van de 20e eeuw tot heden. Het museum is vernoemd naar glaskunstenaar Gerður Helgadóttir en haar werk is hier dan ook te bewonderen. In het zicht van het museum staat de kerk van Kópavogur met fraaie ramen van Helgadóttir. Het museumcafé en de buitenruimte zijn een aangename plek om even bij te komen.
Hamraborg 4, gerdarsafn.is, di.-zo. 11-17 uur, ISK1500

Garðabær ♀ Kaart 3, C 6

Ook al is het een zelfstandige stad met een voor IJslandse begrippen relatief groot aantal inwoners (ongeveer 16.000), toch wordt Garðabær meestal gezien als onderdeel van Reykjavík. Net als Kópavógur is het een van de slaapsteden van de hoofdstad, hoewel de naburige steden er veel aan doen om hun onafhankelijkheid te benadrukken. Het culturele aanbod van

Garðabær is breed en gevarieerd, met uitstekende locaties om te bezichtigen. Archeologische vondsten tonen aan dat er tijdens de eerste nederzettingsperiode (870-930) een boerderij was in **Hofsstaðir** (Kirkjulundur, permanent toegankelijk), die tot in de 12e eeuw behouden bleef. Vandaag kun je de informatief geprepareerde fundamenten van het vroegere langhuis zien. De omvang van de boerderij is opmerkelijk voor IJslandse begrippen en laat zien dat zich hier kennelijk een belangrijke boer had gevestigd.

Museum

Modern design

Museum voor design en toegepaste kunst: een van de jongste musea in de omgeving van Reykjavík is het museum voor design en toegepaste kunst (Hönnunarsafn Íslands). De collectie werd bijeengebracht in 1998, en het gebouw was in 2010 klaar voor gebruik. Er zijn regelmatig tentoonstellingen over IJslands en Scandinavisch design te zien, en er worden kunstenaars gepresenteerd in individuele shows. Bijzonder bezienswaardig is de collectie IJslands design van het begin van de 20e eeuw tot heden. De collectie omvat niet alleen voorwerpen als sieraden, keramiek en meubels, maar ook schetsen en tekeningen om het proces van ontwikkeling en verandering te documenteren.
Garðatorg 1, tel. 512 15 25, honnunarsafn.is, di.-zo. 12-17 uur, ISK1000

Info

• **Auto:** van Reykjavík-centrum richting westen naar Seltjarnarnes en richting zuiden naar Kópavogur.
• **Bus:** beide steden zijn bereikbaar per lijnbus, Seltjarnarnes met lijn 11, Kópavogur met lijn 1, 2 en 4. Info: straeto.is.

Toegift
Zoet en zacht snoepgoed

Meer dan dropchocolade

De eerste IJslandse chocolade die ik met plezier at, was bakchocolade – omdat die niet zo zoet was. Ik hield van chocolade met dropvulling, die vóór de globalisering alleen in IJsland verkrijgbaar was. Tegenwoordig komt de dropvariant in veel verschillende vormen voor, als chocoladekogels met een dropkern, soms verfijnd met marsepein of karamel, als chocoladereep of als tablet. Een ander product dat hier in geen enkele supermarkt ontbreekt heet *hraun* – wat eigenlijk IJslands is voor lava – en is gepofte rijst overdekt met een laagje chocolade. De hoekige, ongelijke stukjes in de buitenlaag doen denken aan kleine lavastenen.

IJslandse chocolade is zeer romig door het hoge roomgehalte en is bovendien goed gezoet. Maar er is een nieuwe trend, net als elders in de wereld, om chocolade te produceren met een hoger cacaogehalte en minder suiker. Een snel opkomende ster onder de IJslandse chocoladefabrikanten is de kleine, fijne confiserie OmNom. Deze produceert niet alleen heel lekkere smaken, maar presenteert de chocolade ook in een originele verpakking die al een kunstwerk op zich is. Het succesverhaal

De verpakking van chocoladefabrikant OmNom is een waar kunstwerkje

van OmNom begon in 2013: de nieuwe confiserie viel meteen in de prijzen. De chocolatiers van OmNom verwerken cacaobonen van zeer hoge kwaliteit, die ze met noten roosteren in een verhouding van 50:50. Aanvankelijk was OmNom een klein bedrijfje dat was gevestigd in een voormalig benzinestation, zo klein dat ik het in 2015 nauwelijks kon vinden. Hier werd geëxperimenteerd, geproduceerd, verpakt en verzonden. In een week konden slechts vijfduizend tabletten worden geproduceerd, waarvan de helft naar de Verenigde Staten ging. Inmiddels is het bedrijf verhuisd naar het oude havengebied van Reykjavík en biedt het zelfs rondleidingen aan. Zoveel exclusiviteit heeft zijn prijs: een reep kost €11.

En de naam 'OmNom'? Het is een geluid van welzijn, de zoete meditatie van genieten. ∎

De nieuwe confiserie viel meteen in de prijzen

Reykjanes en de Gouden Cirkel

Puur natuur — op slechts 40 km van Reykjavík liggen lavagebieden en thermale velden met solfataren en geisers.

Elfen in Hafnarfjörður

Niet ver van de haven ligt het park Hellisgerði (grottuin), een synthese van bomen en lavaland-schap. Er wordt gezegd dat hier elfen wonen – wil je misschien een kijkje nemen?

Rock-'n-roll in Keflavík

In het unieke museum Rokksafn Íslands kun je IJslandse muziek beluis-teren en in beeld zien. Het gaat vooral om mu-ziek uit de tijd na 1945, toen de Amerikanen hier waren. In de museum-winkel kun je eventueel cd's kopen.

Het Vikingschip Íslendingur voer hele-maal naar Canada.

Erin duiken

Garðskagi

Op de landtong met twee vuurtorens verrast een museum met tech-nologie van gisteren.

Langs kustweg nr. 425

Lava, vulkaankegels, vo-gelkliffen, uitzicht over zee, een brug tussen de twee continentale pla-ten, warmwaterbronnen.

Grindavík

Het vissersdorp is sinds begin 2024 onbewoon-baar door grondverzak-kingen. Wat de toekomst brengt, is ongewis.

blz. 65

Þingvellir

Vergaderplaats, plek van de stichting van de staat, geologisch spektakel en UNESCO Werelderfgoed. Ook bekend bij fans van *Game of Thrones*. Een van de beroemdste locaties in het land.

blz. 69

Fontana

Het badcomplex in Laugarvatn is een ideale tussenstop om te ontspannen en het landschap in je op te nemen.

blz. 70

Geiser ✪

De beroemde geiserbron Stóri gaf zijn naam aan het thermale veld in de Haukadalur. Er zijn hier ook veel kleine warmwaterbronnen, waarvan de kleuren variëren van diep turquoise tot helder-rood. Laten we eens kijken hoe het hier borrelt.

blz. 73

Bezoek aan een oude dame

Auður Sveinsdóttir en haar man Halldór Laxness wonen sinds december 1945 in Gljúfrasteinn. In 2002 had ik een ontmoeting met Aude in haar huis en interviewde haar. Met haar woorden bloeide het verleden weer op.

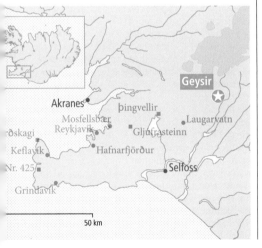

IJslandse wol om zelf te breien vind je in Mosfellsbær.

Zodra je de laatste huizen van Reykjavik achter je laat, kom je terecht in de wereld van wilde planten. En overal lava, lava en nog eens lava.

beleven

IJsland in een notendop – Reykjanes

S chiereiland Reykjanes heb je al gezien toen je in Keflavík landde. Waarschijnlijk werd je op dat moment overdonderd door het fantastische lavalandschap waar het vliegtuig recht op aan vloog. Reykjanes biedt bijzonder veel: grote lavavelden, geothermische gebieden, geisers, kliffen met talloze vogelkolonies, meren te midden van fascinerende vulkaanlandschappen – en dat alles op een vrij klein oppervlak. Daarnaast zijn er uitnodigende plaatsjes met verrassende musea en vuurtorens. Bovendien ligt hier het beroemdste meer met zwemwater van IJsland: de Blue Lagoon. De vele wandelmogelijkheden zorgen ervoor dat je langere tijd wilt doorbrengen in dat gebied, waar je zelfs dat hooglandgevoel kunt krijgen.

De regio kun je in drie tot vier dagen per auto 'beleven' tijdens een uitgebreide weekendtrip of als het begin van een rondreis. Een rit in zuidelijke richting over de wegen nr. 42 en nr. 427 naar de solfataren (bronnen met zwavelhoudende dampen) en door de lava van Hafnarfjörður is niet alleen een pure natuurervaring, maar voert je bovendien langs de hightech-elektriciteitscentrale en aluminiumfabriek bij Straumsvík – gebouwen als uit de toekomst. De onverwoestbare

elfen – de meest succesvolle marketingattractie van IJsland – kun je ontmoeten in Hafnarfjörður. De kustdorpjes met landbouw, inclusief paarden en schapen, zijn charmant. Sinds september 2015 is het schiereiland Reykjanes lid van het European Geoparks Network (european geoparks.org). Geoparken zijn landschappen met een bijzonder geologisch kenmerk. Op het schiereiland Reykjanes is de Mid-Atlantische Rug duidelijk te zien. Wat geologie betreft heeft IJsland een van de fascinerendste locaties met de brug over de kloof tussen twee continentale platen. De vredige indruk van het landschap verhult het vuur in de diepte, dat sinds 2021 al meerdere keren bovengronds is gekomen.

Hafnarfjörður en omgeving

♥ Kaart 3, C 6/7

De stad van elfen en Vikingen

Hafnarfjörður is gebouwd op de uitlopers van Búrfellshraun, een lavaveld dat ongeveer 7000 jaar geleden werd gevormd. Sommige IJslanders geloven dat hier in de lava in en rond de stad leden van het verborgen volk wonen, ofwel de elfen. De goede havenfaciliteiten en de rijke visgronden waren ideaal voor de mensen. Daarom was de stad al vroeg een populair handelscentrum. Tot het begin van de 17e eeuw, toen Denemarken zijn handelsmonopolie opgaf, fun-geerde Hafnarfjörður als depot voor de Hanzesteden en was het de belangrijkste haven op IJsland. Het handelsverbond Hanze bouwde hier woon- en handelsgebouwen en een kerk. Tegenwoordig herinnert een monument van de Duitse kunstenaar Lupus aan de eerste Lutherse kerk in IJsland. In Hafnarfjörður worden regelmatig Vikingfeesten gehouden, waardoor het ook wel wordt beschouwd als de Vikingstad van de moderne tijd. Niet ver van de haven ligt de **Hellisgerði** (grottuin), een geslaagde synthese van bomen en lavalandschap. Het park werd aangelegd in 1922 en is ook populair bij elfenvrienden. Een speciale plattegrond van het park laat zien waar de leden van het onzichtbare volk wonen.

Lavatuinen Hellisgerði: Skúlaskeið o. N., alleen met rondleiding vanaf het toeristenbureau, Strandgata 6, tel. 585 55 00

In de trawlerhaven van Hafnarfjörður worden elke dag enkele tonnen vis aan land gebracht. De stad is de tweede grootste overslaghaven van IJsland, niet alleen voor vis, maar ook veel importgoederen

Musea

De oude tijd

Stads- en Scheepvaartmuseum: het museum Byggðasafn Hafnarfjarðar bestaat uit verschillende gebouwen. De eerste is het voormalige pakhuis (Pakkhús), dat in 1865 werd gebouwd. Hier zijn tentoonstellingen te zien over de geschiedenis van de stad, een speelgoedcollectie en wisselende thematentoonstellingen. Daarnaast staat het oudste gebouw van de stad, het voormalige huis van Bjarni Sívertsen (1760-1833) uit 1803 (Sívertsens-Hús). Sívertsen was een van de eerste handelsondernemers van het land nadat het Deense monopolie was afgeschaft. De inrichting van het museum documenteert het leven van een rijke burgerfamilie in de 19e eeuw. Arbeiders en zeelieden leefden in die tijd in heel andere omstandigheden, zoals te zien is in het Siggas House (Siggubær).

Vesturgata 8, tel. 585 57 80, byggdasafnid.is, toegang gratis; Pakkhús, juni-aug. dag. 11-17, sept.-mei za., zo. 11-17; Sívertsens-Hús, juni-aug. dag. 11-17; Siggubær, Kirkjuvegur 10, juni-aug. za., zo. 11-17 uur

Beeldende kunst

Hafnarborg: het Hafnarborg Art Museum biedt interessante tentoonstellingen, voornamelijk van hedendaagse IJslandse kunstenaars. Er worden ook regelmatig kleine concerten gehouden.

Strandgata 34, hafnarborg.is, wo.-ma. 12-17 uur, toegang gratis

Slapen

Beelden bij het ontbijt

Lava Hostel: mooi gelegen, direct aan de Sculpture Trail. In het architectonisch geslaagde gebouw biedt men de gasten goede faciliteiten met kamers voor 2-6 personen. Fraai uitzicht vanuit de

SIERADEN ALS VAN DE VIKINGEN

Hôtel Viking biedt niet alleen zachte bedden, maar ook kunstnijverheid uit IJsland, Groenland en de Faeröer Eilanden. De sieraden uit Groenland zijn bijzonder mooi: ze zijn bijvoorbeeld gemaakt van rendierhoorn, inclusief kleine ijsbeerkoppen als hangers. De prijzen zijn ook heel acceptabel. Als je niet meteen kunt beslissen, denk er dan rustig over na bij een kopje koffie of thee. Rustieke sfeer (het adres hetzelfde als van Viking Restaurant Fjörukráin rechts).

ontbijtkamer op het park. Een wandeling door het park is de moeite waard, breng daarbij vooral een bezoek aan de kerk op de heuvel.

Hjallabraut 51, tel. 565 09 00, lavahostel.is, 15. mei-31. aug., slaapzalen en 2 pk, €

Outdoor

Camping: staanplaatsen bij het pension (zie hiervoor). Je kunt gebruikmaken van de faciliteiten van het pension. Beschutte ligging door lavagrotten.

Eten

Vikingsfeer

Fjörukráin: een sfeervol Vikingrestaurant dat inmiddels een instituut is in IJsland! Hier zie je een kopie van het Normandische Tapijt van Bayeux en verder bijvoorbeeld een volwassen ijsbeer en talrijke zeevogels. Het menu van lam, zalm en skyr wordt in stijl geserveerd, begeleid met muziek en Vikingdrank.

Strandgata 55, tel. 565 12 13, fjorukrain.is, zo.-vr. 18-24, za. 18-3 uur, vikingmenu met een glas bier en een glas sterkedrank €€€

Cultureel wereldje
Súfistinn: dit populaire café is de plek om elkaar te ontmoeten en de volgende culturele projecten te plannen. Het serveert kleine gerechten zoals soep van de dag, salades en lekkere taart en koffie. Strandgata 9, tel. 565 37 40, ma., di. 10-17, wo.-za. 10-18, zo. 11-18 uur, €

Actief

Ruitertochten
Íshestar: ook mogelijk voor beginners. Bijzonder aantrekkelijk is de Vikingtocht rond de berg Helgafell en verder over de lava (ISK20.900). Sörlaskeið 26, tel. 555 70 00, ishestar.is

Wandeling met gids
Hidden World Tours: de tocht begint bij het toeristenbureau. Tel. 694 27 85, alfar.is, di. en vr. 14.30 uur, 1,5-2 uur, ISK5500, met plattegrond van de Hidden World

Info

● **Toeristenbureau:** Strandgata 6, tel. 585 55 00, visithafnarfjordur.is, ma.-do. 8-16, vr. 8-14 uur. In het Stads- en Scheepvaartmuseum, Vesturgata 8, juni-aug. 11-17 uur. Er zijn kaarten beschikbaar van de omgeving en vooral van de stad voor een rondwandeling.
● **Bus:** straeto.is. Regelmatig lijnbussen tussen Reykjavík en Hafnarfjörður. Dienstregeling op de website. De luchthavenbus stopt ook bij de toegang tot de stad.
● **The Heart of Hafnarfjörður:** 30 mei-2 juni. Jaarlijks festival met talrijke evenementen, vooral met lokale kunstenaars.
● **Vikingfestival:** elk jaar in de zomer komen Vikingen uit de hele wereld een week lang bijeen om te laten zien hoe men in Viðistaðatún leefde, werkte en feestte in vervlogen tijden.

● **Kerstmarkt:** van het laatste weekend van november tot Kerstmis.

Þríhnúkagígur ♀ Kaart 3, C 7

Je gaat 120 m diep in het binnenste van een vulkaan, maar maak je geen zorgen: Þríhnúkagígur is al 4000 jaar inactief. Deze bijzondere ervaring wacht op je op het schiereiland Reykjanes in de buurt van het skigebied Blafjöll, bereikbaar vanuit Hafnarfjörður via de 42 en de 417. Er is ook een afhaalservice beschikbaar vanuit Reykjavík. Blafjöll heeft in de winter 15 km aan pistes. Met vijftien liften kunnen snowboarders en skiërs naar boven. Het wintersportgebied ligt op een hoogte van 460 tot 700 m, is sneeuwzeker en wordt verlicht. Tel. 519 56 09 insidethevolcano.com, ISK44.000

Afdaling naar het middelpunt van de aarde? Bij de tocht in de vulkaan Þríhnúkagígur kom je er wel dichterbij

REYKJANESBÆR R

Een groot bord in de lava wijst naar de stad die een samenvoeging is vanvan Njarðvík, Keflavík en Hafnir (zie blz. 59). Maar elk van deze plaatsen heeft nog steeds zijn eigen karakter en bijzonderheden.

Kapelluhraun ♀ Kaart 3, C 7

Het grote lavaveld Kapelluhraun strekt zich uit van de kust ten zuiden van Hafnarfjörður tot aan Kleifarvatn. Het lavaveld dankt zijn naam aan de middeleeuwse kapel die er werd ontdekt, waar reizigers konden bidden voordat ze over de onherbergzame lava trokken. Bij het onderzoek van de ruïne, die zich bevond tussen diverse lagen lava, werd in 1950 een kleine vrouwenfiguur gevonden die St. Barbara voorstelde. Tegenwoordig is het beeld te zien in het Nationaal Museum in Reykjavík (zie blz. 38). In dit gebied valt Straumsvík op met zijn twee rood-witte torens pal aan de kust en nog in het lavaveld. Dit is de kleinste aluminiumsmelterij van de grootste industriële onderneming van het land, de Canadese Rio Tinto Alcan Group.

Njarðvík ♀ Kaart 3, C 7

Njarðvík is een oude nederzetting waarvan de eerste kerk in 1269 werd ingewijd en die al op dezelfde plaats stond als de huidige stenen kerk die in 1886 werd gebouwd. De inwoners hebben altijd geleefd van de visserij en de visverwerking. De oude vissershut **Stekkjarkot** geeft nog een welsprekend beeld van het leven van de vissers in de 19e eeuw (te bezichtigen op aanvraag, tel. 421 67 00).

Museum

De Vikingtochten naar het westen
Víkingaheimar: het museum documenteert de wereld van de Vikingen – zoals de naam aangeeft – in een multimediale tentoonstelling die in 2000 te zien was in het Smithsonian Museum in Washington. In het midden van het gebouw staat het gereconstrueerde Vikingschip Íslendingur, dat in 2000 van IJsland naar de Verenigde Staten voer.

Vikingabraut 1, tel. 422 20 00, vikingworld. is, dag. 10-16 uur, ISK1500, kinderen tot 14 jaar gratis

Slapen

Voor alle jongeren
Jeugdherberg Njarðvík: de moderne jeugdherberg is voorzien van internet en een hottub. Kamers van 2-8 bedden. Goede busverbindingen naar Keflavík en Reykjavík. Er hoort een camping bij.

Fitjabraut 6 a/6 b, tel. 421 88 89, slaapzalen en 2 pk, €, keuken beschikbaar

Eten

Bij het Vikingschip
Víkingaheimar Café: hier zit je onder het schip met uitzicht op het landschap en kun je genieten van Vikinggerechten. Doorlopend buffet tegen redelijke prijzen, vers gebakken brood is altijd inbegrepen. Begin met het ontbijt, ISK3000 (inclusief toegang).

In het museum Vikingaheimar, zie hiervoor

Keflavík   ♥ Kaart 3, B 7

Amerikaanse invloeden

Keflavík is de grootste stad en het bestuurlijk centrum van de regio. Door de eeuwen heen is het een bekend handelscentrum geweest, voor het eerst genoemd in de 13e eeuw, en tegenwoordig heeft het de op een na grootste haven van IJsland met een bijbehorende scheepswerf. De nabijheid van de Amerikaanse luchtmachtbasis had ook grote economische gevolgen. Zo'n negenhonderd werknemers verloren hun baan in Keflavík na het vertrek van de Amerikanen in 2006. De groei werd enigszins vertraagd door de wereldwijde financiële crisis, maar nu zie je weer een aantal nieuwe gebouwen. Tegenwoordig spelen cultuur, natuur en regionale geschiedenis een belangrijke rol in de presentatie van de stad. De kustwandelingen naar zowel het oosten als het westen zijn aantrekkelijk en er zijn veel vogels te zien.

Musea

Cultureel centrum met boten

Duus Hús: het cultureel centrum met drie tentoonstellingsruimten ligt in het oude deel van Keflavík bij de haven voor kleine boten. Het oudste pand van het complex werd in 1877 gebouwd door de Deense koopman Peter Duus. Naast het plaatselijke kunstmuseum vind je hier een collectie scheepsmodellen van een vroegere kapitein en een streekmuseum. Duusgata 2-8, Grófin, tel. 420 32 45, dag. 12-17 uur, ISK1500

Rock-'n-roll

Rokksafn Íslands: dit unieke museum presenteert de IJslandse muziek sinds de 19e eeuw. Natuurlijk ligt de nadruk op de periode na 1945, toen de muziek duidelijk nieuw leven werd ingeblazen door de op IJsland gestationeerde Amerikanen. Alles wordt hier op een welluidende en informatieve manier naar voren gebracht. Ook de beroemde IJslandse sterren zijn hier te ontdekken. Je kunt ook zelf instrumenten bespelen. Hjallavegur 2, tel. 420 10 30, rokksafn.is, dag. 11-18 uur, ISK1500

Slapen

Er zijn hotels in Keflavík, maar sommige zijn gewoonweg te duur in verhouding tot hun niveau.

Eenvoudig en goed

B&B: het centraal gelegen pension biedt slechts een basisniveau. Voor vervoer naar het vliegveld wordt gezorgd. Hringbraut 92, tel. 421 89 89, 867 44 34, bbguesthouse.is, €

Bij de haven

Hotel Duus: een nieuw hotel in het gebouw van Kaffi Duus. Smaakvol ingericht, sommige kamers hebben havenzicht. Ideale uitvalsbasis voor het verkennen van Keflavík. Duusgata 10, tel. 787 08 09, hotelduus.is, €€

Eten

Bijna alle restaurants zijn te vinden langs de Hafnargata. Hier bevinden zich ook de meeste bars, die in het weekend tot 5 uur geopend zijn.

Zeezicht

Kaffi Duus: in het cultureel centrum zit je comfortabel en heb je aan veel tafels zicht op de haven. 's Avonds à la carte vis- en vleesgerechten. Duusgata 10, tel. 421 70 80, duus.is, dag. 11-22 uur, €€-€€€

Op de uitgestrekte lavavelden aan de noordkust van Reykjanes groeit pluizig muisjesmos

Aziatisch

Thai Keflavík: ondanks het grote aanbod zijn de gerechten allemaal aan te bevelen. Natuurlijk zijn er talloze vegetarische varianten; soepen, curry's of sushi vanaf ISK2190.

Hafnargata 39, tel. 421 86 66, thaikeflavik.is, ma.-vr. 11.30-22, za., zo. 16-22 uur, €

Actief

Walvissen kijken

Vogasjóferðir: boottochten om walvissen te kijken, te vissen of in de winter het noorderlicht te zien. De vangst van het vissen kun je meenemen. Alleen kleine groepen, 3-4 uur whale watching vanaf ISK10.900, tocht naar papegaaiduikers rond ISK5400, ook privétochten zijn mogelijk.

Haven, tel. 833 90 80, vogaseatours.com

Info

● **Toeristische informatie:** tel. 42 32 88, visitreykjanes.is, info@visitreykjanes.is.
● **Nacht van het licht:** 1e weekend van september. Bij de jachthaven van Keflavík staat een basaltrots in zee, die wordt verlicht.
● **Bus:** straeto.is. Dag. bussen tussen Reykjavík en Keflavík. Lijnbussen tussen Keflavík, Njarðvík en Hafnir.

Noordwestkust van Reykjanes

Er liggen slechts drie dorpjes langs de noordwestkust. Over het vlakke land opent zich een enorme uitgestrektheid, die vooral indrukwekkend is als je een strandwandeling maakt van Garðskagi naar het slechts 5 km verderop gelegen Sandgerði. Talloze trekvogels verzamelen zich hier elk voor- en najaar en als je geluk hebt zie je zeehonden op de rotsen liggen. Het pad voert langs de heuvel Kirkjuhóll, waar in naam van het geloof werd gemoord, bijvoorbeeld bij de bloedige wraak op de uitvoerders van de executie van Jón Arason.

Garðskági en Garður

♥ **Kaart 3, B 6/7**

Landtong met vuurtorens

De beste plek om tot heel ver over zee te kijken is waarschijnlijk de uiterste westpunt van het schiereiland Reykjanes: **Garðskagi**. Vanaf de landtong, waar twee vuurtorens staan, kun je over de hele baai Faxaflói naar Snæfellsjökull kijken. De oudste vuurtoren is gebouwd in 1897, de recentste uit 1944 is met zijn 28 m de hoogste van IJsland (zie Lievelingsplek blz. 58). Talloze zeevogels zijn hier te zien, en veel ervan staan afgebeeld en beschreven op borden. Het dorp **Garður**, 9 km ten westen van Keflavík, staat bekend als een vroege nederzetting – een tante van Ingólfur Arnarson, de eerste permanente bewoner van IJsland, zou hier hebben gewoond. Hier staat ook de Útskálar kerk met een prachtig beschilderd interieur.

Slapen

Fantastisch uitzicht

Lighthouse Inn: dit kleine, rustieke hotel biedt functionele kamers en uitstekende service en rust. Hier heb je pure natuur met comfort. Restaurant in het hotel, rijkelijk ontbijt. De vuurtorens staan op loopafstand.

Norðurljósavegur 2, tel. 433 00 00, lighthouse inn.is, €-€€

Middernachtzon in optimale vorm

Camping Garðskagi: bij de vuurtoren, eenvoudige voorzieningen, maar sensationeel uitzicht over de Atlantische Oceaan.

Sandgerði

♥ **Kaart 3, B 7**

Een mooie kustplaats die zijn beste dagen beleefde als Deens handelscentrum. Tegenwoordig is er een levendige visserij in de uitgebreide haven. Bij de ingang van het dorp wordt de aandacht getrokken door het beeld *Betovering van Steinunn Þórarinsdóttir*, een wankelende man voor drie golven van staal. Niet alleen de prachtige locatie is een bezoek waard, maar ook het natuurcentrum.

Museum

Alles over de zee

Fræðasetrið Nature Center: het natuurhistorisch museum is tevens een onderzoekscentrum. Het doet aanvankelijk wat sober en weinig aansprekend aan, maar de collecties zijn boeiend, vooral de tentoonstelling over het leven op de bodem van de zee. De collectie over de Franse poolreiziger Jean-Baptiste Charcot, een van de grote noordpoolkenners

Lievelingsplek

Tijd om rond te neuzen en te ontdekken

Het eenvoudige, lichte gebouw in Garðskagi met de charme van een grote garage herbergt een prachtig museum, **Byggðasafn Garðskaga**, met een leuk café. Spullen voor woninginrichting, koelkasten, radio's, kortom alles wat de inwoners uit de regio niet meer wilden hebben omdat het oud was, kun je hier bezichtigen. Bijzonder indrukwekkend in de privécollectie is de machine-hal. In deze grote toonzaal staan zo'n zestig krachtmachines in alle vormen en maten opgesteld, waarvan de oudste dateert uit 1920. In deze collectie kun je altijd iets nieuws ontdekken. Geniet daarna bij de zelfgebakken cake van het uitzicht over de Faxaflói-baai – of de middernachtzon (Sandgerði, ♥ Kaart 3, B 7, Skagabraut 100, 250 Garður, tel. 422 72 20, gardskagi.com, mei.-sept. dag. 10-17 uur, toegang gratis; Röstin Restaurant, ma.-wo. 17-20.30, do.-zo 12-20.30 uur).

van zijn tijd, die hier met zijn schip zonk, is bijna sensationeel.

Garðvegur 1, thekkingarsetur.is, mei-aug. ma.-vr. 10-16, za., zo. 13-17, anders ma.-vr. 10-14 uur, ISK600

Info

- **sandgerdi.is:** informatie over het dorp en de aanwezige voorzieningen.
- **Bus:** straeto.is. Dag. busverbinding vanuit Keflavík.

Hvalsnes
♥ Kaart 3, B7

De kerk Hvalsneskirkja in de kleine nederzetting Hvalsnes is een populair motief in IJslandse misdaadromans en wordt ook vaak afgebeeld op boekomslagen. De passiedichter Hallgrímur Pétursson was hier predikant in 1644-1651. In die tijd stierf zijn dochtertje, voor wie hij eigenhandig de inscriptie op de grafsteen schreef die nu in de kerk staat. De huidige kerk werd gebouwd in 1885-1887. Vanuit Hvalnes kun je langs de kust wandelen, langs een Duitse handelspost uit de 15e en de 16e eeuw. Voor de kust liggen ook diverse scheepswrakken, want tot het eind van de 18e eeuw waren hier belangrijke handelsposten gevestigd. Het dorp Hafnir ligt ongeveer 10 km verderop.

Zuidwestkust van Reykjanes

Hafnir
♥ Kaart 3, B7

Hafnir aan de zuidwestkust van Reykjanes was ooit een belangrijk vissersdorp,

maar tegenwoordig valt zoiets alleen af te lezen aan de schilderachtige ligging en een paar oude huizen, zoals de houten kerk uit 1861. Vanaf Hafnir loopt ook een oude verbindingsroute over het schiereiland, de **Prestastígur**, die vroeger de geloofsgemeenschappen van de regio met elkaar verbond.

Langs kustweg nr. 425
♥ Kaart 3, B7

Van Hafnir naar Grindavík voert weg nr. 425 langs de kust met interessante zijpaadjes. Hier kun je enkele geologisch fascinerende formaties zien en de adembenemende kustlijn ervaren tijdens korte wandelingen. De kliffen van de **Hafnarberg** zijn bijvoorbeeld een paradijs voor vogelaars, met talloze zeevogels die hier nestelen. Bovendien verzamelen zich hier op de kliffen vogels die op weg zijn naar Groenland. Ten zuiden van de 30 m hoge kliffen ligt de zandbaai **Stóra Sandvík** met een van de mooiste stranden. Als je ooit van Europa naar Noord-Amerika wilt lopen, moet je op zoek gaan naar de **brug tussen de twee continenten** bij Stóra Sandvík. Deze overspant de kloof tussen de continentale platen van Eurazië en Noord-Amerika, die door heel IJsland loopt en ook duidelijk zichtbaar is in Þingvellir (zie blz. 65).

Het water in het gebied met hoge temperaturen **Gunnuhver** bereikt op sommige plaatsen wel 300°C en bestaat voornamelijk uit fumarolen en solfataren. Het bijzondere van dit gebied is dat het grondwater zuiver zeewater is. De naam gaat terug op een volksverhaal waarin ene Gunna hier stierf door verdrinking in een warmwaterbron omdat ze was beschuldigd van het doden van een echtpaar dat haar niet aanstond.

Een tentoonstelling in de krachtcentrale **Reykjanesvirkjun** langs weg nr. 425 vlak voor het thermische veld (grp.is/#energy-is-life, mei-sept. dag. 12.30-16.30 uur, bezoek van de tentoonstelling mogelijk, ISK1500) geeft informatie over geothermische energie in het algemeen en het gebruik ervan in IJsland in het bijzonder. Het gebouw ziet er bijna futuristisch uit te midden van het lavalandschap.

De uiterste westpunt van het schiereiland wordt gemarkeerd door de vuurtoren **Reykjanesvíti**. De eerste vuurtoren werd hier in 1878 gebouwd, maar deze werd verwoest door een aardbeving. Op een heldere dag kun je het 14 km naar het zuidwesten gelegen vogeleiland **Eldey** zien liggen, dat in 1974 tot beschermd natuurgebied werd verklaard en alleen met speciale toestemming mag worden betreden. De laatste reuzenalk werd in 1844 op het eiland gedood. Op de 77 m hoge klif van palagoniettufsteen leeft 's werelds grootste kolonie jan-van-genten met ongeveer veertigduizend vogels.

Grindavík   ♀ Kaart 3, C 7

Grindavík heeft een van de belangrijkste vissershavens van IJsland en was al in de middeleeuwen een handelscentrum voor Duitse en Engelse kooplieden. In 1627 vielen Algerijnse piraten de stad aan en ontvoerden talloze inwoners.

Vanuit Grindavík kun je bijzonder mooie kustwandelingen ondernemen, zoals naar **Selatangar**, waar de ruïnes van het 19e-eeuwse vissersdorp nog goed te zien zijn. Van de nabijgelegen heuvel **Þorbjarnarfjell** (243 m) heb je een geweldig uitzicht over de gehele omgeving.

Helaas is Grindavík na door vulkanische activiteit veroorzaakte grondverzakkingen eind 2023 en een lavastroom begin 2024 min of meer onbewoonbaar.

Geëvacueerde bewoners mochten in februari 2024 terugkeren naar hun huizen, maar op eigen risico en zonder kinderen. Het is op dit moment onbekend in welke staat bewoners en faciliteiten verder kunnen.

Museum

Gezouten vis

Kvikan: naast een geologische tentoonstelling vind je in het cultureel centrum ook een tentoonstelling over de schrijver Guðbergur Bergsson en het Stokvismuseum. Foto's, gereedschap en gearrangeerde werktaferelen brengen het harde werk van de vissers en vissersvrouwen tot leven. Stokvis is nog steeds een van de belangrijkste exportproducten van IJsland. De zin 'Het leven is zoute vis' is een citaat uit Halldór Laxness' beroemde roman *Salka Valka*, die hij gedeeltelijk in Grindavík schreef.

Hafnargata 12 a, grindavik.is/kvikan, half mei-half sept. dag. 10-17, half sept.-half mei za., zo. 11-17 uur, gratis entree, maar ISK250 voor koffie en toilet, alleen toilet ISK100

Eten

Zoutig

Salthúsið: rustiek en vriendelijk. Probeer zeker de stokvis en geniet van het dorpsleven.

Stamphólsvegur 9, tel. 426 97 00, salthusid. is, half mei-half sept. dag. 12-22 uur, €€

Nautisch

Kaffi Bryggjan: café aan de haven met nautische apparatuur. Dagelijks verse soep, zelfgemaakte cake, alles wat vissers eten.

Miðgarður 2, tel. 426 71 00, bryggjan.com, dag. 11-21 uur, €

Blue Lagoon

📍 **Kaart 3, C 7**

Bij ieder bekend

De 'blauwe lagune' (Bláa Lónið) is waarschijnlijk de populairste badplaats van IJsland en bijna een synoniem voor het land. De poëtische naam komt helemaal niet overeen met de prozaïsche feiten, want het is het afwateringsmeer van de geothermische krachtcentrale Svartsengi. De centrale ligt in een gebied met zoutwaterbronnen die temperaturen bereiken tot 240°C. Het warme water wordt gebruikt om koud zoet water te verwarmen, dat gebruikt wordt voor de verwarming van de dorpen en het vliegveld op Reykjanes. Ook wordt hiermee elektriciteit opgewekt door de opstijgende stoom te gebruiken voor de aandrijving van een turbine. Omdat het water na gebruik zeer rijk is aan mineralen werd in 1982 een aantal medische studies uitgevoerd, waaruit bleek dat het een genezende werking had bij psoriasis en andere huidaandoeningen.

Vandaag de dag kun je hier de gevolgen ervaren van uiterst succesvolle marketing. Het gebouw dat in 1999 werd geopend, is niet alleen aantrekkelijk qua architectuur, maar bood ook zevenhonderd gasten de mogelijkheid om zich om te kleden. Omdat het aantal bezoekers de laatste jaren sterk is gestegen, moest het gebouw worden uitgebreid. Het meer wordt ook voortdurend vergroot. Het kleurcontrast tussen de pikzwarte lava rond het meer en het melkblauwe water, dat afhankelijk van de lichtomstandigheden van kleur kan veranderen van turqoise tot donkerblauw, lijkt bijna surrealistisch. Je zwemt in water dat constant 38°C is en er worden ook diverse massages aangeboden (ISK10.200-16.300). Dit klinkt heel mooi, maar helaas heeft het aan charme ingeboet door het grote aantal bezoekers.

240 Grindavík, tel. 420 88 00, bluelagoon. com, vanaf ISK9900, kaartjes moeten vooraf online worden gekocht; op het kaartje staat de datum en de tijd van je bezoek vermeld

Het meer met zwemwater van de Blue Lagoon is zo'n 5000 m² groot – vrij groot als je alleen maar rustig wilt zwemmen. Toch is het thermale bad een van de populairste van het land

Shoppen

Cosmetica
Blue Lagoon Shop: adres zie hierboven. De cosmetische serie, gemaakt van de mineralen en algen van de lagune, is zeer geschikt als souvenir.

Info

- **Bus:** dag. bussen naar Blue Lagoon van Keflavík Airport, Keflavík en Reykjavík.

Krýsuvík en Kleifarvatn

📍 **Kaart 3, C 7**

Voor de terugweg van Grindavík naar Reykjavík is kustweg nr. 427 een aanrader. Deze komt bij Krýsuvík samen met weg nr. 42. Een vulkanisch landschap met een fascinerend kleurenspel nodigt je uit om hier een wandeling te maken. Alleen al de rit over de deels onverharde 42 is een belevenis en geeft een indruk van de IJslandse hooglanden in het klein.

In het geothermische gebied van **Krýsuvík** zie je stoom uit gaten in de bodem, modderpotten en warmwaterbronnen. Ondanks diverse boringen is het enorme potentieel aan geothermische energie nog niet benut. Brede paden leiden door het gebied, dat op sommige plaatsen sterk naar zwavel ruikt. Tegenover de thermen ligt het meer **Grænavatn**, waarvan de naam verwijst naar zijn intens groene kleur.

Ten noorden van Krýsuvík ligt het 10 km² grote zwarte meer **Kleifarvatn**, waarin een monster ter grootte van een walvis zou wonen. Sinds enkele jaren zijn er enkele borrelende solfataren aan de zuidoever. Bovendien wordt het wateroppervlak kleiner doordat het water wegsijpelt door scheuren die na een aardbeving zijn ontstaan.

Lavawandelingen

Krýsuvík en Kleifarvatn zijn goede startpunten voor wandelingen, bijvoorbeeld naar het meer **Djúpavatn**, dat midden in een maanlandschap ligt. In de buurt ligt de tweelingvulkaan **Trölladyngja** (375 m en 393 m). Iets verderop vind je een ander geothermisch gebied bij **Höskuldarvellir**, een groene oase van gras. Midden in het lavalandschap staat als een losstaand blok de piramidevormige vulkaan **Keilir** (379 m). Een ongeveer 4 km lang pad leidt van Kleifarvatn naar het **Grænavatn**. Bij een klippenwandeling naar de **Krýsuvíkurberg** krijg je duizenden zeevogels te zien, zoals aalscholvers, noordse stormvogels en drieteenmeeuwen (zie Ontdekkingsreis blz. 63).

Vulkaanuitbarstingen

Sinds 2021 zijn er uitbarstingen op het schiereiland bij **Fagradalsfjall** en in het nabijgelegen **Meradalir**. Een van de nieuwe parkeerplaatsen van waaruit je de krater kunt bereiken ligt aan weg 427. De afstand tot het uitkijkplatform is ongeveer 5 km (je kunt het beste parkeren op de parkeerplaats naast route A en dan wandelroute A volgen naar Fagradalsfjall). Alle wandelroutes naar de uitbarstingsplaats zijn ook te vinden op visitreykjanes.is/en, waar je ook gedetailleerde informatie over de uitbarstingen kunt vinden ('eruption information').

ONTDEKKINGSREIS
Duizenden zeevogels en woeste klippen

Wandeling naar de Krýsuvíkurberg

Info

Begin:
parkeerplaats aan de Hælsvík,
♥ Kaart 3, C 7

Duur:
3-4 uur, afhankelijk van pauzes

Afstand:
14 km heen en terug

Vanaf weg nr. 42 ga je over de 427 in westelijke richting. Na ongeveer 4 km is er een afslag naar een grindweg die je met een terreinwagen kunt volgen tot aan de **parkeerplaats**. In het westen zie je de 40 m hoge, steil oplopende kust en in het oosten kun je de lichte vogelnesten op de grijze rotsen en de vele rondvliegende vogels al ontwaren. Je loopt nu over de zachtglooiende uitlopers van de heuvel **Selalda**. Na ongeveer 2 km (ongeveer 30 min.) bereik je een oranjerode **vuurtoren**, vanwaar de route direct boven over de klif **Krýsuvíkurberg** verdergaat. Op het hoogste punt buldert de branding wel zo'n 70 m dieper. Het is aan te raden om hier een goede en veilige plek te vinden om de vogels te bekijken. Op de rotsen nestelen ongeveer 57.000 paren zeevogels, waarvan zeekoeten en noordse stormvogels de meest voorkomende zijn. Papegaaiduikers zijn neergestreken voorbij de vuurtoren. De grasgrond is ideaal voor hun nestholen. Vanaf de vuurtoren kun je eventueel nog 5 km verder langs de rotskust lopen.

De klassieke rondreis – Gouden Cirkel

V

Veel landschappelijke en historische hoogtepunten kun je in compacte vorm ervaren op de Gouden Cirkel, een rondreis ten oosten van Reykjavík die door veel touroperators onder deze naam wordt aangeboden. In principe hoort de Gouden Cirkel bij IJsland zoals de St.-Pieter bij Rome, de Eiffeltoren bij Parijs en de Praagse Burcht bij Praag. Maar als je deze rondreis echt wilt maken vanwege de bezienswaardigheden – de vergaderplaatsen van Þingvellir, de geiser en de waterval Gullfoss – dan kun je misschien beter afzien van een georganiseerde excursie, tenzij je er om 5 uur 's ochtends heen gaat. Of negeer gewoon de drukte op de toeristische trekpleisters en geniet van de rit. Want als je in een kort tijdsbestek kennis wilt maken met de landschappelijke diversiteit van IJsland, is deze rondreis daarvoor een uitstekende gelegenheid. Alles wat de kern van IJsland vormt – vuur, ijs, zee en weiden – spreidt zich hier voor je uit. En bij Gullfoss begint het hoogland, waarvan de witte gletsjertoppen al van ver te zien zijn.

Bij de belangrijkste bezienswaardigheden, de geiser en Gullfoss, zie je echter al de negatieve effecten van het

massatoerisme. De duizenden bezoekers leiden tot overbelasting van de infrastructuur, er moeten steeds weer nieuwe paden worden aangelegd om de mensenmassa in goede banen te leiden, bij de toiletten staan lange rijen en de informatiecentra zijn alleen nog maar gericht op de verkoop van etenswaar en souvenirs. Toch is de tocht zeker de moeite waard, want onderweg worden plaatsen bezocht die onmiskenbaar geassocieerd worden met IJsland. Discussies over een betere verdeling van bezoekersstromen en meer bescherming voor de afzonderlijke gebieden en monumenten zijn al lang gaande, maar een concrete uitvoering laat jaren op zich wachten.

TER ORIËNTATIE **O**

Afstand: 300 km
Auto: van Reykjavík over weg nr. 1 naar Mosfellsbær, oostwaarts over de 36, over de 365 naar Laugarvatn, dan de 37 en 35 tot Gullfoss en verder zuidwaarts tot Skálholt en naar de 1.
Bus: de Gouden Cirkel kun je als dagexcursie boeken vanuit Reykjavík, dag. bijvoorbeeld bij Grayline (grayline.is) of Sterna Travel (sternatravel.com).

Mosfellsbær

📍 **Kaart 3, C6**

De overgang van Reykjavík naar de naburige stad Mosfellsbær in het noorden is nauwelijks merkbaar, maar de stad wordt zeker niet gezien als een slaapstad van Reykjavík. Mosfellsbær is charmant gelegen tussen de zee en de heide. Lange tijd was het een centrum voor wolverwerking. De ruimten van de voormalige wolfabriek **Álafoss** worden nu gebruikt voor tentoonstellingen, en sommige kunstenaars hebben hier hun atelier. De Nobelprijswinnaar voor literatuur Halldór Laxness (1902-1998) woonde bijna 50 jaar in **Gljúfrasteinn**, een paar kilometer ten oosten van het centrum van de stad (zie ook Toegift blz. 73). In 1945 nam de schrijver met zijn vrouw hier zijn intrek en in 2002 werd het pand nagelaten aan de stad Mosfellsbær. Het is nu een museum. Het persoonlijke karakter van het huis is behouden gebleven. Met een audiogids kun je veel te weten komen over het leven en het werk van de auteur. Wandelingen door de tuin en in de omgeving zijn mogelijk. Halldór Laxness rust op de begraafplaats Mosfell.

Glúfrasteinn: gljufrasteinn.is, juni-aug. dag. 10-17, sept.-okt. dag. 10-16, nov.-feb. di.-vr. 10-16 uur, ISK 1200, tot 18 jaar gratis

Þingvellir   📍 **Kaart 3, D6**

Þingvellir: vergaderplaats, plaats van oprichting van de staat, geologisch spektakel en UNESCO Werelderfgoed. Bovendien is Þingvellir bekend bij fans van *Game of Thrones*. Voor de IJslanders is er geen andere plaats zo belangrijk voor hun historisch zelfbeeld en voor hun natie als Þingvellir. Hier werd in het jaar 930 de eerste IJslandse Vrijstaat uitgeroepen en op 17 juni 1944 de Republiek IJsland. Voor wie geïnteresseerd is in geologie is de locatie bijzonder interessant, want hier komen de Oude en de Nieuwe Wereld, Europa en Amerika, samen. Kilometerslange spleten, die van noordoost naar zuidwest lopen, kenmerken het in 1928 opgerichte nationale park van 50 km². De Þingvellirkloof, begrensd door de Almannagjáspleet in het westen en de Hrafnagjáspleet in het oosten, is de voortzetting van de Mid-Atlantische Rug. Metingen hebben aangetoond dat het per jaar wel 8 mm zakt en ook met 8 mm uitzet. De Euraziatische plaat met het oostelijke deel van de Atlantische zeebodem en de Amerikaanse plaat met de westelijke Atlantische zeebodem drijven vanaf deze plek verder uit elkaar.

Door de kloof

Bij het uitzichtpunt **Hakið** boven de Almannagjá staat een informatiecentrum waar je meer te weten kunt komen over de geschiedenis en de geologie van Þingvellir. Het platform biedt een goed uitzicht op de omgeving met het meer Þingvallavatn in het zuiden en de schildvulkaan Skjaldbreiður (1060 m) en de tafelberg Hlöðufell (1188 m) in het noorden. Schildvulkanen bestaan uit dunnere lava die over een grotere oppervlakte is uitgestroomd. De Skjaldbreiður verheft zich geleidelijk met een hellingsgraad van 6. Behalve op IJsland komt dit type vulkaan alleen nog voor op Hawaï. Vanuit Hakið loopt een pad door de Almannagjá (zie Ontdekkingsreis blz. 66). Om bij de ongeveer 10 m hoge waterval **Öxarárfoss** te komen, verlaat je de Almannagjá in noordelijke richting langs de Lögberg. De waterval

ONTDEKKINGSREIS
De bakermat van vrij IJsland

Historische wandeling in Þingvellir

Info

Begin: uitzichtpunt
Hakið,
♥ Kaart 3, D 6

Duur: 2-3 uur

Oriëntatie: de routes
zijn gemarkeerd

Vanaf 930 werd de Althing, de vergadering van de 'goden', elk jaar in de zomer gehouden bij het meer Þingvallavatn. Voordelen van deze plek waren de gunstige ligging van Þingvellir in het centrum van het dichtstbevolkte deel van IJsland, het weelderige grasland en het overvloedige water voor de paarden. Handelaren, ambachtslieden en boeren uit het hele land kwamen naar het evenement van twee weken; hier ontmoetten ze vrienden en verwanten, leerden ze nieuwe mensen kennen en trouwden ze. Het was een volksfeest met spelen, worstelwedstrijden, zang, bier en nieuws. Soms verbleven er wel vijfduizend IJslanders in Þingvellir, ondergebracht in tenten of hutten van stenen en zoden.

Thingbuden voor het gevolg
Vanaf het uitzichtpunt **Hakið** leidt een enigszins steil pad naar **Almannagjá**, de 'kloof van alle mannen/mensen', waarvan de basaltwanden aan de westkant tot 40 m hoog zijn. In het noordelijke deel van de kloof stonden in de middeleeuwen de Thingbuden, de verblijven van de volgelingen. De hier zichtbare ruïnes dateren uit de 17e en de 18e eeuw; de hutten in de middeleeuwen waren waarschijnlijk veel groter. Ze waren gebouwd van stenen en graszoden met een houten constructie.

De kracht van de Goden
Er zijn al vóór 930 Thingplaatsen in IJsland gedocumenteerd. Het recht werd hier geformuleerd, geïnterpreteerd en uitgesproken, maar de Thing had oorspronkelijk geen uitvoerende macht. De vergadering werd voorgezeten door de 'goden', mannen die als priester of voorman optraden in een gemeenschap, ofwel goddom. Hun status was gebaseerd op het prestige van hun voorouders als eerste bewoners. De waardigheid van goden was gebaseerd op een belofte van wederzijdse trouw en steun tussen goden en volgelingen, een overeenkomst

Komt het nationaal park Þingvellir je op een of andere manier bekend voor? Dan ben je vast een fan van *Game of Thrones*. Voor het vierde seizoen van de cultserie werden namelijk scènes opgenomen in Þingvellir.

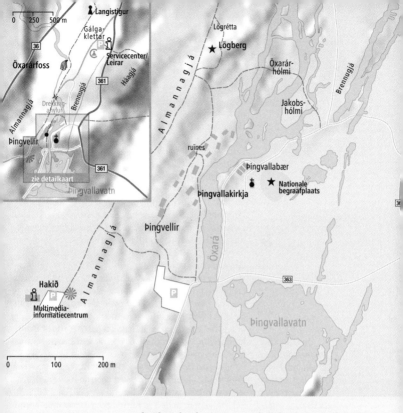

die door beide partijen ontbonden kon worden. Het behoren tot een goddom was niet afhankelijk van de geografische ligging, maar was gebaseerd op de vrije beslissing van de boeren.

Berg wetgeving

De **Lögberg**, de plaats waar in de tijd van de goden de wet werd voorgedragen, wordt tegenwoordig gemarkeerd door een vlaggenmast en een steenplaat. De wetspreker zat de Althing voor en droeg op deze plaats tijdens zijn driejarige ambtstermijn alle wetten met individuele gevallen uit het hoofd voor. Ook moest hij de Lögrétta, de vergadering van de goden, voorzitten. Hij werd gekozen door de Lögrétta en werd als enige betaald. Tot op heden is niet opgehelderd waar de Lögberg precies lag, maar het was zeker in deze omgeving. De 36, en later wel 48, aanwezige goden vormden de Lögrétta, die voorzag in wetgevende en handhavende functies. Ze zaten samen met twee adviseurs aan de voet van de Lögberg. Alleen de goden hadden stemrecht. Zij

Er waren ook vrouwelijke goden, de Gyðjar. In het *Landnamabók*, het boek over de geschiedenis van de eerste nederzettingen in IJsland, worden twee vrouwen als Þuriðr Gyðja aangeduid.

benoemden ook de rechters van de nieuw opgerichte districthoven, die tijdens een Althing bijeenkwamen. Na de aanvaarding van het christendom in het jaar 1000 sloten ook de bisschoppen en hun mannen zich bij hen aan. De Noorse koning ontbond de Lögrétta in 1262 en benoemde in plaats van de wetspreker een wetsman; de goden werden vervangen door landsbestuurders. In 1279 nam de gouverneur van de koning de functie over als hoofd van het landsbestuur. De nieuwe ambten werden steeds vaker bekleed door Noren en later Denen. De Althing, die nog slechts vier dagen duurde, diende al snel uitsluitend als strafhof.

Gruwelijke terechtstellingen

Als je de route door de Almannagjá langs de Lögberg en Lögrétta verder naar het noorden volgt, steek je al snel via een brug de **Oxará** over. Deze rivier werd in de middeleeuwen omgeleid naar de vlakte. Vanaf de brug kijk je neer op een diepe plek in het water, **Drekkingahylur**, waar vanaf 1618 vrouwen die onwettige kinderen hadden gebaard, overspel hadden gepleegd of hun man hadden vermoord, terecht werden gesteld door verdrinking. Er zijn er achttien gedocumenteerd. In de nabijgelegen kloof **Brennugjá** werden tijdens de heksenjachten in de 17e eeuw negen mensen verbrand wegens hekserij. Vandaar de naam 'verbrandingskloof'.

Plaats van nationale identiteit

In 1798 kwam de Althing voor het laatst bijeen in Þingvellir. De Althing werd in 1800 ontbonden en 43 jaar later opnieuw bijeengeroepen als raadgevende vergadering. De nieuwe vergaderplaats was Reykjavík. Zo verloor Þingvellir zijn politieke betekenis, maar historisch gezien heeft het een vaste plaats behouden in het bewustzijn van iedere IJslander. Op de bijbehorende herdenkingsdagen is ook nu nog sprake van een grote toeloop. Toen hier in 1994 de vijftigste verjaardag van de republiek werd gevierd, ontstond er een kilometerslange file van auto's in de richting van Þingvellir. Voor buitenlandse staatsgasten is een bezoek aan het werelderfgoed een vast onderdeel, vaak gecombineerd met het planten van een boom in het 'Vriendschapsbos', dat in 1990 werd aangelegd ter gelegenheid van de zestigste verjaardag van de toenmalige president Vigdís Finnbogadóttir.

De IJslandse journaliste Alda Sigmundsdóttir verzamelt vragen van toeristen over de bezienswaardigheden van haar land. Sommige vragen gingen over de Almannagjá, de 'kloof van alle mannen', in Þingvellir. 'Waarom is de grote muur gebouwd?' 'Hoeveel slaven hebben hieraan gebouwd?' 'Waarom doet het me aan *Game of Thrones* denken?' Of: 'Hoeveel dynamiet was er nodig voor de kloof?' – een beetje de modernere variant.

werd in de middeleeuwen kunstmatig aangelegd om de vergaderplaats van drinkwater te voorzien.

Aan de overkant

Aan de overkant van de rivier Öxará staat de kerk **Þingvallakirkja**. Hier hangt de IJslandklok. Deze was een geschenk van koning Olaf van Noorwegen in 1018 en werd ruim 900 jaar later geluid bij de stichting van de republiek. Het middeleeuwse gebedshuis stond waarschijnlijk op dezelfde plek als de huidige kerk, die werd ingewijd in 1859. Het gebouw was zo groot om bij slecht weer de voordracht van de wetten binnen te laten plaatsvinden (mei-aug. dag. 9-17 uur). Het huis met vijf puntgevels **Þingvallabær** naast de kerk was vroeger het huis van de predikant, die tevens de directeur van het nationaal park was. Tegenwoordig zijn hier alleen nog kantoren gevestigd. Grote strijders voor de onafhankelijke natie moesten een ereplek krijgen op de **nationale begraafplaats** die in 1939 werd aangelegd. Maar behalve de dichters Jónas Hallgrímsson (1807-1845) en Einar Benediktsson (1864-1940) heeft niemand van hen hier zijn laatste rustplaats gekregen. Er gaat zelfs een gerucht dat het gebeente van een vreemdeling uit Kopenhagen hierheen is gebracht in plaats van dat van Hallgrímsson.

Þingvallavatn

Het meer Þingvallavatn met de vulkanische eilanden Nesjaey en Sandey is met 84 km² het grootste binnenwater van IJsland met een diepte tot 114 m. De belangrijkste wateraanvoer levert de rivier Öxará. Het meer kreeg zijn

PURE ONTSPANNING

De spa **Fontana** in Laugarvatn is een ideale tussenstop om lekker te ontspannen en het landschap in je op te nemen. Het complex ligt direct aan het meer en biedt zwembaden, stoombaden en sauna's. Het Laugarvatn ligt aan de weg van Þingvellir naar de geiser aan de 37 (Hverbraut 1, tel. 486 14 00, fontana.is, dag. 11-22 (winter 21) uur, ISK4990, tot 12 jaar gratis).

huidige omvang pas na de aardbeving van 1789, toen de vlakte 60 cm zakte en het meer zich verder naar het noorden uitbreidde. Aan de oevers staan talrijke weekendhuisjes, niet in de laatste plaats vanwege de goede vismogelijkheden. Duikliefhebbers kunnen hier ook op ontdekkingsreis gaan met georganiseerde duik- en snorkeltrips. Het kristalheldere water in de 63 m diepe **Silfraspleet** tussen de Amerikaanse en Euraziatische platen biedt een van de meest sensationele duikervaringen ter wereld.

Eten

Fastfood
Information Centre Þingvellir: in het servicecentrum serveert men klassieke grillgerechten en sandwiches; het is momenteel het enige restaurant hier.
Bij de camping van Leirar, heel het jaar open, €

Actief

Vissen
Visitor Centre Þingvellir: zie blz. 70. Hier zijn visvergunningen verkrijgbaar voor het seizoen van 1 mei tot 15 september.

Duiken

Dive Island: duiken in de Silfra, de grote spleet tussen de continentale platen. Je kunt ook rechtstreeks een duikticket kopen via thingvellir.is. Volgens de laatste veiligheidsvoorschriften is een droogpakcertificaat of een schriftelijk bewijs van tien duiktrips in een droogpak vereist.

Hátún 15,105 Reykjavík, tel. 888 80 80, divingisland.com

Info

- **Visitor Centre:** bij het uitzichtpunt Hakið, 801 Selfoss, tel. 482 36 13, thingvellir.is, mei-aug. dag. 9-19, sept.-apr. 9-17 uur, toegang gratis, toilet ISK200, parkeren ISK750 (online betalen via checkit.is).
- **Information Centre Þingvellir:** bij de camping van Leirar, tel. 482 26 60, thingvellir.is, dag. mei-aug. 9-22, sept.-apr. 9-18 uur.
- **Bus:** dag. bussen vanuit Reykjavík, anders het hele jaar door excursies.
- **Skáholt Summer Concerts Festival (Su martónleikar):** Skálholtskirkja, su martonleikar.is. Sinds 1975 worden in de kerk van Skáholt's zomers concerten gegeven en muziekworkshops gehouden (zie. blz. 72). De toegang tot concerten en lezingen is gratis, donaties zijn zeer welkom.

Geysir ⭐ 📍 Kaart 3, E6

Een geiser zien uitbarsten zoals Robert Bunsen ooit deed – dat kan hier, als je een plek kunt vinden. De beroemde (Stóri-) Geysir gaf zijn naam aan het thermale veld in de vallei **Haukadalur**. De natuurkenner bestudeerde het functionele principe van een geiser tijdens zijn reis door IJsland in 1846. Hij mat de watertemperatuur op verschillende punten in de schacht en ontdekte dat die hoger was naarmate hij hij dieper peilde. Zijn verklaring luidde: de waterdruk neemt toe met de diepte van het water, en daarmee ook het kookpunt. Als de waterdruk daalt door het opstijgen van de eerste stoombellen, raakt het water in de diepte abrupt aan de kook en ontstaat er een uitbarsting. Ook minerale stoffen en de luchtdruk spelen een rol bij de kookpuntsschommelingen. De vallei Haukadalur was ooit rijk aan bossen en grasland. Tegenwoordig probeert men met herbebossing terug te keren naar die tijd.

De populaire geisers

De slapende reus in de Haukadalur, de **Stóri-Geysir** (Grote Geiser), werd voor het eerst genoemd in 1294 naar aanleiding van een uitbarsting en door bisschop Brynjólfur Sveinsson in 1647 beschreven met de benaming 'geiser'. Geologen schatten de ouderdom van de geiser op zo'n 10.000 jaar, gebaseerd op de sinterafzettingen in het bekken. De geiser was op zijn actiefst in de 18e eeuw; in 1772 schoot elk half uur een waterfontein van wel 70 m omhoog. In de loop der jaren nam de activiteit af tot ze in 1915 helemaal stopte. In 1935 werd een onderaards kanaal gegraven, waardoor het waterpeil en daarmee de druk werd verlaagd. Het succes na de verlaging van de druk was indrukwekkend, maar duurde slechts tot 1964.

Na nog eens 7 jaar was de geiser actief volgens het 'principe van het toeval' of alleen als er een paar porties zeep werden toegevoegd. De uitbarstingen die zo werden uitgelokt, deden denken aan bruisende wasketels. Door aardbevingen in 2000 werd de geiser ook weer kortstondig actief, maar inmiddels sluimert hij alweer een paar jaar. Fascinerend zijn de oude kiezelsinters (geiseriet) bij het nagenoeg ronde bassin van 14 m, waarvan de fijne laagjes een miniatuurlandschap vormen. In het midden van het bassin zit de 2 m grote opening van de bronschacht.

Slechts 100 m van de Stóri-Geysir spuit de fontein van de **Strokkur** (Boterkarn) tegenwoordig regelmatig omhoog, nadat de bronschacht in 1963 werd schoongemaakt. Indrukwekkend is de met lucht of stoom gevulde waterbel boven de 2 m hoge schacht, die zich enkele seconden voor de uitbarsting vormt en waarin uiteenlopende blauwtinten glinsteren.

Naast de fonteinen zijn er in de Haukadalur veel kleine **warmwaterbronnen**, waarvan de kleuren afhankelijk van hun minerale samenstelling variëren van diep turquoise blauw tot helder rood.

Eten

Alles onder één dak
Geysir Center: zie blz. 72. Naast het restaurant van Hótel Geysir zijn er nog vier andere etablissementen: Geysir Glíma (luxe IJslandse keuken), Litli Geysir (kleine menu's), Kantína (zelfbediening) en Súpa (gezonde voeding).

Iedereen wacht op de uitbarsting: bij de Strokkur-geiser is alleen maar een beetje geduld nodig, want zijn waterfontein schiet regelmatig omhoog met tussenpozen van ongeveer 10 minuten

Info

- **Geisercentrum:** Haukadalur, 801 Selfoss, tel. 480 68 00, geysircenter. is, het hele jaar geopend, in de zomer tot 22 uur. Een zeer groot centrum met hotel, restaurant, café, souvenir- en wolwarenwinkel. Een goede plek om even rond te kijken.

Gullfoss ♀ Kaart 3, E 6

Een van de mooiste watervallen in IJsland is ongetwijfeld de Gullfoss (Gouden Waterval), die zijn naam eer aandoet in het licht van de ondergaande zon. Hier stort de gletsjerrivier Hvítá, afkomstig van de Langjökull, zich in twee stappen in een hoek van 90 graden ten opzichte van elkaar in de 31 m diepe kloof Hvítárgljúfur. De Hvítá heeft bij Gullfoss een 3-4 km lange kloof in de hoogvlakte uitgesleten, die tot 70 m diep is. De rivier heeft hier ongeveer 10.000 jaar over gedaan en de Hvítá volgt zijn huidige loop, en dan vooral de noordelijke 400 tot 500 m van de kloof, pas sinds 1766.

Vanaf de parkeerplaats leiden paden direct omhoog naar de twee watervallen, waar je, als je geluk hebt, in de zonverlichte nevel regenbogen ziet schitteren. Op het pad hierheen passeer je een basaltzuil met een reliëfportret van boerendochter Sigríður Tómasdóttir van de boerderij Brattholt. Sigríður's vastberadenheid verhinderde de bouw van een waterkrachtcentrale bij Gullfoss aan het begin van de 20e eeuw, die eerst door Engelsen en later door IJslanders was gepland. Sinds 1979 zijn Gullfoss en het gebied ten westen van Hvítá met de Hvítárgljúfur tot Brattholt beschermd. In de zomer is de waterval charmant,

maar in de winter is hij echt fascinerend, wanneer de nevel bevriest tot fantastische formaties.

Info

- **Informatiecentrum:** bij de hoogste parkeerplaats. Een tentoonstelling informeert over het ontstaan van de waterval en zijn geschiedenis. Grote cafetaria en souvenirwinkel.
- **Bus:** in de zomer dag. van/naar Reykjavík, anders excursies.

Skálholt ♀ Kaart 3, E 6

Van 1056 tot 1785 was Skálholt eeuwenlang de bisschopszetel en tevens het culturele en politieke centrum van het land, met in totaal 31 katholieke en 12 protestantse bisschoppen die hier resideerden. Al in de 11e eeuw kreeg Skálholt zijn eerste Latijnse school. Toen de bisschopszetel naar Reykjavík werd verplaatst, verhuisde de school mee. Tegenwoordig is het gebouw een conferentiecentrum voor zowel religieuze als andere organisaties. In Skálholt hebben vele kerken gestaan, allemaal op de plaats van de huidige. De eerste steen voor de bestaande 30 m lange kerk werd gelegd op 1 juli 1956, ter gelegenheid van de negenhonderdste verjaardag van de eerste bisschopswijding. Het grondplan komt overeen met een kruis. De Scandinavische staten droegen met giften bij aan de bouw. De preekstoel dateert uit de ambtsperiode van bisschop Brynjólfur Sveinsson (1639-1674). In de zomer worden hier regelmatig concerten gehouden, in de school worden kamers verhuurd en een restaurant zorgt voor het lichamelijk welzijn (kerk dag. 9-19 uur, skalholt.is).

Toegift
Op bezoek bij een oude dame

Herinneringen aan Auður Sveinsdóttir

Aude Sveinsdóttir was ook actief als schrijver. In 1944 richtte ze het vrouwentijdschrift Melkorka *op*

En vrolijke oude dame begroet ons met: 'Kom binnen, alles is klaar.' Wij, dat is Halldór Guðmundsson, die een uitstekende biografie heeft geschreven over Halldór Laxness, de IJslandse winnaar van de Nobelprijs voor literatuur in 1955, en ik, die de oude dame voor de radio wil interviewen. Maar eerst is er koffie en zelfgemaakte cake – natuurlijk met *rjómi*, de IJslandse room.

Auður Sveinsdóttir en haar man Halldór Laxness woonden sinds december 1945 in Gljúfrasteinn. Nu, in 2002, wordt het witte huis overgedragen aan de stad Mosfellsbær. Maar Aude woont hier nog steeds. Ze leidt me rond en vertelt over de kamers, de foto's en haar leven met Halldór. Ze moest bijvoorbeeld de manuscripten voor hem typen. 'Ik was zijn typemachine,' zegt ze lachend. Toen hij op een van zijn vele leesreizen naar het buitenland ging, zou zij in de tussentijd het zwembad laten aanleggen, wat ze ook deed. Tot de kinderen werden geboren, werkte Aude als verpleegkundige op de afdeling radiologie in Reykjavík: 'Het was niet altijd gemakkelijk om daar in de winter heen te gaan.' Er waren alleen maar onverharde wegen, modderig of ijzig, wat geen pretje was voor de dagelijkse rit van 15 km.

Ze genoot in het bijzonder van de muziekavonden

Ze spreekt heel vrij en vrolijk en zelfs in het Duits: 'Dat heb ik geleerd op school.' Ze genoot in het bijzonder van de muziekavonden. Laxness, die zelf piano speelde, nodigde graag bekende pianisten en musici uit. 'Er waren dan wel tachtig mensen hier, en ik heb ze allemaal te eten gegeven!' Ik kan me de drukte in de kamers goed voorstellen. 'De gasten zaten ook op de trap. Maar het was erg leuk.'

Het bezoek aan Aude komt telkens in me op als ik Gljúfrasteinn zie. Nu zijn de kamers gesloten, maar ze heeft me alles laten zien, zelfs haar sieraden en haar slaapkamer. En net als Halldór Laxness stond ik bij het raam in zijn werkkamer. Auður Sveinsdóttir Laxness is in 2012 overleden, maar haar stem is me bijgebleven. ■

Het zuidwesten

Groen en stomend — hier gebeurt altijd iets, en niet alleen sinds het aantal toeristen zo enorm is toegenomen. De aarde beeft, de warmwaterbronnen bruisen en de tomaten groeien dat het een lieve lust is.

blz. 77
Hveragerði

Geothermische energie van dichtbij: in het thermale gebied in het centrum van Hveragerði kun je de verschillende bronnen ervaren. De geothermische energie wordt gebruikt voor de hele stad, inclusief het koken.

blz. 83
Eyrarbakki en Stokkseyri

Als je door de kleine, schilderachtige vissersdorpjes wandelt, lijkt het alsof je teruggaat in de tijd. Ooit waren hier belangrijke havens, nu lijkt alles verstild. Perfect voor een wandeling langs het strand en daarna lekker langoest eten.

Tomaten gedijen goed in de kassen van Hveragerði.

Erin duiken

blz. 86
Hekla

De roemruchte vulkaan met zijn vele uitbarstingen torent uit boven het landschap. Neem een kijkje boven bij de hellepoel!

blz. 89
Lava Centre

Het nieuwe museum is een belevingscentrum waar je alles te weten komt over vulkanisme.

blz. 89
Jeugdherberg Fljótsdalur

Schilderachtig gelegen en een goed uitgangspunt voor wandelingen in de omgeving.

Naar de plaatsen van de saga's

Deze bijna lieflijke gebieden rond Hvolsvöllur waren ooit het toneel van de hevigste en bloedigste gevechten tussen de vijandig tegenover elkaar staande clans. Als je de omgeving ziet, kun je het nauwelijks geloven.

Heimaey

Sinds de legendarische vulkaanuitbarsting in 1973 heeft het eiland Heimaey twee bergen.

Een rondje over het eiland

Wandeltocht is een groot woord voor een klein eiland, maar er is echt veel te ontdekken op Heimaey. Het mooie hier is dat je de tijd kunt nemen en steeds weer uitgebreid van het uitzicht kunt genieten.

Slapend kunstprojecten helpen

'In de ogen van veel IJslanders is Hveragerði nu een hippiestad omdat er veel kunstenaars wonen' – zoals de auteur Guðrún Eva Minervudóttir en de filmregisseur Marteinn Þórsson, die zich hier in 2012 met hun dochter Minerva vestigden.

Schaaklegende Bobby Fisher was thuis in Selfoss.

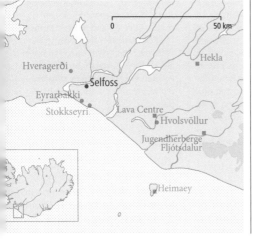

'Wat zijn ze mooi, de hellingen, … de ouden velden en het vers gemaaide ooi. Ik rijd naar huis en zal niet meer weggaan.' (*De sage van Njal*, hoofdstuk 75)

beleven

Tomaten, saga's en vulkanen

S

Stilstand bestaat niet in deze streek, ongeacht de steeds groter wordende stroom toeristen. De aarde beeft, de vulkanen spuwen en de warmwaterbronnen stomen. De IJslanders hebben deze vulkanische en geothermische activiteiten nuttig weten aan te wenden. In Hveragerði gebruiken ze de plaatselijke geothermische energie voor grote kassen waar tomaten, komkommers, paprika's en aardbeien gedijen. Maar de steeds gunstigere klimatologische omstandigheden en de vruchtbare grond zijn ook ideaal voor de teelt van gewassen in de open lucht, zoals wortelen, kool, prei, bloemkool, aardappelen, gerst, rogge en rabarber. De productie en de verkoop van groente, vlees en zuivelproducten vormen de belangrijkste werkgelegenheid in de dorpen van de regio. Naast de kassen en de velden wordt het landschap ook gekenmerkt door talrijke proefboringen, vooral op Hellisheiði, waar een van de actieve breukzones loopt. Verder maakt het grote aantal paardenboerderijen het zuiden tot een paradijs voor ruiters. De legendarische vulkaan Hekla is een van de populairste wandelbestemmingen, en de rivier Hvítá een van de spannendste raftingrivieren van het land.

TER ORIËNTATIE **o**

south.is: op de centrale website van het zuiden vind je informatie over de afzonderlijke gemeenten aan de zuidwestkust, met links die je verder leiden. Er zijn talloze adressen van paardenboerderijen met aanbiedingen van ruitertochten, shows, fokkerij en paardenverkoop.
Auto: de rit, evenals de meeste excursies naar de hooglanden, gaat over de zuidelijke Ringweg.
Bus: de regionale busverbindingen zijn goed. Hveragerði en Selfoss worden enkele keren per dag bediend, kleinere plaatsen één keer per dag.

Over rivieren gesproken: de beste zalmrivieren lopen door het zuiden!

De eerste bewoners wisten dit landschap met zijn mogelijkheden al op waarde te schatten. In de tijd van de IJslandse Vrijstaat werden er al talrijke boerderijen bewoond. Sommige zijn in de moderne tijd gerestaureerd, andere zijn alleen als naam aanwezig, maar allemaal maken ze deel uit van het levende verleden dat tot uitdrukking is gekomen in de oude literatuur, de IJslandse sagen. Het zuidwesten is rijk aan avonturen en avontuurlijke verhalen.

Hveragerði

📍 **Kaart 3, D 7**

Ten oosten van het plateau Hellisheiði ligt de 'tuinstad' Hveragerði in een idyllisch dal. De rit vanuit Reykjavík over weg nr. 1 voert door een fascinerend lavalandschap met de pseudokraters **Rauðhólar**, waarvan het materiaal werd gebruikt voor de aanleg van de weg en de landingsbaan van Keflavík, en die nu beschermd natuurgebied zijn. Ten westen van de berg **Vífilsfell** (655 m) – met een uitzichtpunt op de top – leidt de weg naar het skigebied van de **Bláfjöll**. Geen wonder dat de Italiaanse kunstenaar Claudio Parmiggiani deze omgeving koos als decor voor zijn vuurtoren **Il faro d'Islandia**, die werd opgericht ter gelegenheid van het Reykjavík-Cultuurjaar 2000.

Het is zo groen

De stad Hveragerði is vooral bekend vanwege de foto's van bananen die herhaaldelijk verschenen in IJslandse prentenboeken uit de jaren 60 en 70. De beschutte ligging in het dal en de talrijke warmwaterbronnen, waarnaar de naam 'muur van de warme bron' verwijst, hebben ertoe bijgedragen dat Hveragerði tegenwoordig een van de tuinsteden van IJsland is. Toen hier in 1929 de eerste huizen werden gebouwd, verrezen meteen ook de eerste kassen. In 1939 werd de staatsschool voor tuinbouw opgericht, die onder andere experimentele programma's uitvoerde voor kassen en kunstmatig verwarmde buitenbedden, en die tegenwoordig een dependance is van de IJslandse hogeschool van de landbouw. Hveragerði is ook een erkend revalidatiecentrum voor reumatische aandoeningen, en in 1955 werd hier het **kuuroord** van de

Het is inmiddels alom bekend: bij Hveragerði stroomt door Reykjadalur een warme rivier waarin je heerlijk kunt zwemmen. Het is ook in de winter de moeite waard om je zwemkleding mee te nemen

ONTDEKKINGSREIS
Overal stoom

Wandelingen rond Hveragerði

Info

Zwarte route

Begin: Hveragerði,
♥ Kaart 3, D 7

Afstand: heen en
terug 20,2 km,
vanaf parkeerplaats
14,6 km

Tip: zwemspullen
meenemen

Zwemmen in een warme rivier (zwarte route)
De weg die vanuit Hveragerði naar het noorden voert, brengt je naar de wandelpaden in het **Reykjadalur**. Het is ongeveer 1 uur lopen om bij de ingang van de vallei te komen. Je kunt er ook met de auto heen rijden; er is een **parkeerplaats** en in de zomer een café. **Klambragilslaug** is bijzonder populair, en men zwemt graag in dit deel van de rivier. Je moet in het gebied stevige schoenen dragen, want er zijn zeer hete, vaak stomende plekken, waar je toevallig op kunt stuiten. In de zomermaanden zijn hier veel bezoekers. De terugreis gaat via dezelfde route.

Twee routes door het lavalandschap (rood/groen)
Het **Hengill-gebergte** (803 m) bestaat uit basalt, ryoliet en tufsteen. Onder het gebergte, op een diepte van 2 km, ligt een van de grootste hoogthermale gebieden van het land met een temperatuur van 400°C. In de vele dalen en kloven die in het Hengill-gebergte aan de noordzijde tot Hveragerði voorkomen, liggen veel stoom- en modderbronnen. Bij de krachtcentrale **Hellisheiðarvirkjun** wordt de warmte omgezet in elektriciteit (zie blz. 295). Ten noorden van de centrale vind je het beginpunt van een korte (rood, 10,5 km) en een lange (groen, 15,7 km) rondgaande wandelroute door het **Hengill-gebergte**. Je loopt hier door een indrukwekkend lavalandschap in bruine, groene en grijze tinten. De goed gemarkeerde wandelroutes leiden door naar Nesjavellir en verder naar het Þingvallavatn.

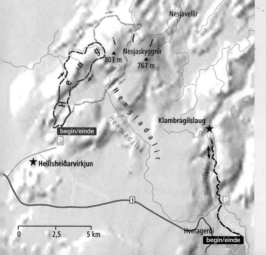

IJslandse homeopathische vereniging geopend. Om toeristen aan te trekken biedt de kliniek ook wellnessprogramma's aan, zoals massages en modderbaden.

In een geselecteerd thermaal gebied in het centrum van de stad kun je je vertrouwd maken met de verschillende bronnen, hun aard en de effecten (Hveramörk 13, tel. 483 50 62, geothermal parkhveragerdi.business.site, ma.-za. 9-17, zo. 9-16 uur). De geothermische energie wordt gebruikt voor de hele stad, voor het verwarmen van de huizen, het zwembad en de kassen. Groenten en vooral snijbloemen en potplanten groeien hier volop. In 2008 kwam de regio in het nieuws toen zich hier een aardbeving voordeed. Een deel van de voorzieningen raakte behoorlijk verstoord.

Er zijn verschillende **wandeltochten** mogelijk in de omgeving van Hverageröi, zie Ontdekkingsreis blz. 78. Je kunt ontdekken waar het warme water voor de kassen vandaan komt met een bezoek aan de krachtcentrale **Hellisheiðarvirkjun** aan de zuidzijde van de Hengill (zie blz. 295).

Musea

Klein maar fijn
Kunstmuseum: het moderne museum (Listasafn Árnesinga) heeft zijn collectie toegespitst op hedendaagse kunst. Er zijn opmerkelijke tentoonstellingen van zowel internationale als IJslandse kunstenaars die geen algemeen gangbare kunst tonen. Café in het museum.
Austurmörk 21, listasafnarnesinga.is, juni-aug. dag. 12-17, sept.-mei di.-zo. 12-17 uur, toegang gratis

Alles over de aardbeving in 2008
The Quake 2008: in het winkelcentrum is een tentoonstelling te zien over de gevol-

gen van de aardbeving in mei 2008. Toen werden enkele gebouwen zwaar getroffen. Er zijn onder andere objecten te zien die werden verwoest tijdens de aardbeving, die een kracht van 6,3 op de schaal van Richter bereikte. In de aardbevingssimulator kun je ervaren hoe een aardbeving aanvoelt.
Sunnumörk 2-4, tentoonstelling gratis, aardbevingssimulator niet

Slapen

Midden in een tuin
Backyard Village: twee kleine hutten bieden ruimte voor vier personen en alle mogelijkheden om zelf te koken. Zo kun je ontspannen het dorp en de omgeving verkennen, 's avonds in de sauna zitten en misschien een praatje maken met Eva en Matti (zie Toegift blz. 99), of zelfs plannen maken om samen te eten. Een ideale uitvalsbasis voor ritten in het zuidwesten.
Laufskógar 11, tel. 822 89 58, backyard. is, €€

Eten

Vegetarisch
Náttúrulækningafélag Ís lands (NLFÍ): je kunt je inschrijven voor maaltijden (vegetarisch, ecologisch geteelde producten) in het restaurant van het sanatorium.
Grænamörk 10, tel. 483 03 00, nlfi.is, 11.45-12.45, 18-19 uur, €

Alles onder één dak
The Greenhouse: eet elke dag in een ander restaurant in de food hall, waar je ook kunt shoppen en tours kunt boeken. De ruimtes zijn aandoenlijk groen – je voelt je in deze 'stad van kassen' zelf een bijzondere plant. Sommige winkels bieden wollen artikelen uit IJsland aan.
Austurmörk 6, tel. 464 73 36, thegreenhouse. is/gallery, €-€€

Actief

Paardrijden
Eldhestar: ruitertochten van gemakkelijk tot uitdagend. Voor ervaren ruiters is de schapendrift in september een belevenis, 1 dag vanaf ISK27.400.

Vellir, tel. 480 48 00, eldhestar.is

Zwemmen
Sundlaugin Laugaskarði: niet alleen een van de mooiste, maar ook een van de oudste zwembaden van IJsland. Stijlvolle architectuur en verder gezellig. Een vijftigmeterbad, hottubs, zonnebank en sauna.

Reykjamörk, tel. 483 41 13, sundlaugar.is, half mei-half sept. ma-vr. 6.45-21, za., zo. 10-19, half sept-half mei ma.-do 6.45-20.15, vr. 6.45-17.15, za., zo. 10-17.15 uur, vijftigmeterbad, hot pots, zonnebank en sauna, ISK1180

Info

- **Regional Information Center:** Sunnumörk 2, tel. 483 46 01, south.is, zomer ma.-vr. 8.30-18, za. 9-16, zo. 9-14, winter ma.-vr. 8.30-17, za. 9-13 uur.
- **Blooming Days:** aug., Hveragerði's Bloemenfestival met tentoonstellingen en markten.
- **Bus:** alle bussen tussen Reykjavík en Höfn stoppen hier; verder ook verbinding met Þorlákshöfn.

Þorlákshöfn

📍 **Kaart 3, D 7**

Eeuwenlang is Þorlákshöfn een vissersdorp geweest dat heeft bijgedragen aan de welvaart van de regio. Visserij en visverwerking vormen vooral sinds de jaren 50 de economische basis van de inwoners. Aan de gehele zuidkust tussen Grindavík en Höfn in het zuidoosten is Þorlákshöfn de enige goede **haven**. Tot de zomer van 2010 vertrok de veerboot naar Heimaey (zie blz. 93) uitsluitend vanuit deze haven. Opmerkelijk is de golfbreker van 2930 rotsblokken met een gewicht van 9,3 ton, de eerste in zijn soort die in IJsland is aangelegd. Ook de qua architectuur geslaagde **kerk**, die is gewijd aan de heilige Þorlák, is een bezoek waard.

Þorlákshöfn is een ideaal uitgangspunt voor strandwandelingen. Sinds de bouw van de brug in 1988 zijn er busverbindingen met de zuidelijke kustplaatsen Eyrarbakki en Stokkseyri.

Actief

Snel en onthaast
Black Beach Tours: sommigen houden van snel en avontuurlijk, zoals een tocht in een rubberboot of met een terreinwagen over de lava en langs het strand. Maar het zwarte zand nodigt ook uit tot onthaasten, bijvoorbeeld met een yogasessie. Yoga 1 uur ISK5900, terreinwagentochten vanaf ISK15.900, 3 uur durende tocht naar de lavavelden vanaf ISK31.900.

Hafnarskeið 17, tel. 625 05 00, blackbeach tours.is

Info

- **Sportcentrum (Íþróttamiðstöðinni):** Hafnarberg 41, tel. 480 3890, olfus.is/is/english, juni-aug. ma.-vr. 7-21, za., zo. 10-18, sept.-mei ma.-vr. 7-21, za., zo. 10-17 uur.
- **Bus:** straeto.is. Van Selfoss rijdt ma.-vr. bus 71 naar Hveragerði.

Lievelingsplek

Groen-rode ranken

Tomatensoep kan heerlijk zijn! De beste vind je in Reykholt, waar je van de soep kunt genieten tussen enorme tomatenplanten. Het is behaaglijk warm in de grote kas, het voelt een beetje alsof je in de jungle bent – nou ja, in elk geval in een soort jungle. Hier ligt het tomatenparadijs van IJsland. Op de tafels staan potten verse basilicum, daarnaast staan kruidenscharen voor zelfbediening. Zelf rond ik mijn menu af met een Healthy Mary met gember, geperst uit groene tomaten, en een tomatenijsje. **Friðheimar** (♥ Kaart 3, E 6) luidt de naam van deze prachtige groenteboerderij (1,3 km ten oosten van Reykholt, tel. 486 88 94, fridheimar.is, winkel en bar dag. 9-17, keuken 11.30-16 uur, €, absoluut reserveren).

ALS JE VAN LUXE HOUDT **L**

Soms wil iemand een keer wat meer luxe. Het complex **Grímsborgir** biedt prachtig gelegen en luxueus ingerichte appartementen en kamers. Het is een ideale locatie als beginpunt voor excursies, bijvoorbeeld naar de Gouden Cirkel of de kustplaatsen. De buitenruimte met hottubs is zeer aantrekkelijk. In het restaurant serveert men uitstekende vis- en lamsgerechten en vegetarische gerechten (Ásborgir 30, ten noorden van Selfoss, aan weg nr. 36, te bereiken via de 35, tel. 555 78 78, grimsborgir.com, diner ca. ISK4900, 2 pk vanaf ISK56.600).

Selfoss ♀ Kaart 3, D 7

De zuivelstad

De dorpen Selfoss, Eyrarbakki en Stokkseyri werden vanwege hun nabijheid samengevoegd tot de nieuwe gemeente Árborg. De oorspronkelijke plaatsnamen zijn echter nog steeds in gebruik. De stad Selfoss aan de gletsjerrivier Ölfusá is het commerciële centrum van het zuiden. De inwoners leven voornamelijk van de handel in landbouwproducten, met onder andere een van de eerste zuivelfabrieken van IJsland, **Mjólkurbúð Flóamanna**, sinds 1929. De huidige melkfabriek maakt deel uit van een coöperatie die voornamelijk skyr (zie blz. 283) produceert. De bouw van de brug bij Selfoss in 1891 was niet alleen het grootste bouwwerk van die tijd, maar veranderde ook de infrastructuur in het zuiden. Eyrarbakki, dat 1000 jaar lang het centrum van handel en verkeer was geweest, verloor nu

zijn belangrijke economische positie. In september 1944 bezweek de brug, die niet was ontworpen voor zwaar vrachtverkeer, onder twee zuiveltrucks. Al drie maanden later werd de nieuwe **hangbrug** in gebruik genomen.

De charme van het stadje is niet meteen duidelijk als je hier aankomt, omdat het qua indeling lijkt op een Amerikaanse buitenwijk, met zijn eengezinswoningen en het rechthoekige stratenplan. Maar tijdens wandelingen langs de rivier de Ölfusá of door de smalle straten kun je prachtige plekjes ontdekken. Selfoss doet zijn best om aantrekkelijk te worden voor toeristen. De faciliteiten voor cultuur, sport en overnachtingen zijn de laatste jaren uitgebreid, evenals het aanbod van excursies naar de zuidkust of naar onder andere de geisers en Gullfoss. De stad zal schaakfans aanspreken omdat het de laatste woonplaats was van Bobby Fischer, die de stad een eigen museum schonk (zie onder).

Ingólfsfjall

De berg Ingólfsfjall (551 m) valk bij de stad is genoemd naar de eerste bewoner van IJsland, Ingólfur Arnarson, die in een heuvel op de berg begraven zou liggen. Vanaf de tufsteenberg heb je een uitstekend uitzicht over de zuidkust tot aan de Vestmannaeyar. Ook al doen de rotsen vrezen voor vallende rotsblokken, er zou een aardbeving voor nodig zijn, zoals die van 1896.

Museum

Wereldkampioen schaken

Bobby Fischer Center: de Amerikaanse wereldkampioen schaken ontdekte zijn liefde voor IJsland, waar hij ook stierf. Zijn graf is te vinden in de

Laugardaelakirkja, iets buiten Selfoss (ten noordoosten van het centrum). Er zijn memorabilia te zien in het museum en er worden regelmatig schaakkampioenschappen gehouden.

Austurvegur 21, tel. 894 12 75, fischersetur. is, juni-10 sept. dag. 13-17 uur, rest van het jaar alleen op afspraak, ISK1400, tot 14 jaar gratis

Slapen

Zeker, het hotel aan de rivier springt als eerste in het oog, maar er zijn ook kleine pensions met goedkopere accommodatie.

Centraal
Hostel Selfoss: hostel met een aangename sfeer, met tuin en ook een bubbelbad op het terras. Keuken en wasmachine zijn beschikbaar. Je kunt hier maaltijden nuttigen als je deze vooraf hebt besteld.

Austurvegur 28, tel. 482 16 00, hotelselfoss. is, €€-€€€

Knus
Camping: centraal naast het Gesthús gelegen en goed uitgeruste camping, met enkele gezellige hoekjes waar je je tent kunt opzetten. Bomen en struiken bieden goede beschutting tegen de wind.

Engjavegur, gesthus.is, €

Eten

Zeer gemoedelijk
Kaffi-Krús: naast cake en taart biedt men hier ook kleine en grote, mooi gepresenteerde gerechten. Het oude pand en het interieur nodigen uit om hier wat langer te vertoeven.

Austurvegur 7, tel. 482 12 66, kaffikrus.is, dag. 11-21 (vr., za. 22) uur, €

Info

- **Selfoss Information Office:** in boekhandel Penninn Eymundson, Brúarstræti 6, tel. 540 23 16, south.is, ma.-vr. 9-18, za. 10-17 uur.
- **Bus:** dag. bussen van Selfoss naar Reykjavík, Stokkseyri, Eyrarbakki en Höfn. Andere bussen naar het achterland, zoals naar Gullfoss, de geisers of naar het hoogland, vertrekken van Fossnesti (Austurvegur 46). Selfoss is een verkeersknooppunt.

Eyrarbakki ♀ Kaart 3, D 7

De goede oude tijd
Eyrarbakki, met zijn vele oude huizen, ziet er vrij authentiek en huiselijk uit. Eeuwenlang was de stad de enige haven aan de zuidkust en dus een belangrijk handelscentrum. Pas toen Selfoss zijn brug kreeg, verloor Eyrarbakki zijn belang. Voor gepassioneerde koks is dit een bestemming die de moeite waard is, want hier worden de beste pannenkoekenpannen van het land gemaakt. De beroemdste zoon van Eyrarbakki, Bjarni Herjólfsson, vertrok voor zijn reis ook vanuit deze stad. Toen hij zich bij zijn vader in Groenland wilde voegen, die in 985 met Eirík Rauði was geëmigreerd, dreef zijn schip af tot aan de Amerikaanse kust, maar uit angst voor de inheemse bevolking ging hij niet aan land.

Eyrarbakki is een goed uitgangspunt voor wandelingen over het strand en in het beschermde natuurgebied **Flói** aan de monding van de Ölfusá. Het natuurgebied is een goede plek om vogels te kijken en op zalm te vissen. Een gemarkeerde route leidt door het natuurgebied, waar ook waadvogels broeden.

IJSLAND MOET GROEN WORDEN **G**

Gunnarsholt is een onderzoeksstation van de IJslandse overheid voor de herverzadiging van door erosie bedreigde grond. Dit is nog steeds een groot probleem, ook al is Landgræðsla ríkisins, de staatsinstelling voor behoud en bescherming van de bodem, al in 1907 opgericht. Vooral de zuidkust van IJsland loopt gevaar, omdat de voedselrijke bodembedekking gemakkelijk door stormen wordt weggeblazen. Daarom worden door het onderzoeksstation meer weerbestendige plantenrassen gekweekt en worden grassen en helmgras over grote oppervlakten ingezaaid. Het station is ook verantwoordelijk voor de talrijke lupinevelden, waarvan de intens blauwe kleur in de zomer al van verre opvalt (zie Toegift blz. 119). Een goede indruk krijgen van dit werk krijg je bij de tentoonstelling in het bezoekerscentrum van Sagnagarður (naast Gunnarsholt, tel. 488 30 60, nat. is/sagnagardur-visitor-centre, juni-aug. dag. 9-17 uur, ISK1000, tot 12 jaar gratis).

Museum

Wat is er in de oude huizen?
Streek- en Scheepvaartmuseum: het oudste pand, Húsið, dateert uit 1765, en in dit voormalige huis van een Deense koopman is nu het interessante streekmuseum (Byggðasafn Árnesinga) gevestigd met exposities uit die tijd. Een ander huis uit 1881 maakt ook deel uit van het museum. De exposities in het naastgelegen scheepvaartmuseum geven vooral een beeld van de geschiedenis van Eyrarbakki als havenstad, met onder meer visgerei en een vissersboot uit 1915.

Eyrargata 50, tel. 483 15 04, byggdasafn.is, mei-sept. dag. 11-17 uur, anders op afspraak, ISK1500, tot 18 jaar gratis

Slapen

Romantisch
Seaside cottages: twee oude gerenoveerde huisjes zijn stijlvol ingericht met oude meubels. Het ene huis is voor maximaal twee personen en het andere voor vier. Een ideale plek om te ontspannen en de omgeving te verkennen (op slechts 40 minuten rijden van Reykjavík); fietsen beschikbaar.

Eyrargata 37a, tel. 898 11 97, seasidecottages. is, €€€, minimumverblijf 2 nachten

Eten

Vis en kunst
Rauða húsið: in een oud pand kun je omringd door kunst genieten van visgerechten zoals gezouten vis of de populaire langoest.

Búðarstíg, tel. 483 33 30, raudahusid.is, ma., do., vr. 12-12, za., zo. 12-21 uur, €€-€€€

Stokkseyri ♀ Kaart 3, D 7

Ten oosten van Eyrarbakki ligt het dorpje Stokkseyri, dat tegenwoordig aan de weg timmert met galeries en kleine musea. Je vindt hier een oude vissershut, Þuríðarbúð, die voor iedereen toegankelijk is. De hut is genoemd naar Þuríður Einarsdóttir, een van de weinige vrouwen die 'stuurman' was op een roeiboot (juni-aug. de hele dag).

De kleine oude zuivelfabriek, de eerste in IJsland, **Rjómabúið á Baugsstöðum**, 5 km ten oosten van het dorp, herbergt voorzieningen en apparaten van rond 1900 (juli-aug. za., zo. 13-18, anders tel. 483 10 82).

Museum

Griezelig
Draugasetrið en Icelandic Wonders: liefhebbers van griezelfiguren en spoken zullen genieten van het akelig mooie museum Draugasetrið. In hetzelfde gebouw biedt Icelandic Wonders de kans vertrouwd te raken met de dwergen en elfen van IJsland, en van kou te rillen in een 200 m² grote vrieskamer bij -5 tot -10°C met noorderlicht en ijsbrokken. Hier leer je de originele kanten van IJsland kennen. Hafnargötu 2, draugasetrid.is, juni-aug. dag. 12.30-18 uut, tel. 854 45 10, toegang per museum ISK2000

Eten

Aan zee, uit zee
Fjöruborðið: dit restaurant is befaamd om zijn langoest, die je per 250, 300 of 400 gram kunt bestellen. Hier komen al jaren veel Reykjavíkers en toeristen eten. Vanaf de vele zitplaatsen heb je een prachtig uitzicht op zee. De inrichting is gezellig tot rustiek, maar je bent hier uiteindelijk voor de langoest. Eyrarbraut 3A, tel. 483 15 50, fjorubordid.is, dag. 12-21 uur, absoluut reserveren, €€-€€€

Actief

Kajakken
Kajakaferðir: kajaktochten langs de kust en op meren in de omgeving, afhankelijk van de vaardigheid. Je wordt ook afgehaald. Heiðarbrún 24, tel. 695 20 58, 868 90 46, kajak.is, vanaf ISK5900 per persoon

Hella   ♀ Kaart 3, E7

Er kan nauwelijks een groter verschil zijn: hier het groene, agrarische Hella en slechts een paar kilometer verderop een uitgestrekt lavagebied met in het midden de beroemde vulkaan Hekla die al eeuwen actief is. Het eerste gebouw in Hella aan de rivier Ytri-Rangá werd gebouwd in 1912, maar op de westoever van de rivier, bij de boerderij **Ægisíða**, bevinden zich twaalf grotten met rotstekeningen die waarschijnlijk zijn gemaakt door Ierse monniken in de tijd vóór de vaste bewoning in de 9e eeuw.

Tegenwoordig is Hella vooral een dienstencentrum en bedient het de omliggende landbouwgebieden, die gespecialiseerd zijn in veeteelt en melkproductie. Er zijn drie supermarkten, enkele tankstations, een hotel en een zwembad met een bassin van 25 bij 11 m, hottubs en sauna. Zo'n 4 km oostelijker kom je via weg nr. 266 bij **Oddi**. In de middeleeuwen behoorde deze boerderij toe aan een van de belangrijkste families van het land, de Oddaverjar. Hun beroemdste lid was de geleerde Sæmundur fróði (1056-1133). Sæmundur had gestudeerd aan de Sorbonne, werd hier in 1078 priester en een van de eerste geschiedschrijvers van IJsland. Hij stichtte een school in Oddi en legde de basis voor Oddi om het belangrijkste culturele centrum van de middeleeuwen in IJsland te worden.

Slapen

Met rivierzicht
Árhús: gezellige, eenvoudige tot goed uitgeruste hutten en een camping aan de rivier de Rangá. Een ideale plek om te ontspannen.
Rangárbakkar, tel. 487 55 77, €€

Eten

Naast twee restaurants in Þrúðvangur kun je ook terecht bij de goedkopere grill bij het tankstation en zijn er goede mogelijkheden om zelf eten in te slaan.

Klein maar fijn
Restaurant Árhús: bij het huttencomplex kun je overdag terecht voor kleine gerechten en 's avonds voor een diner.
Adres zie boven, dag. 11-21 uur, €-€€

Info

● **Toeristeninformatie:** in het dienstencentrum van het huttencomplex Árhús, adres zie hierboven.
● **Bus:** alle bussen tussen Reykjavík en Höfn stoppen hier; in de zomer ook de bussen naar Landmannalaugar en Þórsmörk.

Hekla   ♥ Kaart 3, E/F7

De hellepoel
Dominant en vaak met sneeuw bedekt verheft het 1491 m hoge Hekla-massief zich boven het lavalandschap. De 4 km lange bergrug van de spleetvulkaan strekt zich uit van het zuidoosten naar het noordoosten. Het is niet alleen de actiefste vulkaan van IJsland, maar ook de beroemdste en vooral beruchtste. Tot de 17e eeuw werd de Hekla in heel Europa beschouwd als de poort naar de hel, waaruit het gejammer en geklaag van gekwelde zielen kwam. Welke verklaring moesten de mensen uit die tijd ook vinden voor de verwoestende uitbarstingen van deze vulkaan, waarvan er twaalf plaatsvonden tussen 1104 en 1693? Uit onderzoek van de verschillende aslagen bleek dat Hekla ongeveer 7000 jaar geleden voor het eerst uitbarstte. Omdat de lava rond de berg in de tijd van de eerste bewoning al dichtbegroeid was, vermoedt men dat de vulkaan al 200 tot 300 jaar sluimerde. Daarom bouwden eerste bewoners waarschijnlijk hun huizen ook in de directe omgeving van de Hekla.

De uitbarsting van 1104, die ook genoemd wordt in de annalen van het eiland, vernietigde de florerende nederzetting in Þjórsárdalur. Het gespuwde puimsteen vormde zo'n 220 km noordelijker in het land nog een 10 cm dikke aslaag. As van deze krachtigste uitbarsting in IJsland kon zelfs in Scandinavië worden waargenomen. De langdurigste Hekla-uitbarsting begon op 5 april 1766 en eindigde in mei 1768, waarbij de lava in alle richtingen uitstroomde en een gebied van 65 km² bedekte. In 1947 deed zich de grootste uitbarsting van de vulkaan in de 20e eeuw voor. De as werd tot in Helsinki meegevoerd en de vulkaan werd 50 m opgehoogd. De uitbarsting ging door tot 21 april 1948.

De vulkaan barstte voor het laatst uit in februari 2000, na een rustperiode van 9 jaar. Maar de uitbarsting was niet zo hevig als in 1991, toen de rookwolk binnen 10 minuten een hoogte van 11,5 km bereikte.

Momenteel wacht iedereen in IJsland op de volgende uitbarsting, die volgens de berekeningen in 2010 had moeten plaatsvinden.

Het Hekla-massief torent in het zuidwesten boven het landschap uit. De vele uitbarstingen van de vulkaan leidden tot de leegloop van de streek, omdat men het herhaaldelijke verlies van gewassen niet meer aankon

Slapen, eten

Nabij de Hekla

Hótel Leirubakki: het familiehotel bestaat uit een nieuw gebouw met hotelkamers die uitkijken op het Hekla-massief, en een oud gebouw dat de oorspronkelijke boerderij is, waar nu slaapzakaccommodatie is ingericht. Vanaf het hotel kun je wandelen, paardrijden of vissen. Het personeel helpt je daar graag bij. Ter ontspanning is er een lavabubbelbad. In het restaurant kun je à la carte eten; op de menukaart staan streekproducten.

Aan weg nr. 26, tel. 487 87 00, leirubakki.is, kamers met en zonder badkamer, €€

Info

● **Hekla-centrum:** onderdeel van Hótel Leirubakki, zie links, dag. 11-22 uur, toegang ISK900. Uitstekende multimediale informatie over de vulkaan en de omgeving.
● **Bus:** in de zomer stopt hier de bus naar Landmannalaugar. Laat voor vertrek weten dat je hier wilt uitstappen.

ONTDEKKINGSREIS
Omhoog naar de hellepoel

Bergwandeling over de Hekla

Info

Begin:
parkeerplaats einde
onverharde weg,
♥ Kaart 3, F 7

Afstand:
heen en terug 10 km,
600 hoogtemeters

Duur:
ca. 4 uur

Tip:
alleen met een ter-
reinwagen kom je tot
bij de parkeerplaats

Na een beklimming van de Hekla (1491 m) word je be-
loond met een prachtig uitzicht in noordelijke richting
op de gletsjers Langjökull en Hofsjökull. Fascinerend
bij deze bergwandeling is ook dat je de verschillende
lagen lava van de diverse uitbarstingen krijgt te zien,
waarvan sommige zelfs nog een beetje warm zijn. Een
aanrader voor wie van vulkanen en bergen houdt.

Boven is het weidse uitzicht overweldigend

De gemakkelijkste beklimming is vanuit het noordoosten, vanaf het pad **Landmannaleið** (zie ook blz. 232),
dat naar Landmannalaugar leidt. Bij de heuvel
Skjaldbreið buigt een jeepspoor af naar de Hekla. In
het westen liggen de **Skjólkvíar-kraters**, die gevormd
zijn tijdens de uitbarsting van 1970 en waaruit in 1991
ook twee kleine lavastromen kwamen; in het oosten ligt
de rode krater **Rauðaskál**. Vanaf de **parkeerplaats** aan
het eind van het jeepspoor loop je steeds in zuidwestelijke richting omhoog. De beklimming
is niet steil of gevaarlijk; het grootste
deel gaat over de bergkam. Afhankelijk
van de smeltende sneeuw kunnen sommige stukken glad zijn, daarom is het
goed om je vooraf in Leirubakki op de
hoogte te stellen van de beste route. De
bodem bestaat uit losse stukken lava en
as, wat prettig is bij het afdalen, want je
kunt in een looppas naar beneden. De
verschillende lavastromen, die in lagen
op elkaar liggen, zijn heel duidelijk te
onderscheiden. Kijk op de top uit voor
stoomgaten en lava met scherpe randen.
Stevige schoenen en handschoenen zijn
essentieel voor het geval dat je struikelt.
De kleuren van de lava variëren van zwart
tot roestrood. Op de **top** heb je een weids
uitzicht tot aan het hoogland en de gletsjer Langjökull. Adembenemend!

Hvolsvöllur   ♀ 3, E7

Hvolsvöllur werd in de jaren 30 een diensten- en handelscentrum voor de regio, nadat er veel bruggen waren gebouwd en de coöperatiewinkel zijn deuren had geopend. Vandaag de dag is het nog steeds een bevoorradingscentrum voor de regio, met diensten en handel als belangrijkste werkverschaffers. Verder heeft het een nogal broze charme, maar als toerist kun je vanuit Hvolsvöllur het spoor volgen van de Njáls saga (zie Ontdekkingsreis blz. 90), bijvoorbeeld naar **Fljótsdalur** in Fljótshlíð met zijn talrijke watervallen. Een bijzonder hoogtepunt is het **Lava Centre**. Het voormalige Sagacentrum is helaas gesloten.

Musea

Alles over vulkanen

Lava Centre: dit nieuwe interactieve museum is een belevingsentrum waar je gemakkelijk een hele dag kunt doorbrengen. Hier kun je alles te weten komen over vulkanisme en het ontstaan van IJsland. Je kunt de aarde voelen beven en de lava horen uitstromen. Het uitzicht vanaf het dak is ontspannend en je ziet hoe mooi dit landschap in het zuiden is. Om bij te komen ga je naar het restaurant Katla, waar heerlijke gerechten van regionale producten worden geserveerd.
Nabij de Ringweg, tel. 415 52 00, lavacentre. is, dag. 9-17 uur, tentoonstelling en film ISK4890, gezin met 2 kinderen, ISK12.290

Slapen

Aangenaam

Hótel Hvolsvöllur: goed uitgeruste kamers, allemaal met eigen badkamer. Het aangrenzende restaurant met een goed aanbod aan gerechten is ook populair bij groepen.
Hlíðarvegur 7, tel. 487 80 50, hotelhvolsvollur. is, €€

Sfeervol

Jeugdherberg Fljótsdalur: de schilderachtig gelegen jeugdherberg is een goed uitgangspunt voor wandeltochten in de omgeving. Er is plaats voor 15 personen, tijdig reserveren is dus aan te raden. Zorg ervoor dat je bij je tochten voldoende eten meeneemt, want de dichtstbijzijnde winkel ligt op 27 km afstand (Hvolsvöllur).
Fljótshlíð, tel. 487 84 98, hostel.is, apr.-okt., hostel is niet online te boeken, alleen via telefoon of fljotsdalur@hostel.is, €

Eten

Met souvenirs

Café Eldstó: leuk café met aandacht voor detail. Goede koffie en broodjes, soep, vis en hamburgers; ook keramiek uit lava van de Hekla.
Austurvegur 2, tel. 482 10 11, eldsto.is, dag. 12-21 uur, €-€€

Info

- **Bus:** bussen naar Þórsmörk stoppen hier; de dagelijkse dienst naar Reykjavík/Höfn is helaas opgeheven. Zie ook straeto.is.
- **Auto:** de rit gaat net als de meeste excursies naar de hooglanden over de zuidelijke Ringweg.
- **south.is:** hier vind je informatie over de afzonderlijke gemeenten aan de zuidwestkust, met bijbehorende links voor verdere inlichtingen. Er zijn talloze adressen te vinden van paardenboerderijen met aanbiedingen van ruitertochten en shows.

ONTDEKKINGSREIS
Wraak en vergelding

Met de auto door het land van Njáls saga

Info

Begin: Hlíðarendi,

Einde: Keldur,
♀ Kaart 3, E 7

Duur:
met de auto 2-3 uur
los van de pauzes

Sagahof Keldur:
tel. 487 84 52,
juni-aug. dag. 10-
17 uur, ISK2500,
natmus.is (about the
museum>historic
buildings)

Tip:
voor saga's en
gebouwen zie
sagatrail.is

Wanneer je door het bijna lieflijke landschap van het zuidwesten van IJsland rijdt, is het moeilijk voor te stellen dat de hevigste en bloedigste gevechten tussen de vijandige clans van IJsland hier plaatsvonden. Bij vrijwel elke steen en elke heuvel hoort een verhaal, meestal zie je niet meer dan een plaquette, maar je kunt je fantasie de vrije loop laten. De saga van Njál is een van de beroemdste saga's van het land, en de belangrijke locaties van de historie bevinden zich hier. De gebeurtenissen rond Njáll Þorgeirsson en zijn familie, en zijn vriendschap met Gunnar Hámundarson, spelen zich af in de 10e en de 11e eeuw, waarna de sage werd opgeschreven omstreeks 1280. Omdat zowel Njáll als Gunnar al genoemd werden in het oudere *Landnámabók* (Vestigingsboek), wordt aangenomen dat de hoofdpersonen van de saga teruggaan op historische personen. De vermenging van werkelijkheid en fictie fascineert mensen al sinds de middeleeuwen. De tocht in het spoor van Njáls saga is niet alleen interessant vanuit cultuurhistorisch oogpunt, maar voert ook door een prachtig landschap met rivieren, gletsjers en bovenal de vulkaan Hekla.

Een tragedie van het onvermijdelijke

Van de saga van Njál bestaan verschillende manuscripten of kopieën, wat een bewijs is voor de populariteit ervan door de eeuwen heen. In de sage komen belangrijke thema's aan de orde: het gaat over liefde en haat, zoals in de relatie tussen Gunnar en zijn wraakzuchtige vrouw Hallgerður. Ze vergeeft hem niet dat hij haar een keer heeft geslagen, en weigert hem daarom te steunen in zijn laatste strijd. Het gaat over wraak en meedogenloze gevechten tussen vijandige clans, waarvan het einde alleen de dood kan zijn, zoals in het geval van Njáll, die met bijna zijn hele familie omkomt in zijn in brand gestoken boerderij. Het gaat over goed en kwaad, en zo verandert een kleine daad van één persoon in een drama

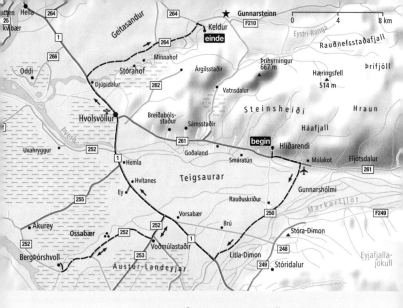

van rampzalige proporties voor allen. Het gaat ook over echte vriendschap tussen helden, zoals de onverbrekelijke band tussen Njáll en Gunnar.

Het huis van Gunnar

Gunnar is de stralende held van het verhaal, nobel en waarachtig, maar hij treedt alleen op in het eerste deel van de saga. Zijn vermogens zijn overweldigend: zijn zwaardslagen zijn snel en krachtig, zijn pijlen raken altijd het doel, hij zwemt als een zeehond en springt bijna 2 m hoog als hij volledig bewapend is. En ook zijn mooie verschijning wordt steeds geroemd. Gunnar woont op **Hlíðarendi**, een mooi gelegen boerderij in het dal Fljótsdalur. Zijn grootvader Baugur Rauðason was de eerste die zich hier vestigde. Vanaf deze plek heb je een prachtig uitzicht over de vlakte en de rivier, omgeven door groene hellingen. Er staat ook een idyllische kleine plattelandskerk. In een overweldigende strijd wordt Gunnar in de sage op zijn boerderij gedood. Nu herdenkt een plaquette nog die gebeurtenis. Het pad gaat over een bruggetje naar het huis van de kunstenares Nina (1892-1965).

De beslissing van Gunnar

In de saga wordt duidelijk hoeveel Gunnar van zijn land houdt. Als hij als vogelvrije op pad gaat om IJsland te verlaten, houdt hij even een tussenstop bij **Gunnarshólmi**. Op dit grasland – nabij weg nr. 250 – besluit

De periode tussen 930 en 1030 wordt in de IJslandse geschiedschrijving het tijdperk van de saga's genoemd. Het was een tijd van nationale culturele groei, met de ontdekking van Groenland en pogingen tot vestiging in Vinland (Canada).

hij toch maar terug te keren, waarmee hij zijn dood bezegelt. Bij de aanblik van zijn boerderij zegt hij: 'Wat zijn ze mooi, de hellingen, … de gouden velden en het vers gemaaide hooi. Ik rijd naar huis en zal niet meer weggaan' (hoofdstuk 75). Niet ver van Gunnarshólmi verheft zich de kleine berg **Stóra-Dimon** eenzaam boven de riviervlakte. In de sage heet de berg Rauðuskriður en is het het toneel van een belangrijke veldslag. Njálls oudste zoon Skarphéðinn weet aan het eind van de schermutselingen de rivier over te steken op ijsschotsen.

De vuurdood van Njáll

Njáll woont met zijn gezin op de boerderij **Bergþórsh-voll**, die in de laaggelegen kustvlakte van Landeyjar staat. Hij is vriendelijk, rijk en vooral geleerd en wijs. Njáll waarschuwt en bemiddelt, maar uiteindelijk kan hij noch zijn vriend, noch zijn familie, noch zichzelf van de ondergang redden. Een troepenmacht van honderd man omsingelt Bergþórshvoll en steekt de boerderij in brand met hem en de meeste familieleden erin. Uit opgravingen en archeologisch onderzoek is gebleken dat op de plaats van de huidige boerderij in het begin van de 11e eeuw inderdaad een gebouw is afgebrand. Een informatiebord geeft uitleg over de gebeurtenissen.

De strijd tussen goed en kwaad is een alom-tegenwoordig thema in spannende ver-halen – en niet pas sinds *Star Wars*. Een Nederlandse vertaling van Njáls saga is alleen tweedehands beschikbaar. Een Engelse vertaling kun je downloaden via gutenberg.org.

Een beeld van de sagatijd

Om een indruk te krijgen van de middeleeuwse boerde-rijen en gebouwen is het de moeite waard om de boer-derij **Stóra** te bezoeken, die al sinds de tijd van de eerste bewoning van IJsland bestaat. De eerste bewoner zou Ketill Þorkelsson zijn geweest, maar van belang voor de Njáls saga is de latere bewoner Mörður Valgarðsson, een familielid van Gunnar die een van zijn bitterste vijanden werd en ook betrokken was bij de moord op hem. Ook de boerderij **Keldur** is al gedocumenteerd in de periode van de eerste bewoners en behoorde toe aan de familie Oddaverjar, de machtigste clan in het zuiden. In Njáls saga wordt gezegd dat Ingjaldur Höskuldsson, de oom van Njálls buitenechtelijke zoon Hökuldur, hier woonde. Van de middeleeuwse boerderij zijn nog delen bewaard gebleven, zoals het langhuis en een ondergrondse gang. Recentere toevoegingen dateren uit de 17e eeuw en de met golfplaten beklede houten kerk uit 1875.

Vestmannaeyjar

📍 **Kaart 3, E8**

In het zuidwesten van IJsland ligt voor de kust de archipel van Vestmannaeyjar (Westmaneilanden), bestaande uit ongeveer vijftien eilandjes en talrijke scheren. Het enige bewoonde eiland, Heimaey, dat ooit door rampen werd getroffen, is nu een mooie plek met veel verrassingen. De leeftijd van de archipel wordt geschat op 5000 tot 8000 jaar, hoewel sommige eilanden jonger kunnen zijn. Surtsey ontstond pas in 1963-1967 en is de zuidelijkste punt van IJsland. Het eiland is beschermd natuurgebied.

De naam Vestmannaeyjar gaat terug op het volgende voorval: Hjörleifur, de bloedbroeder van de eerste bewoner Ingólfur, vestigde zich met zijn familie en zijn Ierse slaven ten zuiden van Mýrdalsjökull aan de kust, het huidige Hjörleifshöfði. De relatie tussen meester en slaafgemaakten was duidelijk verzuurd, want ze doodden Hjörleifur en vluchtten naar de archipel. Om zijn bloedbroeder te wreken achtervolgde Ingólfur de voortvluchtigen en doodde hen op Heimaey, het grootste van de eilanden. De archipel is vernoemd naar de Ierse 'Westmannen'.

Heimaey

Een eiland met twee bergen

Bij IJsland hoort ook het eiland Heimaey, dat sinds de legendarische uitbarsting in 1973 twee bergen heeft. Het is bijna een andere wereld, want de eilandbewoners zijn een heel bijzonder volk. Door de beperkte omvang van het eiland – het heeft een totale oppervlakte van 11,3 km² – is het gemakkelijk te

TER ORIËNTATIE

Toeristenbureau Heimaey: Safnahús (museumgebouw), Raðhúsströð, tel. 488 20 50.
vestmannaeyjar.is: officiële site van de stad, in het IJslands en Engels.
visitwestmanislands.com: site voor toeristen met alle informatie.
Vliegtuig: Eagle Air (Ernir), tel. 562 42 00, eagleair.is, dag. vluchten tussen Reykjavík en Heimaey.
Auto- en passagiersveer: het hele jaar enkele keren per dag tussen Landeyjahöfn en Heimaey (Herjolfur, tel. 481 28 00, herjolfur.is).

voet te verkennen (zie Ontdekkingsreis blz. 96). De eerste officiële bewoner van Heimaey was Herjólfur Bárðarson, die zich er omstreeks 900 vestigde, maar er was geen sprake van een permanente nederzetting. De rijkdom van het eiland groeide pas gestaag vanaf 1300, toen er al drie kerken waren gebouwd, en vanaf 1400 werd Heimaey een handelscentrum voor de Engelsen.

In 1627 werd Heimaey aangevallen door Noord-Afrikaanse piraten. Er werden 36 inwoners gedood en 242 mensen – ongeveer de helft van de bevolking – werden tot slaaf gemaakt. Hoewel de Denen aan het eind van de 16e eeuw een versterking (Skansinn) bouwden om het eiland te beschermen tegen invallen, kon hiermee niet worden voorkomen dat de Noord-Afrikanen binnenvielen, want die landden in het zuiden van Heimaey. De meeste eilanders stierven in slavernij en pas 9 jaar later werden sommigen door de Deense koning vrijgekocht. Een van hen was Guðrið Símonardóttir, die nu wordt herdacht met een beeld bij het stadhuis. Na haar terugkeer trouwde ze met de predikant en psalmdichter Hallgrímur Pétursson.

*Heimaey is het grootste en enige bewoonde Westmaneiland. De haven
van het eiland kon in 1973 worden behoed voor verwoesting door lava*

De vulkaanuitbarsting

Heimaey, 23 januari 1973, 1.55 uur in
de nacht. De bewoners van het eiland
werden uit hun slaap gewekt door de
vulkaanuitbarsting. Ze ervoeren een
dreigend inferno: in het oosten van het
eiland was een 1600 m lange aardspleet
opengebroken en vurige lavafonteinen
schoten tot 300 m hoog de lucht in. Duizenden kilo's wegende brokken lava vlo-
gen rond als gloeiende bommen en verwoestten verscheidene gebouwen, die
vervolgens werden bedolven onder de
vulkanische as. Brede vurige lavastromen
met temperaturen van 1100°C stortten
in het oosten in zee. Gelukkig konden
met een unieke reddingsoperatie de 5300
bewoners van het eiland in slechts enkele uren worden geëvacueerd naar het
vasteland.

De uitbarsting hield vijf maanden
lang aan en werd in die tijd een mon-
diaal media-evenement. Steeds weer
lieten journalisten zich over het eiland
vliegen, en passagiersvliegtuigen pasten
zelfs hun route aan om hun inzittenden
dit schouwspel te laten zien. Het was absoluut noodzakelijk om te voorkomen
dat de in zee stromende lavamassa's de
haveningang zouden blokkeren en zo de
broodwinning van de inwoners, de visverwerking, zouden vernietigen. Daarom
werd zeewater over de lava gepompt om
deze af te koelen, met een omvang van 4
tot 5 miljoen liter per minuut, waardoor
een snelle stolling teweeg werd gebracht.
Toen de aarde uiteindelijk tot rust kwam,
was een derde van de 1200 huizen bedolven onder de lava en was de rest bedekt
met een dikke laag as – 1,5 miljoen m³.
Na maanden van bergings- en reinigings-
werkzaamheden keerde ongeveer twee
derde van de bewoners terug.

Er is verrassend veel te doen

Tegenwoordig is Heimaey weer een
bloeiend eiland waarvan de inwoners
zeker hebben begrepen hoe ze van de

vulkaanuitbarsting kunnen profiteren. Het eiland is in totaal 2,5 km² groter geworden. De nieuwe lavamassa's in het zuiden bieden de haven een goede bescherming tegen de noordoostenwind, en bouwmaterialen – die vroeger schaars waren – zijn nu in overvloed beschikbaar. De eilanders weten hoe ze hier moeten leven, met een mooi gelegen golfbaan en grote sportfaciliteiten. In het centrum zijn veel winkels en goede restaurants. Het komt erop neer dat de echte eilander zijn eiland niet graag verlaat.

Historische locaties

De 16e-eeuwse vesting **Skansinn** (Skansvegur, 15 mei-15 sept. 11-17 uur) is zelfs uitgerust met een klein kanon. Naast de vesting staat een houten **staafkerk**, een geschenk van de Noren ter gelegenheid van de duizendjarige viering van de kerstening in 2000. Het andere gebouw, **Landlyst**, was IJslands eerste kraamkliniek, die werd gebouwd in 1847 en later hierheen verhuisd. Tegenwoordig is het een museum waar onder andere de eerste verloskundige apparatuur te zien is. Een van de oudste stenen gebouwen van IJsland is de **Landakirkja**, die werd voltooid in 1778 naar een ontwerp van de Duitse architect G.D. Anthon. Tegenover de kerk ligt de **begraafplaats**, waarvan de boogpoort in 1973 wereldberoemd werd door een foto waarop hij bijna wit oprijst uit de zwarte as met het opschrift: *Ég lifa og Þér munduð lifa* ('Ik leef en jullie zullen leven'). Ten westen van de begraafplaats staat het beeld **Alda aldanna** (Golf van de eeuw, 1902) van Einar Jónsson.

Olifant van steen

Er is zowaar een olifant op Heimaey. Onder de berg Dalfjall kun je prachtige basaltsculpturen zien, waarvan er een op een grote olifant lijkt. Het beste uitzicht heb je vanaf het dek van een schip tijdens een boottocht.

Musea

Museum van de herinnering

Eldheimar: sinds 2005 zijn enkele huizen blootgelegd die tijdens de vulkaanuitbarsting van 1973 waren bedolven. Het project kreeg de veelzeggende naam 'Pompeii van het Noorden'. Het museum dat over het opgravingsterrein is gebouwd presenteert een van de blootgelegde huisruïnes als tentoonstellingsobject en wil zo een plaats van herinnering zijn voor de vroegere bewoners. De multimediale tentoonstelling geeft gedetailleerde informatie over de uitbarsting en maakt deze navoelbaar. Een andere tentoonstelling laat zien hoe Surtsey is ontstaan.

Suðurvegur/Gerðisbraut 10, eldheimar.is, mei-half okt. 11-18, anders 13-17 uur, ISK2900

Uit de diepte van de zee

Sea Life Trust: in de baai van Klettsvik leven twee beloegawalvissen (informatie in het bezoekerscentrum). Het aquarium laat de lokale vissenwereld zien en in het reddingscentrum voor papegaaiduikers kun je dichter bij de vogels komen dan je ooit had gedacht.

Ægisgata 2, belugasanctuary.sealifetrust.org, jan.-apr. ma.-vr. 13-16, mei-sept. dag. 10.16, okt. dag. 13-16, nov., dec. vr., za. 12-16 uur, ISK5900 (reddingscentrum en aquarium), ISK18.900 met boottocht naar de beloega's, tot 12 jaar korting

Lokale geschiedenis

Sagnheimar: een mooie tentoonstelling geeft een beeld van het leven op het eiland. De aanval van de Noord-Afrikanen, het leven van vrouwen en de uitbarsting in 1973 worden op eigentijdse manier behandeld.

Ráðhúströð, tel. 488 20 50, mei-sept. dag. 11-17, okt.-apr. za. 13-16 uur, sagnheimar.is, ISK1000, tot 18 jaar gratis

ONTDEKKINGSREIS
Her en der over het eiland

Wandelen met uitzicht over zee op Heimaey

Info

Begin: Vestmann-
aeyjar-stad, ♥ 3, E 8

Afstand:
zwart ca. 10 km;
paars ca. 9,5 km;
groen ca. 3,5 km

Wandeltocht is een groot woord voor een klein eiland, maar er valt echt veel te ontdekken op Heimaey. Het mooie hier is dat je de tijd kunt nemen en steeds weer van het uitzicht kunt genieten.

De berg die uit de zee oprees (zwart)

Heb je altijd al de jongste berg van IJsland willen beklimmen? Dan is dit je kans. Vanaf de oostkant van de stad leiden onverharde paden langs de ruine van een huis dat is overdekt met lava, naar de in 1973 ontstane vulkaan Eldfell en naar het lavagebied **Kirkjubæjarhraun**. Midden tussen de lava staat een **gedenksteen** ter nagedachtenis aan de predikant Jón Þorsteinsson, die op 17 juli 1627 werd gedood door Noord-Afrikaanse piraten. Er zijn verschillende paden aangelegd door het lavaveld van 1973. Op sommige punten staan borden met straatnamen die de onder de lava bedolven straten lokaliseren. Afzonderlijke huizen worden ook herdacht met borden en foto's die door de families zijn aangebracht. Deze wandelingen zijn ook ontroerend omdat duidelijk wordt dat de mensen al hun bezittingen verloren bij de vulkaanuitbarsting van 1973. Bijzonder interessant is verder de vegetatie, die zich in vijf decennia enorm

Heimaklettur
283 m

Herjólfsdalur

Blátindur
273 m

Haven

begin/
einde
begin

begin

Vestmannæyjar

Kirkjubæjarhraun

Eldfell
227 m

Helgafell
227 m

einde

Kustlijn
voor 1973

Sæfjall
188 m

Litlistakkur

Stóristakkur

Heimaey

Stórhöfði

einde

0   1   2 km

heeft ontwikkeld. In de directe omgeving van de **Eldfell** verheft zich de 5000 jaar oude berg **Helgafell** (227 m). Vanaf beide vulkanen heb je een weids uitzicht over het hele eiland en de zuidkust van IJsland met de gletsjers Eyjafjallajökull en Mýrdalsjökull.

Vanaf de vulkaan Eldfell, nieuw gevormd in 1973, kijk je uit over bijna het hele eiland en zie je de zuidkust van IJsland in de verte. De top van Eldfell is nu nog steeds warm

Wandeling met een zwempauze (paars)

Een wandeling langs de **westkust** van het eiland naar de zuidpunt van Stórhöfði, vanwaar je op een heldere dag de talrijke onbewoonde buureilanden kunt zien, is gemakkelijk en ontspannend. De route voert langs een mooi **strand**, dat in de zomer veel wordt bezocht om te zonnebaden en te zwemmen. Voor bezoekers die geïnteresseerd zijn in vogels zal de wandeling een genot zijn. Op de kliffen nestelen duizenden zeevogels, vooral in grote kolonies papegaaiduikers. **Stórhöfði** heeft een weerstation en een goed uitzicht op Surtsey. Een bord wijst naar het jongste eiland van de archipel.

Steile kliffen met kleurrijke bewoners (groen)

Als je bijzonder dicht bij de papegaaiduikers wilt komen, wandel dan over de kliffen rond Herjólfsdalur, waar de vogels holen hebben gegraven in de groene hellingen. Op deze hellingen, te midden van de kolonies, kun je de kleurrijke dieren uitvoerig observeren. In vergelijking met meeuwen houden zij zich uitermate rustig. **Blátindur** is met zijn 273 m de op één na hoogste berg van het eiland en vanaf de top heb je een uitstekend uitzicht. Vanaf hier kun je ook over de heuvels naar de **haven** wandelen. Stevige schoenen zijn hierbij aan te raden. Aan sommige kliffen hangen touwen, die gebruikt worden voor *sprangan*, de nationale sport van de westmannen. Je slingert langs de rotsen om de vogelnesten te bereiken. Vroeger was dit absoluut niet bedoeld als sport, maar de eieren van de vogels dienden als een belangrijke voedingsbron, vooral in de tijd dat de visserij nog niet tot een industrie was uitgegroeid.

Slapen

Heimaey is niet alleen populair bij buitenlandse toeristen, maar ook bij IJslanders, vooral in augustus.

Goed voorzien
Pension Hamar: eenvoudige kamers, de meeste met eigen badkamer en televisie. Centraal gelegen.
Herjólfsgata 4, tel. 481 34 00, €€

In de slaapzak
Pension-jeugdherberg Sunnuhóll: de kamers zijn eenvoudig ingericht, maar aangenaam. Er zijn een gastenkeuken en een gemeenschappelijke verblijfsruimte beschikbaar, evenals badkamers op elke verdieping.
Vestmannabraut 28 b, tel. 481 29 00, hostel. is, €€, beddengoed kost extra

Eten

Iets bijzonders
Einsi Kaldi: de eigenaar en chef-kok wordt zeer geprezen om zijn ongewone culinaire creaties. Hij is opgegroeid op Heimaey en is daarom erg gehecht aan zeevruchten. Natuurlijk wordt hier het bier van het eiland geschonken.
Vestmannabraut 28, tel. 481 14 15, zomer dag. 11.30-22, winter di.-za. 18-21 uur, einsikaldi.is, vis €€, driegangenmenu €€€

Goed en gezond
GOTT: populair in de stad vanwege de goede keuken met verse ingrediënten, van vis tot vegetarische gerechten, verse sapjes en zelfgebakken brood. Aangename sfeer. De naam *gott* (best) zegt het al: hier gaat het om goed eten en je goed voelen.
Bárustígur 11, gott.is/en, tel. 481 30 60, zo.-do. 11.30-21, vr., za. 11.30-22 uur, €

Actief

Boottochten
Viking Tours: breed scala aan boottochten rond het eiland (half mei-sept, dag. 14.15 uur, ISK11.500) of rond Surtsey (op aanvraag), walvistocht (afhankelijk van het weer, prijs afhankelijk van de exacte tocht), vissen op volle zee (op aanvraag, uitrusting beschikbaar). Ook een bustocht rond het eiland (dag. 13 uur). Ook wandel- en autotochten.
Strandvegur 65, tel. 488 48 84, vikingtours.is

Zwemmen
Sundlaug Vestmannaeyja: vijfentwintigmeterbad, *hot pots* met verschillende temperaturen en een glijbaan. Een attractie voor de hele familie.
Brimholalaut, tel. 488 24 00, juni-aug. ma.-vr. 6.30-21, za., zo. 9-19 uur, ISK1000

Evenementen

- **13e kerstdag:** 6 januari. De dertien kerstelfen, vergezeld van hun trollenouders, paraderen met fakkels door de stad; afsluiting met vuurwerk.
- **Einde van de vulkaanuitbarsting:** 1e weekend van juli. De teruggekeerde rust wordt gevierd met muziek en dans.
- **Nationale feestdag:** 1e weekend van augustus. Ter herinnering aan de viering van 1874, die de bewoners in Þingvellir niet konden bijwonen. De eilanders vierden dus feest op het eiland en hielden de traditie in ere. Met veel muziek en rotsklimmen. Als je erbij wilt zijn, moet je op tijd reserveren.
- **Lundapysa:** half augustus. Als de jonge papegaaiduikers uitvliegen, raken ze vaak in verwarring en vliegen dan naar het dorp. In Lundapysa, in de zogenaamde Nacht van de Kinderen, redden de eilandkinderen de jonge vogels, verzamelen ze in dozen en brengen ze de volgende ochtend naar zee.

Toegift
Te gast bij Eva en Matti

Slapend kunstprojecten helpen

De perfecte oplossing: Eva en Matti gebruiken het geld van de verhuur om hun kunstprojecten te financieren

Eva vertelt: 'In de winter komen de raven bij de mensen. Het geeft mijn tuin iets mythisch.' In de *backyard*, de tuin achter het huis in Hveragerði met oude, hoge bomen, staan enkele kleurrijke hutten. De blauwe is een paar dagen mijn thuis. Buiten is het -3°C, de wind verkilt nog meer en de gouden zon op de maartse avond geeft de bergketens een warme bruine gloed en maakt de basaltrand op de steile hellingen nog mysterieuzer. Daar wonen de raven in de zomer.

Eva, haar man Matti en hun dochter Minerva gingen in 2012 in Hveragerði wonen. 'In de ogen van veel IJslanders is Hveragerði nu een hippiestad omdat er veel kunstenaars wonen', zegt Eva. Ze zijn ook allebei kunstenaar. Guðrún Eva Minervudóttir schrijft geweldige romans, die in diverse talen (niet Nederlands) zijn vertaald, zoals *The Creator* in het Engels. En Marteinn Þórsson, Matti genaamd, is filmregisseur met een eigen productiemaatschappij. Maar kunstenaars hebben een basis nodig – financieel en lokaal. De grote tuin van hun huis bood ruimte voor hun idee om gasten onderdak te bieden. Zo hebben ze in elk geval hun basis gerealiseerd.

Eva laat me even alle huisjes

Kunstenaars hebben een basis nodig

zien terwijl haar dochter Minerva heen en weer rent en tussendoor twee of drie keer op de trampoline springt. Het is tijd om de sauna op te stoken. 'Ik ben de meesteres van het vuur,' zegt Eva grijnzend, terwijl ze de vlam aansteekt met kleine takjes en er vervolgens hout op stapelt. Na 30 minuten is de saunakachel warm en kunnen we ons voorbereiden op ons bezoek. In IJsland ga je naakt onder de douche en zit je in zwemkleding in de sauna. Eva denkt erover deze regeling op te schrijven.

De ontspannende warmte, die Eva ook met regelmatig opgieten in stand houdt, is een genot. Behoorlijk loom trek ik me terug in het gezellige huisje, dat deels is ingericht met oude familiemeubels. Vanaf de slaapbank in de woonkamer kan ik dankzij het dakraam naar de hemel kijken: de IJslandse hemel met duizenden fonkelende sterren (zie ook Backyard Village blz. 79). ∎

Het zuidoosten

Vulkanen onder de gletsjer — de elementaire natuurkrachten hebben dit landschap gevormd en zijn nog steeds werkzaam: vuur, ijs, water en stormen. Þórsmörk en Skaftafell behoren tot de mooiste wandelgebieden op het eiland.

Þórsmörk

Het 'bos van de dondergod' ligt tussen drie gletsjers: Eyjafjallajökull in het zuiden, Mýrdalsjökull in het oosten en Tindfjallajökull in het noordwesten. Een ideale plek om je wandelschoenen aan te trekken.

De Eyjafjallajökull is sinds 2010 algemeen bekend in Europa.

Dyrhólaós

Het zwarte lavastrand met de basaltgrot op de landtong Dyrhólaós is een van de mooiste stranden van het land.

Skógar

Slechts een paar huizen, een interessant openluchtmuseum, een geweldig uitzicht bijna tot aan de kust en een donderende waterval: dat alles vind je in het district Skógar. Vanaf hier voert een wandeling langs veel watervallen over de gletsjer naar Þórsmörk.

Erin duiken

Mýrdalsjökull

De zeer actieve vulkaan Katla sluimert onder zijn ijskap. Jeeptochten en wandeltochten leiden over het ijs.

Systrastapi

De eenzame rots zou de rustplaats zijn van twee nonnen die zich niet strikt aan de regels van de orde hielden.

blz. 114
Lakikraters

Een van de meest surrealistische en vreemde landschappen oogt, afhankelijk van het licht, spookachtig tot heel vreemd, soms donker, soms glinsterend helder grijsgroen.

blz. 115
Skeiðarársandur

Op de Sandebene stonden ooit boerderijen, maar die vielen ten prooi aan de uitbarstingen van de vulkanen onder de gletsjer Vatnajökull.

blz. 116
Over stronk en ijs in Skaftafell

Een wandeling in Skaftafell belooft een prachtige tocht in de natuur. De weelderig bloeiende en vegetatierijke oase, rijk aan natuurschoon en ruïnes van vroegere boerderijen, wordt omgeven door uitlopers van gletsjers.

blz. 118
Onderweg met berggidsen

Tijdens meerdaagse wandeltochten maak je de landschappen rond de gletsjer van het zuiden van dichtbij mee en leer je onderweg aardige mensen kennen. Onder leiding van de berggidsen loop je ook over het gletsjerijs en ga je zelfs het ijs in.

Wie in het zuidoosten kampeert, zit vlak bij de gletsjers.

Vroeger woonde hier een trollenvrouw die de plaatselijke boer Bjarni en zijn familie generatieslang hielp – zo wil het volksverhaal.

beleven

Vuur onder het ijs en een genadeloze zee

H

Het is een van de wauwregio's van
IJsland: gletsjers en vulkanen die één
geheel vormen, uitgestrekte lavagebieden en overweldigend mooie zwarte
zandstranden. De elementaire natuurkrachten hebben dit landschap gevormd
en zijn nog steeds werkzaam: vuur, ijs,
water en stormen. Drie gletsjers liggen
dicht bij elkaar: Eyjafallajökull, Mýrdalsjökull en Vatnajökull. De spectaculaire uitbarstingen van hun vulkanen
zorgen ook nu nog voor veel onrust.
Na de grote uitbarsting van de Eyjafjallajökull in 2010-2011 werd het geopark
Katla opgericht voor het gebied met de
drie gletsjers. Katla is de actieve vulkaan
die onder de Mýrdalsjökull sluimert en
in het verleden met grote vernietigende
kracht heeft gewoed. De gletsjers kun
je van dichtbij meemaken in Skaftafell
in het nationaal park Vatnajökull, waar
je tot aan een gletsjertong kunt lopen
of over de gletsjer kunt wandelen. Midden tussen de monsters van vuur en
ijs ligt het beschermde natuurgebied
Þórsmörk, een van de fascinerendste
wandelgebieden van IJsland.

En dan de zee! De mooiste zwarte
zandstranden – vooral tussen de plaatsen Vík í Mýrdal en Skógar – nodigen

TER ORIËNTATIE O

south.is: op de centrale website
van het zuiden vind je informatie
over de afzonderlijke gemeenten in
het zuidoosten, met bijbehorende
links.
katlageopark.com: uitvoerige informatie over de geschiedenis, geologie en natuur van de regio, met een
beschrijving van veel bezienswaardigheden.
Auto: de rit langs de kust en de
meeste excursies naar het hoogland
gaan over de zuidelijke Ringweg.
Bus: de busverbindingen zijn hier
zeer goed. Alle genoemde plaatsen
worden dagelijks bediend, anders
enkele keren per week.

uit tot een wandeling. Maar wees op je
hoede, want de zee grijpt naar je! Door
de eeuwen heen zijn vele vissers en zeelieden omgekomen in de stormachtige
wateren, toen de kleine schepen nog
speeltjes voor Neptunus waren. Langs
de hele zuidkust is geen enkele haven
te vinden, zo groot is de kracht van
de Atlantische golven hier. Alleen een
veerhaven voor Heimaey is met veel in-
spanning aangelegd, waarbij twee grote
golfbrekers de haven afschermen van
de branding.

Þórsmörk   📍 Kaart 3, F 7/8

Het bos van de dondergod

Een fantastisch landschap spreidt zich uit tussen drie gletsjers: Eyjafjallajökull in het zuiden, Mýrdalsjökull in het oosten en Tindfjallajökull in het noordwesten. Dit is Þórsmörk. Dankzij de bescherming door de gletsjers tegen de zuidoostenwind is het klimaat hier relatief mild. Hier gedijen berken, een grote verscheidenheid aan struiken en heesters, en het helderpaars bloeiende plantje bosooievaarsbek. De rijk gevarieerde omgeving met licht groen bos en kale grijze rotsen wordt begrensd door de rivieren Krossá in het zuiden, Markarfljót in het noordwesten en Þröngá in het noordoosten. Þórsmörk werd waarschijnlijk in het midden van de 10e eeuw voor het eerst bewoond door Ásbjörn Reykretilsson. Hij wijdde het gebied op aan de god Thor, vandaar de naam 'Thors bos'. Het huidige berkenbos werd overigens pas in de 19e eeuw aangeplant om te voorzien in hout als brandstof. Tegenwoordig is Þórsmörk een beschermd natuurgebied.

Tussen Þórsmörk en Skogar loopt een populaire wandelroute (zie Ontdekkingsreis blz. 106).

Pad F 249   📍 Kaart 3, E/F 8

De reis naar Þórsmörk is een belevenis op zich. De bussen vertrekken vanuit

Drie grote gletsjers beschermen het gebied Þórsmörk tegen wind en neerslag. Daardoor regent het hier minder en zijn de temperaturen iets hoger, waardoor het plantenleven kan gedijen als in een oase

Lievelingsplek

Zwembad in niemandsland

Het thermale bad **Seljavellir** (♀ Kaart 3, F8) werd in 1923 aangelegd door de jeugdbeweging. In die tijd gingen veel mensen nog de bergen in om te baden. Als je niet zoveel wilt lopen, neem dan weg nr. 242 naar Raufarfell. Neem vervolgens een onverhard weggetje naar een parkeerplaats en vanaf daar is het nog 20 minuten lopen. Laat je niet tegenhouden door het zeewier, het geeft het bad zijn bijzondere charme. In elk geval is het een uitstekend onderwerp voor een foto.

Reykjavík en rijden dan via Hvolsvöllur (zie blz. 89). Na 20 km rij je over de brug over de gletsjerrivier Markarfljót, die in een kilometersbrede delta in zee uitmondt. De rest van de route gaat over de onverharde weg F 249 langs de noordkant van de Eyjafjallajökull, waar tijdens de rit talrijke smeltwaterbeekjes moeten worden overgestoken – een flinke uitdaging voor iedere bestuurder. Als je dit nog nooit gedaan hebt, ga dan niet zelf rijden en hou het bij een comfortabele touringbus. Bijna elk jaar raken hier voertuigen, ook terreinwagens, namelijk op drift in het water of krijgen een verzopen motor.

Het grootste obstakel onderweg is de rivier de Krossá, die je moet oversteken om bij de hut van **Básar** te komen. Ondanks alle waarschuwingen blijven er geregeld auto's vastzitten in de Krossá, en sommige ongelukken lopen fataal af. De andere twee campings met hutten in Þórsmörk liggen in de **Húsadalur** en **Langidalur**. Als je een paar dagen wilt blijven, is het aan te raden zelf al je eten mee te nemen, ook al is er een kleine kiosk in de Langidalur en een restaurant in de Húsadalur. **Opmerking:** Þórsmörk is een geweldig wandelparadijs, maar in het weekend is het ook een populaire feestlocatie voor IJslandse jongeren.

Slapen

Aangenaam

Básar: de hut biedt plaats aan 83 personen. Kamperen in de omgeving van de hut is ook mogelijk. Te boeken via Útivist (zie blz. 249).

utivist.is, €

Huttendorp

Volcano Huts: drie huizen in Húsadalur zijn beschikbaar voor groepen en afzonderlijke personen met keuken en sanitair. Acht eenvoudige hutten met elk 4-5 slaapplaatsen (zonder toilet). Er zijn ook een tententerrein, een restaurant en een gebouw met sauna, douches, toiletten en hottub.

Húsadalur, tel. 419 40 00, volcanotrails.com, overnachten €-€€, eten €-€€

Origineel

Skagfjörðsskáli: de oudste hut in Langidalur heeft vijf slaapzalen voor in totaal 75 personen. Toiletten en douches in het bijgebouw, tententerrein. Te boeken via Ferðafélags Íslands (zie blz. 249).

Langidalur, tel. 893 11 91, fi.is, half mei-sept., €

Info

- **Bus:** Reykjavík Excursions, tel. 580 54 00, re.is. mei-sept. dag. bussen van/naar Reykjavík en Þórsmörk, Húsadalur en verbindingen tussen de hutten; volcanotrails. com, bussen vanuit Reykjavík en Hvolsvöllur, juni-sept.; trex.is, half juni-half sept. dag. camping Reykjavík naar Básar en Langidalur en terug.

Eyjafjallajökull

♀ Kaart 3, E/F8

De onuitsprekelijke

Herinner je je 2010 nog? In dat jaar barstte deze tongbrekende vulkaan uit en legde het vliegverkeer in Europa lam. In de media waren plotseling talloze variaties van de naam te horen. De ooit witte ijskap was lange tijd bedekt met een grijze laag as, en men vreest nog steeds dat de naburige vulkaan binnen afzienbare tijd ook zal uitbarsten. De laatste uitbarsting van de subglaciale vulkaan vóór 2010 dateert uit 1821-1822. Met een hoogte van 1666 m is de gletsjer Eyjafjallajökull het hoogst gelegen punt aan de zuidkust.

ONTDEKKINGSREIS
IJslands mooiste wandelgebied

Wandelschoenen aan in Þórsmörk en Skógar

De wandelclubs Ferðafélags Íslands en Útivist (adressen zie blz. 241) organiseren groepswandelingen van Landmannalaugar of Skógar naar Þórsmörk. Verder ook tochten alleen in Þórsmörk.

Het natuurgebied Þórsmörk, dat aan drie zijden wordt omgeven door vulkanen en gletsjers, betovert iedere bezoeker met zijn schoonheid. Het wordt ontsloten door tal van wandelpaden.

Naar de top in Þórsmörk (paars)

Vanaf **Volcano Huts** in **Þórsmörk** in de **Húsadalur** loopt rechtstreeks een goed begaanbaar pad omhoog over de kam van de berg Assa naar de 458 m hoge **Valahnjúkur**. Vanaf de top heb je een uitstekend uitzicht rondom over het hele gebied! Volg vanaf de top het gemarkeerde pad omlaag naar de **Langidalur**, waar je bij de hutten een pauze kunt inlassen. Vervolgens ga je verder door de vallei totdat je de grot Snorraríki passeert en bij het berkenbos in de **Húsadalur** komt en uiteindelijk weer bij de Volcano Huts. Vondsten wijzen erop dat in de kleine grot ooit gevangenen werden vastgehouden.

Van Þórsmörk naar Skógar of omgekeerd (zwart)

Bij een andere wandelroute loop je tussen de twee gletsjers Eyjafjallajökull en Mýrdalsjökull door naar Skógar. Omdat het pad van Básar naar de gletsjers extreem steil is, begint men de tocht meestal vanuit Skógar. In dit geval heb je echter een niet geheel ongevaarlijke afdaling naar Þórsmörk voor de boeg.

Þórsmörk
Landmannalaugar
Mófell ▲ 853 m
Prönp
begin/einde
Húsadalur
Volcano Huts Þórsmörk
Hamraskógar
Langidalur
Valahnjúkur 458 m
einde ■ Básar
Þvergil
Kattarhryggur
Heljarkambur
Eyjafjallajökull
Brattafönn 1000 m
Guðnasteinn ▲ 1651 m
Fimmvörðuskáli
Fimmvörðuháls 1100 m
Baldvinsskáli
Kolbeinsskarð
Skógsheiði
Skógafjall
Uitkijkplatform
Skógafoss
(Ringweg)
Brug Skógar
begin
Þjóðvegur
1
0   2   4 km

Info

Begin:
Volcano Huts
en Skógar,
♀ Kaart 3, E/F 7/8

**Volcano
Huts-Valahnjúkur:**
8 km, ca. 2 uur

**Skógar-Volcano
Huts:**
23 km, 8-10 uur
lopen, 1-2 dagen

Overnachting:
in de Volcano Huts,
reservering via
volcanotrails.com,
zie blz. 105

Als je in **Skógar** begint, loop je eerst rechts van de waterval **Skógafoss** omhoog naar een **platform**, daarna gaat de mooie route in oostelijke richting langs de rivier de **Skógá**, die je ook bij talrijke watervallen tegenkomt. Na ongeveer 8,2 km bereik je een **brug** en ga je verder langs de westelijke oever, waarbij je de paaltjes volgt. Het is de moeite waard om eens achterom te kijken: in het oosten is Dyrhólaey te zien en in het westen de Westmaneilanden. De vegetatie en het landschap veranderen en worden karig en steenachtiger. De eerste hut, **Baldvínsskáli**, staat aan de rand van de sneeuwvelden, een eenvoudig onderkomen waar een jeepspoor naartoe leidt. De pas **Fimmvörðuháls** ligt op 1100 m hoogte, met een prachtig uitzicht bij zonnig weer, maar het kan hier sterk bewolkt zijn en dan is het zicht slecht. Als er bovendien markeringspaaltjes zijn omgevallen, kun je in de sneeuwvelden enigszins gedesoriënteerd raken. Toch heeft ook het bewolkte weer zijn charme. De hut **Fimmvörðuskáli** voor overnachting ligt 500 m ten westen van de route. Het pad vanaf de hut voert over kleine oude sneeuwvelden en grindheuvels. Na 30 minuten kom je nieuwe lava tegen, die je snel kunt oversteken. Nadat je omhoog bent gegaan naar de pas **Brattafönn** (1000 m boven zeeniveau), daalt de route naar het noorden af in een ruige wereld van ravijnen. Sommige stukken zijn wat steiler, maar daar vind je kettingen en touwen voor de veiligheid, bijvoorbeeld bij de bergkam **Heljarkambur** ('Hellekam'). Het uitzicht in de diepte is indrukwekkend. Nadat je over de bergkam **Kattarhryggur** bent getrokken, bereik je de kloof **Þvergil**. Nu is het niet ver meer naar het eerste berkenbos van Þórsmörk en de hut **Básar**. Er zijn loopbruggen over de Krossá.

Op de Laugavegur

Een populaire 4-daagse tocht over de Laugavegur naar Landmannalaugar begint in Þórsmörk. Het pad vanuit de vallei **Húsadalur** loopt door **Hamraskógar** verder in noordoostelijke richting via Emstrur, Álftavatn en Hrafntinnusker. Het is mogelijk te overnachten in de hutten van Ferðafélags Íslands (wandelclub van IJsland). De benodigde sleutel is verkrijgbaar bij de beheerder van de Ferðafélags-hut, die in de Langidalur nabij de Krossá staat. Als je de tocht begint in Landmannalaugar (zie blz. 233), maak je minder meters omhoog.

Een van de populairste watervallen met talloze bezoekers is de 40 m hoge **Seljalandsfoss**. Deze stort langs de bijna verticale bergwanden van Eyjafjallajökull omlaag, naast vele andere watervallen. Het bijzondere: erachter begint een (glibberig) pad dat een compleet nieuw perspectief op de waterval biedt (paraplu aanbevolen).

Ongeveer 3-4 km verderop ligt ten westen van de boerderij Fit een grot in de rotswand met de naam **Paradísarhellir**. Volgens de legende woonde hier in de 16e eeuw de vogelvrije Hjalti Magnússon. Runentekens wijzen erop dat hier mensen hebben gewoond.

Op weg naar Skógar is het de moeite waard een omweg te maken naar de thermale baden van **Seljavellir** (zie Lievelingsplek blz. 104).

Eten

Even pauze
Seljalandsfoss: een cafébusje op de parkeerplaats biedt snacks, gebak en koffie. Als je hier wilt parkeren, betaal je ISK800 per auto. Allemaal heel zakelijk.

Info

- **Bus:** bij Seljalandsfoss stopt de bus naar Þórsmörk.

Skógar   ♀ Kaart 3, F8

Prachtige omgeving
Slechts een paar huizen, een bezienswaardig openluchtmuseum, een enorme uitgestrektheid met uitzicht bijna tot aan de kust en een adembenemende waterval: dat alles is het district Skógar!

Skógafoss is met zijn valdiepte van 60 m een van de hoogste watervallen van IJsland. Er wordt gezegd dat de eerste bewoner van Skógar, Þrasi, hier een kist met goud verborg. Een jongen probeerde deze te bemachtigen, maar kreeg alleen het handvat te pakken, dat nu in het museum te zien is. In de zon glinstert het goud door de waterval, maar niemand heeft nog pogingen ondernomen het goud op te halen. Tijdens een wandeling van Skógar naar Eyjafjallajökull kom je langs **Drangshlíð**. Op de bijbehorende weide staat een rots met grotten die als stallen dienden. De toegang voor de wandeling naar Þórsmörk vind je rechts van de waterval (zie Ontdekkingsreis zie blz. 106).

Slapen, eten

IJslandgevoel
Tentenplaats: op een grote weide direct bij de waterval. Je hebt er ook een prachtig uitzicht richting de kust. Het kan er wel behoorlijk lawaaierig worden en er lopen voortdurend mensen langs.

Sfeervolle hal
Skógasafn: zie kader rechts. Ideaal als je toch al het museum bezoekt.

Shoppen

Regionaal
Skógasafn: zie boven. Naast de gebruikelijke souvenirs kun je hier kunstnijverheid en breiwerk uit de regio kopen. Ga beslist een keer een kijkje nemen.

Actief

Adrenaline
Zipline Iceland: als je een keer wilt zweven over het landschap in plaats van erdoorheen te lopen – uiteraard gezekerd

OPENLUCHTMUSEUM SKÓGAR

S

Er zijn veel musea in IJsland, maar slechts een paar die je echt moet bezoeken, waarbij **Skógasafn** boven aan de lijst staat. Gedurende tientallen jaren heeft curator, of beter gezegd verzamelaar Þórður Tómasson gebouwen, meubilair, gereedschap, voertuigen, boten enzovoort uit de regio verzameld, waarvan de meeste voorwerpen aan hem zijn nagelaten. Natuurlijk is er ook een natuurhistorische afdeling met opgezette vogels en een eiercollectie. In de loop der jaren is het complex steeds uitgebreid en in 2002 is het interessante Museum voor Transport en Technologie er nog bij gekomen. In de oude gebouwen van het openluchtmuseum kun je je onderdompelen in vroeger tijden. Een hoogtepunt was altijd als Þórður Tómasson op het harmonium speelde en zong. Hij is in 2022 echter op 100-jarige leeftijd gestorven. In het bijbehorende café kun je terecht voor kleine hapjes (tel. 487 88 45, skogasafn.is, juni-aug. dag. 9-18, okt.-mei 10-17, nov.-apr. 10-17 uur, ISK2500; café: juni-sept. dag. 10-17 uur).

en met een helm op. Is dat nog te weinig adrenaline, dan valt de zipline ook te combineren met paragliden. Vanaf ISK11.900, combo ISK35.175

Víkurbraut 5, tel. 698 88 90, zipline.is

Paardrijden

Skálakot: zelfs beginners kunnen hier paardrijden. De tochten langs het strand zijn prachtig. Vervoer naar de manege is mogelijk en er worden ook wandeltochten aangeboden. Vanaf ISK10.500

6 km ten westen van Skógar, tel. 487 89 53, skalakot.com

IJstochten voor beginners

Berggids: op slechts 11 km afstand ligt de gletsjertong Sólheimajökull, waar je je gemakkelijke gletsjerwandeling kunt maken. Tochten van 2-3 dagen vanaf ISK29.000, vierdaagse tochten vanaf ISK192.000.

Tel. 587 99 99, mountainguides.is, het hele jaar behalve 24-25 dec. en 1 jan.

Info

• **Bus:** in de zomer elke dag van/naar Reykjavík en Höfn.

Vík í Mýrdal en omgeving ♀ Kaart 3, F8

Toverland van ijs en strand

Vík í Mýrdal is de zuidelijkste stad van IJsland, gelegen aan de voet van de tufsteenrots **Reynisfjall** (340 m) en omgeven door weelderig groen grasland en zwarte zandwoestenij. De omgeving en de overvloed aan vogels maken Vík bijzonder, want de charme van de kleine nederzetting wordt pas duidelijk tijdens een rondwandeling. Toerisme en andere diensten vormen de economische basis voor de inwoners. Talloze zeevogels broeden in openingen in de rotswanden; vooral de noordse sterns hebben hun nesten in de buurt van het strand. Onderweg naar het strand van Vík, met de prominente rotsnaalden **Reynisdrangar**, kom je langs een gedenksteen voor Duitse vissers die omkwamen bij schipbreuken voor de zuidkust. Het monument is meteen ook een soort dankbetuiging aan de IJslanders die enkele schipbreukelingen hebben gered. Volgens oude volksverhalen zijn de Reynisdrangar overigens versteende trollen.

Dyrhólaey en Dyrhólaós ♀ Kaart 3, F8

Zwart-witte magie

De twee verzande eilanden Pétursey (275 m) en **Dyrhólaey** liggen aan de kust ten westen van Vík. Dyrhólaey ('Deuropeningeiland') verheft zich als een 120 m hoge kaap die steil afloopt naar het zuiden en het westen, met op de zuidelijkste punt een rotspoort. Boottochten vanuit Vík door deze poort zijn populair. In het beschermde natuurgebied van 5 km² rond Dyrhólaey broeden veel zeevogels. Verder is het zwarte lavastrand van de landtong **Dyrhólaós** een van de tien mooiste van het land (het is te bereiken via weg nr. 215 ten westen van Reynisfjall). Op het strand word je ondergedompeld in een wereld van stenen en golven, van geklak en geklik, als in een artistieke zwart-witfilm.

Afhankelijk van het weer kun je de contouren van de kaap Dyrhólaey heel duidelijk zien, of hij doemt op achter een fijne nevel, waardoor de magische indruk van het strand wordt versterkt. Hier klinkt bij elke stap een eigen lied, elk uitzicht biedt een nieuw schilderij. Indrukwekkend zijn de basaltwanden met de talloze zuilen die als orgelpijpen naast elkaar gerangschikt staan.

Musea

Vissers op zee in nood

Brydebúð: in het oudste pand van het dorp is een cultureel centrum met een regionaal museum gevestigd. Bijzonder interessant zijn de tentoonstelling over de scheepswrakken voor de zuidkust van 1896-1982, met maar liefst tachtig Duitse trawlers, en de tentoonstelling over het geopark Katla.
Víkurbraut 28, ma.-za. 10-17 uur, ISK700

Lava live meemaken

Icelandic Lava Show: een unieke ervaring: gloeiend hete lava stroomt langs je heen. Zo kun je de hitte op een gecontroleerde manier ervaren en de vernietigende kracht van vulkaanuitbarstingen misschien beter begrijpen.
Víkurbraut 5, tel. 823 77 77, 553 00 05, icelandiclavashow.com, dag. 11-20 uur, ISK5900

Slapen

Boven het dorp

Jeugdherberg Norður-Vík: deze populaire jeugdherberg ligt net boven het dorp en heeft een prachtig uitzicht. Gemeenschappelijke ruimte, gebruik van keuken. Slaapzaal en tweepersoonskamers.
Suðurvíkurvegur 5, tel. 487 11 06, 867 23 89, hostel.is, het hele jaar door, €

Eten

Bier en burgers

Smiðjan Brugghús: sinds 2019 wordt hier bier gebrouwen en in 2021 is er een tweede brouwerij geopend in Selfoss. Bijzonder zijn de biercocktails. Verder kun je hier terecht voor hamburgers en 'dirty fries' met onder meer pulled pork en bacon.
Sunnubraut 15, Tel. 571 88 70, smidjanbrugghus.is, dag. 12-24 uur, €€€

Aan het zwarte strand

Svarta Fjaran: vlak bij de landtong Dyrhólaós, met lekkere gerechten, snacks en gebak.
Aan het eind van nr. 215, tel. 571 27 18, blackbeach.is, dag. 11-20 uur, in de zomer langer, €-€€

*Aan het strand van Dyrhólaós werken land en zee op een bijzondere manier
samen: de zwarte lavakiezels komen in beweging door de wit schuimende
golven, waardoor het kleurenspel wordt begeleid door het geklik van de stenen*

Shoppen

Klassieker
Víkurprjón: winkel met kleding van wol.
Degelijke, maar niet altijd bijzonder ori-
ginele spullen, zoals traditionele truien.
Je kunt door de ramen toekijken hoe het
breigoed wordt vervaardigd.
Austurvegur 20, tel. 487 12 50, icewear.is,
dag. 8-21 uur

Heel veel wol
The Wool Gallery: een kleine zomerga-
lerie met handgebreide artikelen in een
voormalige Amerikaanse container. Hier
kun je terecht voor de ultieme vilthoeden
voor winderige en koude dagen.
Vikurbraut 21, facebook.com/woolgalleryvik

Actief

Paardrijden
Vík Horse Adventure: ervaar het gevoel
van vrijheid en avontuur op de rug van
een paard en rij langs het zwarte strand.
Paardrijden voor iedereen vanaf 10 jaar.
Neem warme kleren mee, helmen worden
ter beschikking gesteld. Rit van 40-60
minuten ISK14.000.
Sunnabraut 8, tel. 787 96 05, vikhorseadven
ture.is

Info

- **Brydebúð:** informatie over de regio in
het streekmuseum, zie hiervoor.
- **Bus:** dag. van/naar Reykjavík en Höfn.

Mýrdalsjökull ♀ Kaart 3, F 7/8

Vík is een goede uitvalsbasis voor tochten naar het gletsjergebied van de Mýrdalsjökull, dat met een oppervlakte van 701 km² de op drie na grootste gletsjer van het land is. Ongeveer 200-300 m onder de ijskap ligt de uiterst actieve vulkaan Katla. Alleen al in de 1100 jaar dat IJsland wordt bewoond zijn er zeventien uitbarstingen geweest. Onvoorstelbare vloedgolven van water en modder – enkele duizenden kubieke meters per seconde – storten tijdens een uitbarsting samen met ijsbergen over de gletsjer en het zand omlaag. Deze zijn nog veel gevaarlijker dan de langzamere lavastromen. In het IJslands worden deze modderstromen *jökulhlaup* (gletsjerloop) genoemd. Tijdens de laatste grote uitbarsting in 1918 werden rotsblokken van 400 m³ over een afstand van 14 km meegevoerd. Katla-uitbarstingen komen eens in de 40-80 jaar voor. In 1955 werd een sterke gletsjerloop waargenomen, maar de seismografen die in Vík en Kirkjubæjarklaustur waren opgesteld om Katla te controleren, konden geen uitbarsting vaststellen. In de betreffende centra staan de seismografen en kun je de uitslag van de naalden volgen.

Actief

Op de vulkaangletsjer

Arcanum: een tocht over de gletsjer omhoog is wel zo spannend als je bedenkt dat er een vulkaan onder je voeten sluimert. Vooral populair zijn de vulkaantochten in terreinwagens naar de Katla en de veranderingen op de gletsjers sinds de uitbarsting van 2010. Gletsjerwandelingen van 2,5 uur, 9.30, 12.30, 14.30 uur, ISK15.900; sneeuwscootertocht van 2,5 uur, 10, 12.30, 15 uur, ISK33.990.
Ytri-Sólheimar 1, 871 Vík, tel. 587 99 99, arcanum.is

Mýrdalssandur ♀ Kaart 3, F/G 8

Vroeger zwart, nu blauw
Met 700 km² is Mýrdalssandur ten zuidoosten van Mýrdalsjökull de eerste grote zandvlakte in het zuiden. Deze enorme gebieden werden gevormd door postglaciale gletsjerstromen, die zand en grind afzetten. De aanvoer van sediment gaat tot op de dag van vandaag door, zodat de kustlijn van jaar tot jaar steeds verder de zee in wordt geduwd. Men schat dat de puinaanvoer van de gletsjerrivieren naar de zandvlakte 49 miljoen ton per jaar bedraagt. Naast verzanding is er ook gevaar voor overstromingen op de zandvlakten. Tegenwoordig is er weinig van het zwarte zand te zien vanwege de uitgestrekte blauwe lupinevelden.

Ten oosten van Vík, in het midden van Mýrdalssandur, steekt het verzande eiland **Hjörleifshöfði** 221 m boven de vlakte uit. Het werd genoemd naar Ingólfur Arnarsons bloedbroeder Hjörleifur, die zich er in 874 vestigde. Volgens de overlevering werd Hjörleifur echter gedood door zijn Ierse slaven. De slaven vluchtten naar Vestmannaeyjar, waar Ingólfur op zijn beurt wraak nam voor zijn vriend en hen doodde (zie blz. 93).

Kirkjubæjarklaustur en omgeving ♀ G 7

De route vanuit het westen naar Kirkjubæjarklaustur voert over de met mos overdekte lavavlakte **Eldhraun**, die werd gevormd tijdens de Laki-uitbarsting van 1783-1784 en waarvan de zuidkant is bezaaid met pseudokraters. Het kleine dorp Kirkjubæjarklaustur

– kortweg Klaustur – werd al vroeg in de annalen genoemd. De allereerste bewoners – nog vóór de eersten uit Scandinavië – waren Ierse monniken. Er wordt gezegd dat ze zwoeren dat hier alleen christenen mochten wonen. De eerste bewoner was volgens het *Landnámabók* (Vestigingsboek) de christen Ketill hinn fíflski. Na zijn dood wilde de niet-christen Hildir Eysteinsson zich hier vestigen, maar hij had het weiland van de boerderij nog maar net bereikt, of hij viel dood neer. Zijn grafheuvel, **Hildishaugar**, ligt ten oosten van het dorp. Er wordt ook gezegd dat later enkele nonnen uit het benedictijnenklooster hier regelmatig bijeenkwamen met monniken uit een klooster verder ten westen van Klaustur. Kortom, deze plek herbergt vele verhalen en geheimen.

De huidige **kerk** werd in 1974 gebouwd ter nagedachtenis aan de predikant Jón Steingrímsson. Niet ver hiervandaan stond de oude kerk waar Jón op 20 juli 1783 zijn beroemde vuurmis hield, waarna de lavastroom die de gemeenschap bedreigde tot stilstand kwam. Deze afgekoelde stroom maakte deel uit van de grootste hoeveelheid lava die ooit bij een uitbarsting over IJsland is uitgestroomd en kwam uit de 25 km lange Lakagígarspleet ten zuidwesten van de Vatnajökull. Kirkjubæjarklaustur is het beginpunt voor tochten naar de **Lakikraters** (IJslands: *Lakagígar*) is daarom erg populair bij IJslanders in de zomerweekenden. Iets buiten het dorp, aan weg nr. 203, ligt de **Kirkjugólfið**, de zogenaamde kerkvloer, een oppervlakte van 80 m² met zeshoekige basaltzuilen die glad zijn gepolijst door gletsjers.

Slapen

Pittoreske ligging
Hörgsland: het kleine vakantiedorp van hutten is niet alleen prachtig gelegen, maar heeft ook een restaurant (ontbijt en diner), hotpot en goede vismogelijkheden. Sommige kamers in het pension zijn erg klein. 5 km oostelijk van Kirkjubæjarklaustur, tel. 487 66 55, horgsland.is, €€

Camping met comfort
Kirkjubær: camping in het dorp, zeer populair bij IJslanders, vooral bij kampeerders met een caravan.

Rustieke camping
Kleifar: camping aan de rand van het dorp aan weg nr. 203. Voor outdoorfans.

Eten

Lekker lamsvlees
Systra Kaffi: café en bar met een aangename sfeer. Er is voor elk wat wils op de gevarieerde kaart, vooral het lamsvlees is een aanrader, maar ook de zeevruchtensalade en de hamburgers zijn lekker. Klausturvegur 13, tel. 487 48 48, systrakaffi.is, dag. 12-21 uur, €-€€

Actief

4x4-tochten
Secret Iceland: excursies door de lavalandschappen met comfortabele terreinwagens. Tocht van 8-9 uur ISK37.500. Efri-Vík, tel. 660 11 51, secreticeland.com, half juni-half sept.

Info

● **Toeristenbureau:** in Skaftárstofa, Klausturvegur 10, tel. 487 46 20, klaustur. is/visitklaustur. Tentoonstellingen over de Laki-uitbarstingen in het geopark Katla.
● **Bus:** in de zomer dag. bussen tussen Höfn en Reykjavík. Naar Laki is er alleen de dagelijks door SecretIceland georganiseerde excursie (zie boven).

Systrastapi en Systravatn

Het benedictijnenklooster, dat werd gebouwd in 1185, is actief geweest tot aan de Reformatie in 1550. De eenzame rots **Systrastapi**, ten westen van Klaustur, zou de rustplaats zijn van twee nonnen die zich niet strikt aan de regels van de orde hielden en daarom werden verbrand. De ene zou zich aan de duivel hebben verkocht en zich ook nog aan mannen hebben gegeven, de andere sprak onzedelijk over de paus. Na de Reformatie werd de laatste haar oneerbiedigheid vergeven en sindsdien groeien er bloemen op haar graf – anders dan bij de eerste.

Boven het dorp Klaustur ligt het meer **Systravatn**, waar de nonnen vroeger baadden. Op een dag, zo gaat het verhaal, rees een hand met een gouden kam uit het water, die twee nonnen gretig vastgrepen. Zij werden voorgoed de diepte in getrokken.

Lakikraters ⚲ G6/7

Landschap van een andere werld
Een van de meest surrealistische en vreemde landschappen zal je verleiden met zijn schoonheid. De sfeer die hiervan uitgaat is uniek: er is nauwelijks geluid te horen, afhankelijk van het licht lijkt het spookachtig tot bizar, soms donker, soms lichtgevend. Laat je verbeelding de vrije loop en neem de tijd om van deze rit te genieten!

Op weg naar de Lakikraters, die deel uitmaken van nationaal park Vatnajökull, kom je langs de kloof **Fjaðrárgljúfur**. Hier heeft de mean-

In en rond het nationaal nark Skaftafell zul je je vast klein en kwetsbaar voelen te midden van de indrukwekkende natuur. Onder begeleiding van een ervaren berggids kom je dicht bij de gletsjerreuzen

derende rivier de Fjaðrá zich diep ingegraven in het zachte rotsgesteente. De waterval **Fagrifoss** (wat 'mooie waterval' betekent) doet zijn naam eer aan met de twee hoofdtakken die zich onderaan verbreden tot sluiers. De berg **Laki** (818 m) verdeelt de kloof in twee gelijke delen. Langs de berg liggen meer dan honderd kraters van zuidwest naar noordoost. Vanaf de berg heb je het mooiste uitzicht over de keten van kraters die zich helemaal uitstrekt tot aan de Vatnajökull.

De gevolgen van de uitbarsting, die begon op 8 juni 1783 en duurde tot 7 februari 1784, waren rampzalig voor de bevolking. Veertien boerderijen werden direct getroffen door de uitstromende lava, de totale oppervlakte die door de gesteentemassa's werd bedekt bedroeg 565 km². Maar nog dramatischer waren de gevolgen van de asregen en een blauwe nevel – die bestond uit kooldioxide en zwavelzuur – waardoor het water en de weidegronden werden verontreinigd. Die winter stierven 11.000 runderen (50%), 200.000 schapen (79%) en 28.000 paarden (76%). In de loop van drie jaar daalde de bevolking van IJsland met 20%.

Info

- **Bus:** naar Laki is er alleen de dagelijks door SecretIceland georganiseerde excursie (zie blz. 113).

Onderweg naar Skaftafell
♀ H6/7

De Ringweg doorkruist het groene gebied van **Brunasandur** aan de rand van Brunahraun, een lavastroom uit de Lakagígar. Iets verderop strekt het struikgewasgebied **Núpstaðarskógur**

zich uit over de hellingen van de Eystrafjall. Deze volgende indrukwekkende diepe kloof reikt van het westen van de Skeiðarárjökull tot iets ten zuiden van het Grænalón. In de omgeving zijn verscheidene watervallen, waaronder de **Hvítárfoss**, te vinden. Het gletsjermeer **Grænalón**, dat op 15 km afstand ligt, is alleen te voet te bereiken.

De draslandvlakte **Skeiðarársandur** strekt zich uit over een oppervlakte van 1000 km². Er lopen tal van brede en woeste gletsjerrivieren doorheen, die tot 1974 een probleem vormden voor de verkeersverbindingen. In 1974 werd ter gelegenheid van de 1100e verjaardag van de eerste bewoning de laatste brug over de Skeiðará voltooid en was de Ringweg helemaal rond. Hoewel de grootste rivieren, Núpsvötn, Sandgigjukvísl en Skeiðará, nu voorzien zijn van – hopelijk – overstromingsbestendige bruggen, moeten er nog elk jaar reparaties aan de Ringweg worden uitgevoerd.

In het gebied van de Skeiðarársandur zouden in het verleden talrijke boerderijen hebben gestaan, maar die zijn waarschijnlijk ten prooi gevallen aan de vulkanische uitbarstingen van de gletsjer Vatnajökull. In 1362 barstte bijvoorbeeld de vulkaan **Öræfajökull** uit en bedolf de nederzettingen in de regio onder een 30 cm dikke laag as. De benaming Öræfasveit ('eenzame gemeente') voor het gebied tussen Skeiðarársandur en Breiðamerkurjökull dateert uit deze tijd.

Nog veel gevreesder is de **Grímsvötn**, een 35 tot 40 km² grote caldeira met kraters en solfataren die bijna midden in de Vatnajökull ligt. De uitbarstingen hiervan gaan gepaard met verwoestende gletsjerstromen en zwavelgassen en komen sinds 1934 ongeveer elke 10 jaar voor.

De hevigste gletsjerstroom van de 20e eeuw vond plaats in 1996. Delen van de toen verwoeste brug zijn vanaf

ONTDEKKINGSREIS
IJs met groene franje

Over ijs en boomstronken in Skaftafell, nationaal park Vatnajökull

In het nationaal park Skaftafell groeit het breedbladig wilgenroosje, dat in juli en augustus een spetterende roze kleur in het landschap tentoonspreidt. In Europa komt deze bloemsoort alleen in IJsland voor.

Een wandeling door Skaftafell belooft een prachtige excursie in de natuur. De weelderig bloeiende en vegetatierijke oase wordt omgeven door gletsjertongen, met een bijzonder natuurlandschap en ruïnes van voormalige boerderijen. Het altijd een hachelijke zaak geweest om je in de buurt van de gletsjer te vestigen, want onder het ijs ligt een van de meest actieve vulkanen van het land. Het fascinerende van dit deel van het nationaal park Vatnajökull is dat gletsjers en een weelderige vegetatie vlak naast elkaar voorkomen. Als je een dag uittrekt voor je wandeltocht, kun je het best beginnen met wat dit landschap kenmerkend heeft gevormd: het gletsjerijs.

Eerste indruk van de ijsstroom (zwart)
Met slechts één lange wandeling (1 uur heen en terug) vanaf het **bezoekerscentrum** kun je een kijkje nemen bij de gletsjer, waarvan de uitloper al vanaf de parkeerplaats duidelijk zichtbaar is. De **Skaftafellsjökull** is een van de typische dalgletsjers die zich, zoals alle IJslandse gletsjers, aanzienlijk heeft teruggetrokken. Rond 1940 was hij nog verbonden met de naburige gletsjer Svínafellsjökull ten zuiden van de berg Hafrafell. Nu kun je de schuursporen op de rotsen zien die aangeven tot waar het gletsjerijs ooit lag. Elk jaar trekt de gletsjer zich ongeveer 50 m terug.

Rondgaande wandeltocht over Skaftafellsheiði (paars)
Deze rondgaande wandeling, die in totaal 6 uur duurt, voert zowel naar de waterval Svartifoss als naar een mooi uitkijkpunt met uitzicht over de gletsjertongen. Je ervaart ook de rijkgevarieerde vegetatie in al haar vormen, geuren en

Bæjarstaðarskógur
Morsárdalur
Morsá
Nýðri-Hnauka 706 m
Kristínartindar 1126 m
Fremri-Hnauka
Skerhól
Stórilækur
Gláma
Svartifoss
Sjónarnipa
Svartifoss
Sjónasker
Eystragil
Skaftafellsjökull
Skeiðarárjökull
Sél
Skeiðarársandur
Skaftafell
P
1 →Höfn
0   1   2 km

Info

Begin:
kampeerterrein,
📍 H/J 6/7

Tip:
bij het kampeer-
terrein vind je aan
de noordzijde een
toegang in het struik-
gewas. Hier staan
ook de wegwijzers
met tijdsduur.

Duur:
afhankelijk van de
wandeltocht 1-6 uur

Wandelkaart:
verkrijgbaar in het
bezoekerscentrum

ook de dichtheid van de struiken. In juli vind je ook bessen. Volg eerst vanaf het **kampeerterrein** de borden naar het uitzichtpunt **Sjónasker**. Vanaf deze plek is de loop van de Skaftafellsjökull goed te zien. Van Sjónasker gaat de route verder naar het noorden over de heide tot aan **Skerhól**, waar je een mooi uitzicht hebt over het bos Bæjarstaðarskógur en de gletsjer Skeiðarárjökull. Ga daarna in noordoostelijke richting naar de twee bergen **Fremri-Hnauka** en **Nyðri-Hnauka**. Vanaf deze laatste 706 m hoge berg, kijk je uit over het dal Morsárdalur, waar zich de gletsjer Morsárjökull met een gletsjer-lagune bevindt. Aan de voet van de volgende berg, **Kristínartindar**, ga je in oostelijke richting naar Gláma. Hier heb je een bijzonder indrukwekkend uitzicht op de ryolietberg Kristínartindar, en ook de gletsjer Skaftafellsjökull. De route terug naar het beginpunt volgt hierna de oostrand van de heide naar **Sjónarnípa**, de rots die een uitzichtpunt is. Als je bij de rand van de rots omlaag kijkt, kun je duidelijk de spleten van de gletsjertong zien. Ook deze spleten zijn de laatste jaren toegenomen, nog een teken van wegsmelten. We keren nu terug door de kleine kloof **Eystragil**.

Het oude Skaftafell (geel)
Een wandeling naar de boerderij Sel duurt 1,5 uur. Begin bij het **kampeerterrein** en loop in westelijke richting. In de middeleeuwen lag niet ver van de boer-derij **Sel** ook de oude boerderij Skaftafell, die tevens als Thingplaats fungeerde (zie blz. 66) en een kerk had. Door de beschutte ligging, vooral dankzij de hoge Öræfajökull, kon de vegetatie hier gedijen en was de plek een ideale vestigingsplaats met uitgestrekte wei-landen. Het gevaar dat onder de Vatnajökull sluimerde, werd door de bewoners voor het eerst ervaren in de 14e eeuw, toen de vulkaan van Öræfajökull uitbarstte en zijn asregen het naburige district Litla Hérað ver-woestte. Skaftafell had meer geluk, maar toen de rivier de Skeiðará steeg, spoelde steeds meer grond van de hellingen weg. Daarom verhuisde men de boerderij in de 19e eeuw ongeveer 100 m hoger. De oude ruïne is nog steeds te zien. Sel is een mooi voorbeeld van een graszodenboerderij. Ze is gerestaureerd en kan in de zo-mer worden bezocht. Zoals veel historische gebouwen maakt Sel deel uit van het IJslands Nationaal Museum.

In de waterrijke omgeving zijn wandelaars zich er meestal niet van bewust dat het in IJsland wordt afgeraden te roken in de vrije natuur – vanwege het risico van brand door de gloeiende as van sigaretten.

de weg nog te zien. De laatste uitbarsting deed zich voor in 2011, deze keer gelukkig zonder gletsjerstromen.

Skaftafell   ♀H7

Groen tussen de gletsjers

Het gebied rond de uitgedoofde vulkaan Skaftafell ziet eruit als een vegetatierijke oase. Het werd in 1967 tot nationaal park verklaard en daarna gestaag uitgebreid totdat het in 2008 deel ging uitmaken van het nationaal park Vatnajökull. Het gebied omvat drie dalgletsjers, waarvan de Skeiðarárjökull de grootste is. Het ligt in de beschutting van de Öræfajökull met het hoogste bergmassief van IJsland, Hvannadalshnúkur (2119 m), waardoor hier berken en lijsterbessen gedijen. Tot 12 m hoge bomen zijn te zien in **Bæjarstaðarskógur** aan de westkant van de Morsárdalur. Hier wordt 22 ha beschermd door het herbebossingsprogramma van de overheid. Daarnaast gedijen in Skaftafell varens, valeriaan, bosooievaarsbek en enkele zeldzame orchideeënsoorten. Ook leven hier tal van vogelsoorten, zoals watersnip, graspieper, winterkoninkje en de op zanderige vlakten broedende kleine jagers, jagers en mantelmeeuwen.

De grote aantrekkingskracht van het park zijn de vele wandelmogelijkheden naar de landschappelijke attracties. De waterval **Svartifoss** stroomt voor een muur van regelmatig gevormde zwarte basaltzuilen. Van het uitzichtpunt **Sjónarsker** kijk je uit over de zanderige vlakten en de dalgletsjers. De gletsjertong van de **Morsárjökull** kalft af in een meertje.

De enige warmwaterbronnen in het nationaal park (tot 80°C) liggen ten westen van Bæjarstaðarskógur. Alle routes zijn goed gemarkeerd en staan op een kaart die verkrijgbaar is bij de parkwachter. Vanaf de camping worden gletsjertochten met gids aangeboden (zie Ontdekkingsreis blz. 116). Plan bij een verblijf in Skaftafell beslist voldoende tijd in om van de diversiteit van het gebied te genieten.

Slapen

Er is slechts één camping in het nationaal park zelf, verder zijn er hotels in de omgeving te vinden – die nogal prijzig zijn.

Veelzijdige camping

Kampeerterrein: eenvoudige voorzieningen. Aparte afdelingen voor tenten en caravans of auto's met slaapgelegenheid. Als je het niet erg vindt iets verderop te kijken, kun je wel een rustig plekje vinden. In het nationaal park

Actief

Op de hoogste top van IJsland

Berggids: het hele jaar door rondleidingen in het nationaal park en op de gletsjers, 3,5 uur wandelen op het ijs ISK19.000, 7 uur ISK26.000, beklimming van de Hvannadalshnúkur apr.-juli. 12-15 uur ISK55.000, ijsklimmen juni-aug. 5 uur ISK30.000. Nabij het informatiepunt bij de parkeerplaats, blokhutten, tel. 894 29 59, 587 99 99, mountainguides.is

Info

● **Skaftafell-bezoekerscentrum:** tel. 470 83 00, vatnajokulsthjodgardur.is, dec.-mrt. 10-16, april-mei 9-17, juni-aug. 8-20, sept. 9-19, okt.- nov. 10-17 uur. Hier is een kaart verkrijgbaar met gemarkeerde wandelroutes. Tentoonstelling over de gletsjers.
● **Bus:** dag. van/naar Reykjavík en Höfn.

Toegift
Het blauwe eiland

De geesten die men opriep

In juni beleef je in IJsland een blauw wonder, want dan bloeit de lupine. Hierbij gaat het om de *Lupinus noot-kantensis*, ook wel Alaskaanse lupine genoemd. Deze plant uit de vlinderbloemigenfamilie werd ooit bejubeld als ideaal wapen in de strijd tegen bodemerosie, maar bezorgt nu overlast. Waar zijn zaden vliegen, schieten ze wortel. Bovendien kunnen lupinen met weinig toe en gedijen ze op de zanderige vlakten in het zuiden van IJsland en in gedeeltelijke schaduw. Ze vormen een dicht wortelnetwerk en zorgen zo voor verdichting van losse grond. Met zijn wortelknolletjes gaat de lupine een symbiotische relatie aan met bacteriën die stikstof uit de lucht kunnen binden. Zo wordt het stikstofgehalte in de bodem verrijkt. Daarom wordt de lupine ook wel een groenbemester genoemd. Dit klinkt allemaal positief en efficiënt, en dat is de Alaskaanse lupine ook beslist: efficiënt. De lupinen verspreiden zich ongecontroleerd via hun wijdvertakte ondergrondse uitlopers en beklimmen inmiddels de hellingen. Daarbij verdringen ze inheemse planten. Bovendien eten bijvoorbeeld schapen ze niet graag. Dit komt waarschijnlijk door de bittere stoffen in de zaden. Het enthousiasme in IJsland heeft nu plaatsgemaakt voor een zekere woede. Hoe kan men deze woekerende plant onder controle krijgen? ∎

Het oosten

Met ijsreuzen en fjorden — de diverse en gevarieerde regio biedt in IJsland misschien wel het meest voor avonturiers, zeevaarders, steen- en betekeniszoekers.

1906: Seyðisfjörður verbindt met het Europese telefoonnet.

Erin duiken

blz. 136

Seyðisfjörður

Vanuit dit vissersdorpje begon de technische vooruitgang. Tegenwoordig voelen vooral kunstenaars zich tot het plaatsje aangetrokken vanwege de ligging aan de gelijknamige fjord.

---

blz. 140

Kárahnjúkar

De omstreden stuwdam is het grootste technische bouwwerk van IJsland. Neem zelf een kijkje bij de gigantische damwand.

blz. 141

Tocht rond het Lögurinn

Met cultuur, natuur en het grootste bos van het land is deze rit rond het zogenaamde meer zeer afwisselend. Het cultureel centrum van Skriðuklaustur is ideaal voor een pauze en de keuken biedt tal van streekgerechten.

blz. 144

Melrakkaslétta

Wil je de poolcirkel bijna voelen? Luisteren naar de muziek van de zee en de golven en het gezang van vogels? De wind ervaren en zilvergrijs drijfhout bewonderen? In het noordoosten van IJsland ben je vaak nog helemaal vrij in de natuur – een van de laatste minder bekende gebieden.

In de klanksculptuur Tvisöngur kan iedereen mooi zingen.

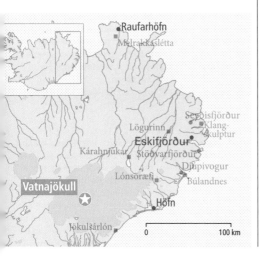

'Toen gingen alle raadsleden naar de rechterstoel, … en bespraken wie het volk van de dwergen moest scheppen.' (Profetie van de zieneres, strofe 9)

beleven

Aan de voet van de ijsreus

U

Uit welke richting je ook komt, hoe het weer ook is, de gletsjer Vatnajökull creëert zijn eigen sfeer en landschap. Hoe verder je naar het oosten gaat, hoe groener het wordt en hoe meer boerderijen er zijn. Zo zag het eruit in de middeleeuwen, toen de eerste bewoners zich hier vestigden. Tot Höfn is de kust omzoomd met brede zanderige vlakten die zijn gevormd door de sedimentrijke gletsjerstromen van de Vatnajökull. Boerderijen, weiden en akkers werden herhaaldelijk verwoest door massa's water en zand. Vatnajökull, de grootste gletsjer van Europa, is voor wandelaars en bergbeklimmers een eldorado. Een van de populairste bestemmingen is de gletsjerlagune Jökulsarlón met zijn ijsbergen van wit, blauw en zwart. Maar er zijn ook andere gletsjerlagunes ontstaan die minder druk en even bijzonder zijn. Het gletsjergebied eindigt bij de stad Höfn. De oostkust ten noorden van Höfn daarentegen wordt gekenmerkt door indrukwekkende fjorden met verschillende kleine, oude dorpen, waar je nog iets van de eenzaamheid kunt voelen die IJsland ooit kenmerkte.

De belangrijkste stad van het oosten, Egilsstaðir, ligt niet meer aan de kust,

TER ORIËNTATIE O

Toeristenbureau: voor de Vatnajökull is het bureau in Höfn (zie blz. 125), voor de oostelijke fjorden is dat in Egilsstaðir (zie blz. 138).
visitvatnajokull.is: informatie over gebied van de Vatnajökull.
east.is: adressen van Höfn tot Vopnafjörður, goede planningshulp.
Auto: de nr. 1 leidt naar deze regio.
Bus: uitstekend netwerk van bussen. Je moet overigens in Höfn overnachten als je vanaf Skaftafell naar Egilsstaðir wilt reizen.
Vliegtuig: van Reykjavík naar Höfn en enkele dorpen.

maar aan de rivier Lagarfljót. Vlakbij ligt de Kárahnjúkarstuwdam, waarvan de krachtcentrale de nodige energie levert voor de grote aluminiumsmelterij van Alcoa in Reyðarfjörður. De megafabriek, waartegen milieuactivisten in IJsland zich sterk verzetten, steunt op de politieke wil om de economie van het oosten op te waarderen. Maar ondanks zulke enorme ecologische ingrepen is de charme van het oosten er nog, en lijkt het landschap op veel plaatsen nog ongerept. Het schiereiland met de Melrakkaslétta-vlakte in het uiterste noordoosten is nog steeds een weinig bekend juweeltje.

Vatnajökull ⭐

📍 G-K 5/7

Uitdagend landschap

Voel je voor één keer als James Bond, race in een boot langs de ijsbergen, ren halsoverkop de gletsjer op … laat je fantasie de vrije loop in het ijzige landschap. Hier bij Vatnajökull wordt het mogelijk, omdat de omvang – een oppervlakte van 8300 km² – elke waarnemer ineen doet krimpen. Het is de grootste gletsjer van Europa en zijn ijskap steekt 700 tot 800 m boven de zeespiegel uit. De ijsdikte kan oplopen tot 1000 m. Zijn naam 'watergletsjer' verwijst naar de talrijke gletsjerrivieren die hier ontspringen. Er stromen ongeveer twintig afwateringsgletsjers vanaf, als steile dalgletsjers of brede lepelvormige ijslobben met slechts een lichte hellingsgraad. Ook in IJsland smelten de gletsjers steeds meer weg, en dat geldt ook voor de Vatnajökull, zoals blijkt uit de vorming van steeds meer nieuwe gletsjerlagunes.

Tot in de 16e eeuw stak men de Vatnajökull geregeld in noord-zuidrichting over omdat deze route de kortste verbinding was tussen de delen van IJsland. De eerste oversteek als expeditie stond in 1875 onder leiding van de Engelsman William Watts. Tegenwoordig worden gletsjertochten over de Vatnajökull ondernomen in vele vormen, met 'sneeuwkatten', sneeuwscooters, ski's en jeeps – en in 1992 voor het eerst zelfs met mountainbikes door jonge IJslandse wandelgidsen.

Je zult nooit alleen zijn bij de Jökulsárlon gletsjerlagune, want iedereen wil de prachtige blauw, wit en zwart glinsterende ijsbergen zien

GELUIDLOOS TUSSEN DE IJSBERGEN **G**

Door het smelten van de Vatnajökull zijn er nieuwe lagunen ontstaan. **Fjallsárlón** en **Breiðárlón** liggen beide ten westen van Jökulsárlón. **Heinabergslón** ligt in het oosten. Wat ze allemaal gemeen hebben is de aanblik van ijsbergen die voor de gletsjer liggen. Een betoverende sfeer die op bewolkte dagen nog intenser is. Dan glinsteren de ijsbergen met een bijzonder intens blauw, bijna magisch. Er leiden paden langs de lagunes, maar een kajaktocht is wel heel bijzonder. Iceguide biedt tochten aan naar de verschillende lagunes, waar je in kajaks het water op kunt (tel. 661 09 00, iceguide.is/tours, Heinabergslón mei- sept., 3,5 uur, waarvan ca. 2 varen, ISK19.900).

Zuidelijke Vatnajökull

Op de boerderij **Svínafell** bij de gelijknamige gletsjertong ten zuiden van de Vatnajökull woonde Flosi Þórðarson, mede verantwoordelijk voor de dood van Njáll (zie blz. 90). De oude nederzetting **Hof** (ofwel 'tempel') bestaat uit zeven boerderijen en de in 1883-1884 gebouwde kerk. Deze werd waarschijnlijk gebouwd op de plek van de vroegere tempel ter ere van de Oudnoorse goden, waaraan de nederzetting haar naam ontleende.

Ongeveer 10 km ten zuiden van Fagurhóls mýri steekt de landtong **Ingólfshöfði** uit in zee. Op het hoogste punt meet hij 76 m, en zijn vogelkliffen met talloze zeevogels zijn bijzonder mooi. Je kunt het schiereiland per tractor bereiken. De landtong werd genoemd naar Ingólfur (zie blz. 36), die hier zijn eerste winter doorbracht.

Actief

Tractortocht

Van de kust naar de bergen: geniet van een hooiwagenrit naar Ingólfshöfði in Hofsnes. Tel. 894 08 94, fromcoasttomountains.com/ ingolfshofdi-puffin-tour, 20 mei-20 aug. ma.-za. 2,5 uur, ISK10.000

Jökulsárlón en omgeving ♀ J7

Wie kent de gletsjerlagune niet – die te zien is geweest in films van James Bond, in *Game of Thrones* en in talloze reclamespots. Het landschap met de grote gletsjer op de achtergrond en de ijsbergen die op de **Jökulsárlón** drijven is buitengewoon indrukwekkend. In de zomer is het mogelijk een boottocht te maken over het gletsjermeer – de tocht tussen de ijsbergen door is een bijzondere belevenis: de grillige ijsblokken glinsteren van blauw naar zwart en zijn een van de populairste fotomotieven in IJsland. De kortste gletsjerrivier van IJsland, de Jökulsá á Breiðamerkursandi, ontspringt uit de 160 m diepe gletsjerlagune Jökulsárlón, waarin de Breiðamerkurjökull afkalft, en mondt 1500 m verderop uit in zee. Vanaf het meer is het niet ver naar de gletsjer, die zich in de loop van deze eeuw steeds verder heeft teruggetrokken. Pas in 1992 werd onder de ijskap een 25 km lange en 5 km brede fjord ontdekt. Als je een wat rustiger omgeving wilt, stop dan bij de gletsjerlagune **Breiðárlón**, ongeveer 4 km naar het westen. De blauw glinsterende gletsjertong ligt over de rotsen. De grote zanderige vlakte **Breiðamerkursandur** is een van de belangrijkste broedplaatsen van de grote jager, waarschijnlijk nestelen hier twee- tot drieduizend broedparen, terwijl er ook zeehonden dartelen in de Jökulsá. Zo'n 13 km ten oosten van de Jökulsárlón staat aan de Ringweg het museum Þórbergssetur op het landgoed Hali. Het is gewijd aan het leven en werk van de IJslandse schrijver Þórbergur Þórðarson (1889-1974). Het moderne museumgebouw is ontworpen door architect Sveinn Ívarsson (met pension, tel. 478 10 78, thorbergur.is, restaurant (€€) en tentoonstelling dag. 9-20 uur).

Eten

Met zicht op de ijsbergen

Jökulsárlóncafé: broodjes, vissoep, gebak en versnaperingen. Nadeel: erg druk in de zomer, omdat veel groepsreizen het café aandoen.

Aan het meer, tel. 478 22 22, icelagoon.is/the-cafe, juni-sept. 9-19, okt., mrt.-mei 9-18, nov.-feb. 9-17 uur

Moderne ambiance

Cafetaria: wat landleven en cultuur, plus heerlijke taarten en IJslandse gerechten, zowel vis als vlees.

In museum Þórbergssetur, tel. 478 10 78, het hele jaar, openingstijden zie hiervoor

Actief

Op de Jökulsárlón

Boottocht: met deze tocht, met tot wel veertig afvaarten per dag, kom je heel dicht bij de ijsbergen.

Tel. 478 22 22, icelagoon.is/tours, juni-aug. 9-19 uur, apr., mei, sept.-nov 10-17, amfibievaartuig, 35 min. ISK6700, rubberboot (zodiac, min. lengte 130 cm) 1 uur en 15 min. ISK14.900

Avontuur

Gletsjerjeeps: tochten met een terreinwagen en sneeuwmobiel over de Vatnajökull (bijvoorbeeld 3 uur met 1 uur sneeuwscooter per persoon ISK25.900). Op aanvraag zijn ook individuele tours mogelijk.

Vertrek vanaf de Ringweg, afslag F 985, tel. 478 10 00, glacierjeeps.is, mei-okt.

Höfn í Hornafjörður en omgeving ♥K6

Höfn í Hornafjörður, met zijn waanzinnige uitzicht op de Vatnajökull, ziet zichzelf als een gletsjerstad. Het is gemakkelijk te begrijpen waarom. Na het nogal stille platteland vanaf Vík doet Höfn bijna als een echte stad aan. Dit komt ook door het toerisme, dat een belangrijke economische rol speelt. In het nog voortdurend uitdijende stadje leeft men ook van de handel en de visserij. Men vist hier vooral op langoesten. Höfn werd voor het eerst belangrijk toen in de 19e eeuw het handelscentrum van Papós hierheen werd verplaatst.

In het **bezoekerscentrum** (Gamlabúð) bij de haven is een tentoonstelling te zien over de geologie en de geschiedenis van deze regio. Het historische pand stond oorspronkelijk in Papós in Lón en werd in 1897 overgebracht naar Höfn. Het historische **Pakkhús** ernaast dateert van na 1930, en herbergt tegenwoordig een restaurant (zie blz. 127). In andere oude gebouwen geven tentoonstellingen een beeld van het vroegere leven van de vissers.

Niet ver van de haven ligt het vogelreservaat **Ósland**, waar talloze vogelsoorten nestelen. Een pad met informatie over het omringende natuurgebied leidt langs de kust. Het is een mooie wandeling met uitzicht op de gletsjer.

In september verzamelen de schapenhouders hun dieren, zoals hier in Höfn, om ze naar hun winterverblijf te brengen. Aan gezelligheid geen gebrek: als het slopende werk gedaan is, is er feest

Aan de kust

Tussen de steile berghellingen van de **Skarðtindur** (488 m) en de **Klifatindur** (888 m) loopt de pas, waarvan je op het hoogste punt een uitstekend uitzicht hebt op de zuidelijke gletsjertongen van de Vatnajökull en, in de andere richting, op de Papafjörður en de landtong **Papós**. Van 1860 tot 1897 was Papós een handelscentrum, waarna deze functie werd overgenomen door Höfn. Nabij de ruïnes uit die tijd zie je nog oudere bouwresten, die waarschijnlijk afkomstig zijn van de Ierse kluizenaars die hier verbleven vóór de definitieve bewoning van IJsland; de oude aanduiding Papatætur wijst daarop. De Ierse monniken werden *papar* genoemd.

Menige reiziger is verrast als hij plotseling voor een **Vikingdorp** staat bij de onverharde weg die langs de voet van Klifatindur naar de vuurtoren op het schiereiland Stokksnes loopt. Het mysterie wordt al snel opgelost: de gebouwen werden hier ooit neergezet als filmdecor voor een Vikingfilm, maar die is nooit gemaakt. Het dorp was jarenlang een stille plek totdat de boer en eigenaar van het land besloot met een eigenzinnig café te vestigen. Voor een bezoek aan het dorp hief hij een toegangsprijs. Na korte tijd kwam er een charmant pension bij – met kamers in containers (vikingcafe.is).

Slapen

Geweldige ligging
Berjaya Höfn Hotel: zijn ligging, in de buurt van Ósland met uitzicht op de zee en de Vatnajökull maakt dit hotel heel bijzonder. De gemeenschappelijke ruimtes en de kamers zijn licht en aangenaam.
Ranarslod 3, tel. 444 48 50, icelandhotel collectionbyberjaya.com, €€

Zeer populair
Jeugdherberg Nýibær: deze jeugdherberg is een van de populairste, deels vanwege de praktische voorzieningen – je kunt er bijvoorbeeld je fiets stallen – en deels omdat het echt een ontmoetingsplek is. Veel mensen houden hier een tussenstop. Kamers met 2-6 bedden, naast de gebruikelijke voorzieningen is er een wasmachine.
Hvannabraut 3, tel. 781 54 31, hostel.is, afhankelijk van comfort €-€€

Eten

Aan de haven
Pakkhús: langoestensoep, gebraden kip uit de streek, verse visgerechten in een gezellige en authentieke sfeer. Wat wil je nog meer? Misschien een lokaal biertje erbij, dat de toepasselijke naam Vatnajökull draagt.
Krosseyjarvegi 3, tel. 478 22 80, pakkhus.is, keuken dag. 12-22 uur, €

Eenvoudig, maar populair
Z Bistro: gegrilde kip, soepen en hamburgers, maar ook vis of lamsvlees staan hier altijd op de kaart. De bistro heeft de charme van een wachtruimte, maar is desalniettemin populair.
Vikurbraut 2, tel. 478 2300, dag. 11-22 uur, €-€€

Rustiek
Kaffi Hornið: het gezellige houten interieur en de centrale ligging van het restaurant trekken allang zowel plaatselijke gasten als mensen op doorreis. Het menu varieert van à la carte tot de voordelige dagschotel, saladebar en de plaatselijke specialiteit: kreeft.
Hafnarbraut 42, tel. 478 26 00, kaffihornid.is, zomer dag. 11.30-22 uur, €-€€

Actief

Onthaasten
Lokale gids: het is een groot plezier Höfn te leren kennen met Hulda, want ze weet zeer veel. Ze biedt ook wandelingen met yoga aan en je kunt eten met mensen uit de buurt. Vergeet wifi en luister naar de vogels.
Hafnarbraut 41, tel. 864 49 52, hofnlocal guide.is

Info

- **Höfn Visitor Centre:** in Gamlabúð aan de haven, Heppuvegur 1, tel. 470 83 30, juni-aug. dag. 9-18, mei, sept. dag. 9-17, apr., ma.-vr. 9-13 uur. Belangrijkste informatiecentrum voor het gebied van de Vatnajökull. In twee andere gebouwen worden objecten rond de visserij het het leven van de vissers getoond.
- **Langoestenfeest:** 1e weekend van juli, vrolijk familiefeest rond de langoest.
- **Bus:** dag. naar Reykjavík en Egilsstaðir, in de ochtend vanaf het kampeerterrein.
- **Vliegtuig:** eagleair.is, dag. enkele vluchten tussen Höfn en Reykjavík.

Stafafell ♥ L6

Stafafell is een oude boerderij aan de Ringweg ten oosten van Höfn, die tot 1920 werd bewoond en die nu als herberg wordt geëxploiteerd (zie blz. 128). De gletsjerrivier Jökulsá í Lóni, afkomstig van de Vatnajökull, is hier gemakkelijk over te steken via de 247 m lange brug. Ten zuiden van de rivier leidt een jeepspoor naar **Lónsöræfi**, dat in 1977 tot beschermd natuurgebied werd uitgeroepen. Het gebied staat bekend om zijn uitstekende wandelmogelijkheden. Het kleurrijke ryolietgebergte en de grillige valleien en kloven zorgen voor veel afwisseling. Lónsöræfi is de uitvalsbasis voor een meerdaagse wandeling naar Snæfell (zie blz. 142).

Slapen

In het groen

Stafafell: naast lichte kamers op de boerderij zijn er hutten, sommige kamers hebben eigen douche/wc. Er hoort een kampeerterrrein bij; je moet zelf voor je eten zorgen. Een ideaal startpunt voor wandelingen en trektochten.
Lón, tel. 478 17 17, 478 22 17, stafafell.is, €

Langs de oostelijke fjorden

Zodra je door de tunnel bent gereden, kom je in een ander landschap terecht: rechts de zee en links het steile basaltgebergte van de hoogvlakte met scherpe dalinsnijdingen – de fjorden van de oostkust. De kustweg is zeer goed onderhouden met parkeerplaatsen, informatieborden en gemarkeerde vogelobservatieplaatsen. De bijzonder fraaie omgeving met zijn afwisselende natuur biedt goede wandelmogelijkheden. Er zijn tal van schilderachtig gelegen kustplaatsen om te ontdekken, zeker omdat men hier het toeristische aanbod voortdurend uitbreidt.

Djúpivogur ♀ L5

Vogels, kunst en kunsteieren

Djúpivogur? Is dat niet dat kleine plaatsje met de granieten eieren in het oosten van IJsland? Dat klopt! Sinds Sigurður Guðmundsson in 2009 langs de kustweg aan de baai van Gleðivík 34 stenen eieren plaatste, trekt deze locatie volop de aandacht. De eieren, die vele malen vergroot zijn, zijn vormgegeven naar de echte eieren van inheemse vogels (foto blz. 131). Het graniet voor het kunstwerk komt uit China, waar de kunstenaar ook een atelier heeft. De vogels van deze streek kun je te zien krijgen tijdens een wandeltocht, zie Ontdekkingsreis blz. 129.

Djúpivogur werd al in 1589 een handelscentrum, maar hiervan is nu weinig historisch bewijs meer te vinden. De oude gebouwen in het centrum van het dorp dateren uit de tijd van de Deense kooplieden die eeuwenlang de handel domineerden. Tegenwoordig leven de inwoners voornamelijk van visserij, landbouw en toerisme. In het gebouw **Langabúð**, een winkel van ongeveer 200 jaar oud, is het streekmuseum gevestigd (juni-sept. dag. 10-18 uur, ISK1000, met bijbehorend café). Naast werktuigen uit de regio is er ook een collectie busten van de houtsnijder Rikarður Jónsson te zien.

De naam van het eiland **Papey**, ten zuidoosten van Djúpivogur, is afgeleid van Ierse monniken, de zogenaamde Papar, die hier een contemplatief leven leidden tot de Noormannen zich hier vestigden. Ze verlieten het land omdat ze niet tussen heidenen wilden leven. Tegenwoordig wordt het 2 km² grote eiland bewoond door talloze vogels en zeehonden en is de voormalige boerderij verlaten. Het is het grootste eiland in de fjord. Vroeger werden er vogeleieren verzameld in de kliffen. Een ideale plek om vogels te kijken!

ONTDEKKINGSREIS
Hoor, wat piept daar toch?

Met verrekijker en wandelstok op pad rond Djúpivogur

Info

Begin:
Djúpivogur, boven
de school,
♀ L 5

Afstand:
ca. 12 km

Tip:
trek tijd uit om
vogels te kijken

Teigarhorn:
tel. 869 65 50,
teigarhorn.is,
openingstijden tele-
fonisch opvragen

Vogels kijken is in! (zwart)
De landtong **Búlandnes**, waarop het vissersdorp Djúpivogur ligt, is met zijn vele meren een perfect gebied om
vogels te spotten. Er zijn ook bijbehorende informatieborden geplaatst. De prachtige rondgaande wandeltocht
begint boven de school. Omringd door vogelzang en
vele bloemen wandel je door het weidse landschap met
uitzicht over zee. Ongeveer 26 soorten vogels nestelen en leven rond de wateren – van wilde eenden en
wilde zwanen tot zeekoeten en harlekijneenden met
hun opvallende prachtkleed. Wat hier vooral bijzonder
is, zijn niet zozeer de vele soorten, maar de gigantische
aantallen van de vogels. Vergeet je verrekijker niet!

Fascinerende berg- en kristalwereld (buiten kaart)
Djúpivogur biedt ook mogelijkheden voor wie hogerop
wil. Ten westen van het dorp verheft zich de 1069 m
hoge, gelijkmatig gevormde basaltpiramide **Búland-
stindur**. Net als de Snæfellsjökull in West-IJsland wordt
deze berg beschouwd als een 'spiritueel energiecentrum'.
Het gemarkeerde pad naar de top begint net achter
de brug over de Búlandsá.
Onderweg kom je langs de
boerderij **Teigarhorn**. De omgeving is wereldwijd bekend
als vindplaats van zeoliet.
Fascinerend is ook het sco-
leciet, een naaldachtig kristal
van straalsgewijze clusters.
Prachtige exemplaren zijn te
bewonderen in het museum
(meestal 13-15 uur). Ook is er
interessante informatie over
eidereenden. Er lopen paden
door het gebied, dat een beschermd natuurgebied is.

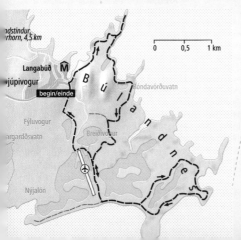

STEENACHTIG OOSTEN 🅂

Zowel Breiðdalsvík als Stöðvarfjörður, een kleine maar fraaie fjord,
heeft bijzondere minerale afzettin-
gen en diverse bergformaties. In het
oosten is het de moeite waard om
steencollecties te bekijken, zoals
de **Steinasafn Petru Sveinsdóttir**.
De in 2012 overleden Petra Sveinsdóttir verzamelde gedurende haar
lange leven talloze stenen, die nu op
een merkwaardig-amusante manier
worden gepresenteerd (Fjarðarbraut
21, Stöðvarfjörður, Sunnuhlíð, tel.
475 88 34, steinapetra.is, mei-half
okt. dag. 9-17 uur, ISK200, café
Sunnó, 19 juni-19 aug. ma.-za.
10.30-16.30 uur, koffie, thee, hapjes, €). Er is ook een privécollectie
te bewonderen in Eskifjörður: de
**Steinasafn Sörens og Sigurbor-
gar**, met IJslandse gesteenten en
talrijke mineralen uit andere landen.
Je kunt contact opnemen via het
pension Mjóeyri (zie blz. 135). Verder is er nog een museum in Djúpivogur: **Steinasafn Auðunnes**. Ook
in deze regio is er voor mineralogen
namelijk veel te zien (Mörk 8, dag.
10-18 uur, tel. 861 05 70).

Slapen

Mooi gelegen
Jeugdherberg Berunes: de voormalige boerderij uit 1907 biedt gezellige
faciliteiten, waaronder een kleine bibliotheek. Bovendien is er een camping. De
jeugdherberg staat bekend als een van
de beste van het land. Ontbijt en avondeten (soms met chef-koks uit Reykjavík)
na aanmelding.
Tussen Djúpivógur en Breiðdalsvík, tel. 478 89
88, 869 72 27, berunes.is, €

Eten

Antiek
Café Langabúð: in oude stijl ingericht,
maar gezellig. De keuken biedt kleine,
smakelijke gerechten zoals soep en taart.
Tel. 478 88 20, begin mei-sept. zo-do. 10-18,
vr., za. 10-1 uur, €-€€

Trefpunt
Við Voginn: centraal gelegen aan de belangrijkste straat, met een bijbehorende
winkel. Hier kan men elkaar ontmoeten bij
fish-and-chips: de jongeren van het dorp
en natuurlijk de toeristen.
Vogaland 2, tel. 478 88 60, zomer dag. 9-21 uur

In de stal
Bragðavellir: behalve hutten bevindt zich
ook een restaurant in deze voormalige
schaapskooi, waar hamburgers en IJslandse klassiekers als lamsvlees en vis op
het menu staan. Het prachtige uitzicht op
het landschap krijg je er helemaal gratis bij.
Bragðavellir, tel. 478 82 40, bragdavellir.is,
juni-aug., €-€€

Info

● **Toeristenbureau:** Bakki 1, tel. 470 07
00, visitdjupivogur.is, ma.-do. 10-12, 13-
15, vr. 10-12 uur.
● **Bus:** dag. van/naar Egilsstaðir en Höfn.

Breiðdalsvík ♀ L5

Wil je het leven in een piepklein dorp
ervaren? Dan is Breiðdalsvík, met
slechts 140 inwoners, de plek voor
jou. Het plaatsje is betrekkelijk jong,
het bestaat pas sinds 1960. Zelfs de
eerste bewoners kwamen hier pas aan
het eind van de 19e eeuw. De dorps-
bewoners leven voornamelijk van de

visserij. Daarnaast zijn er initiatieven om de diverse wandelmogelijkheden van de regio en daarmee het toerisme te ontwikkelen. Op de eilanden in de gelijknamige baai zijn eidereenden en zeehonden te zien. Door de gunstige geografische ligging zijn veel mooie natuurbestemmingen in het oosten zeer snel te bereiken. Breiðdalsvík is daarom een aanrader als uitvalsbasis.

Het oudste pand, **Gamla Kaupfélag**, de oude winkel uit 1906, herbergt een interessante tentoonstelling over de geologie van de streek, waaronder een archief van boorkernen.

Gamla Kaupfélag: Sólvöllum 25, tel. 470 55 65, breiddalssetur.is, juni-aug. zo.-do. 12-16 uur

Slapen, eten

Mooi gelegen

Breiðdalsvík: het gezellige houten gebouw in landhuisstijl biedt verschillende vormen van accommodatie: kamers in het hotel of een berghut met fantastisch uitzicht, en ook modern ingerichte appartementen. Vraag naar alle prijzen. Het hotel heeft een restaurant met een traditionele keuken en een sauna. De toegewijde eigenaar helpt graag met het plannen van tochten.

Sólvellir 14, tel. 470 00 00, breiddalsvik.is/en/hotel-breiddalsvik, €€–€€€

Het oosten van IJsland staat bekend om zijn mineraal- en steenafzettingen en om zijn vogelwereld. De 34 granieten eieren van Sigurður Guðmundsson aan de kustweg van Djúpivogur zijn een synthese

Actief

Outdoor
Tinna Adventure: jeeptochten, maar ook wandelingen en yogatours. Deze Oost-IJslandspecialist is het hele jaar actief.
Selnes 28-30, tel. 832 35 00, tinna-adventure. is

Zwemmen
Sportcentrum: Het kleine zwembad is de trots van het dorp.
Selnesi 25, tel. 470 55 75, juli-aug. ma.-vr. 8.30-12.30, 16-20, za., zo. 16-20, sept.-juni ma.-vr. 14-20, za., zo. 16-20 uur

Info

• **Toeristeninformatie:** Gamla Kaupfélag, blz. 131.

Fáskrúðsfjörður   ♀ L 4

Frans-IJslandse vriendschap
Aan het begin van de 20e eeuw diende het dorp Fáskrúðsfjörður aan de gelijknamige fjord als belangrijkste basis voor Franse vissers, die hier hun eigen ziekenhuis en kerk met een begraafplaats bouwden. Ze hadden al ongeveer drie eeuwen voor de IJslandse kust gevist. De tweetalige straatnaamborden en het toegewijde behoud van memorabilia wijzen op de Frans-IJslandse vriendschap. Sinds mensenheugenis leven de inwoners voornamelijk van de visvangst. In de omgeving van Fáskrúðsfjörður zijn talloze gemarkeerde wandelroutes uitgezet.

Ten oosten van de fjord liggen voor de kust de twee eilanden **Skrúður** en **Andey**. Andey is een relatief vlak eiland met grasland en grote populatie eidereenden. Het altijd groene rotseiland Skrúður

herbergt een van de grootste kolonies papegaaiduikers en de grootste kolonie zilvermeeuwen van IJsland, met verder alken, noordse stormvogels en jan-van-genten.

Museum

Een stukje Frankrijk in IJsland
The French Museum: vanaf het midden van de 19e eeuw tot de Eerste Wereldoorlog kwamen vissers naar Fáskrúðsfjörður en bouwden het dorp op. Multimediale installaties en nagespeelde scènes illustreren de tijd en het leven van de plaatselijke Franse vissers. De tentoonstelling (Frakkar á Íslandsmiðum) is ondergebracht in de voormalige dokterswoning en het oude Franse ziekenhuis en tevens in een verbindingstunnel tussen de twee gebouwen.
Hafnargata 12, tel. 475 11 70, half mei-sept. dag. 10-18 uur, rest van het jaar op afspraak, ISK2200

Eten

Frans
L'abri: hier kun je à la carte genieten van de Franse keuken op basis van IJslandse ingrediënten. Zeer populair. Ook café en wijnbar. De kaart is niet uitgebreid, maar er is voor elk wat wils, met uiteraard lamsvlees en vis.
Hafnargata 9, naast Fosshotel, tel. 470 40 70, dag. bar 16-23, restaurant 18-23 uur, €€-€€€

Info

• **Toeristenbureau:** visitfjardabyggd.is. Informatie over Fáskrúðfjörður, en verder Reyðarfjörður, Eskifjörður, Norðfjörður en Stöðvarfjörður, die allemaal tot de gemeente Fjarðabyggð behoren.

• **Bus:** visitfjardabyggd.is, naar Egilsstaðir en de naburige fjorden.
• **Nationale feestdag:** 17 juni. Tijd om met het hele gezin naar de bergen te trekken.
• **Franse nationale feestdag:** 14 juli. De IJslandse en de Franse vlaggen worden hier ceremonieel gehesen. Dit is de enige plaats waar een andere feestdag ook een vlaggetjesdag is.
• **Franse dagen:** eind juli. Familiefestival.

Reyðarfjörður   ♥ L4

Belangrijk in de Tweede Wereldoorlog

Bij Reyðarfjörður, de grootste fjord aan de oostkust met een lengte van 30 km en een breedte van 7 km, hadden de geallieerden in de Tweede Wereldoorlog een belangrijke militaire basis. Na de oorlog liep het vissersdorp leeg. Tijdens de bouw van de aluminiumfabriek en de nabijgelegen Kárahnjúkarstuwdam nam het aantal inwoners weer toe tot ruim 2000 door de toestroom van arbeiders. De infrastructuur werd verbeterd, er werden huizen, een voetbalhal en een bioscoop gebouwd. Twee tunnels verbeterden de verbinding met Höfn. Maar helaas bleef het inwonertal na de ingebruikname van de aluminiumsmelterij in 2007 niet op peil en daalde weer tot ongeveer 1000 inwoners. Veel nieuwe gebouwen staan daarom weer leeg. Langs de rivier de Búðará kun je korte wandelingen maken, en anders ga je de bergen in.

Museum

Over de oorlogstijd
Íslenska Stríðsárasafnið: het museum toont de blijvende effecten van de aanwezigheid van de Engelsen, die de basis legde voor de latere welvaart. Maar er waren ook wrijvingen tussen de bevolkingen en de militairen, die de tentoonstelling deels probeert te laten zien. Een in sommige opzichten eigenzinnige verzameling en presentatie, maar niettemin interessant.

Hospital camp Hæðargerði, tel. 470 90 63, juni-sept. dag. 13-17 uur, ISK1700

Slapen, eten

Een huis met een verleden
Pension Tærgesen: de kamers in het oudste pand van het dorp zijn een paar jaar geleden gerenoveerd. Vier gemeenschappelijke badkamers. Een pension met charme, centraal gelegen en met een terras. In het restaurant varieert het menu van soepen en vlees- en visgerechten tot hamburgers en nacho's. Er is voor elk wat wils en de porties zijn prima.

Búðurgata 4, tel. 470 55 55, pension €-€€, restaurant €€

Voor vogelvrienden
Kampeerterrein: in het dorp bij de eendenvijver. Zeer goed uitgerust. Er is een vogelkijkhut, die het verblijf extra interessant maakt.

Info

• **Bus:** ma.-za. Het vervoer in Fjarðabyggð, tussen de vier fjordensteden, is gratis.

Eskifjörður   ♥ L4

Eskifjörður ontwikkelde zich met de Noorse haringvisserij in de 19e eeuw. Voorheen was het een belangrijk handelscentrum. De visverwerking is ook nu nog een belangrijke industrie, in combinatie met de groei die is ontstaan door

De rode vissershuizen langs de oude promenades in Eskifjörður zijn nog steeds bewoond. Ze maken deel uit van de historische bebouwing in het dorp die teruggaat tot de Noren

het smelten van aluminium. Wanneer je door het dorp wandelt, dat wordt gedomineerd door de twee meer dan 900 m hoge bergen Eskja en Hólmatindur, kun je de oude vissersgeschiedenis nog bespeuren. Aan de oude bouwwerken, zoals het houten huis Randulfssjóhús uit 1890 en de havenpieren, is deze geschiedenis af te lezen.

Aan de noordelijke oever van de Reyðarfjörður bij **Helgustaðir**, ongeveer 9 km verder naar het oosten, ligt een van de beste dubbelspaatmijnen, die in gebruik was tot de 20e eeuw. Het dubbelspaat (ook wel IJslands kristal genoemd) werd vooral gebruikt voor optische precisie-instrumenten. Talloze objecten komen hiervandaan, zoals een blok van 230 kg in het National History Museum in Londen. Tegenwoordig is het gebied rond de mijn een beschermd landschapsgebied.

Museum

Maritieme herinneringen
Scheepvaartmuseum Oost-IJsland: in een pand uit 1816, Gamla Búð, is nu het Scheepvaartmuseum van Oost-IJsland (Sjóminjasafn Austurlands) ondergebracht.

Het was oorspronkelijk de winkel en het magazijn van het dorp en op de begane grond kun je nog delen van de oude winkelinrichting zien. Voor het overige is de tentoonstelling vooral gewijd aan de haring-, haaien- en walvisvangst in de regio, met talrijke oude foto's en boten. Op de eerste verdieping is een maquette van het dorp uit 1923 te zien. Het museum omvat de oude vissershut Randulffssjóhús, die gerenoveerd is om een indruk te geven van het leefomstandigheden rond 1900. Strandgata 39b, tel. 470 90 00, juni-aug. dag. 13-17 uur, ISK1800

Slapen

Aan zee

Pension Mjóeyri: het kleine vakantiecomplex is prachtig gelegen aan de fjord bij een vuurtoren. Niet in de laatste plaats vanwege de hutten, die plaats bieden aan 6-7 personen, komen IJslanders hier ook graag in de zomer. De kamers zelf zijn eenvoudig maar aangenaam ingericht; sommige hebben geen badkamer. Ideaal voor wandelingen, zeker ook omdat je goede informatie krijgt. Diner is mogelijk. Ca. 3 km ten oosten van het centrum, Strandgata 120, tel. 477 12 47, mjoeyri.is, €-€€

Actief

Outdoor

Pension Mjóeyri: zie hiervoor. De activiteiten variëren van rendierjacht tot skitochten in de winter en bootverhuur. Als je speciale verzoeken hebt, vind je hier ook ondersteuning. Informatie over grotten en wandelpaden. Noorderlicht in de winter.

Info

- **Bus:** ma.-za. tussen de dorpen en naar Egilsstaðir.

Neskaupstaður   📍 M4

Het grootste dorp in Oost IJsland aan de Norðfjörður biedt vooral voor wandelaars en wintersporters goede mogelijkheden en is sinds de opening van een tunnel in 2018 goed bereikbaar. Voorheen was er slechts één bergpasweg, die in de wintermaanden nog weleens kon worden afgesloten.

De lawineschuilplaatsen boven Neskaupstaður zijn mooie uitzichtpunten. Rond 1900 onderhielden de Noren bij dit dorp een groot station voor de haringvisserij. Tegenwoordig zijn visserij en visverwerking hier nog steeds de belangrijkste industrieën. IJslands grootste vriesinstallatie voor vis is hier ook gevestigd.

Het **beschermd natuurgebied** Folksvangur Neskaupstaðar ligt iets ten oosten van het dorp en hier zijn zeer mooie wandelingen te maken. Hier bevindt zich aan de kust de grot **Páskahellir** (Paasgrot), met traptreden die ernaartoe leiden. De grot is gevormd door de branding en binnenin zijn kleine gaten te zien van bomen die 12 miljoen jaar geleden door lava werden bedekt. De paden leiden door drasland met weelderige vegetatie en bieden volop gelegenheid om vogels te kijken. Rotsen met interessante mineraalstructuren doen je telkens weer stoppen om te kijken.

Museum

Drie in één

Safnið: in een voormalig pakhuis aan de haven zijn drie musea gevestigd. Tryggvasafn toont werken van de schilder Tryggvi Ólafsson, die hier in 1940 werd geboren, het natuurhistorisch museum Náttúrugripasafnið toont opgezette dieren en een uitgebreide collectie gesteenten, waaronder het dubbelspaat van Helgustaðir. De scheepvaarttentoonstelling presenteert de persoonlijke collectie van Jósafat Hinriksson.

Egilsbraut 2, tel. 470 90 63, juni-aug. dag. 13-17 uur, ISK1700

Slapen, eten

Gezellig
Hildibrand Hótel: in een voormalige winkel bevinden zich een bistro op de begane grond en appartementen en kamers boven. Smaakvol ingericht met interessante kunstwerken. Een prachtig uitzicht op de bergen of de fjord. De hotelleiding helpt bij alle vragen.

Hafnarbraut 2, tel. 477 19 50, hildibrandhotel. com, €€-€€€

Actief

Kajakken
Kajakklúbburinn Kaj: tocht met gids van 2 uur, aanvraag per e-mail of telefonisch bij hotel Hildibrand.

Tel. 863 99 39, kayakklubburinn@gmail.com

Wandelen
Ferðafelag Fjarðamanna: de regionale wandelclub biedt rondleidingen aan in het gebied. Er is ook een wandelkaart voor de regio.

Melagata 8, ferdafelag.is

Info

• **Bus:** visitfjardabyggd.is. In de zomer elke dag bussen tussen Egilsstaðir en de naburige dorpen.

• **Zeemansfeest:** 1e weekend van juni. Elk dorp heeft zijn eigen speciale feest, met geregeld roeiwedstrijden.

• **Heavy-metalfestival:** Eistnaflug, aug., eistnaflug.is. Dit muziekfestival staat bekend als een van de beste culturele evenementen buiten Reykjavík. Ook met breed scala familieactiviteiten.

Seyðisfjörður　♀L4

Het dorp dat verbindt
Als je per auto reist met de veerboot van Smyril Line (zie blz. 239), kom je aan in Seyðisfjörður. De stad is schilderachtig gelegen aan het eind van de gelijknamige fjord en wordt omringd door hoge bergen. Met zijn goed bewaarde 19e-eeuwse houten huizen en mooie blauwe kerk ziet het eruit als iets van vroeger tijden. Voorheen was dit het grootste handelscentrum van IJsland, waar veel Noren zich vestigden voor de haringvisserij.

Al in 1906 lag hier de eerste onderzeese telefoonlijn, niet in de laatste plaats vanwege de verbinding met Europa. De goede natuurlijke haven maakte Seyðisfjörður tot een belangrijk overslagpunt voor het land. De Britten en Amerikanen vestigden hier hun eerste bases in de Tweede Wereldoorlog.

Een aangename wandeling vanaf de aanlegsteiger van de veerboot naar het stadscentrum voert je via Lónsleira en Bjólfsgata langs een aantal kleine, oude huizen. De lichtblauwe kerk is meestal open voor bezoekers. Vanaf daar loop je door de regenboogstraat Norðurgata in het centrum – de bewoners zijn er trots op dat zij hun symbool van tolerantie hadden vóór Reykjavík. Er zijn hier fijne winkels en restaurants, en als je rond het meer loopt, zul je je al snel realiseren dat de stad met zijn lange Noorse traditie nu vooral een kunstenaarsstad is.

De oudste elektriciteitscentrale van IJsland, **Fjarðarsel**, dateert uit 1913 en was de eerste die stroom leverde aan een gemeentelijk net. In de zomermaanden zijn de energiecentrale (met elektriciteitsmuseum) te bezoeken.

TRAPPED

In deze IJslandse misdaadserie, die in 2015 begon (oorspronkelijke titel *Ófærð*, te zien op Netflix), blijkt een moord te zijn gepleegd op een veerboot die aankomt in Oost-IJsland. In de film wordt gesproken van Siglufjörður, maar alle havenscènes spelen zich af in een dichtgesneeuwd Seyðisfjörður, dat hierdoor des te meer afgesloten van de wereld lijkt.

Fjarðarsel: op 30 min. lopen buiten het dorp, tel. 472 11 22, bezichtiging juni-aug. na telefonische aanvraag

Interactieve klanksculptuur

Een wandeling van 20 minuten voert je langs een waterval naar de vijf klankkoepels van **Tvísöngur**, die de Duitse kunstenaar Lukas Kühne midden in het landschap heeft opgesteld. Tvísöngur verwijst naar de IJslandse tweezang, die is gebaseerd op een vijftonige harmonie. De geluidsfrequentie van elke koepel komt overeen met een toon uit deze pentatonische toonladder. In de afzonderlijke ruimtes kun je de tonen letterlijk beleven – ook voor niet-zangers een bijzondere ervaring.

Museum

Huis van de vooruitgang

Techniekmuseum (Tækniminjasafn) Oost-IJsland: in december 2020 verwoestte een modderstroom een deel van dit prachtige museum (en het dorp). Hoewel er gewerkt wordt aan het herstel, is het duidelijk dat het nog wel een aantal jaar zal duren voor de volledige collectie weer te zien zal zijn. Intussen worden echter tentoonstellingen en evenementen georganiseerd die in het teken staan van het thema van het museum: de technische verwor-

venheden die tussen 1880 en 1950 naar (het oostelijke deel van) IJsland kwamen. Hafnargata 44, tel. 472 16 96, tekmus.is,

Slapen

Gemoedelijk

Jeugdherberg Hafaldan: een pand met geschiedenis, het ziekenhuis was hier ooit gevestigd. De kamers zijn licht, er zijn verschillende formaten en je kunt er ook ontbijten. Inpandige sauna en spa en je kunt gebruikmaken van de keuken (Suðurgata 8, dagelijks 17-21). Ránargata 9, tel. 611 44 10, hafaldan.is, €

Midden in de natuur

Skálanes: op 7 km van Seyðisfjörður, op het zuidelijke puntje van de fjord, ligt het natuur- en cultuurcentrum Skálanes, dat je rechtstreeks met een busje kunt bereiken, maar alleen de eerste 13 km van de route zijn toegankelijk met de auto. Onderweg ligt de archeologische vindplaats van een Vikingkerk. De 687 meter hoge kustkliffen van Skálane, met hun gevarieerde vogelpopulaties, onder meer van papegaaien, zijn een bijzondere attractie, net als de eidereenden die hier kunnen worden waargenomen. Het centrum biedt accommodatie, natuurobservatie en wandelingen met gids langs de unieke kustlijn. 17 km van de zuidpunt van de fjord, tel. 779 70 08, skalanes.com, bezoekers moeten vooraf worden aangemeld, €

Eten

Tussen kunst en cultuur

Skaftfell: pizza, taart en heerlijke koffie. Skaftfell is het plaatselijke kunstcentrum met wisselende tentoonstellingen en een café. Gezellig, ook met internetcafé. Austurvegur 42, tel. 472 16 33, skaftfell.is/bistro, dag. 15-21 uur, €-€€

Gezellig

Kaffi Lára: leuk en vooral gezellig café, ook een sportbar als de gelegenheid zich voordoet. Behoort voornamelijk toe aan de plaatselijke brouwerij, die het bier El Grillo brouwt. Hier komt het dorp samen.

Norðurgata 3, tel. 472 17 03, elgrillobar.com, zo.-do. 12-1, vr., za. 12-3 uur, €

Actief

Fietsen, wandelen

Seyðisfjörður Tours: hier worden fietstochten met gids, wandelingen door het dorp en wandelingen door de omgeving aangeboden, natuurlijk altijd met allerlei verhalen.

Norðurgata 6, tel. 785 47 37, juni-aug. dag., tijden van de tochten op aanvraag

N

FANTASTISCHE NATUURERVARING

Te midden van een weids landschap ligt de paardenboerderij **Húsey**. Maar naast de geweldige viervoeters, die overigens ook door beginners kunnen worden bereden, leven hier niet ver vandaan bovendien zeehonden. Wat een fantastische combinatie – paardrijden en zeehonden kijken. Als je langer wilt genieten van de rustige en ontspannen sfeer op de boerderij, kun je hier eventueel overnachten. Informeer vooraf welke levensmiddelen je zelf moet meenemen (huseyfarm. is, tel. 471 30 10 en 695 88 32, ophalen uit Egilsstaðir is mogelijk op afspraak, kamers in jeugdherbergstijl, €).

Info

● **Toeristenbureau:** in het veerhuis, Ferjuleira 1, tel. 472 15 51, visitseydisfjordur. com, open als de veerboten varen, in de zomer langer. Hier kun je terecht voor buspassen en een historische stadsgids met informatie over de oude huizen.

● **Art in the Light:** feb., listiljosi.com. Het festival brengt licht naar Seyðisfjörður wanneer de eerste zonnestralen de stad weer bereiken.

● **Zomerconcerten:** juli-aug., wo., blaakirkjan.is. Concerten in de Bláa Kirkja (blauwe kerk).

● **LungA:** juli, lunga.is. Internationaal kunstfestival voor jongeren dat een week duurt.

● **Bus:** dag. bussen van/naar Egilsstaðir.

Egilsstaðir ♀ L4

Wie van het zuiden naar het noorden wil, of omgekeerd, houdt steevast een tussenstop in Egilsstaðir, een van de jongste steden van IJsland. De ontwikkeling ervan begon pas in 1944 en tegenwoordig is het het dienstencentrum voor het oosten van IJsland. De bewoningsgeschiedenis is slechts fragmentarisch gedocumenteerd, maar het is bekend dat hier in de middeleeuwen een Thingplaats was. Egilsstaðir is een van de weinige grotere plaatsen in IJsland die niet aan zee liggen. Tegenwoordig kent de gemeente een belangrijke rol toe aan de ontwikkeling van het toerisme. De gevarieerde excursiemogelijkheden maken Egilsstaðir tot een ideale locatie. Ook het culturele aanbod is de afgelopen jaren uitgebreid. Vanuit Egilsstaðir is het de moeite waard een uitstapje te maken naar Bakkagerði aan de Borgarfjörður (circa 68 km, zie Lievelingsplek blz. 139).

Lievelingsplek

Op bezoek bij de elfen

Een beetje verborgen en bijna betoverd ligt **Bakkagerði** (♥ M 3) te midden van berglandschap met kleurrijke ryoliet- en basaltbergen als Dyrfjöll en Staðarfjöll. Er staan maar een paar gebouwen in het dorpje en sommige doen wel heel merkwaardig aan, zoals het Lindarbakki, een huis uit 1899 dat overdekt is met graszoden en felrode gevels heeft. Beetje bij beetje ben ik van de elfen – ofwel de verborgen mensen – hier gaan houden. Daarom onderneem ik geregeld een pelgrimstocht naar de 30 m hoge basaltheuvel Álfaborg, niet ver van het kampeerterrein van Bakkagerði, om de elfenkoningin eer te bewijzen. In ruil daarvoor mag ik genieten van het uitzicht. De schilder Jóhannes S. Kjarval (1885-1972), die opgroeide in Bakkagerði, vereeuwigde de heuvel zelfs in zijn altaarstuk voor de kleine kerk. De zegenende Jezus staat voor Álfaborg en de berg Dyrfjöll. Een knusse plek om je te verwonderen, vogels te kijken en te wandelen. Voor wie langer in Bakkagerði wil blijven, is er accommodatie in deze sfeer te vinden.

Museum

Vele van vroeger
Streekmuseum Oost-IJsland: de twee interessante tentoonstellingen in het streekmuseum van Oost-IJsland (Minjasafn Austurlands) zijn beide een bezoek waard. De ene presenteert allerlei wetenswaardigheden over rendieren in IJsland, de andere geeft een goede indruk van het vroegere leven op het platteland, met voorwerpen als de medische uitrusting van de laatste plattelandsdokter in de regio.
Laufskógar 1, tel. 471 14 12, minjasafn.is, juni-aug. dag. 10-18, sept.-mei do.-vr. 11-16 uur, ISK1500

Slapen

Klein, maar fijn pension
Vínland Guesthouse: smaakvol ingericht, elke kamer heeft een koelkast,

---

REUSACHTIG BOUW- WERK   **R**

De rit van het stuwmeer **Hálslón ♥ J/K 4/5, ten** westen van het Lögurinn en ten noorden van de Vatnajökull, is al een belevenis. Weg nr. 910 is de enige geasfalteerde hooglandweg in IJsland. Deze werd aangelegd voor de bouwvoertuigen die hier tot 2006 bouwmaterialen vervoerden voor de aanleg van de **Kárahnjúkarstuwdam.** Met een lengte van 750 m en een hoogte van 193 m is de indrukwekkende dam de grootste van IJsland. De overloopwaterval stort neer met donderend geraas.

---

een waterkoker en natuurlijk internet. Een paar kamers hebben een prachtig uitzicht. Er is ook een zomerhuisje voor 4 personen met een gezellige inrichting (vanaf €195 per nacht).
Fellabæ, tel. 615 19 00, vinlandguesthouse. is, €-€€

Eten

Taart en zo
Nielsen Restaurant: dit bij zowel locals als toeristen populaire restaurant is gevestigd in het oudste pand van het dorp. De nieuwe eigenaren en koks hechten veel belang aan regionale producten; ze bieden ook Deense Smörrebrödsan aan. In de zomer kun je beschut op het terras zitten.
Tjarnarbraut 1, tel. 471 20 01, nielsenrestau rant.is, openingstijden nog niet bekend, €€

Fastfood forever
Söluskáli: dit tankstation is bijzonder handig, want enerzijds kun je hier bijna altijd terecht om iets te eten en anderzijds is het een ideale ontmoetingsplaats voor wie op doorreis is.
Tankstation, Kaupavangur, tel. 478 12 00, tot 22.30 uur

Actief

Fietsverhuur
Bij het toeristeninformatiecentrum op de camping kun je fietsen huren, ISK3000 per dag. Daarnaast worden er fietstochten rond Lögurinn georganiseerd.

Info

● **Egilsstaðastofa Visitor Center:** op de camping, tel. 470 07 50, visitegilssta dir.is, openingstijden zie website. Hier

ONTDEKKINGSREIS
Rond het Lögurinn

Fiets- of autotocht rond het meer, dat geen meer is

Info

Begin:
Egilsstaðir, ♀ K/L 4

Afstand:
90 km

Duur:
auto 4-6 uur,
fiets 2 dagen

Fietsverhuur:
zie blz. 140

Skriðuklaustur:
dag. apr.-mei 11-
17, juni-aug. 10-18,
sept.-half okt. 11-17
uur, skriduklaustur.is

De rondwandeling begint in **Egilsstaðir** aan de ooste-lijke oever van het Lögurinn en voert langs de westelijke oever via Fellabær terug naar het beginpunt. Wie ge-noeg gletsjer- en lavalandschappen heeft gezien en ver-langt naar het ruisen van een bos, zal onderweg genieten van de **Hallormsstaðarskógur**, het grootste bos- en herbebossingsgebied van IJsland. De oudste bomen zijn meer dan 100 jaar oud en sommige bereiken een hoogte van meer dan 12 m. Een wandeling over een leerpad door het bos is erg interessant; een informatieblad van het plaatselijke herbebossingsstation geeft uitleg over de verschillende boomsoorten. De beroemde middel-eeuwse houten deur van de kerk van **Valþjófsstaður** aan de zuidkant van het meer is te bezichtigen in het Nationaal Museum in Reykjavík. De huidige kerkdeur is een replica. Een paar kilometer verderop staat de voormalige woning van schrijver Gunnar Gunnarsson. Deze **Skriðuklaustur** werd in 1939 gebouwd door de architect Fritz Höger. Het project werd gesteund door de nationaalsocialisten, met wie Gunnarsson nogal be-vriend was. In 1949 schonk de auteur de boerderij aan de IJslandse staat. Tegenwoordig is hier een cultureel centrum ondergebracht met tentoonstellingen over Gun-narsson en kunstenaars uit de regio. Opgravingen tonen de funderingsmuren van een voormalig klooster. Een steil wandelpad voert omhoog naar de met 118 m op twee na hoogste waterval van IJsland, **Hengifoss**, aan de westzijde van het Lögurinn. Prachtig is ook de **Litlanesfoss** met zijn fascinerende basaltzuilen. Zonder verdere attracties gaat de route nu terug naar **Egilsstaðir.**

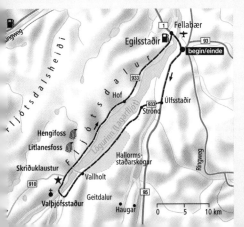

vind je alles wat je moet weten over accommodatie, activiteiten en excursies.

- **Bus:** dag. naar Höfn en Akureyri, en naar de kleinere plaatsen.
- **Vliegtuig:** icelandair.is. Dag. vluchten van/naar Reykjavík. De luchthaven van Egilsstaðir ligt 3 km ten noorden van de stad.

Lögurinn   ♥ K/L4

In het 30 km lange en tot 3 km brede meer Lögurinn en de rivier Lagarfljót zou een verwante van het monster in het Schotse Loch Ness leven. Hoewel in de Fljótsdalur talrijke bronrivieren in het meer uitstromen, blijft het melkachtig doorschijnende karakter van het gletsjerwater behouden. Rond het meer kun je prachtige tochten ondernemen, zie Ontdekkingsreis blz. 141.

Slapen

In het bos
Zomerhotel Hallormsstaður: fraai gelegen voor wie van bos en rust houdt. Je kunt er ook paardrijden. Hier krijg je een heel andere indruk van de IJsland. Hallormsstaður maakt deel uit van een complex dat bestaat uit een hotel, een pension en een hut.
Hallormsstaður, tel. 471 24 00, foresthotel. is, €€€

Kamperen aan het meer
Camping Atlavík: deze camping is idyllisch gelegen in het bos pal aan een meer, met een strandgedeelte.
Hallormsstaður, tel. 470 20 70, hengifoss.is/ en/hallormsstadur, €

Eten

Gemoedelijk en goed
Skriðuklaustur: in het cultureel centrum, zie blz. 141. Zeer de moeite waard is een bezoek aan het café met regionale gerechten van verse ingrediënten en uitstekende taarten, soepen en brood en een lunchbuffet.
€-€€

Info

- **Snæfellsstofa:** Fljótsdalur, nabij Skriðuklaustur (zie blz. 141), tel. 470 08 40, vjp. is, apr. ma.-vr. 10-16, mei ma.-vr. 10-16, za., zo. 12-17 juni-aug. dag. 10-17, sept. ma.-vr. 10-15, za., zo. 12-17, okt. di., zo. 10-15 uur. Informatie over het oostelijk deel van het nationaal park Vatnajökull, ook een zeer goede tentoonstelling en tal van interessante rondleidingen.

Snæfell   ♥ K5

Heel bijzonder zijn uitstapjes naar het hoogland van Oost-IJsland met de stratovulkaan Snæfell, waarvan de 1833 m hoge top altijd bedekt is met sneeuw. Tijdens de rit over het hooglandspoor heb je misschien geluk en zie je rendieren, die in dit gebied vrij leven.

Van de Snæfell brengt een korte rit je naar de noordoostrand van de Vatnajökull. Als je wilt deelnemen aan een tocht met gids over de berg, kun je adressen van organisatoren krijgen bij het toeristenbureau in Egilstaðir (zie blz. 140).

De meerdaagse wandeltocht van de Snæfell naar Lónsöræfi (zo'n 60 km, zie blz. 128) volgt een fascinerende route die begint met de oversteek van een gletsjer.

Lievelingsplek

Duizend en meer vogels

Vogels en nog eens vogels, maar gelukkig niet agressief zoals in *The Birds* van Hitchcock. Aan de noordkant van het ongeveer 40 km lange, eendenkop-vormige schiereiland Langanes, dat zich tussen Þistilfjörður en Bakkaflói in zee uitstrekt, bevinden zich fantastische vogelkliffen, waaronder IJslands mooiste, **Skoruvíkurbjarg** (♥ K 1) met de basaltrots Karl. Hier nestelen jan-van-genten, verder wemelt het op het schiereiland van vele duizenden noordse sterns. Vanaf het in 2015 gebouwde uitkijkplatform kun je de vogels op de kliffen en rotsen uitstekend observeren.

Þórshöfn ⚲ K1

Het is nauwelijks te geloven dat hier iets gebeurt: de kleine nederzetting doet stil en vergeten aan. Maar de eerste indruk is bedrieglijk, want de inwoners van Þórshöfn willen meer doen dan vis verkopen. Vanouds is de economie met de gunstig gelegen haven gebaseerd op de vangst van vis en schelpdieren en de verwerking daarvan. Al in de 16e eeuw diende Þórshöfn als handelscentrum voor buitenlandse kooplieden, maar het kreeg pas in 1846 een officiële status als zodanig. De eerste gebouwen werden opgetrokken in 1880; daarvoor vond de handel plaats op de schepen. Het oudste nog bestaande pand dateert uit 1902 en staat in de Fjarðarvegur (nr. 14) – tot zover de bezienswaardigheden. De attracties van Þórshöfn zijn van een andere soort. Zo staat een van de beste koks van IJsland aan het fornuis in het restaurant Barán (zie rechts). Hij kan je laten ervaren hoe het noordoosten smaakt – gewoonweg fantastisch!

Vanuit Þórshöfn kun je uitstapjes en wandeltochten maken op het schiereiland **Langanes**, waar je langs de kust zeevogels kunt bekijken (zie Lievelingsplek blz. 143).

Slapen

Midden in het groen
Ytra Lón Farm Lodge: een heerlijke plek van afzondering, ideaal om helemaal tot rust te komen. Kleine appartementen met genoeg ruimte, ook speciale weekaanbiedingen met meditatie, excursies en volpension. Een goede uitvalsbasis voor een verkenning van het schiereiland.
14 km ten noorden van Þórshöfn aan weg 869, tel. 846 64 48, ytralon.is, €€–€€€

Landelijk
Grásteinn Guesthouse: geniet van het platteland en verblijf in een van de gezellig ingerichte zomerhuisjes. In mei kun je lammetjes aaien, in de zomer kun je de weidsheid van het landschap in je opnemen. De ligging maakt excursies naar vele plaatsen in het noorden mogelijk.
Holti, tel. 895 08 34, grasteinnguesthouse. is, €€

Museum

Steenrijk
Sauðaneshús: op slechts 7 km van Þórshöfn, bijna op het schiereiland Langanes, staat een van de oudste stenen huizen van het land. De voormalige pastorie werd gebouwd in 1879; de stenen werden met veel moeite op sleeën hierheen gebracht. De parochie was een van de rijkste van het land, vooral dankzij de overvloed aan drijfhout langs het schiereiland. Tegenwoordig maakt het pand deel uit van het regionale museum. In de zomer worden hier tentoonstellingen gehouden. Het kleine café is een ideale plek om te genieten van de rust.
husmus.is/en/saudaneshus, half juni-half aug. di.-zo. 13-17 uur,

Melrakkaslétta

Wil je ervaren hoe dichtbij de poolcirkel is? Wil je de muziek van de zee, de golven en het getjilp van vogels horen? En de wind voelen en zilvergrijs drijfhout bewonderen? In het noordoosten van IJsland ben je vaak nog helemaal alleen, verbonden met de natuur. Het meest noordelijke, naamloze schiereiland, waar de vlakte Melrakkaslétta ligt, is nog maar weinig bekend bij het grote publiek. Op de grote vlakte laten vossen

ONTDEKKINGSREIS
Eindeloze verte

Wandelingen door het vlakke landschap rond Raufarhöfn

Wandelingen rond het dorp

Een populair 2 km lang pad leidt van Raufarhöfn naar de landtong **Höfði (zwart)**, langs de kerk die in 1927 werd gebouwd naar het ontwerp van Guðjón Samúelsson. Op Höfði heb je een adembenemend uitzicht over zee en er nestelen talloze vogels op de kliffen. Een gemarkeerde route leidt ook van Hótel Norðurljós naar het meer **Ólafsvatn (rood)**. Hier zie je een bijzondere en gevarieerde vogelwereld. In de omgeving van het dorp nestelen 45 van de 70 soorten broedvogels in het land.

Van Raufarhöfn naar het noorden (groen)

Een prachtige tocht gaat naar **Hraunhafnartangi**, bijna het noordelijkste punt van IJsland; vanaf hier is het nog maar 3 km naar de poolcirkel. Als Hraunhöfn was de plaats in de middeleeuwen een zeer bekende haven, die uiteindelijk in de 19e eeuw werd verlaten. In 1945 werd de vuurtoren van Rif hierheen verplaatst. Een pad voert langs de **Arctic Henge** naar het noorden. Tegen het eind buigt een pad van de 870 af naar de landtong **Hraunhafnartangi** met het lichtbaken. Als je niet het hele traject heen en terug wilt lopen, kun je een stukje met de auto naar het noorden rijden.

Over de oude postroute

Verder zuidwaarts bij Vógur of Hóll kun je over de oude postweg op de vlakte **Melrak-kaslétta** naar Kópasker wandelen. De markeringen zijn duidelijk, het zijn de masten van de bovengrondse leiding (28 km, eenvoudig).

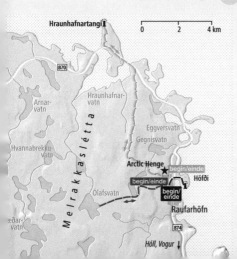

en hazen elkaar in de koude nacht met rust. De noordenwind raast bijna onafgebroken over de weidse vlakte, want hier liggen weinig bergen die beschutting bieden. Zelfs de kust in het hoge noorden lijkt weinig spectaculair, en toch geeft deze bijna glijdende overgang van land naar zee de indruk van een oneindige uitgestrektheid.

Duizenden vogels nestelen op de vlakte, maar de mensen trekken geleidelijk weg uit het gebied, getuige de vele verlaten boerderijen. De bewoners leefden van de zeehondenjacht, de visvangst en het verzamelen van eiderdonsveren. Eidereenden zijn nog steeds van economisch belang. Goedkoop hout waren de boomstammen die uit Siberië kwamen aangedreven. Visfabrieken gingen open, maar gingen weer dicht. Tegenwoordig hopen de inwoners vooral op toeristen, dus: voel je welkom.

Raufarhöfn   9 J1

Het noordelijkste dorp van IJsland is door zijn ligging ver van de wereld verwijderd. Het ligt aan zee en ten oosten van de vlakte Melrakkaslétta. Hier zijn de dagen het kortst in de winter en het langst in de zomer, en kun je het meest fantastische noorderlicht en de mooiste middernachtzon bewonderen. Raufarhöfn was ooit een levendig dorp van haringvissers, maar tegenwoordig heerst er onder de bewoners veel melancholie. In de haven dobberen een paar boten. Het is hier een en al rust. Voor de bezoeker is dat overigens juist weldadig. Vanuit het dorp kun je verschillende wandeltochten ondernemen (zie Ontdekkingsreis blz. 145). De afstand tot de hoofdstad Reykjavík is 634 km.

Vrij toegang

Ten noorden van Raufarhöfn, net ten zuiden van de poolcirkel, staat het begin van een mythische zonnekalender van grote stenen: **Arctic Henge**. In 2006 begon Erlingur Thorodsson aan zijn ambitieuze project om een arctische Stonehenge te bouwen. Inmiddels verheffen zich al vier poorten en de centrale steenbogen op de vlakte. Het geheel is geïnspireerd op de *Edda*, waarin de profetes vertelt over het begin en het einde van de wereld. De schepping van de wereld nam veel tijd in beslag en dat geldt ook voor de Arctic Henge. Elk jaar wordt de cirkel een beetje verder uitgebreid. Vanaf deze plek is de loop van de middernachtzon perfect te volgen, en het noorderlicht schijnt hier bijzonder intens tijdens de gitzwarte winternachten. Erlingur is in 2015 overleden, maar de inwoners van Raufarhöfn zetten het project voort.

Slapen, eten

Noorderlicht in de winter

Hótel Norðurljós: voormalig onderkomen van de haringkaaksters. De gezellige kamers zijn ingericht met oude foto's. Vanuit het restaurant met terras heb je zicht op de haven; het is een ideale plek om te genieten van de middernachtzon of het noorderlicht. Gevarieerd menu, met zowel kabeljauw als lamsvlees.
Aðalbraut 2, tel. 465 12 33, hotelnordurljos.is, hotel €€, restaurant €-€€

Info

● **Toeristenbureau:** in Kaffi Ljósfang, Aðalbraut 26, tel. 465 11 15, alleen in de zomer.
● **Slettugangur:** 2e weekend van aug., info via edgeofthearctic.is. Georganiseerde wandeltocht langs de oude postweg over de vlakte Melrakkaslétta (zie blz. 145).

Toegift
Magische luchten

De winter is de tijd van het noorderlicht

De meestal groene, maar soms ook blauwe of rode lichtsluiers waaieren langs de hemel en veranderen voortdurend van vorm. Ze kunnen urenlang met stralen, draperieën, bogen, wolken en wervelingen langs de hemel dansen, om dan plotseling weer te verdwijnen. In de middeleeuwen werd het noorderlicht, net als de verschijning van een komeet, beschouwd als een teken van naderende oorlog, hongersnood en epidemieën. Het speelde ook een belangrijke rol in de noordse mythologie, als de dans van de Walkuren, als de strijd tussen goden en demonen, maar ook als boodschap van gevallen krijgers aan de levenden. Tegenwoordig weten we dat de lichtverschijnselen aan de nachtelijke hemel het gevolg zijn van een wisselwerking tussen de zonnewind en het magnetisch veld van de aarde. Wanneer zonnewinddeeltjes de bovenste laag van de dampkring binnendringen, botsen ze op zuurstof- of stikstofmoleculen, waarbij een deel van hun kinetische energie door de botsing wordt omgezet in licht. Botsingen met zuurstof resulteren in een groene kleuring van de hemel, die met stikstof in een rode kleuring. Vooral in de wintermaanden steekt het noorderlicht duidelijk af tegen de donkere nachtelijke hemel. De steencirkel Arctic Henge bij Raufarhöfn is een ideale plek om het bovenaardse lichtspektakel waar te nemen (foto). Vergeet alle uitleg en raak gewoon in de ban van de magische hemel. ∎

Het noorden

Dicht bij de poolcirkel — de weidse zee met talloze eilanden, walvissen en papegaaiduikers, het oerlandschap van het meer Mývatn en natuurlijk vele historische locaties.

blz. 151
Húsavík

In de zomer speelt het leven in de walvisstad zich vooral af rond de haven. Hier vertrekken de boten voor de walvissafari en nodigen caféterrassen uit om buiten te zitten. In het walviscentrum kun je alles te weten komen over de zeereuzen.

blz. 153
Dettifoss ✪

Het donderend geraas van de waterval is al van ver te horen. Immense watermassa's storten zich over een breedte van 100 m in de diepte. Het valt nog niet mee om je weer los te maken van deze fascinerende waterwereld.

In Árskógssandi kun je bier drinken en erin baden

Erin duiken

blz. 155
Mývatn ✪

Sluit je aan bij het gezelschap van vogelaars en bekijk in het museum Fuglasafn Sigurgeirs de prachtige eenden die op het 'muggenmeer' leven.

blz. 157
Skútustaðagígar

De kleine kraters vormen een groen heuvellandschap aan het meer. Het mooist is het hier in het nazomerlicht.

blz. 161
Akureyri ✪

In de botanische tuin van de stad krijg je de IJslandse en arctische bloemenwereld te zien.

blz. 168
Siglufjörður

De locatie van griezelige thrillers en ooit het centrum van de haringvisserij. Nu kun je hier in de viswinkel aan het stadhuisplein de beste stokvis kopen om ter plekke op te eten of om mee te nemen.

blz. 170
Hólar

Hólar was tot de opheffing in 1798 het culturele en religieuze centrum van het noorden van IJsland.

blz. 174
Glaumbær

Het leven op de graszodenboerderijen was vroeger niet bepaald romantisch. De museumboerderij was een van de grootste boerderijen van het land; arme boeren woonden in hutten. Bekijk ook het beeldje van Guðríður, die aan land is geweest in Vínland.

blz. 176
Hofsós

In het prachtige zwembad Infinity Blue direct aan zee kun je laat op de avond genieten van het warme water. Een bijzondere ervaring is dan in de winter het noorderlicht, en in de zomer de goudkleurige middernachtzon.

De streek rond Skagafjörður is bekend om de paardenboeren.

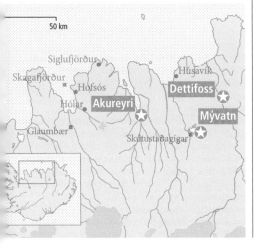

50 km

Siglufjörður
Skagafjörður
Hofsós
Húsavík
Hólar
Dettifoss
Akureyri
Mývatn
Glaumbær
Skútustaðagígar

In IJsland zie je op veel plaatsen in het noorden eenzame, torenhoge rotsen. Het zijn versteende trollen die ooit werden getroffen door zonlicht.

beleven

Dicht bij de poolcirkel

V

Voor wie van een actieve vakantie houdt, is het noorden een paradijs – het hele jaar door. IJsland heeft meer skigebieden dan je zou denken en de bergkam Hlíðarfjall bij Akureyri, met 7 liften en 24 afdalingen, is er één van. De hoge bergketens rond de stad en het berglandschap op het schiereiland Tröllaskagi in het westen zijn prachtig met hun steile toppen en hellingen – ideale bestemmingen voor wandelaars en mountainbikers. Akureyri zelf, de schilderachtig gelegen metropool van het noorden, straalt een knusse sfeer uit met zijn vele historische houten huizen. In de diepe, vaak schaduwrijke valleien staan slechts enkele boerderijen; de mensen leefden hier eeuwenlang van de visvangst. De vissers van de noordelijke fjorden beleefden begin 20e eeuw gouden tijden, toen de haringscholen nog enorm groot waren. Tegenwoordig maken de eens zo rijke vissersdorpen een wat verloren indruk. Met uitzondering van Húsavík, dat een centrum is geworden voor het spotten van walvissen. Elke dag varen boten uit voor het bekijken van de zeereuzen.

Rond het Mývatn opent zich een geologisch prentenboek met de meest uiteenlopende vulkanische vormen, zoals tafelvulkanen, tufsteenringen, pseudokraters en een dampend thermaal gebied. Op het op drie na grootste meer van IJsland leven grote kolonies watervogels die interessant zijn voor ornithologen. Op 50 km van de kust grenst de regio Mývatn bijna aan het hoogland – de majestueuze bergen ten noorden van de Vatnajökull zijn al duidelijk zichtbaar aan de horizon. Verder naar het westen is het gebied tussen Húnaflói en Skagafjörður voornamelijk agrarisch. Ondertussen zijn hier tal van mogelijkheden voor toeristen: paardenboerderijen bieden ruitertochten aan, wandelaars kunnen tot in het hoogland trekken.

TER ORIËNTATIE

Toeristenbureau: de belangrijkste bureaus zijn te vinden in Akureyri (zie blz. 167) en Varmahlíð (zie blz. 176).
northiceland.is: informatie over accommodatie, activiteiten, musea.
Auto: de meeste wegen zijn geasfalteerd, een paar zijn bedekt met grind.
Bus: vrijwel alle plaatsen zijn met lijnbussen te bereiken.
Vliegtuig: als je je op het noorden wilt concentreren, kun je van Reykjavík naar Akureyri vliegen.

Húsavík 📍 H2

Zomer in Húsavík – en alles speelt zich af rond de haven. Hier vertrekken de boten voor de walvissafari, hier staan de cafés en restaurants, waarvan de optimistische eigenaars allemaal een terras hebben aangelegd. En je bent nog maar net uit deze drukte of je kunt genieten van de meest vredige rust. Húsavík wordt dan wel beschouwd als de belangrijkste walvisstad van IJsland, maar het stadje heeft ook andere kwaliteiten. Ontspanning en vermaak vind je hier volop dankzij een mooi stadspark, interessante musea en de nabijgelegen berg Húsavíkurfjall (417 m), vanwaar je een prachtig uitzicht hebt over de omgeving. Ook bezienswaardig is de in 1907 ingewijde kerk van Noors hout met een kruisvormig grondplan en binnen drie galerijen.

De Zweedse Viking Garðar Svavarsson voer in 870 rond IJsland en overwinterde in Húsavík. Toen Garðar in de lente weer vertrok, liet hij twee gevluchte slaven en een dienstmeisje achter. Deze drie worden beschouwd als de eerste permanente bewoners van de regio. Tegenwoordig leven de inwoners van de visserij en het toerisme, en sinds 2018 staat in Bakki, ten noorden van Húsavík, ook de siliciumfabriek van het Poolse bedrijf PCC.

Musea

Drie in één

Safnahúsið: het stadsmuseum van Húsavík laat zien hoe mens en natuur in de regio op elkaar hebben ingewerkt. Je kunt er onder andere een opgezette ijsbeer zien die in 1969 op het eiland Grímsey is gestrand en gedood. Er is ook een fotomuseum met historische foto's en een kleine kunstcollectie. De scheepvaartcollectie in een bijgebouw is indrukwekkend, met oude boten en talrijke verslagen van het verleden.

Stórigarður 17, tel. 464 18 60, husmus.is, juni-aug. dag. 10-17, sept.-mei di.-vr. 11-16, za. 13-16 uur, ISK2200

Alles over de walvis

Walviscentrum: het in 1997 gestichte en in 2022 naar deze, grotere locatie verhuisde walvismuseum is uitgegroeid tot een groot walviscentrum. De tentoonstelling geeft uitgebreide informatie over alle walvissoorten die voor de kust van IJsland leven, en er zijn levensgrote skeletten van de zeezoogdieren te zien. Ook het onderwerp van de walvisvaart blijft niet onbesproken. De ideale introductie voor een tocht om walvissen te kijken.

Hafnarstétt 1, tel. 414 28 00, whalemuseum. is, apr.-okt. dag. 9-18, nov.-mrt. dag. 10-16 uur, ISK2500, tot 16 jaar gratis

Húsavík is een toeristische trekpleister, deels vanwege de mooie haven en deels vanwege de walvissafari's

Slapen

Hutten aan het water
Kaldbakskot: goed uitgeruste hutten van verschillende grootte met een prachtig uitzicht en een eigen vijver.
Tel. 892 17 44, kaldbakskot.com, alleen zomer, €€

Eten

Rustieke inrichting
Gamli Baukur: in een rustiek huis met houten interieur serveert men visgerechten en zeevruchten. Zeer populair, niet in de laatste plaats vanwege de nabijheid van de haven.
Tel. 464 24 42, gamlibaukur.is, dag. 11.30-21 uur, €

Actief

Walvissen kijken
Gentle Giants: organisatie van walvistochten (3 uur ISK11.490), vissen op volle zee, boottochten en tochten in combinatie met paardrijden.
Aan de haven, tel. 464 15 00, gentlegiants.is

De walvispionier
North Sailing: walvistochten en boottochten in gerestaureerde eikenhouten boten (3 uur ISK12.990). Verder nog allerlei boottochten.
Hafnarstétt 9, tel. 464 72 72, northsailing.is

Aangenaam zwembad
GeoSea: zwembad met aangenaam warm zeewater, ontspannend en gezond tegelijk. Bovendien kun je hier ook culinair genieten.
Vitaslóð 1, tel. 464 1210, geosea.is, zomer dag. 9-24, winter ma.-do. 17-22, vr.-zo. 12-22 uur, ISK6490, tot 16 jaar ISK3290

Info

- **Toeristeninformatie:** Húsavík Chamber of Tourism and Commerce, tel. 860 10 88, visithusavik.is.
- **Bus:** straetro.is. Dagexcursies in de zomer van het Mývatn via Dettifoss, Ásbyrgi, Húsavík naar Akureyri. Verder rijden elke dag bussen naar Akureyri.

Nationaal park Jökulsárgljúfur

Het nationaal park Jökulsárgljúfur is gemakkelijk bereikbaar vanuit Húsavík via weg nr. 85. Het park beslaat een gebied van 120 km² van Ásbyrgi in het noorden tot de Dettifoss circa 30 km verder naar het zuiden en maakt nu deel uit van het nationaal park Vatnajökull. Hierdoorheen stroomt de gletsjerrivier Jökulsá á Fjöllum, die ontspringt aan de noordrand van de Vatnajökull en de op één na grootste rivier van IJsland is. Op zijn weg door het nationaal park doorkruist hij landschappen op verschillende hoogten. Midden in het nationaal park ligt de vallei Vesturdalur met een kampeerterrein.

Ásbyrgi ♀ J2

De hoefijzervormige kloof Ásbyrgi wordt begrensd door rotswanden die vooral in het zuiden tot 100 m hoog reiken. Vanwege de vorm wordt gezegd dat het de hoefafdruk is van Odins achtbenige paard Sleipnir. De 3,5 km lange en 1 km brede kloof werd duizenden jaren geleden gevormd door het woeste water van een gletsjerstroom. Aan de zuidrand

Overweldigend is niet alleen de aanblik van de machtige waterval Dettifoss, maar ook de trillende grond aan de rand ervan en het donderende geraas van de watermassa's

lag nog 2000 jaar geleden een enorme waterval. Voor de ingang van de kloof verheft zich de ongeveer 25 m hoge Eyjan als een eilandberg boven de vlakte, een populaire bestemming voor een wandeling (2,4 km vanaf de camping). Een weg leidt naar de beboste kloof, waar je ook kunt kamperen. Aan de zuidkant ligt een meertje met waarschijnlijk de minst schuwe eenden van IJsland. Een prachtige wandeling door de kloof begint bij de kiosk van de camping (zie Ontdekkingsreis blz. 154).

Dettifoss en omgeving ⭐
📍 J2/3

Al van grote afstand is de nevelwolk van de Dettifoss te zien, waarvan de immense watermassa zich 44 m in de diepte stort over een breedte van 100 m. Het zal je moeilijk vallen om je te los te maken van de fascinatie voor deze enorme waterval, die in nevel gehuld is. Slechts 1 km verder naar het zuiden stort de 10 m hoge waterval **Selfoss** omlaag. Vanaf de Dettifoss kun je naar het noorden lopen door de 120 m diepe kloof Jökulsárgljúfur. Met een lengte van 25 km is het de langste rivierkloof in IJsland. Op slechts enkele kilometers van de Dettifoss vind je de **Hafragilsfoss** (27 m). Je kunt ook een wandeltocht maken langs deze indrukwekkende reeks watervallen.

Info

- **Visitor Centre Glúfrastofa:** in Ásbyrgi, bij het kampeerterrein, tel. 470 71 00, vjp.is, mei-aug. dag. 9-18, sept.-okt. dag.

ONTDEKKINGSREIS
Kloof van de grote watervallen

Twee wandeltochten langs de prachtige Jökulsárgljúfur

Info

Begin:
Ásbyrgi en parkeer-
plaats Dettifoss,
♥ J 2/3

Afstand:
Ásbyrgi-wandeling
12 km; Dettifoss-
Selfoss 12 km heen
en terug

Ásbyrgi- en Jökulsá-kloof (zwart)

Deze wandeling (12 km) biedt adembenemende uitzichten op de Ásbyrgi- en de Jökulsá-kloof. Je begint
bij het **bezoekerscentrum**, waarna je ongeveer 0,7 km
in zuidelijke richting loopt tot je bij een kruising komt.
Bij deze kruising hou je links aan en dan ga je direct
omhoog naar de **klifrand**; een touw maakt de klim gemakkelijker. Boven loop je langs de oostrand van de
Ásbyrgi-kloof in zuidelijke richting naar de rotsforma-
tie **Klappir**. Hier is het uitzicht over de Ásbyrgi-kloof
bijzonder mooi. Van Klappir gaat de route oostwaarts
naar de rand van de **Jökulsá-kloof**. Met uitzicht over
de kloof keer je terug naar het **beginpunt**.

Naar de drie watervallen (groen)

Om de watervallen te bereiken neem
je vanaf weg nr. 1 de afslag naar het
noorden en rij je over de nr. 864 naar
de **parkeerplaats** bij de Dettifoss. Vanaf
de parkeerplaats loopt een pad naar de
rand van de Jökulsárgljúfur en naar de
valzijde van de **Dettifoss** (ca. 45 min.).
Pas op dat je ondanks het enthousiasme
over het donderende geraas niet te dicht
bij de afgrond komt. Als je het pad verder
in zuidelijke richting volgt, bereik je de
Selfoss na nog eens 45 min. De **Selfoss** is
niet zo'n grote waterval als de Dettifoss,
maar toch behoorlijk indrukwekkend.
Ga over hetzelfde pad terug naar de **parkeerplaats**. Als je er nog niet genoeg van
hebt, kun je in noordelijke richting naar
de **Hafragilsfoss** (2,5 km) wandelen. Het
pad loopt boven langs de kloof naar een
uitzichtpunt. Loop langs hetzelfde pad
terug naar de parkeerplaats. **Opmerking:**
de beginpunten van beide wandelingen
zijn alleen met eigen auto bereikbaar.

10-16, nov.-half dec. ma.-vr. 11-15 uur.
Tentoonstelling, tochten met gids in het
nationaal park, wandelkaarten.

- **Bus:** excursies naar de Dettifoss en de
Vesturdalur en Jökúlsárgljúfur vertrekken
vanuit Húsavík, Akureyri en Reykjahlíð aan
het Mývatn.
- **Busshuttle:** Fjallasýn Rúnars Óskars-
sonar, Smiðjuteigur 7, Reykjahverfi, Húsavík, tel. 464 39 40, fjallasyn.is. Naar
grote plaatsen in het noordoosten.

Aan weg nr. 87
♀ H2/3

Onderweg van Húsavík naar het
Mývatn passeer je het geothermische
gebied van **Hveravellir** met de geiser
Ystihver, waarvan de fontein 25 m
hoog spuit. Het warme water wordt
voor onder meer de verwarming van
huizen naar Húsavík en naar de kassen
gepompt. De geteelde groente wordt in
de zomer rechtstreeks verkocht (ma.-vr.
8-12, 13-16 uur).

Grenjaðarstaður

Een paar kilometer verderop ligt het
openluchtmuseum Grenjaðarstaður
in de Aðaldalur. De turfboerderij werd
tot 1949 bewoond en herbergt nu een
museum voor streekgeschiedenis. De
oudste delen van het gebouw dateren uit
1876. In de 11e eeuw werd hier de eerste
grote boerderij gebouwd, waarin ook
een parochie gevestigd was. Het terrein
omvat ook een begraafplaats met een
middeleeuwse runensteen.

Tel. 464 36 88, husmus.is/en/grenjadarstadur,
half juni-half aug. dag. 11-17 uur ISK2200

Mývatn en omgeving
 ♀ H3

Hier kun je de fantastische landschappen
zien zoals het vulkanisme die kan creë-
ren. Het is geen wonder dat verschillende
scènes uit *Game of Thrones* werden ge-
filmd rond het 'muggenmeer'. Het gebied
op een vlakte op 230 m hoogte ligt precies op de breukzone, het splijtingsgebied
tussen de Noord-Amerikaanse en Euraziatische continentale platen, dat zich
uitstrekt van Reykjanes in het zuidwesten
(zie blz. 60) tot aan de Öxarfjörður in
het noorden. Je komt hier dan ook actieve vulkanische processen tegen, waardoor het gebied rond het Mývatn een van
de geologisch interessantste streken van
IJsland is. Het meer zelf met zijn vele
soorten eenden wordt beschouwd als een
paradijs voor ornithologen. De enorme
zwermen muggen, die in de zomer erg
vervelend zijn en waaraan het meer zijn
naam te danken heeft, zorgen voor de
beste voedselomstandigheden voor de
vogels. Met een oppervlakte van 37 km²
is het Mývatn het op drie na grootste
meer van IJsland. Het werd 3500 jaar
geleden gevormd en kreeg zijn huidige
vorm 1500 jaar later, toen verdere uitbarstingen plaatsvonden langs de 9 km lange
kraterrij van Þrengslaborgir tot Lúdents-
borgir. Daarbij ontstonden ook de pseu-
dokrater bij de nederzetting Skútustaðir
en de lavaformaties van Dimmuborgir
aan de zuidelijke oever.

Reykjahlíð

Het opmerkelijkst aan het dorp Reykjahlíð bij het Mývatn zijn de gelijknamige boerderij, de grootste van IJsland met
een landoppervlakte van 6000 km², en de

kerk. Tijdens de vulkanische uitbarsting uit de aardspleet Leirhnjúkur in 1725-1729, die de geschiedenis is ingegaan als de Mývatnseldar (Mývatn-vuur), stroomden vijf lavastromen over het gebied uit. Een ervan bereikte in augustus 1729 de oever van het meer en verwoestte de boerderijen Gröf en Fagrane, maar spaarde de kerk, waar hij slechts omheen stroomde. In de zomer is Reykjahlíð hier de belangrijkste toeristische bestemming en dan kan het druk zijn.

Slapen

Eenvoudig
Feraþajónusta Hlíð: de hutten zijn aan te bevelen, er zijn ook wat grotere hutten met meer comfort.

Hraunbrún, tel. 899 62 03, myvatnaccommo dation.is, camping, slaapzakaccommodatie, hutten, zomerhuisjes, €-€€€

DIVERSE VOGELWERELD

Nabij het schiereiland Ytri-Neslönd aan de noordwestzijde van het Mývatn toont **museum Fuglasafn Sigurgeirs** opgezette vogels uit de regio. Het klinkt stoffig, maar dat is het niet. De objecten worden op een moderne manier gepresenteerd. Het qua architectuur interessante gebouw sluit aan bij de oever van het meer, een harmonieus samenspel van steen, hout en glas. Als je liever levende vogels observeert, kun je dat hier ook doen op het terras of in de cafetaria, waar speciaal voor dit doel verrekijkers zijn geïnstalleerd. Aanrader: het zoete brood met gerookte forel uit het Mývatn (tel. 464 44 77, fuglasafn.is, juni, aug. dag. 12-17, anders 14-16 uur, ISK2400).

Rustiek
Vogafjós: pension in blokhutstijl, eenvoudig uitgerust, maar met badkamer en lava voor de deur. Het ontbijt wordt geserveerd in het schilderachtige café Vogafjós.

2,5 km zuidelijk aan weg nr. 1, tel. 464 38 00, vogafjosfarmresort.is/en, €€

Eten

Dichter bij de koe
Vogafjós Café: in december komen de kerstmannetjes za. en zo. om 17.30 uur. In de voormalige koeienstal zit je slechts door een scherm gescheiden van de melkstal. Zelfgemaakte gerechten en heerlijke taarten.

Vogarfarm, 2,5 km zuidelijker aan de nr. 1, tel. 464 38 00, vogafjosfarmresort.is, wisselende openingstijden, €€

Zoals vroeger
Gamli bærinn: 'De oude boerderij' serveert prima maaltijden, taart en pizza. In het weekend is er soms livemuziek.

Bij Hótel Reynihlíð, tel. 464 42 70, iceland hotelcollectionbyberjaya.com, dag. 11.30-23, keuken tot 21 uur, €-€€

Shoppen

Regionaal
Mývatn-markt: naast artikelen van wol en souvenirs kun je hier gerookte forel en stoomgebakken brood kopen.

Aan de nr. 1, Dimmuborgir, in hetzelfde gebouw als Kaffi Borgir, juni-aug. 11-21 uur

---

Actief

Naar het hoogland
Mývatn Tours: excursie naar Askja met stop en verblijf in Herðubreiðarlindar (ISK32.000), dag. eind juni-begin sept,

vertrek vanaf Samkaup supermarkt, in Reykjahlíð om 8 uur.
Tel. 861 19 20, myvatntours.is

Milieubewust
Geo Travel: hier zijn het hele jaar duurzame tochten te boeken, ook als privétocht. In de winter bijvoorbeeld hondensledetochten (ISK35.000). De grottentocht, die het hele jaar door wordt aangeboden, is erg populair (ISK42.900 inclusief uitrusting).
Geiteyarströnd, tel. 464 44 42, geotravel.is

Fietstocht
Mývatn Activity Hike & Bike: hier kun je fietsen huren (ISK5000 per dag), maar ook fietstochten of wandelingen boeken.
Múlavegur 1, tel. 899 48 45, myvatnactivity. com

Rondvlucht
Mýflug Air: vluchten van 20 minuten tot 2 uur over alle bezienswaardigheden, ook naar Grímsey. Minimaal 2 personen. Natuurlijk kun je ook je eigen vliegroute kiezen (ISK27.000-70.000).
Vliegveld Reykjahlíð, tel. 464 44 00, myflug.is

Info

• **Toeristenbureau:** Skútustaðir, 660 Mývatn, tel. 464 44 60, ust.is, 8-18 uur (zomer).
• **visitmyvatn.is:** informatie over de beschikbare tochten rond het Mývatn, per vliegtuig, bus of jeep.
• **Bus:** straeto.is. In de zomer rijden elke dag bussen naar Akureyri en Egilsstaðir. Halte bij het toeristenbureau.

Langs het meer   ♥ H3

Over weg nr. 848 kun je rond de zuidelijke en de oostelijke oever van het meer rijden, langs tal van lavaformaties die het Mývatn beroemd hebben gemaakt. De eerste tussenstop is bij de kleine nederzetting **Skútustaðir**. Vanuit dit dorpje kun je prachtige wandelingen maken, bijvoorbeeld naar de **Skútustaðagígar**, waarvan de talrijke kleine kraters een groen heuvellandschap rond het meer vormen. Omdat de kraters geen transportkanaal hebben zoals normale vulkanen, dat tot de diepe aardkorst reikt, worden ze pseudokraters genoemd. Er lopen gemarkeerde routes door het gebied en de langste wandeltocht duurt 1 uur. Het is hier het mooist in het licht van de late zomerzon.

De landtong **Kálfastönd**, die in het meer uitsteekt, is een gebied met grillige lavaformaties. Hier ligt het park **Höfði**, waar in het begin van de 20e eeuw loofbomen en naaldbomen werden geplant. Het uitzicht op het meer met talloze kleine eilandjes voor de oever en de kegelvormige berg Vindbelgjarfjall (529 m) aan de overkant maken de tussenstop de moeite waard. Het hoogste punt van het schiereiland is Hafurshöfði. In het beschermde natuurgebied **Dimmuborgir** bereiken de lavablokken hoogten tot wel 40 m. Vanwege hun grillige vormen dacht menigeen vroeger hier elfen en trollen te zien (zie Ontdekkingsreis blz. 158).

Info

• **Mývatn Marathon:** eind mei/begin juni. Rond het meer, ook als halve marathon, met barbecue en kampvuur. Meer info en inschrijven: myvatnmarathon.com.
• **Kerstmis:** eind nov.-half dec. in het Dimmuborgir. Bezoek van de dertien kerstmannetjes en natuurlijk de Kerstman.
• **Bus:** straeto.is. De lijnbus tussen Akureyri en Egilsstaðir stopt hier.

ONTDEKKINGSREIS
Vulkanische pracht
bij het Mývatn

Wandeling in de schaduw van het Dimmuborgir

Het Dimmuborgir is een gebied van ontdekkingen en verrassingen. Het is een fascinerend samenspel van groene vegetatie en pikzwarte lavaformaties. Er is ook iets ongewoons aan de daaropvolgende wandeling over de oude tufsteenkrater Hverfjall.

Park van versteende elfen en trollen

Verschillende paden leiden rechtstreeks van de parkeerplaats naar het **Dimmuborgir**, een gebied van 'donkere burchten', zoals de vertaling luidt – een betoverende, mysterieuze depressie waar grillige lavaformaties staan, deels volledig overwoekerd door berken en kruipplanten. Het werd ongeveer 2000 jaar geleden gevormd toen de nog vloeibare lava uit een lavameer naar deze plek uitstroomde. Wat overbleef was een gestolde lavabubbel met lavapilaren erin, waarvan het plafond uiteindelijk instortte. De pilaren zijn duidelijk te zien vanaf de rand. Als de zon laag staat, doen de lavasculpturen met hun lange schaduwen denken aan elfen of kleine trollen; afhankelijk van het licht lijken ze zelfs te bewegen – maar meestal gaat het om de takken van de struiken en de bomen ernaast die wiegen in de wind.

Rondgaande route naar de kerkpoort – Kirkjuhringur (rood)

De gemarkeerde rondgaande wandelingen hebben een lengte van 20 minuten tot 1 uur lopen. De 2,5 km lange route Kirkjuhringur, die naar de mooiste lavaformaties leidt, is bijzonder aan te bevelen. De route is vernoemd naar een hoge,

opvallende doorgang in de lava met zeer fraaie lavastructuren. Voordat je de open doorgang bereikt, die lijkt op de **poort van een kerk** (*kirkjan*), leidt een zijpad naar de **stoel van de Kerstman**. De kersttijd begint hier al in november en bestrijkt

Het met groene struiken begroeide lavaveld van Dimmuborgir staat bekend als de woonplaats van elfen en trollen. Met wat geluk tref je misschien een lid van het 'onzichtbare volk' op de talrijke wandelpaden door het gebied

ook heel december. Vooral de evenementen met de kerstmannetjes die dan door deze magische wereld scharrelen en dansen zijn beroemd (zie blz. 158).

Idyllische krater Hverfjall (groen)

Vanaf het Dimmuborgir leidt een gemarkeerd pad aan de noordzijde eerst over de lava en vervolgens over de **Hverfjallssandur** naar de grote en opvallende tufsteenkrater **Hverfjall**. Dit is een van de grootste en mooiste explosiekraters ter wereld. De Hverfjall werd ongeveer 2800 jaar geleden gevormd en verheft zich ongeveer 160 m boven de vlakte. Hij heeft een doorsnede van 1000 m en is 140 m diep; op de bodem staat nog een kleine heuvel. De krater is vrij van begroeiing en ligt grijs en opvallend in het landschap. Het pad aan de zuidkant van de krater is relatief steil, het pad vanaf de parkeerplaats aan de noordkant is gemakkelijker. De klim is de moeite waard vanwege het uitzicht over het landschap met de kraterrij Lúdentarborgir, waaruit ook de lava van het Dimmuborgir afkomstig is, tot aan het hoogland.

Neem het natuurbehoud in acht – ga niet buiten de paden!

Ook al is de streek rond het Mývatn sinds 1974 beschermd natuurgebied en heeft ze later nog een speciale bescherming gekregen, het is goed te zien dat het kwetsbare vulkanische landschap wordt aangetast door het grote aantal bezoekers elk jaar. Sommige afbrokkelende lavasculpturen in het Dimmuborgir zijn al verwoest doordat velen vroeger gewoon over het veld liepen en zo stukken deden afbreken. Pogingen om de Hverfjall van alle mogelijke kanten te beklimmen hebben ook geleid tot erosie van de hellingen.

Een brochure over het beschermde natuurgebied Mývatn is verkrijgbaar bij het toeristenbureau in Reykjahlíð (zie blz. 157). Hierbij zit een kaart met alle wandelpaden door het Dimmuborgir.

IJsland als filmset? Natuurlijk, dat is het eiland al tientallen jaren, maar sinds de serie *Game of Thrones* zijn velen in de voetsporen van Jon Snow getreden. Een heel bijzondere plek is wat dat betreft Mývatn, waar talloze geliefden hun geloften wilden afleggen in de grot Grjótagjá. Maar dat is niet verstandig, want je loopt er gegarandeerd brandwonden op. Je kunt beter gewoon genieten van het winterlandschap aan het meer en je midden in een film wanen, bijvoorbeeld in de Dimmuborgir of op het schiereiland Höfði.

Oostelijk van Mývatn ♀H3

Langs de Ringweg
Nog steeds bezienswaardig, ook al worden ze niet meer als officiële badplaatsen beschouwd, zijn de aardspleten **Grjótagjá** en **Stóragjá**. Ze strekken zich van het Mývatn over enkele kilometers uit in oostelijke richting. Ze worden aan weg nr. 1 door borden aangegeven. Een van de talrijke poelen heeft een temperatuur van ongeveer 60°C als gevolg van doordringend magma.

De stoomkrachtcentrale **Bjarnarflag** ten westen van de bergrug Námafjall (482 m) voorzag de voormalige kiezelgoerfabriek tot 1980 van elektriciteit. Er zijn verschillende dampende boorgaten en een prachtig blauw meer. Een deel van het hete, mineraalhoudende water stroomt in de fraai gelegen lagune van **Mývatn Nature Baths** (Jarðbaðshólar). Het water komt omhoog vanaf een diepte van wel 2500 m en heeft een aangename temperatuur van 38 tot 41°C. Het hoge mineraalgehalte voorkomt de vorming van bacteriën, zodat je onbekommerd kunt genieten van een aangenaam bad.
Mývatn Nature Baths: tel. 464 44 11, myvatnnaturebaths.is, dag. 12-22 uur, ISK6900

Námaskarð en Krafla ♀J3

Voorbij de bergpas kun je het solfatarenveld **Námaskarð** aan de voet van Námafjall al ruiken. Het sist, stoomt, borrelt en kookt hier uit talloze openingen die glinsteren in allerlei kleuren. De modderpoelen zijn tot 100°C heet, dus wees voorzichtig, want vooral de lichte bodemgedeelten kunnen gemakkelijk instorten. In de loop der eeuwen werd hier zwavel gewonnen, dat op het Europese continent werd gebruikt voor de productie van buskruit. Tegenwoordig is dit thermale gebied vooral een toeristische attractie. Het uitzicht over het Mývatn en het omringende lavalandschap van Námafjall is fantastisch.

Vlakbij buigt een doodlopende weg af van de Ringweg naar de 818 m hoge palagonietbergrug **Krafla**. Het Krafla-gebied is een van de actiefste vulkanische gebieden ter wereld, waar de Noord-Amerikaanse en Euraziatische continentale platen uit elkaar drijven: elk jaar met ongeveer 2 cm. De geothermische krachtcentrale zet hete waterdamp om in elektriciteit. Ten noorden van de berg ontstond door de uitbarsting van 1724 de krater Helvíti, waarin het groene water van een kratermeer glinstert (Krafla Visitor Centre, juni-half sept. 10-17 uur).

Bijzonder fotogeniek: de blauwe sinterafzettingen van deze rokende modderpotten in het thermale veld Hverir. Het gebied aan de oostrand van de Námafjall maakt deel uit van het Krafla-vulkaanstelsel

Akureyri

Als het over IJsland gaat, heeft iedereen het over Reykjavík, maar Akureyri is een echte stad en zeer veelzijdig voor zijn omvang met een kleine 20.000 inwoners. De 'Parel van het Noorden' straalt artistieke flair uit, enerzijds door de diverse culturele en educatieve mogelijkheden, anderzijds vanwege de goed bewaarde gebouwen uit het verleden. En de talloze statige bomen in de villatuinen maken Akureyri tot een groene stad, waar niets herinnert aan het boomloze IJsland.

De geschiedenis van Akureyri begint pas in 1862, hoewel een van de eerste bewoners, Helgi magri (Helgi de Magere) zich hier al in de 9e eeuw

vestigde. Ondanks zijn latere reputatie als *gode* raakte Helgi nooit de bijnaam uit zijn kindertijd kwijt, die hij kreeg na een verblijf in Orkney bij pleegouders die hem weinig te eten gaven. Helgi's boerderij Kristnes ligt ongeveer 7 km ten zuiden van Akureyri, waar sinds 1927 een ziekenhuis staat. Dit was het eerste grote gebouw in IJsland dat werd verwarmd met water uit warmwaterbronnen. Als je zelf een indruk van Helgi wilt krijgen, kun je het beeld *Landnemer* ('Eerste bewoners') van Jónas Jakobsson gaan zien (zie blz. 162).

In 1602 werd Akureyri voor het eerst genoemd als handelsplaats, zonder dat er toen sprake was van een permanente nederzetting. Bij de afschaffing van het Deense handelsmonopolie kreeg Akureyri in 1787 stadsrechten, waardoor het met Reykjavík werd gelijkgesteld als koninklijke handelsstad. Het werd in 1862 een zelfstandige stad met 286 inwoners. Na de oprichting van de consumentencoöperatie KEA (Kaupfélag Eyfirðinga Akureyrar) in 1886 werd Akureyri een belangrijk handelscentrum.

Akureyri is niet alleen de belangrijkste economische locatie in het noorden, maar ook het culturele middelpunt van de hele regio. In 1987 werd hier de tweede universiteit van het eiland geopend. Verder zijn hier een technische hogeschool, een conservatorium en een kunstacademie gevestigd. In 1975 werd in Akureyri het eerste professionele theater van IJsland buiten Reykjavík opgericht. Bovendien vind je hier sinds 2010 het qua architectuur zeer geslaagde cultureel centrum Hof, met een theater en een concertzaal.

Nieuwe stadsdeel

Een goed uitgangspunt voor een wandeling door de stad is het monument *Eerste bewoners* van Jónas Jakobsson bij de Glerárgata (zie blz. 161). Vanaf deze plek kijk je uit over het schiereiland Oddeyri, zie je in noordelijke richting de Eyjafjörður, met 50 km de langste fjord van IJsland, en zie je boven de stad het skigebied Hlíðarfjall en de berg Súlur. Als je door de straten loopt, kun je het voelen en zien: moderne kunstwerken maken deel uit van het stadsbeeld en soms loop je ook een performance tegen het lijf. Akureyri is een stad van kunst, met musea en ateliers en het concert- en congrescentrum **Hof**. Hier worden regelmatig uitvoeringen gegeven door het toneelgezelschap en muziekgroepen. Het ronde gebouw pal aan het water is niet te missen.

Bijzonder mooi, omzoomd met cafés en winkels, is de **Hafnarstræti**, de voetgangersstraat in het centrum van de stad, die in de winter wordt verwarmd. Van deze straat kom je in de Kaugvangsstræti, die in Akureyri eigenlijk alleen bekend is als **Listagil** (Kunstkloof), de thuisbasis van de beeldende kunst (zie blz. 164). Ga zeker even kijken!

Aan het eind van de voetgangerszone zie je de trap naar de **Akureyrarkirkja**, de kerk van Akureyri (akureyrar kirkja.is, juni-aug. ma.-vr. 10-16 uur, in de zomer soms concerten). De gestileerde basaltzuilen zullen je zeker bekend voorkomen, want ook deze kerk is ontworpen door rijksbouwmeester Guðjón Samúelsson (zie blz. 27). De zeventien ramen zijn bezienswaardig en tonen elk een tafereel uit het leven van Christus en een gebeurtenis uit de geschiedenis van het IJslandse christendom. Het oudste raam bevindt zich boven het altaar. Het sierde tot 1943 de kerk in Coventry (Engeland) die tijdens de Tweede Wereldoorlog door Duitse bommen werd verwoest.

FACTCHECK AKUREYRI   **F**

Aantal inwoners: 19.900, de op drie na grootste stad van IJsland
Belang: de op een na belangrijkste stad van het land
Eerste indruk: provinciaal stadje
Tweede indruk: kunstzinnig, actief, charmant
Bijzonderheden: stedelijke omgeving en natuur dicht bij elkaar. Kunstacademie, universiteit, handel

De kerk, die op de heuvel staat, is zo'n beetje het symbool van de stad. Pal naast de kerk valt het **congregatiehuis** op: het is een gebouw met een interessante architectuur in de heuvelwand zelf. Op Eyrarlandsvegur nr. 28 staat het bijna honderd jaar oude houten gebouw van het **gymnasium**, met in de buurt het indrukwekkende beeld *Útlaginn* (De banneling) van Einar Jónsson.

Arctische vegetatie

De **botanische tuin** annex **stadspark** (Lystigarðurinn, lystigardur.akureyri.is, juni-sept. ma.-vr. 8-22, za., zo. 9-22 uur) is een groen hoogtepunt van de stad. Hier kun je zowel de IJslandse flora als veel planten uit het noordpoolgebied bekijken. Paden leiden door de mooie oase, en je kunt pauzeren op bankjes of in een café. Het park met zijn oude bomen is een van de mooiste van IJsland. Het werd in 1912 aangelegd door Margrethe Schiöth, die wordt herdacht met een monument op het terrein.

Oude stad

Vanuit het park leidt de Spitalvegur rechtstreeks naar het oude gedeelte van Akureyri. Er staan talloze goed bewaard gebleven gebouwen en aan de hand van bordjes kom je meer te weten over hun geschiedenis. De boeken met open pagina's op sommige posten zijn van een leesproject voor kinderen en jongeren. Aan de oude hoofdstraat, Aðalstræti, vind je het **Nonnahús** (zie hierna), een goed voorbeeld van een 19e-eeuws huis. Op de terugweg naar het centrum via de Hafnarstræti, kom je langs het oudste huis van Akureyri, **Laxdalshús** (nr. 11) uit 1795, en het theater (Leikfélag, nr. 57), dat is gehuisvest in een fraai houten huis van rond 1900, het **Samkomuhúsið** (Bijeenkomsthuis).

DE MUSEUMSTAD

Als je op één dag een paar musea in Akureyri wilt bezoeken, kun je het beste een dagkaart kopen die geldig is voor vijf musea: Daviðshús, Akureyri Museum, Nonnahús, het woonhuis Sigurhæðir en de museumboerderij Laufás. Je komt langs enkele van deze musea tijdens je wandeling door de stad, gewoon door de Bjarkarstígur en naar de Brekkugata. Het Daviðshús, Nonnahús en Sigurhæðir zijn huizen van schrijvers, elk op hun eigen manier interessant (zie hieronder).

Musea

Alles over Akureyri

Streek- en Stadsmuseum: hier kom je van alles te weten over hoe deze regio is gegroeid en verder ontwikkeld. Het museum is prachtig gelegen in het groen, met ook nog de oude kerk erbij. Deze werd in 1846 in Svalbarðeyri gebouwd en verhuisde in 1970 naar Akureyri. Een typische plattelandskerk uit de 19e eeuw. Aðalstræti 58, minjasafnid.is, juni-sept. dag. 11-17, okt.-mei dag. 13-16 uur, dagkaart voor alle musea ISK2300

De oude tijd

Nonnihús: alles hier staat in het teken van Jón Sveinsson (1857-1944) die hier als kind korte tijd woonde. Hij was een jezuïet en schrijver van boeken over zijn jeugd. Zijn eerste verschenen in 1911. Zijn werk is in diverse talen vertaald, ook het Nederlands. In 1930 werd hij ereburger van Akureyri. Hij noemde zich later graag 'Nonni', vandaar de naam van het huis. Aðalstræti 54, nonni.is, juni-sept. dag. 11-17, okt.-mei, dag. 13-16 uur, dagkaart voor alle musea ISK2300

Het Nonnahús is een van de oudste gebouwen in Akureyri. Het houten huis uit 1850 toont de typische IJslandse wooncultuur van die tijd – echt gezellig, vooral als de koude winterwind buiten raast

Museumhuis van een schrijver

Daviðshús: roman- en toneelschrijver Davið Stefánsson (1895-1964) woonde tot zijn dood in dit in 1944 gebouwde huis. Hij was een van de populairste auteurs van het land. De villa in een groene wijk is een goede afspiegeling van de jaren 50. De privébibliotheek en kunstcollectie van de auteur zijn bezienswaardig.

Bjarkarstígur 6, juni-aug. 13, 14 en 15 uur rondleiding, dagkaart voor alle musea ISK2300

Lezen en zo

Amtsbókasafnið: de stadsbibliotheek waar Davið Stefánsson van 1928 tot 1951 als bibliothecaris werkte, is een van de grootste van het land. De bibliotheek werd opgericht in 1827 en werd openbaar bezit in 1906. Tegenwoordig herbergt de bibliotheek naast de honderdduizend media-items ook het districtsarchief, waar alle openbare en particuliere documenten uit Akureyri en het district Eyjafjörður worden bewaard. Hier kun je kranten lezen – IJslandse en internationale – en toegang krijgen tot het internet. Het qua architectuur zeer geslaagde gebouw herbergt ook het Amts-Kaffi-Ilmur, een leuk café.

Brekkugata 17, akureyri.is/amtsbokasafn, half mei-half sept. ma.-vr. 8.15-19, anders ma.-vr. 10-19, za. 11-16 uur

Centrum voor visuele kunst

Listagil: in 2012 gingen het Akureyri Kunstmuseum (nr. 12), het Ketilhús en het Deiglan een samenwerking aan voor het centrum voor visuele kunst. Na een uitgebreide renovatie in 2017-2018 biedt het Akureyri Kunstmuseum nog meer ruimte voor tentoonstellingen van moderne IJslandse en internationale kunstenaars.

Kaupvangsstræti 8, listak.is, 20 mei-sept. dag. 10-17, okt.-apr. di.-zo. 12-17 uur, ISK1900; Deiglan alleen geopend tijdens evenementen

Het noorden roept
Menningarhúsið Hof: vanuit de Hafnarstræti is het maar een paar stappen naar de haven van Akureyri. Het architectonisch geslaagde cultureel centrum Menningarhúsið Hof biedt met zijn twee podia een goede locatie voor conferenties en vooral concerten en musicals. Er worden hier regelmatig tentoonstellingen gehouden en de horecafaciliteiten met hun buitenruimte zijn populair bij bezoekers.

Strandgata 12, tel. 450 10 10, mak.is/en

Nabij Akureyri
Flugsafn Íslands: het museum bij het vliegveld toont talloze oude vliegtuigen en documenteert de geschiedenis van de luchtvaartmaatschappij Icelandair.

Akureyrarflugvelli, flugsafn.is, half mei-half sept. dag. 11-17, anders za. 13-16 uur en op afspraak, ISK1500, tot 18 jaar gratis

Wonen zoals vroeger
Laufás: het veenhuismuseum Laufás is ook gemakkelijk te bereiken vanuit Akureyri. Er is een café in de oude pastorie waar typisch IJslandse gerechten en natuurlijk gebak worden geserveerd.

31 km ten noordoosten van Akureyri, Grenivíkurvegur, juni-aug. dag. 11-17 uur, dagkaart voor alle musea ISK2300

Slapen

Centraal gelegen
Akureyri Backpackers: populaire ontmoetingsplaats voor reizigers, waar je je ervaringen kunt delen. Naast het gebruik van de keuken kun je ook ontbijt krijgen; er is een sauna en er zijn ook kluisjes voor bagage. Hulp bij alle vragen. Ook kamers voor alleen vrouwen.

Hafnarstræti 98, tel. 571 90 50, akureyriback packers.com, €

Met hottub
Jeugdherberg Stórholt I: het hele jaar geopend, 65 plaatsen, plus twee zomerhuisjes. Gelegen op ongeveer 2 km van de busterminal. Goede voorzieningen voor wie een beperking heeft. Slaapzakken zijn niet toegestaan. Alle bedden zijn opgemaakt met beddengoed.

Stórholt/hoek Hörgárbraut, tel. 462 36 57, akureyrihostel.com, €, zomerhuisje €€

Knus
Camping Hamrar: 3 km noordelijker bij het bosrijke recreatiegebied Kjarnaskógur. Vanwege de beschutte ligging is het terrein ook populair bij gezinnen. De inwoners van Akureyri gaan gewoon graag naar het bos.

Tel. 461 22 64, hamrar.is, €

IETS ANDERS IN BAD   **B**

Björböðin, het bierbad, doet denken aan de goede oude tijd toen heersers nog baadden in melk en honing – of in bier. Alleen of in gezelschap kun je een bad van 25 minuten nemen in warm bier, gevolgd door een weldadige rustpauze met een koud biertje – ook tegenwoordig nog een heerlijke ontspanning. Voor sommigen is dit de ultieme vorm van wellness. Natuurlijk is zo'n bad goed voor de huid en de gezondheid. Voor wie denkt uit de badkuip te kunnen drinken: 37-39°C is geen goede biertemperatuur (33 km ten noorden van Akureyri, in 621 Árskógssandi, Ægisgata 31, tel. 414 28 28, bjorbodin.is, ISK17.900, stel ISK23.900).

Eten

Zeer in trek
RUB 23: de plek voor speciale gelegenheden, met een verfijnde bereiding met kruiden die je zelf kunt selecteren, en een sushiparadijs, ook om mee te nemen. Het allerbeste van de vissers en de boeren van het land wordt hier gebruikt: dat is het motto.
Kaupvangsstræti 6, tel. 462 22 23, rub23.is, dag. 17-22 uur, €€

Met weids uitzicht
Strikið: de chef-kok presteert optimaal en op zonnige dagen kun je van de gevarieerde gerechten genieten op het terras. Het uitzicht over de stad en de fjord is fantastisch. Als je even geen eten hoeft, kun je een drankje bestellen voor het uitzicht.
Skipagata 14, tel. 462 71 00, strikid.is, dag. 11.30/12-21/22 uur, €€-€€€

Trefpunt
Bláa kannan: het café is gehuisvest in een opvallend blauw pand en is praktisch een instituut en zeer populair. Het interieur heeft een stugge charme, maar de gerechten en taarten zijn lekker – en daar gaat het om. Dagschotel met salade en soep.
Hafnarstræti 96, tel. 461 46 00, zomer dag. 8.30-23.30, winter ma.-vr. 9-23, za., zo. 10-23.30 uur, €

Shoppen

Volop wol
Hafnarstræti: in deze kleine winkelstraat en rondom Raðhústorg vind je verschillende winkels met souvenirs, wollen artikelen en mode.

Voor kerstfans
Jólagarðurinn: het hele jaar door kun je hier terecht voor kerstversiering en -beeldjes uit IJsland en de hele wereld, want de volgende kerst komt vast en zeker. Natuurlijk zijn er ook traditionele kerstsnoepjes uit de Verenigde Staten. Met een café.
Ca. 5 km zuidelijk van het centrum, tel. 463 14 33, juni-aug. 10-21, sept.-dec. 14-21, kersttijd en jan.-mei 14-18 uur

Bijzonder
Cultuurhuis Flóra: in deze winkel vind je onder andere kunst en kunstnijverheid, gemaakt van gerecyclede materialen. Een beetje vintage en veel om in rond te snuffelen: kleding, boeken, muziek, kruiden, een geweldige collectie. Tevens een plek voor lezingen, muziek of tentoonstellingen.
Sigurhæðir, Eyrarlandsvegur 3, tel. 661 02 07, floraflora.is, juni-nov. dag 10-18 uur

Actief

Fietsverhuur
Skjaldarvík: fietsen te huur vanaf 4 uur (ISK2900) tot enkele dagen (per dag ISK4500). Voor een extra ISK2000 kan de fiets ook naar het hotel worden gebracht. Je kunt hier ook paardrijtochten maken, en als je de stad even wilt ontvluchten, vind je hier gezellige kamers met goed eten.
Ca. 5 km ten noorden van Akureyri aan weg nr. 816, tel. 552 52 00

Wandeltochten
Ferðafelag Akureyri: de wandelclub onderneemt wandeltochten in Noord-IJsland, inclusief het hoogland; ook niet-leden zijn welkom. Wandelkaarten van het gebied zijn in het kantoor te koop.
Strandgata 23, tel. 462 27 20, ffa.is

Grootste skigebied van IJsland
Hlíðarfjall: het grootste skigebied van IJsland met 7 liften, 24 gemarkeerde pistes, skiverhuur en skischolen. Het gebied

EN FIETSEN MAAR **F**

Akureyri en omgeving zijn zeer geschikt om per fiets te verkennen. Er zijn bijvoorbeeld fietspaden aangelegd langs de rivier de Glerá en door de recreatiegebieden Naustaborgir en Kjarnaskógur. In Kjarnaskógur is zelfs een mountainbikeroute aangelegd.

staat in de 'top 12 van meest exotische skigebieden ter wereld'.
Tel. 462 22 80, hlidarfjall.is

Zwemmen

Akureyri buitenzwembad: drie glijbanen, een groot bubbelbad met massagestralen, een stoombad, een sauna en zelfs de mogelijkheid om te zonnen. Natuurlijk ontbreken de vaste onderdelen niet: een vijfentwintigmeterbad en hottubs op verschillende temperaturen (ISK1300, 6-17 jaar ISK300).
Þingvallastræti 21, tel. 461 44 55, sundlaugar. is, het hele jaar door ma.-vr. 6.45-21, zomer za., 8-21, zo. 8-19.30, winter za., zo. 9-19 uur

Walvissen

Whale Watching Akureyri: bultruggen en dolfijnen zijn vaak te zien in de Eyjafjörður, vooral in het noordelijke deel van de fjord. De klassieke tocht duurt 3 uur (ISK12.990), de expresstocht in een rubberboot met 12 gasten 2 uur (ISK23.990).
Oddeyrarbót 2, tel. 497 10 00, whalewatching akureyri.is

Het noorderlicht op de foto

North Travel: de ervaren gidsen van dit bedrijf nemen je per jeep mee op jacht naar het noorderlicht en laten je zien hoe je dat het beste kunt fotograferen. Vertrek 22 uur, duur ca. 3 uur ISK19.000.
Tel. 566 40 00, northtravel.is, alleen okt-mrt.

Uitgaan

Trefpunt

Sjallinn: populaire en altijd drukke clubbar met optredens van populaire bands en dj's.
Geislagata 14, tel. 462 29 70, vr., za. tot 4 uur

Concerten

Græni hatturinn: gevarieerd programma met livemuziek. Het is zeer bekend en staat goed aangeschreven.
Hafnarstræti 96, tel. 461 46 46, graeni hatturinn.is

Info

- **Akureyri Tourist Information Centre:** in het cultureel centrum Hof, Strandgata 12, tel. 450 10 50, visitakureyri.is, dag. 8-16 uur.
- **Bus:** straeto.is. Elke dag bussen naar Mývatn, Egilsstaðir, Reykjavík, naar het uiterste noordoosten en de vissersdorpen aan de Eyjafjörður; excursies naar de Dettifoss. Stadsbussen in Akureyri zijn gratis.
- **Boot:** naar Hrísey en Grímsey.
- **Vliegtuig:** tel. 460 70 00, icelandair. is. Vliegverbindingen naar Reykjavík en andere plaatsen in IJsland.
- **Arctic Open International Tournament:** juni. Golftoernooi. Hier speelt men 24 uur lang in de middernachtzon.
- **Wandelweek:** 1e week van juli. Men wandelt in en rond Akureyri, alle moeilijkheidsgraden. Ideaal voor wie van een actieve vakantie houdt.
- **Akureyri Stadsfestival:** laatste weekend van aug. De stad viert haar verjaardag en iedereen doet mee. Tentoonstellingen, concerten en nog veel meer.
- **A! Performance Festival:** vier dagen in okt., listak.is. Performances en theater in de hele stad, videokunst is te zien op het parallel hieraan gehouden festival Heim.

Siglufjörður is geen belangrijke vissershaven meer, maar aan de pieren liggen nog steeds vissersboten

Siglufjörður   ♀F2

Sinds de uitzending van de IJslandse misdaadserie *Trapped* (zie blz. 137) is Siglufjörður voor velen een begrip. Maar de stad maakt niet zo'n gesloten en sombere indruk als in de film, vooral niet als je hier in de zomer komt. Te midden van een spectaculair berglandschap ligt Siglufjörður – of Siglu, zoals de IJslanders het noemen – aan de gelijknamige fjord.

Tot in de jaren 50 was Siglufjörður een bedrijvig stadje waar veel inwoners werkzaam waren in het haringstation dat de Noren bij de haven hadden gebouwd. Vaten rolden af en aan, vrouwen kaakten de vis in een gestaag tempo. Tegenwoordig maakt de stad een vredige en rustige indruk, de bergen en heuvels schitteren in de zon, en als je iets meer wilt weten over het leven van toen, kun je naar het **Haringmuseum** gaan, dat is ondergebracht in het oude haringstation. De sterke groei van de haringvisserij bracht rijkdom en verdere uitbreiding, en de stad stond bekend als het 'Klondike van de Atlantische Oceaan'. Maar toen was de goudkoorts in 1968 in één klap voorbij: de haring trok verder, om wat voor reden dan ook; hier zwom geen enkele haring meer in het net. De mensen trokken weg en Siglufjörður werd een spookstad (zie blz. 264).

Pas na de opening van een autotunnel in 2010, die Siglufjörður rechtstreeks verbindt met Ólafsfjörður en dus met Akureyri, keerde de sfeer van optimisme terug. Sindsdien zijn er nieuwe hotels en restaurants geopend, en bieden touroperators tochten aan per boot, kajak, mountainbike of ski's. Al met al is Siglu nu een fantastische wintersportplaats! En als je gegrepen bent door de misdaadserie *Trapped*: er komt binnenkort een vervolg. In de tussentijd kun je de misdaadromans van Ragnar Jónasson lezen, die zich afspelen in Siglufjörður, en niet alleen in de winter.

Musea

De zilverschat in het meer

Síldarminjasafn: het IJslandse haringmuseum in het Noorse haringstation Róaldsbrakki, dat werd gebouwd in 1907, heeft sinds de opening in 1994 al diverse prijzen ontvangen, waaronder de Europese Museumprijs in 2004. In drie gebouwen wordt het dagelijks leven van de arbeiders weer tot leven gebracht door middel van films, foto's en bewaard gebleven slaapvertrekken. Naast het voormalige haringstation staat een replica van de fabriek waar haring werd verwerkt tot olie en meel. In het derde en recentste gebouw is de bedrijvigheid van de haven in de tijd van de hoogconjunctuur nagebootst met originele trawlers en voorwerpen. Er zijn ook regelmatig optredens met zang, dans en vooral nagespeelde scènes die laten zien hoe haring in die tijd werd verwerkt.

Snorragata 10, tel. 467 16 04, sild.is, dag. juni-aug. 10-17, mei/sept. 13-17 uur, anders op afspraak, ISK2400

Vrolijke zang

Þjóðlagasetur: het IJslandse centrum voor volksmuziek is gehuisvest in het voormalige woonhuis van de predikant Björn Þorsteinsson, het Maðdömuhús. Björn verzamelde veel van de tentoongestelde instrumenten en opnames van traditionele liederen, slaapliedjes en gezangen. Het museum is het enige in zijn soort in IJsland.

Norðurgata 1, tel. 467 23 00, siglofestival. com, juni-aug. dag. 11-17 uur, anders op afspraak, ISK700

Eten

Rustiek

Kaffi Rauðka: hier kun je niet alleen goed eten, maar ook goed feesten. Het uitzicht op de haven is prachtig, en soms staan er tafels buiten. Daggerechten vanaf ISK2450, broodjes, salades en taart.

Aan de haven, tel. 461 77 33, raudka.is, zo.-do. 12-17, vr., za. 12-22 uur

Om mee te nemen

De beste stokvis is verkrijgbaar bij de viswinkel aan het stadhuisplein, om ter plekke op te eten of om mee te nemen. Je kunt in lunchtijd niet altijd plaats vinden aan de kleine statafels.

Actief

Wintersport

Skiën: in de winter diverse pistes en liften in skigebied Skarðdalur.

skardsdalur.is

Evenementen

- **Festival van volksmuziek:** begin juli. Vijf dagen internationale folkmuziek met aandacht voor Scandinavische gasten.
- **Festival rond haring:** 1e weekend van aug. Met muziek, dans en nog veel meer is de stad één grote kermis.

Skagafjörður ⑨E/F2

Oude saga-dorpen, behouden gebleven 19e-eeuwse boerderijen en de bisschopszetel Hólar (zie Ontdekkingsreis blz. 170) getuigen van het roerige verleden van deze IJslandse regio. Maar afgezien van de historische plaatsen is het vooral het prachtige en gevarieerde landschap dat de grootste aantrekkingskracht uitoefent.

De fjord strekt zich uit tussen de twee schiereilanden Skagi en Tröllaskagi, en aan het zuidelijke einde van de fjord ligt de moerassige monding van de Laxá. Skagi is relatief vlak in het noordelijke deel en alleen de berg Tindastóll (989 m) heeft een prominente hoogte.

Tröllaskagi herbergt daarentegen het grootste berglandschap van het noorden, qua leeftijd en vorm vergelijkbaar met de bergen van de westelijke fjorden. Enkele bergen reiken tot 1500 m en tussen de bergketens liggen smalle dalen.

Langs de kust zijn slechts enkele dorpen te vinden. Opvallend zijn ook

ONTDEKKINGSREIS
Paardencentrum en bisschopszetel

Stadswandeling door Hólar

Midden in de schilderachtige vallei Hjaltadalur ligt de voormalige bisschopszetel van Hólar. Een stad met een rijke geschiedenis, gesticht in 1106, met talrijke interessante bezienswaardigheden en een van de oudste kerken van het land. Het is ook eeuwenlang een onderwijscentrum geweest. De huidige hogeschool is gespecialiseerd in het fokken en houden van paarden, heel passend bij de regio, die bekendstaat om zijn paarden.

Als je verder door het schilderachtige dal Hjaltadalur rijdt, vind je bij Reykir twee warmwaterbronnen: de in steen gevatte Biskupslaug, waarin de bisschoppen waarschijnlijk baadden, en de Hjúalaug voor de bedienden. Vraag bij de boerderij Reykir of je hier over het weiland mag lopen.

Hogeschool en cultureel centrum – Hólaskóli
De kerktoren en het schoolgebouw erachter zijn al van ver te zien. Hólar was het culturele en religieuze centrum van Noord-IJsland tot de opheffing in 1798. Er was hier een Latijnse school vanaf de Reformatie tot 1802. De huidige hogeschool, **Hólaskóli**, gaat overigens niet hierop terug, maar op de in 1882 opgerichte landbouwschool. De specialisatie van Hólaskóli is bijzonder interessant. Zo biedt men opleidingen in viskweek en visbiologie, paardenkunde en plattelandstoerisme. De studenten hebben hier de gelegenheid om het paard als onderzoeksobject te bestuderen – ze kunnen een opleiding tot paardentrainer volgen en daartoe zelfs hun eigen paarden meenemen. En de bezoekers van het historische **centrum van het IJslandse paard** kunnen van alles te weten komen over de fokkerij en bijzondere kenmerken van dit ras (zie ook blz. 271).

Gebouwen rond de kathedraal
Als bisschopszetel is Hólar onlosmakelijk verbonden met de kerkgeschiedenis van het land. De eerste bisschop van Hólar was Jón Ögmundsson (1106-1121), en de beroemdste na de Reformatie was Guðbrandur Þorláksson (1571-1627). Þorláksson vervaardigde niet alleen de eerste landkaart van IJsland, maar maakte ook gebruik van de drukpers

Info

Begin:
Hólar, Hólaskóli,
♥ F 3

Internet:
visitholar.is

Openingstijden, prijzen:
Centrum van het
IJslandse paard,
juni-aug. do.-zo.
10-18 uur, ISK1000;
Hóladómkirkja en
Nýibær informatie ter
plekke

Rondleidingen:
Auðunarstofa dag.
rondleidingen

Restaurant:
in het hogeschool-
centrum

in Hólar – die door Jón Arason was aangekocht in 1530 – om het evangelie te verspreiden. In 1584 werd de eerste volledige IJslandse vertaling van de Bijbel gepubliceerd, de *Guðbrandbiblia*, die tegenwoordig te zien is in de manuscriptenverzameling in Reykjavík. De laatste katholieke bisschop was Jón Arason, die in 1550 in opdracht van de Deense koning Christiaan III werd onthoofd. De oudste stenen kerk van IJsland, **Hóladómkirkja**, ingewijd in 1763, staat hier in Hólar. Deze werd gebouwd van het rode zandsteen van de berg Hólabyrða, die boven de stad uittorent. Het is de vijfde kerk die op deze plek is gebouwd. De kerktoren werd in 1950 opgericht ter nagedachtenis aan Jón Arason. Het sierlijke altaarstuk in de kerk is waarschijnlijk zijn werk. Het laatmiddeleeuwse drieluik – vermoedelijk uit de 14e-16e eeuw – is een van de waardevolste kerkschatten in IJsland. Het kleurrijke houtsnijwerk beeldt de kruisiging uit op het middendeel en de twaalf apostelen op de vleugels. In het koor staat ook de grafsteen van Guðbrandur Þorláksson. Het mooie houten huis niet ver van de kerk is een replica van de vroegere werkruimte van de bisschoppen, **Auðunarstofa**, oorspronkelijk gebouwd in 1315 en gesloopt in 1810. Tegenwoordig herbergt de getrouwe replica het kantoor van de huidige bisschop en een tentoonstelling van kelken, gewaden en boeken uit de 13e eeuw.

Inzichten in het verleden

Van 2002 tot 2007 werden in Hólar archeologische opgravingen uitgevoerd. Ze brachten nieuwe bevindingen aan het licht over de relatie tussen de bisschopszetel en het omringende dorp en over de economische situatie van de bisschopszetel. Interessant waren de resten van een middeleeuwse **vuilnisbelt**, waaruit bijvoorbeeld conclusies konden worden getrokken over de voeding in die tijd. Ook werden resten van de vloer van de voormalige **drukkerij** aangetroffen. Enkele vondsten van de opgravingen liggen in de buurt van de kerk. In een vitrine in het entreegebied van de hogeschool zijn vondsten als kralen en scherven te zien. Een ander historisch gebouw illustreert het eenvoudige leven van IJslandse boeren in de vorige eeuw: de zodenboerderij **Nýibær**. Deze werd in 1854 gebouwd en werd nog tot halverwege de 20e eeuw bewoond.

Nýibær bestaat uit drie gevelhuizen, waarbij de ingang in het kleinste in het midden zit. Binnenin leidt een gang naar de twee andere gebouwen.

de vele verlaten boerderijen, want op de vaak schaduwrijke hellingen is productieve weidelandbouw hooguit met moeite mogelijk.

Dit deel van het noorden is vooral beroemd om zijn paardenfokkerij en biedt goede mogelijkheden voor ruiters en wandelaars.

Sauðárkrókur   ♀ F3

De grootste stad in de regio, met visserij en dienstenverlening, is Sauðárkrókur op het schiereiland Skagi. Mooie wandelroutes leiden van hier naar Tindastóll.

Als je het spoor wilt volgen van de vogelvrije Grettir Ásmundsson, de held van de Grettissaga, kun je een uitstapje maken naar het vogeleiland Drangey, waar Grettir de laatste drie jaar van zijn leven woonde. Hij zou naar het eiland zijn gezwommen vanaf de voormalige boerderij Reykir, 16 km noordelijker.

Vlakbij kun je baden in de warmwaterbron Grettislaug. In Sauðárkrókur zelf staan enkele mooie oude huizen, zoals Hotel Tindastóll.

Ten zuiden van het dorp ligt een van de best bewaarde zodenboerderijen van IJsland, **Glaumbær** (zie Ontdekkingsreis blz. 174).

Slapen

Hotel met een verleden
Hótel Tindastóll: het oudste hotel van IJsland, waar IJslanders ooit wachtten op hun vertrek naar Canada en waar Marlene Dietrich verbleef. Natuurlijk is het hotel duur, maar het heeft wel geschiedenis.
Lindargata 3, tel. 453 50 02, arctichotels. is, €€€

Museum

Levende historie
1238: The Battle of Iceland: neem door middel van geavanceerde virtual reality deel aan de grootste veldslag uit de middeleeuwen, de IJslandse burgeroorlog van de 13e eeuw.
Aðalgata 21, tel. 588 12 38, 1238.is, dag. 10-17 uur, ISK3400, 6-13 jaar ISK2400

Eten

Gemoedelijk
Kaffi Krókur: het mooie houten pand in lichtroze biedt veel ruimte en een breed scala aan vis- en vleesgerechten en pizza. De keuken maakt gebruik van lokale producten.
Aðalgata 16, tel. 453 64 54, zo.-do. 11.45-21, vr., za. 11.45-22 uur, €

Actief

Boottocht
Fagranes-Drangeyjarferðir: tocht naar het eiland Drangey, vertrek eind mei-eind aug., dag. 10 uur van Reykir (ISK12.500).
Tel. 821 00 90, 821 00 91, drangey.net

Veel geschiedenis
Kristín Sigurrós Einarsdóttir: Kristín biedt rondleidingen aan naar de sagalocaties, maar ook naar de plaats van de laatste terechtstelling in de regio, die is verwerkt in een roman.
Contact via tel. 867 31 64 of gagnvegur@gmail.com

Info

• **Bus:** tussen Varmahlíð en Sauðárkrókur en verder naar Siglufjörður, Hólar en Hofsós. Ook naar Reykjavík, straeto.is.

Varmahlíð   ♀F3

Varmahlíð is een klein dorpje aan de Ringweg dat in vroeger tijden een populaire rustplaats was, waarschijnlijk vanwege de aanwezige warmwaterbronnen. Vanaf de naburige heuvel Reykjarhóll (111 m) kun je genieten van het uitzicht over de omgeving van Skagafjörður. Nabij Varmahlíð liggen verscheidene saga-locaties (zie blz. 174).

Eten

Regionaal
Hótel Varmahlíð: het restaurant van het hotel is vooral aan te bevelen omdat de chef-kok vooral lokale producten gebruikt, zoals forel. De lunch bestaat uit een gevarieerd buffet, verder zijn er à la carte vlees- en visgerechten.
Tel. 453 81 70, hotelvarmahlid.is, €-€€

Actief

Paardrijden en rafting
Hestasport Activity Tours: hier kun je korte ruitertochten of tochten van enkele dagen boeken. Een combinatie van paardrijden en rafting (2-3 uur, ISK31.350) behoort ook tot de mogelijkheden, net als langere combitochten. De stroomversnelling op de rivieren, waarvan sommige woest zijn, is een bijzondere ervaring.
Vegamót, tel. 453 83 83, riding.is

Rafting en meer
Bakkaflöt: tal van activiteiten, zowel op het water als op het land – kajakken, jagen, jeeptochten, wandelen, paardrijden. Je kunt ook paintballen. Raftingtochten op de Vestari Jökulsá en de Austari Jökulsá (3-4 uur ISK16.500, 5-6 uur ISK26.500).
11 km ten zuiden van Varmahlíð aan weg nr. 752, tel. 453 82 45, bakkaflot.is

In de graszodenkerk van de boerderij Víðimýri kwamen de boerderijbewoners elke zondag bijeen voor de kerkdienst. Net als destijds ruik je een aardse geur bij het betreden van de binnenruimte

ONTDEKKINGSREIS
Wonen als de Hobbits

Een autotocht van de graszodenboerderij Glaumbær naar Flugumýri

In de museumboerderij **Glaumbær**, het beginpunt van de tocht, kun je een goede indruk krijgen van de leef- en wooncultuur op IJslandse boerderijen in de 19e eeuw. De zodenhuizen waren tot begin 20e eeuw nog gangbaar in IJsland. Kenmerkend voor hun constructie zijn de daken van graszoden, die steeds een enkele kamer bedekten. Door het gewicht van de zode was een uitgebreidere dakconstructie niet mogelijk, vooral omdat er meestal weinig hout beschikbaar was ter ondersteuning. Bij het bouwen was het belangrijkste om de juiste hellingsgraad te hebben, want een te plat dak leidde ertoe dat het bij regen volzoog en ging lekken, of dat het zelfs instortte door het gewicht. Als het dak te schuin was, zouden er scheuren in de zoden ontstaan, en dan zou het ook gaan lekken als het regende. De zijmuren en de achterkant van het huis waren van in een visgraatpatroon opgestapelde graszoden – voor de stabiliteit. Alleen de voorgevel was van hout, meestal drijfhout. De huizen waren voornamelijk erg klein en gingen volledig op in het landschap door hun grasbedekking.

In Glaumbær serveert men in het gezellige 19e-eeuwse café Áskaffi uitstekende IJslandse taarten mei-20 aug. dag. 10-17.30, tot 20 sept. ma.-wo. 11-16.30 uur.

Al in de middeleeuwen

De oudste delen van de huidige Glaumbær dateren uit de 18e eeuw, maar Þorfinnur Karlsefni en zijn vrouw Guðríður woonden al in de 11e eeuw op de boerderij na hun terugkeer uit Vínland (Canada). Hun zoon Snorri bouwde hier de eerste kerk, en naar verluidt liggen hij en

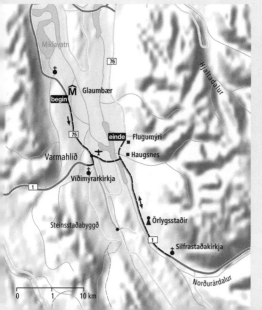

Info

Begin:
Glaumbaer,
♀ F3

Duur:
4-5 uur met
bezichtigingen

**Veenboerderij
Glaumbær:**
tel. 453 61 73,
glaumbaer.is, apr.-19
mei, 21 sept.-20 okt.
ma.-vr. 10-16, 20
mei-20 sept. dag.
9-18, uur, ISK2000

Kerk Víðimýri:
juni-aug. dag. 9-18
uur, ISK1000

Guðríður er begraven. Een beeldje herdenkt deze opmerkelijke vrouw. De belangrijkste vertrekken van de boerderij zijn te bezichtigen: de keuken (*eldhús*), waar het vuur altijd brandde, en de slaapkamer-woonkamer (*baðstofa*). Deze baðstofa werd oorspronkelijk verwarmd, nog in de 16e eeuw, en diende ook als stoombad, maar later werd de ruimte in tijden van nood alleen verwarmd door de lichaamswarmte van de bewoners.

Klein maar leuk om naar te kijken

Een van de weinige intact gebleven zodenkerken in IJsland is die van de boerderij Víðimýri. Deze werd in 1834 een paar kilometer ten westen van Varmahlíð gebouwd. De **Víðimýrarkirkja** wordt beschouwd als 'een van de beste voorbeelden van de zuivere vorm van traditionele IJslandse kerken' aldus de vroegere directeur van het Nationaal Museum en latere president van de republiek, dr. Kristján Eldjárn. Nu maakt het gebouw deel uit van het Nationaal Museum (foto blz. 173). Interessante architectuur is te zien in **Silfrastaðir**, ten zuidoosten van Varmahlíð. Sinds 1900 staat hier een achthoekige houten kerk, nadat de oude zodenkerk was verhuisd naar het openluchtmuseum Árbær. Omdat zodenhuizen voortdurend onderhoud nodig hebben, zijn de meeste halverwege de 19e eeuw vervangen door houten gebouwen.

Legendarische slagvelden

In de cultureel en historisch interessante omgeving van Varmahlíð vind je talrijke plaatsen die herinneren aan de oorlogszuchtige conflicten in de middeleeuwen. Zo was **Örlygsstaðir** de locatie van de veldslag Örlygsstaðabardagi in 1238, waarbij de gode Sturla Sighvatsson, neef van Snorri Sturluson, en vijftig andere mannen, waaronder zijn vader en broers, werden gedood. Sturla's dood betekende ook het einde van de macht van de familie Sturlunga. Een basaltzuil met een bronzen plaquette markeert de plek. De boerderij **Flugumýri** werd in 1253 platgebrand tijdens een aanval op Snorri's moordenaar Gissur Þorvaldsson – waardoor er nu alleen nog een leeg veld te zien is. **Haugsnes** was het toneel van de grootste veldslag in IJsland, waarbij op 19 april 1246 maar liefst 110 man sneuvelden. Meer dan duizend rotsblokken werden op het veld gelegd, sommige bekroond met een metalen kruis. Elk kruis staat voor een gevallen strijder.

Heel praktisch bij deze tocht is dat alle beschreven gebouwen en slagvelden in de nabijheid van de Ringweg liggen.

LAATSTE ONTHOOFDING **0**

Agnes Magnúsdóttir was de laatste IJslandse die in 1830 bij Þingeyrar werd onthoofd. De jonge dienstmeid werd in 1828 ter dood veroordeeld omdat ze boer Natan Ketilsson en boerenknecht Pétur Jónsson met de hulp van een echtpaar zou hebben vermoord en verbrand. Gedurende de tijd van het vonnis tot haar executie werkte ze als dienstmeid op de boerderij van districtsambtenaar Jón Jónsson. Op basis van deze gebeurtenissen en degelijk onderzoek heeft de Australische Hannah Kent in 2013 de historische roman *Burial Rights* geschreven – in het Nederlands vertaald als *De laatste rituelen*.

Info

● **Toeristenbureau:** tel. 455 61 61, visitskagafjordur.is, okt.-15 mei ma.-vr. 10-16, 16 mei-sept. dag. 10-18 uur. Informeer hier naar de tijden van de paardenshows in de regio. Verder is hier de galerie Alþýðulist met kunstnijverheid uit de regio (tel. 453 70 00).
● **Bus:** dag. tussen Reykjavík en Akureyri.

Hofsós ♀F2

Het rustige dorp met enkele goed behouden gebleven oude huizen is een van de oudste overgebleven handelsplaatsen aan de fjordenkust van Tröllaskagi. De geschiedenis gaat terug tot 1600. Het **Pakkhús** is een in 1772 gebouwd pakhuis in de typische blokhutstijl. Het

IJslandse emigratiecentrum (Vesturfarasetrið) is gevestigd in een historisch gebouwenensemble. In de 19e eeuw bereidden duizenden IJslanders zich voor op een vertrek naar de Nieuwe Wereld in de hoop op een beter leven. Een van hen was de dichter Stephan G. Stephansson (1853-1927), aan wie in de tentoonstelling een afzonderlijke zaal is gewijd. Het nieuwe leven in de Verenigde Staten en Canada was meestal moeizaam en armoedig, zoals uit de documentatie blijkt. **Emigratiecentrum:** tel. 453 79 35, hofsos. is, juni-aug. dag. 11-18 uur, anders op aanvraag, ISK2000 voor alle tentoonstellingen samen

Actief

Ontspannen
Zwembad Infinity Blue/Sundlaug: het mooie zwembad ligt direct aan zee. Een speciale aanbieding is het nachtelijke zwemmen, dag. 22-24 uur (ISK4900, alleen na inschrijving via sundhofsos@skagafjordur.is). Je kunt je heerlijk ontspannen in het warme water, het noorderlicht zien in de winter en de gouden middernachtzon in de zomer. Tel. 455 60 70, gewoon zwemmen juni-aug. dag. 7-21 uur

Blönduós en omgeving ♀E3

Blönduós is een geschikte uitvalsbasis om de omgeving te verkennen. Het dorp ligt aan de monding van de 125 km lange rivier Blandá, die ten westen van de Hofsjökull ontspringt. Sinds 1991 wordt van de rivier gebruikgemaakt voor de gelijknamige waterkrachtcentrale.

Opvallend is de moderne kerk, die al zichtbaar is vanaf de Ringweg.

Museum

Alles over textiel
Heimilisiðnaðarsafnið: het kleine textielmuseum in het deel van het dorp ten oosten van de Blandá geniet grote bekendheid in het land. In het moderne gebouw toont men plaatselijk vervaardigd textiel, kunstnijverheid en IJslandse klederdracht. Er zijn ook tentoonstellingen van moderne IJslandse textielontwerpers. Een deel van het museum is gewijd aan de docent, handwerker en vrouwenrechtenactivist Halldóra Bjarnadóttir.
Árbraut 29, textile.is, juni-aug. dag. 10-17 uur, ISK1800

Slapen

Met rivierzicht
Glaðheimar: hutten voor 3-8 personen ISK15.420-66.650, ideaal voor gezinnen, sommige met jacuzzi en sauna.
Melabraut 21, bij de camping aan de Blandá, tel. 820 13 00, gladheimar.is, €-€€€

Eten

Gezond en lekker
B & S Restaurant: restaurant met een uitgebreide menukaart, dagschotels en saladebar. Er wordt veel nadruk gelegd op een gezonde keuken, er is dan ook een ruim aanbod aan vegetarische gerechten. Ze weten ook wat kinderen lekker vinden.
Norðurlandsvegur 4, de hoofdstraat, tel. 453 50 60, bogs.is, in de zomer dag. 11-21 uur, €€

Info

• **Toeristenbureau:** bij de camping, tel. 820 13 00, 690 31 30, juni-aug. 9-21 uur.
• **Bus:** dag. van/naar Reykjavík, Akureyri.

Þingeyrar

Ten zuiden van Blönduós staat aan het strandmeer **Hóp**, dat afhankelijk van het getij een oppervlakte heeft van 29 tot 44 km², de 19e-eeuwse kerk Þingeyrar met zijn prachtige blauwe sterrenhemel. In de tijd van de Vrijstaat was deze plek een Thingplaats. In 1133 werd hier het eerste klooster van IJsland gebouwd. De toenmalige kerk was gewijd aan de heilige Nicolaas. Het was een van de belangrijkste literaire centra, waar de meeste saga's van het land werden geschreven.

Vlak bij de afslag naar de kerk staat een groep van drie heuvels, **Þrístapar**, waar op 12 januari 1830 de laatste terechtstelling in IJsland plaatsvond (zie kader blz. 176).
Klausturstofa: naast de kerk, thingeyra klausturskirkja.is, juni-aug. dag. 10-17 uur, rondleidingen, café

Húnaþing vestra
♀ D/E 3/4

Westkust van Vatnsnes
Het grootste dorp in de gemeente Húnaþing vestra is **Hvammstangi**, het dienstencentrum van de regio. Het ligt aan de westkust van het schiereiland Vatnsnes, waar vaak zeehonden te zien zijn.

P

PAARDEN EN SCHAPEN DRIJVEN

De paardenboerderij **Brekku-lækur** is een ideaal uitgangspunt voor het verkennen van de regio, niet alleen voor ruiters, maar ook voor wandelaars en iedereen die de regio actief wil leren kennen, zoals bij de schapen- en paardendrift. Het gaat niet alleen om het slopende werk om de dieren bij elkaar te krijgen; er is altijd plezier te beleven met eten, drinken en muziek. Alle gasten van de boerderij Brekkulækur worden uitgenodigd om mee te vieren. Begin oktober staat de paardendrift bij de Víðidalstungurétt op het programma (Arinbjörn Jóhannsson, tel. 451 29 38, abbi-island.is, €-€€, zie ook blz. 269).

Sinds 2006 is er een zeehondencentrum in een oud pand uit 1926. Hier kun je alles te weten komen over zeehonden rond IJsland en hun vroegere rol voor de mens.

Zeehondencentrum: Strandgötu 1, selasetur.is, half mei-half sept. dag. 10-17 uur, anders op aanvraag, ISK1300, tot 15 jaar gratis

Oostkust van Vatnsnes

Aan de oostkant van het schiereiland ligt het meer **Vesturhópsvatn**. Aan de oever staat de fiere vesting Borgarvirki op een 177 m hoge heuvel. Men vermoedt dat de vesting met dikke basaltmuren als verdedigingskasteel werd gebouwd door Víga-Barði Guðmundsson. Vanaf de ruïne, die ook twee langhuizen omvat, heb je een goed uitzicht over de baai Húnaflói.

Het dorp **Laugarbakki**, met warmwaterbronnen, heette in vroeger tijden Langafit en was de plaats van de paardengevechten die in de Grettissage worden beschreven. Niet ver hiervandaan ligt de boerderij Melstaður, waar veel belangrijke IJslanders woonden, zoals Arngrímur Jónsson (1568-1648), die in het Latijn enkele boeken over de IJslandse geschiedenis en cultuur schreef.

Slapen

Mooi gelegen

Jeugdherberg Sæberg: deze accommodatie is bijzonder aantrekkelijk door de rustige ligging direct aan zee. Een hottub en een kampeerterrein maken deel uit van de herberg en er zijn ook twee hutten (1-5 personen) beschikbaar. De dichtstbijzijnde winkel ligt op 15 km afstand.

Aan weg nr. 1 zuidelijk van Hvammstangi, tel. 894 55 04, hostel.is, €

Eten

Havenzicht

Sjávarborg: populair restaurant met grill en bar, functioneel ingericht; je kunt nog zien dat het vroeger een pakhuis was.

Strandgata 1, tel. 451 31 31, sjavarborg-restaurant.is, dag. 11-22 uur, €-€€

Info

- **Toeristenbureau:** Hvammstangi, in het zeehondencentrum, tel. 451 23 45.
- **Bus:** dag. bussen van/naar Reykjavík en Akureyri.

Toegift
Schattige vogels

Iedereen houdt van papegaaiduikers

Ja, iedereen houdt van ze, en als het om de steile kliffen gaat, is voor de meeste bezoekers van IJsland maar één ding belangrijk: papegaaiduikers kijken! Alleen walvissen kunnen dit enthousiasme overtreffen. De schattige vogels broeden overal langs de kusten van de Noord-Atlantische Oceaan, van Schotland tot Spitsbergen, IJsland is maar één van hun locaties. Toch wordt de vogel door veel bezoekers beschouwd als het symbool van het land. Dat is niet het geval, want dan zou de papegaaiduiker wel op het wapen staan, maar in de zomer verblijven de meeste paren papegaaiduikers wel in IJsland. Van half mei tot half augustus zijn ze aan land te vinden, waar ze voor hun kuikens zorgen in de nestholen. De rest van het jaar leven ze op zee, hun eigenlijke habitat. De vogel met zijn felgekleurde snavel ziet er net zo schattig uit als de pinguïns, staat bijna rechtop en kijkt vaak wat vragend als hij net geland is: 'Hoe deed ik dat nou?' Hij schudt zijn hoofd en verdwijnt in het broedhol, of wacht af. De menselijke waarnemers kunnen dan alleen maar zeggen: 'Wat schattig!' De knuffelfactor van de grappige papegaaiduikers is zo hoog dat ze in alle souvenirwinkels als knuffeldier worden aangeboden – uiteraard: *made in China*. De inwoners van Reykjavík noemen een souvenirwinkel *puffin shop*. ∎

De westelijke fjorden

Stil en mysterieus — sommigen beweren dat het schiereiland eigenlijk een eiland is, misschien zelfs een land op zich, met een uniek landschap van ruige schoonheid; een paradijs voor vogelaars, wandelaars en liefhebbers van stilte.

blz. 185

Látrabjarg ✪

De steile kust Látrabjarg fascineert door zijn ligging, grootte, uiterlijk en 'populatie'. Het stuk kust is bijna 14 km lang en gaat vanaf het hoogste punt 441 m loodrecht omlaag. Er leven talloze papegaaiduikers.

blz. 188

Dynjandi – de donderende

Met zijn waaierachtige vorm en de prachtige combinatie van zes watervallen vormt de Dynjandi een indrukwekkend geheel en is hij een van de meest bezienswaardige natuurattracties van IJsland.

Bij kajaktochten in de fjorden ben je zelf de kapitein.

Erin duiken

blz. 190

Hrafnseyri

In het museum maak je kennis met Jón Sigurðsson, de voorvechter van de onafhankelijkheid van IJsland.

blz. 190

Suðureyri

Het dorp aan de westpunt van Sugandafjörður staat bekend om zijn duurzame visserij en visverwerking.

blz. 190

Ísafjörður

Ooit een belangrijk handelscentrum, nu het centrum van cultuur en onderwijs bij de westelijke fjorden.

blz. 194

Strandir

Deze streek was ooit een gewild vestigings-gebied vanwege de goede visgronden, de zeehonden en voor strandjutters vanwege het aanspoelende drijf-hout.

blz. 194

Hólmavík

Hier kun je meer te weten komen over de donkere kant van IJs-land, de periode van de heksenvervolging in de 17e eeuw in Strandir.

blz. 195

Wandeling naar Hornbjarg

Een adembenemende wandeling voert naar de steile klif Hornbjarg, die enkele honderden meters bijna loodrecht omlaag naar zee gaat. En onophoudelijk hoor je hier het gekrijs van vogels die in de rotsen nestelen.

blz. 196

Hornstrandir

Dit is waarschijnlijk de eenzaamste streek van IJsland, waar je zelfs vandaag de dag volkomen alleen kunt zijn. Behalve vossen zie je alleen verlaten boer-derijen als getuigen van vroegere landbouwacti-viteit of in enkele baaien wat nieuwsgierige zee-honden.

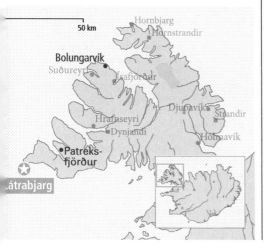

Roestig restant van de haring-visserij: de MS Sudurland in Djú-pavík.

Misschien ontmoet je hier de goede beschermgeesten die uit de mist opduiken, zoals in de film *Börn Náttúrunnar* (*Children of Nature*) van Friðrik Þór Friðriksson.

beleven

Eenzame kusten

Als een uitgestoken poot ligt het noordwestelijke schiereiland Vestfirðir in zee. Het wordt doorsneden door fjorden en biedt een uniek landschap van ruige schoonheid. Het is een paradijs voor vogelaars en wandelaars, met prachtige stranden, de hoogste vogelrotsen, de imposante gletsjer Drangajökull en vele verhalen. Sommigen beweren dat het schiereiland eigenlijk een eiland is, misschien zelfs een land op zich. Vanaf de uiterste punt is het slechts 300 km naar Groenland, en slechts een 10 km brede landengte verbindt het met de rest van IJsland. Met zijn geologisch verleden is Vestfirðir een van oudste delen van IJsland, dat zo'n 14 miljoen jaar geleden ontstond. Kenmerkend is het 400-800 m hoge plateaulandschap, dat aan de kust steil afloopt. Tegenwoordig zijn de westelijke fjorden dunbevolkt, sommige gebieden zoals Hornstrandir zijn volledig verlaten. Toen de schapenhouderij nog een belangrijke economische factor was in het land, waren hier nogal wat boerderijen. Ook de visserij, die belangrijk is voor de regio, kende een enorme terugval, zowel door het verdwijnen van de haringscholen in de jaren 70 (zie blz. 263) als door de opkomst van industriële trawlers eind jaren 80, waarmee men de vis al op

TER ORIËNTATIE

Toeristenbureau: voor de westelijke fjorden is er het bureau in Ísafjörður (zie blz. 192).
westfjords.is: de belangrijkste informatie voor toeristen in deze regio. Veel foto's, inspirerend en goed opgezet.
Auto: alleen in juli en aug. zijn alle wegen begaanbaar met een gewone auto, anders alleen de hoofdtrajecten. Een auto met vierwielaandrijving is daarom aan te bevelen.
Bus: de busverbindingen in de regio zijn zeer goed; hiermee kun je naar bijna alle dorpen.
Veerboot: seatours.is. De veerboot Baldur gaat in de zomer dag. tussen Stykkishólmur en Brjánslækur.
Vliegtuig: dag. van Reykjavík naar Ísafjörður met Icelandair.

zee kan verwerken. Weliswaar spelen de visfabrieken nog steeds wel een rol in de westelijke fjorden, maar het belang van het toerisme is de laatste twee decennia sterk toegenomen. Al met al zijn de westelijke fjorden bijzonder door hun ligging. Wie eenzaamheid zoekt, van ongereptheid houdt en buiten de gebaande paden wil treden, komt hier zeker aan zijn trekken.

Van Brjánslækur naar Látrabjarg

📍 A/B 3

Als je met de veerboot Baldur reist, kom je aan bij **Brjánslækur**, waar Flóki Vilgerðarson in de 9e eeuw voor het eerst voet aan wal zette in het noordwesten. De ruïnes van een hut uit die tijd zijn te zien bij **Flókatóttir**, het oudste bewijs van bebouwing in IJsland. Boven de boerderij is de kloof **Surtarbrandsgil** een van de beste plaatsen om naar fossielen uit het tertiair te zoeken.

De kustweg kronkelt in wijde bogen en volgt de kustlijn van het schiereiland. Van brede laaggelegen weiden gaat de weg omhoog naar steile plateaubergen. Afhankelijk van het weer kan de 400 m omhoog naar **Kleifaheiði** al genoeg zijn om je door de wolken te laten rijden. Daarna lijkt **Kleifabúi**, de enorme stenen wachttoren met menselijke contouren die bouwvakkers in 1947 oprichtten, een reus uit een sprookje.

De weg slingert omlaag naar de Patreksfjord, waar **Gaðar**, 'IJslands oudste stalen schip uit 1912', langzaam wegrot. Vanaf de kustweg buigt de onverharde zijweg nr. 614 af naar **Rauðasandur** (zie Lievelingsplek blz. 184).

Info

• **Bus:** westfjordsadventures.com, juni-aug. dagelijkse bus A 11.30 naar Ísafjörður (ISK8400) en 18.00 naar Patreksfjörður (ISK3000). Haltes zijn onder andere Flókalundur, Dyn jandi. Bustijden afgestemd op de veerboot.
• **Veerboot:** zie kader links.

Over weg nr. 62 richting Látrabjarg rij je langs de kust. Steeds weer krijg je door golven omspoelde silhouetten te zien

Lievelingsplek

Het rode strand van het westen

Slechts enkele gebouwen staan hier nog overeind, sommige zijn vervallen, andere zijn nog intact, zoals het eenvoudige kerkje van Saurbær (foto). Allemaal doen ze sterk denken aan het verleden. Het rode zandstrand **Rauðasandur** (♥ A 3) lijkt zich bijna eindeloos uit te strekken en nodigt uit tot een wandeling. Het ontleent zijn naam aan een mosselbank die onder bepaalde lichtomstandigheden roodgeel oplicht. Loop gewoon in de richting van de zon of vecht tegen de regen, voel de elementen en het zand onder je voeten.

Hnjótur en Hvallátur   ♥ A3

In **Hnjótur** verzamelde Egill Ólafsson (geb. 1999) alledaagse voorwerpen uit de omstreken, vooral vistuig en enkele vliegtuigen. Het resulterende museum (Minjasafn) geeft je een onderhoudende indruk van vervlogen tijden. In de museumcafetaria serveert men heerlijke taarten (hnjotur.is, mei-sept. dag. 10-18 uur, ISK1000).

Iets hierboven staat een gedenkteken voor de Britse zeelieden die omkwamen in de gevaarlijke stromingen voor de steile kust. Tussen het Breiðavík, een uitnodigend breed strand, en Látrabjarg ligt **Hvallatúr**, dat zich de meest westelijke bewoonde plaats noemt.

Slapen

Vlak bij het strand

Gistiheimilið Breiðavík: de ligging bij het strand is aantrekkelijk. De kamers zijn sfeervol en functioneel ingericht. Het ontbijt is bij de kamerprijzen inbegrepen; maaltijden zijn mogelijk op afspraak. Bij het hotel hoort ook een kampeerterrein (ISK2300 per persoon).

Tel. 456 15 75, breidavik.is, slaapzakplek €, 2 pk met eigen badkamer €€, plus ISK300 toeristenbelasting p.p.

Látrabjarg   ♥ A3

Het steile stuk kust Látrabjarg is fascinerend door zijn ligging, grootte, uiterlijk en 'bevolking'. Het is bijna 14 km lang en gaat vanaf het hoogste punt 441 m loodrecht omlaag, terwijl de meest westelijke punt, Bjargtangar, tevens het meest westelijke punt van IJsland en Europa is. Hier kun je prachtige kustwandelingen maken. In vroegere decennia

kwamen veel IJslanders hierheen om vogeleieren te verzamelen, te vissen of op zeehonden te jagen. Maar de zee is bijzonder ruw en moeilijk langs dit stuk kust, zodat menig trawler bij Látrabjarg is gezonken.

Verspreid over de kliffen leven duizenden zeevogels. De papegaaiduikers zijn inmiddels zo gewend geraakt aan de bezoekers dat ze poseren voor de foto – mits je op ooghoogte met ze komt en je rustig gedraagt. Als je geen zin hebt om te wandelen, kun je je blik in de verte laten dwalen in de hoop dat de contouren van Groenland aan de horizon zijn te ontwaren.

Info

- **Bus:** westfjordsadventures.com, vertrek vanaf Patreksfjörður, verblijf in Látrabjarg ca. 80 min. of als shuttle.

Patreksfjörður ♥ A3

Patreksfjörður is de meest westelijke nederzetting van IJsland en een goed uitgangspunt voor het verkennen van het natuurschoon van de westelijke fjorden. In het oude handelscentrum aan de gelijknamige fjord leven de inwoners voornamelijk van de visserij en de visverwerking. Sommige monumenten herdenken Franse en Engelse zeelieden. Vanaf het strand heb je een charmant uitzicht op het stadje. Pas met de bouw van vissershutten in de 19e eeuw ontwikkelde zich een stadscentrum. Je kunt een mooie wandeling maken over de **Tálkni** (472 m), die aan het uiteinde van het schiereiland ligt. Een gemakkelijk pad voert door de Litlidalur en dan ga je naar de top. Er is een route van 7 km lang.

Slapen

Bijzonder
Ràðagerdi Guesthouse: een bijzonder opvallend pand, gebouwd in 1945, met een vrij uitzicht over de fjord. Eenvoudige kamers, sommige met badkamer, waarvan de tafelkleden, beddengoed, kussenslopen en dergelijke uit de fabriek van de vorige eigenaar komen. Het terras is erg sfeervol.

Aðalstræti 31, Patreksfjörður, tel. 456 01 81, radagerdi.net, €€

Eten

Met mooi uitzicht
Stúkuhúsið: dit populaire café-restaurant staat in het centrum van de stad en heeft een aantrekkelijk terras.

Tel. 456 14 04, stukuhusid.is, in de zomer dag. 11-23 uur, €-€€

Actief

Voor ieder wat wils
Westfjords Adventures: een zeer gevarieerd aanbod – van eenvoudige jeep- of bustochten, boottochten om te vissen tot wandelingen en fietstochten. Je kunt hier ook een fiets huren.

Þórsgata 8 a, tel. 840 60 48, westfjordsadventures.com, 16 mei-14 sept. ma.-vr. 8.15-17, za., zo. 10-12, anders ma.-vr. 9-12 uur

Info

- **Bus:** westfjordsadventures.com/busschedule, ma., wo., do. rijden er bussen naar Ísafjörður en Brjánslækur.
- **Feest van de wandelaar:** eind juli. Bij het feest passende wandeltochten vanaf Tálknafjörður naar de naburige fjord.

Arnarfjörður

Bíldudalur   ♀ B3

Bíldudalur doet eigenlijk wat ouderwets aan. Ooit was het een van de belangrijkste vissersplaatsen van IJsland, maar tegenwoordig is het hier uiterst rustig. Het dorp bereikte zijn hoogtepunt aan het begin van de 20e eeuw, toen koopman Pétur Thorsteinsson hier belangrijk was. Vanuit dit dorp werd de eerste gezouten vis naar Spanje geëxporteerd. De eerste IJslandse stoomboot die voor de visserij werd ingezet, kwam al in 1898 naar Bíldudalur. Het dorp biedt zeer mooie wandelmogelijkheden langs de fjord, rechtstreeks naar Tálknafjörður of omhoog naar de Bíldudalsfjall.

Musea

IJslandse gouwe ouwe
Melódíur minninganna: absoluut de moeite waard is het muziekmuseum 'Melodieën van de herinnering' van zanger Jón K. Ólafsson, met het accent op IJslandse muziek uit de jaren 50 en 60.

Tjarnarbraut 5, juni-sept. ma.-vr. 14-18 uur, ISK1000

Monsters te land en ter zee
Skrímlisetur: ze bestaan, de monsters, en velen hebben ze al gezien. In twee ruimtes, verduisterd en griezelig aangekleed, informeert het museum over alle soorten monsters in IJsland. Ooggetuigen vertellen ook over hun ontmoetingen. Een uiterst spannende kant van de IJslandse volksverhalen. Na deze 'ontmoeting' kun je aansterken in het café.

Strandgata 7, skrimsli.is, tel. 456 66 66 half mei-half sept. dag. 10-18 uur, ISK1450, kinderen tot 10 jaar met begeleiding gratis

Eten

Trefpunt
Vegamót: de typische kleine snackbar bij het tankstation met snacks tegen de gebruikelijke prijzen. Er hoort een souvenirwinkel bij.
Tjarnarbraut 2, tel. 456 22 32

Info

● **Vliegtuig:** Bíldudalsflugvöllur, tel. 414 69 60, norlandair.is, tussen Reykjavík en Bíldudalur 's zomers dagelijks, 's winters paar keer per week.
● **Bus:** in de zomer rijden er bussen tussen Ísafjörður en Patreksfjörður met haltes in de kleine stadjes.

Selárdalur　　　♀ A2

Een rit langs Arnarfjörður naar Selárdalur geeft een interessante omgeving te zien. Het landschap is zowel lieflijk als indrukwekkend, met weilanden die eindigen bij smalle stranden en steile basaltbergen en bergkammen die grenzen aan diepe valleien. Er wonen nog maar weinig mensen in Selárdalur, veel boerderijen zijn verlaten. In het midden van de vallei staat de oude houten kerk uit 1861, maar het meest opmerkelijke is een soort **beeldenpark** met leeuwen, paarden, zeehonden, walrussen en ook mensen tussen enkele onvoltooide gebouwen.

Samúel Jónsson, die 'de kunstenaar met het hart van een kind' wordt genoemd, schiep deze wereld voor zichzelf. De voorheen arme boer gebruikte zijn staatspensioen om de figuren in cement tot stand te brengen. In een eigen kerk staat een door hemzelf gebouwd altaar. Hij wilde dat nalaten aan de kerk in Selárdalur, maar die sloeg het aanbod

FLÓKI – IJSLANDERS VAN HET EERSTE UUR

Als je de historische televisieserie *Vikings* hebt gezien, heb je ook kennisgemaakt met Flóki Vilgerðarson. Welnu, in de serie is Flóki bevriend met Ragnar Loðbrók, de legendarische koning uit Denemarken, maar de echte Flóki was dat zeker niet. Flóki Vilgerðarson was beter bekend als Hrafna-Flóki, ofwel 'Raven-Flóki', omdat hij drie raven bezat die hem hielpen bij het navigeren. Hij was een van de eersten die het naamloze eiland, dat in de 9e eeuw nog onbewoond was, verkende. Volgens het *Landnámabók*, (Vestigingsboek) overwinterde hij aan de zuidkust van de westelijke fjorden. Flóki gaf het eiland ook zijn naam. Hij en zijn volk waren niet voorbereid op de IJslandse winter, en daarom leden ze jammerlijk onder de kou en – nadat alle dieren waren gestorven – ook onder gebrek aan voedsel. Het volgende voorjaar, toen Flóki vanaf de berg al het drijfijs voor de kust zag, werd alles duidelijk: met ijs en land moest de naam van het eiland IJsland worden. Ondanks deze afschrikwekkende ervaring keerde Flóki terug naar IJsland en vestigde zich bij Skagafjörður, nu duidelijk met meer geluk. Overigens wordt het verhaal van Flóki's ontdekking van IJsland verteld in het vijfde seizoen van *Vikings*.

af. Samúel liet zich graag inspireren, en daarom zie je hier tevens een miniatuurreplica van de Sint-Pieter in Rome. Hij stierf in 1969 op 85-jarige leeftijd (samuel jonssonmuseum.jimdofree.com).

Waterspelen van de natuur: de watermassa's van Dynjandi storten zich over zes watervallen omlaag naar de zee. De fascinerende reeks watervallen kun je te voet ervaren langs een pad

Dynjandi 📍B2

Aan het eind van de Arnarfjörður overwint de rivier Dynjandisá in zes stappen het hoogteverschil van 500 m van het plateau naar de fjord en vormt zo een van de mooiste watervallenreeksen van IJsland. De meest indrukwekkende en mooiste hiervan is de Dynjandi, waarvan het water in de diepte stort en een waaiervormige sluier vormt van 30 m breed aan de bovenkant en 60 m breed aan de onderkant. Maar de andere watervallen hebben zo hun eigen bijzondere charme. Er lopen paden langs en je kunt zelfs achter waterval de Göngufoss langs lopen. Dynjandi, 'de Donderende', is nu een beschermd natuurmonument. Jarenlang is er serieus over gesproken om de rivier Dynjandisá te gebruiken voor energieopwekking, net als de slechts een paar kilometer verderop gelegen Mjólká. De krachtcentrale hier werd gebouwd in 1958 en uitgebreid in 1975.

Þingeyri   ♥ B2

Þingeyri aan de Dyrafjörður is de oudste handelsstad in de regio, waarvan de oorsprong teruggaat tot het sagatijdperk. Waarschijnlijk was hier ook een Thingplaats. De gunstige ligging aan een visrijke fjord met goede weidegronden was ideaal voor vestiging. Het werd een belangrijke haven voor Baskische walvisvaarders en vissersboten uit Europa en Amerika. Ondanks de fraaie ligging neemt de bevolking van Þingeyri elk jaar af, een trend die algemeen is in het noordwesten.

In het dorp staat een van de oudste pakhuizen van IJsland, uit de 18e eeuw. De **kerk** werd gebouwd door Rögnvaldur Á. Ólafsson, de eerste architect van het land, en Guðjón Samúelsson en werd ingewijd in 1911. Het is ook de moeite waard om de oudste nog werkende **machinewerkplaats** (Vélsmiðja, 1913) te bezoeken, die werd gebouwd door Guðmundur J. Sigurðsson.

Machinewerkplaats: Hafnarstræti 14, tel. 456 32 91 nedsti.is, half mei-aug. dag. 9-17, 1-15 sept. dag. 11-15 uur, anders op afspraak, ISK1500

In de omgeving
Aan de rand van het dorp bevindt zich een **Vikingkring** voor vrolijke drinkfeesten, oorspronkelijk ingericht met huiden.

Vanaf de berg **Sandafell** (367 m) heb je een schitterend uitzicht op Þingeyri en de fjord, die met 39 km een van de langste in de regio is. Als je niet wilt lopen, kun je over het jeepspoor rijden. De twee losstaande bergen, Sandafell en aan de overkant Mýrafell, vormen twee markante punten aan de fjord.

Slapen, eten

Nabij de haven
Sandafell: het pension in een mooi pand uit 1947 biedt ruime, maar eenvoudig ingerichte kamers. Het uitzicht is prachtig. Het restaurant biedt soepen en broodjes, maar vooral vis uit de plaatselijke fjorden.
Hafnarstræti 7, tel. 456 16 00, hotelsandafell. com, half mei-half sept. dag. 10-22 uur, €€

Actief

Café voor actie
Simbahöllin: hier kun je comfortabel zitten met een kop koffie of een paar uur actie beginnen te paard of op de fiets. De paardenritten beginnen om 10 (Sanda river) en 13 (valley to sea) uur en kosten resp. ISK11.900 en ISK14.900 voor 2/2,5 uur; een fiets huren om naar de vuurtoren en terug te rijden kost tussen ISK10.900 en ISK13.900.
Fjarðargata 5, tel. 899 66 59, simbahollin.is, juni-sept. dag. 10-18 uur

Info

- **Toeristenbureau:** Þingeyri District Information Office, Hafnarstræti 5, tel. 623 82 58, zomer dag. 11-17 uur.
- **Bus:** tel. 456 50 06. ma.-vr. bussen naar Ísafjörður, Suðureyri en Flateyri.
- **Vikingfeest:** 1e weekend van juli. Vrolijk familiefeest met een Vikingtintje.

WIE WAS JÓN SIGURÐSSON? **S**

Hrafnseyri (♥ B 2) is de geboorteplaats van Jón Sigurðsson (1811-1879), de grote voorvechter van de onafhankelijkheid van IJsland (zie blz. 288). De gedenkplaats voor hem en zijn tijd omvat een museum, een kapel en een boerderij – een replica van het door Jóns grootvader gebouwde exemplaar. De vroegere geschiedenis van het dorp is ook interessant. De eerste opgeleide arts in IJsland, Hrafn Sveinbjararson, praktiseerde hier in de 12e-13e eeuw en staat afgebeeld op een van de gebrandschilderde ramen in de kerk. Versnaperingen zijn verkrijgbaar in de cafetaria (tel. 456 82 60, hrafnseyri.is, juni-begin sept. dag. 11-18 uur, ISK1000).

1889 werd in Sólbakki een walvisstation opgericht, maar het werd weer gesloten na een brand in 1901. De eigenaar, Hans Ellefsen, liet zijn woning na aan Hannes Hafsteinn, die deze naar Reykjavík verhuisde. Tegenwoordig staat de woning als gasthuis van de overheid in Tjarnargata (zie blz. 20). De stad kreeg trieste bekendheid toen een lawine in oktober 1995 19 huizen bedolf, waarbij 23 dodelijke slachtoffers vielen.

Suðureyri aan de westelijke punt van Sugandafjörður is de andere plaats die direct van de tunnel profiteert. Het dorp ligt in de schaduw van steile bergen, waardoor de zon hier in de winter vier maanden lang niet schijnt. In Suðureyri is een interessante touroperator actief, genaamd Fisherman, die een goed inzicht geeft in de visserij tijdens de zogeheten Seafood Trail (mei-sept., voor hotelgasten gratis). In een aangesloten restaurant kun je genieten van gerechten met vers gevangen vis (fisherman.is).

Flateyri en Suðureyri ♥ B 2

Beide plaatsen zijn gemakkelijk bereikbaar via de tunnel onder Breiðadalsheiði en Botnsheiði en hebben een goede verbinding met Ísafjörður. De eerstgenoemde weg gaat tot 700 m boven de zeespiegel en is daarmee een van de hoogste in IJsland. In de zomer krijg je af en toe te maken met mist, in de winter is de weg soms wekenlang onbegaanbaar door sneeuwstormen. Maar in de zomer is het aantrekkelijk om over de hoogvlakte te rijden. Je komt rechtstreeks bij de camping van Tungudalur, waar in de winter drie skiliften in bedrijf zijn.

Het vissersdorp **Flateyri** is schilderachtig gelegen op een landtong. In

Rond de Ísafjörðurdjúp

Ísafjörður ♥ B 2

De grootste stad en het centrum van cultuur, onderwijs en economie in de westelijke fjorden is Ísafjörður. De goede ligging ten opzichte van de visgronden en de tegen de wind uit alle richtingen beschermde haven zijn gunstig voor de plaatselijke visserij. Al in de 16e eeuw was Ísafjörður, samen met de andere vissersdorpen in de westelijke fjorden, een belangrijk handelscentrum voor de Hanze. Hoewel Ísafjörður pas op 28 januari 1866 stadsrechten kreeg, was het al een van de belangrijkste handelscentra in

IJsland toen het Deense handelsmonopolie in 1854 werd opgeheven. Volgens het *Landnámabók* was de stichting van de nederzetting in de 9e eeuw te danken aan Helgi Hrólfsson. Hij plaatste zijn boerderij op de landtong Eyri, waar nu het oudste deel van de stad is gelegen. Men zegt dat ook de naam van de fjord Skutulsfjörður, 'harpoenfjord', een zijtak van de Ísafjörðurdjúp, teruggaat op Helgi, omdat hij op het strand een harpoen vond.

Tijdens een wandeling door de stad zie je veel gebouwen die herinneren aan de hoogtijdagen aan het begin van de 20e eeuw. In de jaren 80 werden diverse panden aan hun lot overgelaten, maar nu zien de straten er weer levendig en florerend uit. Bij de begraafplaats staat het bekende **Vissersmonument** voor alle zeelieden die voor de kust zijn omgekomen. Het nabijgelegen **park** is klein, maar je ziet er veel bloemen en een boog van walvisgebeente. Aan de oude hoofdstraat Aðalstræti staan huizen uit de 19e eeuw.

Langs de havenfaciliteiten en de visfabriek bereik je de uiterste punt van de landtong, waar nog vier oude huizen uit de 18e eeuw staan. In het Turnhús (Torenhuis), het voormalige pakhuis met een visfabriek, is nu het **Scheepvaart- en Streekmuseum** (Byggðasafnið í Neðstakaupstað) gevestigd, dat naast talrijke gebruiksvoorwerpen en objecten uit de wereld van de zeevaart ook een overzicht toont van de geschiedenis van de stad (nedsti.is, dag. juni-aug. 10-17, 1-15 sept. 11-15 uur, anders op afspraak, ISK1500).

Slapen

Centraal gelegen
Hotel Horn: een van de grootste hotels van de stad, in het centrum gelegen. Lichte kamers met uitnodigende inrichting. Ontbijt in hotel Ísafjörður. Prima prijzen.
Austurvegi 2, tel. 456 41 11, isafjordurhotels. is/ hótel-horn, €€

Historisch
Pension Áslaugar: centraal in de stad. Gezellig, want niet zo groot. Er worden ook slaapzakplekken aangeboden en is natuurlijk ontbijt. Het gebruik van de keuken maakt het gastenverblijf tot een ideale plek als je zelf voor je eten wilt zorgen. Appartement in het buurhuis.
Austurvegur 7, tel. 899 07 42, gistias@snerpa. is, 2 pk €, appartement €€

In een mooi landschap
Tungudalur Camping: goed uitgerust. Er is een busverbinding met de stad.
In Tungudalur, circa 4 km van Ísafjörður, tel. 864 85 92, westfjords.is, half mei-half sept., €

Stilletjes peddelen en langs de kust glijden: in de westelijke fjorden heb je daartoe alle gelegenheid

Eten

Klassiek
Bistro Edinborgarhús: dit restaurant met een Amerikaanse keuken is gevestigd in het cultureel centrum van de stad, dat tevens een historisch pand is. Aðalstræti 7, tel. 456 66 60, edinborgbistro. is, ma.-vr. 11-1, za., zo. 11-3 uur, salade v.a. ISK2390, vis v.a. ISK3790

Zoals vroeger
Tjöruhús: leuk restaurant met charme. Legendarisch is het visbuffet 's avonds. In het scheepvaartmuseum, tel. 456 44 19, 12-14, 19-22 uur, €€-€€€

Shoppen

Kunstnijverheid
Rammagerð Ísafjarðar: allerhande kunstnijverheid en design, meestal geproduceerd in IJsland. Het is de moeite waard om rond te kijken. Aðalstræti 16

Actief

Avontuurlijke tochten
West Tours: kajaktochten, fietsverhuur, excursies per boot of auto en wandelingen met gids – alles wat je wilt doen kun je hier beleven. Tevens aanbod van accommodatie, tenten en skitochten. Aðalstræti 7, tel. 456 51 11, vesturferdir.is, juni-aug. ma.-vr. 8-18, za. 8-16, zo. 10-14, sept.-mei ma.-vr. 8.30-15.30 uur

Boottochten
Sjóferðir: naast de reguliere boottochten naar Hornstrandir of Vigur kun je ook boten charteren of een excursie boeken. Ásgeirsgata (Sundahöfn), tel. 866 96 50, 456 51 11, sjoferdir.is, dag. 8-20 uur

Uitgaan

Trefpunt
Edinborgarhús: cultureel centrum met een wisselend programma – muziek, beeldende kunst en theater. Adres onder 'Eten'.

Info

- **Toeristenbureau:** Neðstikaupstaður, in het Edinborgarhús, tel. 450 80 60, isafjor dur.is, vestfirdir.is.
- **Auto:** in Ísafjörður zijn diverse autoverhuurbedrijven – je kunt er dus heen vliegen en dan een auto huren.
- **Bus:** straeto.is. Busverbindingen met de beschreven plaatsen en naar Hólmavík en Reykjavík en Akureyri.
- **Vliegtuig:** Icelandair, tel. 505 01 00, icelandair.is. Elke dag vluchten van/naar Reykjavík.
- **Skifestival:** Pasen. Het oudste skifestival van het land.
- **Fossavatn:** apr./begin mei, fossavatn. com. Ski-langlaufmarathon.
- **Rockfestival Aldrei for ég suður:** paasweekend, aldrei.is. Festival dat werd geëerd met de IJslandse cultuurprijs Eyrarrósin. Jonge IJslandse bands en buitenlandse gasten.

Bolungarvík　　　♀B1

Bolungarvík is een klein stadje dat was stilgevallen, maar nu door het toerisme wat is opgeleefd. Het was ooit een van de belangrijkste visserssteden sinds de tijd van de eerste bewoners, maar dat is geschiedenis. In 1993 moesten twee visfabrieken sluiten vanwege industriële herstructurering. Het centrum van het stadje is gebouwd in 1890, en de weg naar Ísafjörður (zie blz. 190) is aangelegd in

1950. Als je even toe bent aan rust en een gemoedelijke sfeer, dan kun je hier goed terecht.

Musea

Allerlei dieren en stenen

Náttúrugripasafn Bolungarvíkur: dit natuurhistorische museum heeft een interessante tentoonstelling met onder andere een opgezette ijsbeer en een uitgebreide verzameling mineralen. Ook is er informatie te bekijken over het natuurgebied Hornstrandir.

Vitastígur 3, bolungarvik.is/nabo, tel. 456 70 05, heropening gepland voor zomer 2024

De tijd van toen

Ósvör: het openluchtmuseum Ósvör bij de oostelijke toegang van Bolungarvik omvat verschillende gereconstrueerde gebouwen, waaronder een visstation, een huis voor het zouten en drogen van de vis en een rek om vis te drogen. Ook zijn er diverse gereedschappen en historische foto's die laten zien hoe er vroeger werd gevist en hoe bijvoorbeeld van de vissenhuiden schoenen werden gemaakt. De museumdirecteur draagt de oude lamsvachtkleding van de vissers, die waterdicht was gemaakt door die in levertraan te drenken. Hij legt uit hoe *hákarl*, de befaamde gefermenteerde haai, werd bereid.

Aðalstræti 21, bolungarvik.is/osvor, 10 juni-20 aug. dag. 10-16 uur, ISK1500

Langs de fjordenkust
📍 B/C2

Ten westen van Ísafjörður ligt het kenmerkende fjordenlandschap van het noordwesten met zijn talloze kleine fjorden en

Lange tijd had men geen idee waar de stammen vandaan kwamen die aan de kust van de westelijke fjorden waren aangespoeld. Inmiddels is bekend dat de bomen ooit geworteld waren in Siberië

de landtongen waarop zich tafelbergen verheffen. Vlak bij **Arnarnes** leidt de weg door de oudste tunnel van IJsland, die in 1949 werd aangelegd met een lengte van 35 m. In het stadje **Suðavík** aan de voet van de monolithische vulkaankrater Kofri (635 m) vond in 1995 een lawine plaats, net als in Flateyri: 22 huizen werden verwoest en 14 bewoners kwamen om. Sindsdien worden de huizen van het oude dorp alleen nog in de zomer bewoond. Aan het eind van het dorp zie je het vervallen walvisstation Langeyri, dat al in 1883 door de Noren werd gebouwd. Een aanrader is **Melrakkasetur**, een klein museum over de poolvos (melrakki.is, dag. mei, sept. 10-16, juni-aug. 9-18 uur, ISK1500, café aanwezig).

Vanaf de overkant van Álftafjörður heb je een bijzonder mooi uitzicht op Suðavík, de tafelbergen en het eiland **Vigur**, dat slechts 2 km lang en 400 m breed is. Op het eiland leven duizenden eidereenden en papegaaiduikers, en hier staat ook de enige windmolen van IJsland. In 2019 werd het eiland voor zo'n 2 miljoen euro gekocht door een Britse wetenschapper en poolreiziger die er samen met haar man en zoon is gaan wonen. Opvallend is de berg **Hestur**, gelegen op het schiereiland tussen Seyðisfjörður en Hestfjörður. In Hestfjörður ontdekte men de eerste krabbenbanken in 1927.

Djúpmannabúð aan de Mjóifjörður was de traditionele tussenstop voor bussen en toeristen om even bij te komen voor de rit over de hoogvlakte. De twee fjorden Mjóifjörður en Ísafjörður zijn erg smal. Opvallend zijn hier de kleine bossen en geothermische gebieden.

Strandir   ♀D2/3

De regio Strandir strekt zich uit van Hólmavík tot Djúpavík en grenst in het noorden aan de Furufjörður en het beschermde natuurgebied Hornstrandir. Deze streek was ooit een populair vestigingsgebied vanwege de goede visgronden, de aanwezigheid van zeehonden en vooral het drijfhout dat op de stranden aanspoelde. In de eerste helft van de 20e eeuw waren er ook de grote scholen haring die voor de kust langszwommen. Na het verdwijnen van de haring bleven de meeste visfabrieken over als spookoorden. De schapenhouderij en de landbouw domineerden later de economie, maar velen hielden dit weersafhankelijke, zware werk niet vol. De vele verlaten boerderijen getuigen van de voortdurende leegloop (zie blz. 197). Tegenwoordig telt het gebied nog maar 800 inwoners.

Hólmavík

De weg naar Hólmavík voert over **Steingrímsfjarðarheiði**, een prachtig plateau met talrijke meren en kleine watervallen. Vroeger verdwaalden mensen hier geregeld in de mist, vandaar dat er al vroeg een noodhut op het plateau werd gebouwd. **Hólmavík** was vanaf 1895 een handelsstad en is nu het bestuurlijk centrum van Strandir. Het museum over hekserij en de vervolging hiervan (Galdrasýning á Ströndum) in de regio gedurende de 17e eeuw is bezienswaardig. Anders dan in Europa werden in Strandir vooral mannen beschuldigd van hekserij. Vanuit Hólmavík is het aan te bevelen om langs de kustweg te rijden. In de voormalige haringdorpen **Djúpavík** (zie blz. 263) en **Ingólfsfjörður** staan de oude fabrieken nog overeind. Alleen al de rit over de hoogvlakte Kambur, met een mooi uitzicht op de kust, is de reis waard.

Museum over hekserij: Höfðagata 8-10, galdrasyning.is, dag. zomer 10-18, winter 12-18 uur, ISK1300, tot 14 jaar gratis

ONTDEKKINGSREIS
Eenzaam natuurparadijs aan het eind van de wereld

Wandeling naar de Hornbjarg

Info

Begin:
Horn, baai Hornvík,
♀ C 1

Afstand:
7-8 km

Duur:
2-3 uur wandeltijd

Borea Adventures:
Aðalstræti 17,
Ísafjörður,
boreaadventures.com

Veerboot:
boreaadventures.
com/boat_tours/

De baai Hornvík kan met recht het hart van Hornstrandir worden genoemd, want hij ligt te midden van de twee hoge kliffen Hælavíkurbjarg en Hornbjarg. De Hælavíkurbjarg is met zijn imposante hoogte vanaf zee te zien als je de boot neemt van Ísafjörður naar Hornvík. Je kunt een georganiseerde dagtocht – een boottocht met een wandeling – boeken bij onder andere touroperator Borea Adventures (ongeveer ISK56.000). Het is ook mogelijk om een boot te nemen naar Hornvík (enkele reis ISK16.500) en je op een afgesproken tijd te laten afhalen voor de terugreis.

Langs de afgrond

Bij de aanlegsteiger van **Horn** begint de wandelroute, die eerst langs de kust tot achter de berg **Miðfell** voert. Vervolgens ga je omhoog over de weidehelling en kom je direct bij de klif **Hornbjarg** uit. De klif gaat bijna loodrecht enkele honderden meters omlaag naar zee. Het gekrijs van de in de rotsen nestelende vogels is een constante metgezel. Als je in het weiland gaat liggen, kun je meeuwen, noordse sterns of papegaaiduikers goed observeren. Trek daar gerust enige tijd voor uit. Het pad loopt nu over de bergkam van de Miðfell; blijf hierbij steeds op veilige afstand van de rand van de klif. De afdaling aan de andere kant van de bergkam wordt vergemakkelijkt door een touw waaraan je je kunt vasthouden. Het pad loopt dan verder parallel aan de klif. Vervolgens keer je terug naar de aanlegsteiger over de weilanden in de vallei **Miðdalur**.

Slapen

Centraal
Finna Hotel: zeer centrale ligging en vooral het uitzicht over de stad en het fjord zijn het verblijf waard
Borgabraut 4, tel. 862 12 07, finnahotel.is, sommige kamers met badkamer, €–€€

Rustig
Hótel Djúpavík: de kamers in het oude verblijf voor vrouwelijke arbeiders zijn eenvoudig maar gezellig. Elk heeft zijn eigen accent. Vooral de keuken is aan te bevelen. Ga hier dus zeker 's avonds eten! In de middag serveren ze soms chocoladetaart.
In Djúpavík, tel. 451 40 37, djupavik.com, hotel €-€€, restaurant €€

Eten

Populair
Café Riis: het restaurant met een goede keuken (vanaf ISK2490) wordt in het weekend het trefpunt van de regio.
In Hólmavík, Hafnarbraut 39, tel. 451 35 67, caferiis.is, eind apr.-begin okt. dag. 12-23, anders do.-ma. 12-23 uur, €€

Info

- **Toeristenbureau:** in het museum over hekserij, zie blz. 194.
- **Bus:** rechtstreekse bus van/naar Reykjavík, straeto.is, vr.-ma., wo.

Hornstrandir ♀B/C1

Op het schiereiland Hornstrandir vind je alles wat bepalend is voor de magie en het mysterie van het noordwesten van IJsland. Hier hebben de boeren hun boerderijen verlaten en raken de gebouwen langzaam in verval of worden als zomerhuisjes gebruikt, terwijl de vegetatie haar terrein weer opeist. Het landschap wordt overheerst door grote engelwortel en weelderig groene weidehellingen met dikke, heldergele boterbloemen en paardenbloemen: puur natuur. Dat regisseur Friðrik Þór Friðriksson dit landschap koos voor zijn film *Börn Náttúrunnar* (*Children of Nature*) heeft misschien ook te maken met de melancholieke charme ervan: de verlaten huizen, het drijfhout op de stranden en de eindeloze zee. En natuurlijk het weer: motregen, mist en laaghangende wolken hullen het landschap vaak in een mysterieuze sluier.

Voor ervaren wandelaars is Hornstrandir, het 580 km² grote gebied met de gletsjer Drangajökull in het uiterste noordwesten, fantastisch. Hier kun je dagen, zelfs weken wandelen, zonder een bewoonde plek tegen te komen, geen auto's, geen fietsers, alleen een boot in de verte. Maar zelfs dagtochten, bijvoorbeeld naar Hesteyri of Hornvík om langs de Hornbjarg op te lopen, zijn indrukwekkende ervaringen, met groene weiden aan de ene kant en loodrechte rotswanden aan de andere kant. Voor het verkennen van Hornstrandir is Ísafjörður de ideale uitvalsbasis (zie blz. 190).

Jarenlang was het gebied eigenlijk alleen bekend bij wat merkwaardige types die genoeg hadden van de geisers, maar tegenwoordig is Hornstrandir een populaire reisbestemming, vooral onder de IJslanders zelf.

Actief

Boottochten
West Tours: in de zomer boottochten naar Hesteyri en Hornvík, ook meerdaagse wandelingen met gids.
In Ísafjörður, Aðalstræti 7, tel. 456 51 11, vesturferdir.is

Toegift
Verlaten wereld

In onbruik geraakte boerderijen geven een beeld van vervlogen tijden

Vroeger, toen er voetstappen in het huis klonken, de kinderen lachten en door de kamers renden, en iedereen druk in de weer was, vroeger, toen iedereen van alles deed en leefde … Vandaag de dag waait de wind door de gebroken ramen, doet het stof door de lege kamers warrelen en rukt het hout van de muren. Het huis staat er nog steeds, trots maar ook desolaat, wachtend en hopend tegelijk. Misschien komen er nieuwe bewoners? Vogels? Muizen? Spinnen en vliegen? Dan zoemt en tsjilpt het weer tegen de stille leegte.

Eenzame huizen als bewijs van verandering. Wie wil er nu boer zijn in de westelijke fjorden, ver weg van mensen en drukte? ∎

Het westen

Natuurverschijnselen en spannende geschiedenissen — van het nationaal park Snæfellsjökull tot het hoogland is dit de regio van Eirík de Rode en de sageheld Egill.

Eiríksstaðir

Tijdens de levendige rondleiding door de replica van een langhuis uit de 10e eeuw, ontdek je wie Leifur Eiríksson was en welke avonturen hij ondernam.

Nationaal park Snæfellsjökull ✪

Niet alleen de perfect gevormde gletsjer is een fascinerende trekpleister, dat is ook het strandgebied met zijn levendige geschiedenis. Hier bevonden zich vroeger belangrijke handelscentra.

De gode Snorri Sturluson was een sterke touwtrekker

Erin duiken

Stykkishólmur

Kunstenaar Roni Horn heeft met gletsjerwater een meditatieve ruimte, de waterbibliotheek, gecreëerd.

Flatey

Zo'n twintig vogelsoorten hebben hun broedplaats op Flatey. Het eiland is bekend om het beroemde *Flateyjarbók*.

Borgarnes

De uitgebeelde scènes in het centrum Landnámssetur vertellen verhalen zonder veel woorden nodig te hebben.

blz. 215
Reykholt

De dichter en politicus Snorri Sturluson speelde een belangrijke rol in de 13e eeuw. Vooral zijn laatste woonplaats is sterk met hem verbonden. Hier is nu een centrum voor onderzoek naar de middeleeuwen.

blz. 216
Hraunfossar ✪

Talloze kleine watervallen die rechtstreeks uit de lava omlaagstorten – een bijzonder schouwspel in de herfst.

blz. 216
Lavagrotten

Het lavaveld Hallmundahraun herbergt een reeks zeer grote en beroemde grotten. Surtshellir is de diepste, Víðgelmir de grootste. Als je hier gaat kijken, trek dan warme kleding aan: het hele jaar door is de temperatuur hooguit 2-5°C.

blz. 218
Hvalfjörður

Sinds de aanleg van de tunnel is er weinig verkeer op de route rond de fjord. Hier kun je meestal ongestoord genieten van het fraaie landschap met steile bergen, groene hellingen en tal van watervallen.

Het beeld aan de Brákarsund bij Borgarnes herinnert aan Brák uit *Egils saga*

Flatey

0   50 km

Stykkishólmur

...issandur

Eiríksstaðir

...tionaal park ...æfellsjökull

Hallmundarhraun
Surtshellir
Reykholt
Víðgelmir
Borgarnes

Hraunfossar ✪

Akranes

Hvalfjörður

'Daal af in de krater Sneffels Yocul, die de schaduw van Skartaris treft vóór de eerste juli.' (Jules Verne, *Reis naar het middelpunt van de aarde*)

beleven

Natuurschoon in de wereld van de saga's

E

Eigenlijk zijn er drie regio's die je in het westen van IJsland kunt bezoeken, elk even interessant en bijzonder: de streek tussen Borgarnes en de gletsjer Langjökull, het schiereiland Snæfellsnes en de regio Dalir. De regio Dalir vormt de landverbinding tussen de westelijke fjorden en het schiereiland Snæfellsnes en wordt doorsneden door talrijke dalen, waaraan het landschap zijn naam te danken heeft. Het gebied was het toneel van de *Laxdæla saga*, en een paar plaatsen herinneren hier nog aan. Verder wordt het landschap vooral gedomineerd door groene weiden en glooiende heuvels.

Bij een blik op de landkaart valt het schiereiland Snæfellsnes op door zijn bijzondere vorm. Als een uitgestoken vinger steekt het vanuit de brede baaien Faxaflói en Breiðafjörður uit in zee. De bergen strekken zich over het schiereiland uit als een ruggengraat, met aan het uiteinde de 1446 m hoge stratovulkaan Snæfellsjökull. IJs, zee en vulkanisme hebben het schiereiland gevormd, dat op zijn eigen vulkanische zone buiten de breukzone ligt.

Het is echt aan te bevelen om naar Borgarnes te reizen via Akranes over de

TER ORIËNTATIE **O**

west.is: uitvoerige informatie over de regio.
Auto: vanuit het zuiden over weg nr. 1 en dan over weg nr. 54 rond het schiereiland Snæfellsnes; vanuit het noorden bereik je Dalir via weg nr. 1 en/of weg nr. 60.
Bus: elke dag van en naar de regio Reykjavík.

wegen nr. 1 en nr. 47 rond de ongeveer 30 km lange Hvalfjörður. De oever van deze fjord wordt omzoomd door steile bergen die een prachtig landschap vormen. Borgarnes is het culturele en economische middelpunt van het westen met een ongenaakbare charme en toch alle noodzakelijke voorzieningen. De haven wordt vooral gebruikt voor het vervoer van landbouwproducten, die onder andere vanuit Reykholtsdalur worden aangevoerd. In de vallei, die tot aan het hoogland reikt, liggen talrijke warmwaterbronnen, ideaal voor het verbouwen van groenten in kassen. Borgarnes is bovendien rijk aan geschiedenis, vooral als het toneel van *Egils saga*.

Wat is het westen? Een gevarieerde regio waar je alles kunt vinden: zowel opwindende natuurverschijnselen als spannende geschiedenissen.

Dalir   ♀C/D4

Als je geïnteresseerd bent in de cultuur en geschiedenis van de IJslanders, kun je je hart ophalen in deze regio. Het dorp **Búðardalur** vormt het dienstencentrum van Dalir en is een goed uitgangspunt om de omgeving te verkennen. Het was ooit de belangrijkste haven aan de Hvammsfjörður en daarom vertrok de Íslendigur, een getrouwe replica van een Vikingschip (zie blz. 54), in het jaar 2000 vanaf dit punt voor de oversteek naar de Nieuwe Wereld via Groenland. In de Leifsbúð bij de haven kun je een tentoonstelling over Leifur Eiríksson bezichtigen (vinlandssetur.is, dag. 10–16 uur).

Vooral de locaties van de *Laxdæla saga* zijn verspreid door het gebied te vinden. **Hjarðarhólt**, waar een lichtroze kerk uit 1904 staat, zou de geboorteplaats zijn van de sageheld Kjartan Ólafsson. In de vallei **Sælingsdal**, die zich vanaf het einde van de fjord Hvammsfjörður naar het noordwesten uitstrekt, stonden de twee boerderijen Laugar en Sælingsdalstunga. Guðrún Ósvífursdóttir woonde hier na de moord op Kjartan, en verhuisde later naar Helgafell. Haar vader woonde op **Laugar**. De plaatselijke school wordt in de zomer tot een Edda-hotel omgetoverd; het water in het aangrenzende zwembad heeft een aangename gevoelstemperatuur dankzij de warmwaterbronnen in het dal. In het streekmuseum kun je objecten uit de omgeving bekijken (juni-aug. dag. 10-16 uur). Van Laugar leidt een pad naar de rots **Tungustapi**, waar volgens de legende elfen wonen.

De historische hottub boven Hótel Edda in Laugar kijkt uit over het mooie Sælingsdal. Het hotel is een goede uitvalsbasis om de vallei en de regio te verkennen

Slapen, eten

Idyllisch

Hótel Edda Laugar: de school-herberg is mooi en rustig gelegen, en het hotel Edda biedt slaapcomfort in elke prijsklasse. Het restaurant is 's avonds geopend en dan serveert men IJslandse gerechten. Een kampeerterrein is ook beschikbaar.

Laugar, tel. 444 49 30, reservering via tel. 692 30 62, hoteledda.is, €-€€

Info

● **Toeristenbureau:** Búðardalur, Leifsbúð, tel. 434 14 41, vinlandssetur.is, dag. 10-16 uur.
● **Bus:** straeto.is. ma., wo., vr. en zo. van Borgarnes naar Búðardalur.

Eiríksstaðir   ♥D4

Stap binnen, maar pas op voor je hoofd: zo was het tenminste 1000 jaar geleden bij de langhuizen. Eiríksstaðir in Haukadalur staat ten zuiden van Búðardalur en was de geboorteplaats van Leifur Eiríksson (970-1020). Op deze plek herdenkt men de reis van Leifur naar Vínland aan de oostkust van Canada in het jaar 1000. Terwijl zijn vader Eiríkur nog zonder dit echt te willen naar Groenland voer, kon Leifur uit vrije keus de Canadese kust verkennen. Bezoekers komen meer te weten over hoe de bekwame mannen en vrouwen van de Vikingen toen leefden. Het huis heeft de klassieke grootte van de boerderijen van eenvoudige, maar niet geheel arme boeren uit die tijd.

Tel. 899 71 11, eiriksstadir.is, mei-okt. dag. 10-17 uur, met rondleiding ISK2700, tot 12 jaar gratis

Zuidkust van Snæfellsnes

Om van Dalir naar de zuidkust van Snæfellsnes te gaan, rij je van weg nr. 60 via de 54 naar de 55. Vervolgens sluit de 55 ter hoogte van Eldborg weer aan op de 54, die rond het schiereiland loopt. Het zuiden van Snæfellsnes lijkt aanvankelijk op het vlakke, zeer groene weidelandschap rond Borgarnes. Langs de kust liggen brede stranden, voornamelijk gevormd door het verzanden van zowel de rivieren als de zee.

Langs weg nr. 54   ♥3, C5

Het eerste deel van de reis over de nr. 54 voert door de heidevelden van **Mýrar**. Hier verandert het ononderbroken groen van de weilanden langzaam in een kleurenmozaïek afgewisseld met omberbruine lavabrokken, lavavelden en kraters. Eén verhoging in het landschap valt echt op: de kegelvormige ringwandkrater **Eldborg**.

Via een bewegwijzerde afslag kom je bij de indrukwekkende basaltzuil **Gerðuberg**. Vanaf hier is het niet ver naar de twee rode koepels van **Rauðukúlur**, die opvallen door hun kleur en symmetrische vorm. Iets verderop ligt ook de grootste minerale bron van IJsland, **Rauðamelsölkelda**. Het schiereiland staat bekend om zijn talrijke minerale bronnen, die warm of koud grondwater hebben en vaak ijzerhoudend zijn. Een koude mineraalbron in deze streek is **Ölkelda** (Bierbron), een warme is **Lýsuhólslaug**. Achter de berg Hafursfell (759 m) verheffen zich ten noorden van de weg enkele bergruggen met talloze watervallen die naar beneden storten.

Ten zuiden van de weg zie je al de lichte zandstranden, waar je met een beetje geluk zeehonden ziet liggen.

Búðir ♀ Kaart 3, B 5

Een geweldige plaats om aan de zuidkust te verblijven in een fascinerend landschap is Búðir. Aan de rand van het lavaveld **Búðahraun**, vlak naast een licht schelpenzandstrand, ligt het voormalige handelsdorp. Tegenwoordig vind je hier een boerderij, een hotel en de goed gerestaureerde kerk uit 1848. Prachtige wandelingen langs het strand – of tochten te paard – zijn hier mogelijk. Een gemarkeerd pad door het lavaveld Búðahraun leidt naar de krater **Búðaklettur** (88 m). Tussen de lavablokken zitten talloze spleten, gaten en grotten onder de weelderige vegetatie. Eén grot zou zich uitstrekken tot Surtshellir op Eiríksjökull en met goud bekleed zijn. Het lavaveld is mysterieus met zijn hoge en lage delen en afhankelijk van het weer en het licht geloof je meteen de verhalen over wandelaars die hier verdwenen. Een ideale plek om te zonnebaden is **Hraunlandarif** aan de westrand van het lavaveld. In het lichtspel glinstert het schelpenzand in duizend tinten rood.

Actief

Over de gletsjer

Snæfellsjökull Glacier Tours: gletsjertochten op de Snæfellsjökull met sneeuwkatten en sneeuwscooters van mei tot eind aug, prijzen bij boeking. Trefpunt Stóri-Kambur, tel. 865 00 61 theglacier.is

Paardrijden

Stóri-Kambur: de familieboerderij biedt rondleidingen van 2 uur met of zonder een verhalenverteller. De ritten (vanaf ISK17.000) voeren je langs de prachtige stranden.
Tel. 852 70 28, storikambur.is

Arnarstapi ♀ Kaart 3, A 5

Langs de kust kun je naar het oude vissersdorp Arnarstapi wandelen, dat nu een klein toeristisch centrum is met een gestaag groeiend aantal vakantiehuizen. Vanuit dit dorp kun je de Snæfellsjökull beklimmen, maar zoals altijd bij dergelijke tochten moet je voldoende gletsjerervaring hebben en je niet laten verleiden om alleen op pad te gaan. Tussen Arnarstapi en het 3 km verderop gelegen vissersdorp Hellnar staan talrijke fascinerende rotsformaties in zee, zoals de poortboog **Gatklettur**. Ook de grotten in de rotskust zijn bezienswaardig.

Slapen, eten

Mooie accommodatie

Arnarstapi Center: het aanbod varieert van elegante hotelkamers tot rustieke hutten en eenvoudige kamers. Arnarstapi is een uitstekend uitgangspunt voor excursies in het nationale park. Het restaurant heeft een prachtig uitzicht (10-22 uur). Tel. 435 67 83, Arnastapi Hotel, Guesthouse en Cottages, arnarstapicenter.is, €€, ook camping

Actief

Op avontuur

Glacier Paradise: het hele jaar door tochten, vooral die op Snæfellsjökull zijn spectaculair, en ook de zoektocht naar het noorderlicht moet de avonturiers aanspreken. Gletsjertocht (2,5-3 uur, vertrek

10 uur) ISK16.000, 'midnight sun tour' (3-4 uur, vertrek 22/23 uur) ISK25.000. Samkomuhúsið á Stapa, tel. 86128 44, 865 74 02, glacierparadise.is

Info

● **Bus:** straeto.is. In de zomer bussen naar Arnarstapi, zie dienstregeling op website.

Hellnar   ♥ Kaart 3, A5

Hellnar is de geboorteplaats van Guðríður Þorbjarnardóttir, de eerste Europese vrouw die zich samen met haar man Þorfinnur Karlsefni in 1010 in de Nieuwe Wereld – in het huidige Canada – vestigde en daar ook een zoon baarde. Het standbeeld, dat vanaf de weg bij Laugarbrekka te zien is, herdenkt de heldhaftige vrouw die in de middeleeuwen al acht zeereizen en twee Europese reizen had gemaakt. Het beeld hier is een kopie van het werk van Ásmundur Sveinsson. Wie een imposant monument verwacht, zal teleurgesteld worden, want het beeld is niet meer dan zo'n 60 cm hoog. Ten westen van Hellnar verheffen zich de twee rotstorens van de **Lóndrangar**, waarop zeevogels nestelen (zie blz. 207).

De imposante, met ijs bedekte stratovulkaan Snæfellsjökull domineert het landschap op het schiereiland Snæfellsnes. De beste tijd om naar de top te gaan zijn de maanden maart, april en mei

Eten

Volwaardig eten
Fosshotel Hellnar: het mooie uitzicht op zee versterkt het genot van de IJslandse keuken met veel vis.
Brekkubær, tel. 435 68 20, islandshotel.is, dag. 18-22 uur, €€

Prachtig uitzicht
Fjöruhúsið: vanaf het terras van dit kleine café kijk je uit over de zee en de kliffen. Naast koffie en gebak serveert men ook kleine gerechten.
Tel. 435 68 44, fjoruhusid.is, dag. 11-20 uur, €

Nationaal park Snæfellsjökull ⭐

♀ Kaart 3, A 4/5

De vulkaankegel Snæfellsjökull reikt tot 1446 m boven de zeespiegel en is op een heldere dag duidelijk zichtbaar vanuit Reykjavík, ondanks de afstand van meer dan 100 km. Van de berg wordt gezegd dat hij mystieke en magische krachten bezit. Wat je er ook van denkt, de fascinatie van de vulkaan is onmiskenbaar. Jules Vernes situeerde zijn roman *Reis naar het middelpunt van de aarde* op de Snæfellsjökull. De activiteit van deze stratovulkaan begon tijdens de ijstijd en eindigde ongeveer 2000 jaar geleden. Een groot deel van de gletsjerkap is in de loop van de 20e eeuw weggesmolten; het ijs beslaat nu nog maar 11 km². Drie steile rotsen torenen boven de kraterrand uit en steken in de nazomer meestal zwart af tegen het omringende ijs. Maar niet alleen de fraaie gletsjer fascineert in het nationaal park, ook de stranden met hun geschiedenis (zie Ontdekkingsreis blz. 206).

Hellissandur en Rif

♀ Kaart 3, A 4

Het kleine vissersdorp **Hellissandur** is ideaal voor uitgebreide kustwandelingen. Je kunt van het dorp wandelen naar Öndverðarnes, de westpunt van het schiereiland, waar je ook het enige zoetwaterreservoir in de omgeving vindt. Dit pad voert langs de Gufuskálar, duidelijk herkenbaar aan de 412 m hoge mast (de hoogste in IJsland) van een Amerikaans radarstation voor lucht- en zeevaart dat in 1959 werd gebouwd. In Hellissandur is het scheepvaartmuseum (Sjómannagarðurinn) een bezoek waard. Het is gevestigd in een vissershuis en toont onder andere een achtschip, een type boot dat in de 19e eeuw nog veel in gebruik was (juni-sept. dag. 10-17 uur).

Bij een wandeling naar het naburige dorp **Rif** kom je langs de grootste kolonie noordse sterns van IJsland met meer dan twintigduizend paren. Rif was in de middeleeuwen een belangrijke handelsplaats. De uitbreiding van de haven heeft concurrentie opgeleverd voor de naburige stad Ólafsvík.

Slapen

Gezellig hostel
The Freezer: slapen is hier ondergeschikt, er zijn kamers voor 4-8 personen, maar wat hier telt is het levendige culturele programma en vooral de interessante ontmoetingen. De theatervoorstellingen zijn allemaal in het Engels. Het is ook een ideale locatie om de regio te verkennen. Rondleidingen kunnen worden geboekt.
Hafnargata 16, Rif, tel. 833 82 00, thefreezer hostel.com, €

ONTDEKKINGSREIS
Mysterieus gletsjerland

Twee tochten door het nationaal park Snæfellsjökull

De charme van het 167 km² grote nationaal park rond de Snæfellsjökull ligt in het unieke samenspel van uitzicht op zee en de gletsjer, met daaromheen de grillige lavaformaties. In het midden van het park doemt de vulkaan mysterieus en in volle pracht op. Van een afstand ziet hij er bijzonder mystiek uit, wanneer zijn witte piek opsteekt uit de wolken die de rest van het land omhullen en hij boven het landschap lijkt te zweven. De top is slechts gedeeltelijk met ijs bedekt, verder bedekken tufsteenrotsen de noordelijke en oostelijke hellingen, en postglaciale lavalagen de zuidelijke en westelijke. De topkrater is 200 m diep en gevuld met ijs. Een gletsjertocht – te voet of per sneeuwscooter – is een ware belevenis.

In het bezoekerscentrum in Malarrif zijn kaarten beschikbaar en zie je een tentoonstelling die goede informatie geeft over het nationaal park Snæfellsjökull. Bovendien vind je hier een mooi café met lekkere hapjes.

Rendez-vous met de vulkaan te voet (zwart)

De gemakkelijkste weg omhoog over de Snæfellsjökull is vanaf het jeepspoor nr. 570 vanaf, waar de **hut van Snjófell**, een toeristisch onderkomen, staat en waar de sneeuwscooters starten. Je kunt ook iets noordelijker beginnen met wandelen vanaf de **Geldingafell**. Het is de moeite waard de tijd te nemen om op goed weer te wachten voor de tocht, want de gletsjer is vaak in grijze wolken gehuld. Op een heldere dag kun je tijdens de beklimming, die tot 3 uur kan duren, genieten van een prachtig uitzicht over land en zee. Boven kijk je uit over de 1 km lange krater met zijn steile, 200 m hoge kraterwanden. De beklimming via de westkant duurt langer en is niet in één dag te doen. Kijk vooral uit voor spleten en het is raadzaam om eerst bij het bezoekerscentrum van het nationaal park te vragen waar en wanneer de veiligste beklimming mogelijk is. Op de top van de **Snæfellsjökull** voel

Begin:
Snjófell-hut en
Hellnar,
📍 Kaart 3, A 4/5

Bezoekerscentrum:
Malarrif, 9 km
westelijk van Hellnar,
tel. 436 68 88,
ust.is/english/
visiting-iceland/
snaefellsjokull-
national-park/, mei-
sept. dag. 10.30-
16.30, okt.-apr. dag.
12-16 uur

Duur:
wandeling over de
gletsjer ca. 4-6 uur;
de kusttocht met
eigen auto afhankelijk
van pauzes 2-6 uur

je je als prof. Lidenbrock en zijn neef Axel, die op pad gingen door de krater van Snæfellsjökull voor hun avontuurlijke 'reis naar het middelpunt van de aarde'.

Naar de kliffen en krachtproefstenen aan de kust (blauw)

Vanaf Hellnar loopt weg nr. 574 langs de kust van het nationaal park, ideaal voor een autotocht rond de gletsjer. **Svalþúfa** op de klif Þúfubjarg is de plek waar de dichter Kolbeinn een poëziewedstrijd had met de duivel, die hij in zijn voordeel beslechtte. Zelfs zonder poëzie is het uitzicht indrukwekkend met de talloze vogels op de kliffen en de twee prominente rotsnaalden van **Lóndrangar**, 75 m en 61 m hoog. Dit zijn de resten van een vulkaan met duidelijk zichtbare basaltgrotten. Vanaf hier leidt een kustpad naar **Malarrif**, de zuidelijkste punt van het schiereiland. Als je verder naar het noorden gaat, bereik je de parkeerplaats bij **Djúpalóns-sandur**. Talloze wrakstukken liggen her en der op het mooie kiezelstrand van Djúpalónssandur, waarvan de donkere lavastenen door de branding helemaal glad zijn gepolijst. De scheepsdelen zijn afkomstig van de Engelse trawler Epine, die op 13 maart 1948 op de kust strandde. Ten minste vijf van de negentien bemanningsleden konden ondanks het zeer slechte weer worden gered. Gezonken schepen maken deel uit van de trieste geschiedenis aan deze kust, vooral in de stormachtige seizoenen dreef menig schip af naar de klippen. Verder liggen hier vier krachtproefstenen met een gewicht van 155, 140, 49 en 23 kg die iemand

moest optillen als hij op een schip aangenomen wilde worden. Probeer maar eens hoe ver je het als visser zou hebben gebracht: je moest minstens 49 kg tillen om aangenomen te worden. Ook al zijn het niet meer de originele stenen, ze geven wel een goede indruk van een voorbije leefwereld. Vanuit Djúpalónssandur leidt een korte wandeling langs de kusthelling naar **Dritvík**, dat met een beschutte baai en een zandstrand een zeer geschikte plek was om aan land te gaan. Eeuwenlang was dit een van de belangrijkste plaatsen voor de visserij van IJsland, met in het goede seizoen drie- tot vierhonderd bewoners en tot wel zestig boten. Er waren hier ook nog tien kampen voor de mannen. De plek is sinds 1860 verlaten.

Een georgani-
seerde gletsjer-
tocht is te boeken
via Glacier Tours
(blz. 203) of
Summit Adventure
Guides (summit
guides.is).

Een dreigende wolkenlucht pakt zich samen boven de Ingjaldshólskirkja bij Hellissandur

De gletsjer Snæfellsjökull is door Jules Verne vereeuwigd in zijn roman *Reis naar het middelpunt van de aarde*. Maar hij was niet de enige: ook Halldór Laxness schreef hierover – twee keer zelfs, zo gefascineerd was hij door de koele schoonheid. In de roman *Het licht der wereld* beschrijft hij Snæfellsjökull met de woorden: 'Waar de gletsjer oprijst, houdt het land op aards te zijn, en heeft de aarde deel aan de hemel, waar geen zorgen meer wonen.' Bijna iedere IJslander kent deze poëtische regels, die de berg zo treffend karakteriseren.

Over de lava naar het noordwestelijke lichtbaken

De rest van de tocht over weg nr. 574 naar het noorden voert langs de ringmuurkrater **Hólarhólar**. De weg verwijdert zich nu van de kust en loopt door het lavaveld **Neshraun**, waar verschillende kraters te zien zijn. Je kunt een mooie tussenstop houden bij de krater **Stóri-Saxhóll**, waar je gemakkelijk naartoe kunt lopen – er is een trap aangelegd. Hier heb je een uitstekend uitzicht over het lavalandschap. Vlak voordat je de kust weer nadert, buigt een jeepspoor af naar de meest westelijke punt van het schiereiland: **Öndverðarnes**. Op de landtong staat een oranjerode vuurtoren. Iets verderop leiden achttien treden omlaag naar de oude waterput Fálki. Van het water wordt gezegd dat het speciale heilzame krachten heeft. Maar er is ook een legende dat hier drie bronnen zijn: een met drinkwater, een met zeewater en een met wijn. Je kunt het niet uitproberen, want de put is afgedekt met een stenen plaat. Vanaf de nr. 574 zie je de 420 m hoge mast van het voormalige station US Loran, **Gufuskálar**. Toen het in 1963 werd opgericht, was het hoogste bouwwerk van Europa. Niet ver hiervandaan liggen talloze ruïnes in de lava, waarvan sommige moeilijk te herkennen zijn. Ze zijn waarschijnlijk 500 tot 700 jaar oud en dienden als drooghutten, maar ook als vissersverblijven. Sommige archeologen menen zelfs dat Ierse monniken zich hier hadden teruggetrokken. De aanduidingen *Írskra bunnur* en *kirkja* ('Ierse put' en 'kerk') wijzen daarop. In elk geval was de kust van het schiereiland vanaf het begin van de bewoningsgeschiedenis tot in de late middeleeuwen goed bevolkt omdat de visgronden hier uitstekend waren. Zelfs de Engelsen kwamen hier in de 15e-16e eeuw, zowel de populaire kooplieden als de minder populaire vissers.

Eten

Genieten

Gilbakki Kaffihús: het mooie en gastvrije koffiehuis is centraal gelegen, ideaal voor een tussenstop. De taarten en vooral de soepen zijn een aanrader. Het spreekt vanzelf dat de koffie ook goed is.

Háarif 3, Rif, tel. 436 10 01, juni-aug. dag. 11-17 uur

Info

● **Bus:** regelmatig bussen van Stykkishólmurn naar Hellissandur.

Ólafsvík ♀ Kaart 3, A 4

Aan dit mooi gelegen stadje zie je niet meteen af hoe belangrijk het vroeger was. Door de gunstige ligging van de haven was Ólafsvík van de 17e tot in de 19e eeuw een belangrijk handelscentrum, met rechtstreekse contacten vanuit Denemarken en later ook vanuit Portugal. Het toerisme speelt een steeds grotere rol, want de stad ligt gunstig bij de gletsjer. Je kunt hiervandaan omhoog wandelen of over de onverharde weg nr. 570 rijden (zie Ontdekkingsreis blz. 206).

Bezienswaardig in Ólafsvík is de moderne kerk, gebouwd in 1967, met een preekstoel uit 1710 en gebrandschilderde ramen van kunstenaar Gerður Helgadóttir. Het oude pakhuis **Gamla Pakkhúsið** werd in 1844 gebouwd door een Deense koopman. De tentoonstelling hier geeft met talrijke displays een indruk van het werkende leven in de 19e eeuw (Ólafsbraut 12, juni-aug. dag. 12-17 uur).

Eten

Gemoedelijk en centraal

Hraun: het gezellige houten gebouw kijkt uit over de haven. De specialiteit is een visschotel, verder zijn er visgerechten, maar ook pizza en lekkere taart.

Grundarbraut 2, tel. 431 10 30, dag. 11-23 uur, €-€€

Info

● **Toeristenbureau:** Kikjutún 2, tel. 433 99 30, west.is, juli ma.-vr. 8-16 uur (in de regel langere openingstijden). Ook hulp bij de organisatie van tochten.
● **Bus:** in de zomer dag. van Ólafsvík en Hellissandur naar Reykjavík en Stykkishólmur.

Grundarfjörður
♀ Kaart 3, B 4

Het dorp Grundarfjörður aan de gelijknamige fjord is een goed uitgangspunt voor bergtochten in de omgeving. Een van de mooiste bergen is de naburige **Kirkjufell** (463 m), door de Denen 'Suikerbrood' genoemd. Zijn steile piramide is steevast een uitdaging voor bergbeklimmers. Bij de monding van de Grundarfjörður ligt het vogeleiland **Melrakkaey**, dat sinds 1974 een beschermd natuurgebied is. Hier broeden papegaaiduikers, aalscholvers, grote burgemeesters en veel eidereenden. Het historisch centrum **Sögumiðstöðin** is zeker een bezoek waard. Hier kun je interessante oude dia's uit Grundarfjörður bekijken, in een kleine bibliotheek rondsnuffelen en koffie drinken (Grundargata 35, tel. 438 18 81, 15 mei-15 sept. dag. 9-17 uur).

Eten

Populair
Bjargarsteinn Mathús: dit gezellige oude pand stond oorspronkelijk in Akranes en is in 2014 hierheen verhuisd. Het restaurant biedt smakelijke gerechten van het water en het land.
Sólvellir 15, tel. 438 67 70, bjargarsteinn.is, €-€€

Actief

Boottochten
Láki Tours: naast boottochten om vogels te kijken biedt men vanuit Ólafsvík ook walvistochten aan. Walvissen kijken ISK12.500, tocht om papegaaiduikers te kijken ISK6900.
Nesvegur 5, tel. 546 68 08, lakitours.com, feb.-sept. walvistochten 10 en 14 uur

Info

* **Toeristenbureau:** in het Eyrbyggjacentrum, Grundargata 35, tel. 438 18 81, grundarfjordur.is, dag. 9-17 uur.
* **Bus:** dag. naar Stykkishólmur, Ólafsvík.

Stykkishólmur ♥B4

Op de landtong Þórsnes, waar talloze kleine eilandjes omheen liggen, vind je het mooie dorp Stykkishólmur. Bij de **Drápuhlíðarfjall** (527 m) buig je af naar het dorp. Lange tijd werd aangenomen dat deze fraai gekleurde ryolietberg, waar zowel fossiele plantensporen als het gesteente jaspis zijn aangetroffen, ook een lucratieve vindplaats van goud was, maar de opbrengst was erg klein. Nog steeds speelt de visserij hier een belangrijke economische rol – de nadruk ligt op de verwerking van mantelschelpen. Het klooster van de Nederlandse zusters franciscanessen is ook een belangrijke werkgever; de orde beheert het **ziekenhuis** uit 1936, waarvan de toren met een kruis boven de daken van de oude huizen uitsteekt. Het andere bouwkundige herkenningspunt is de **kerk**, die pas in 1990 werd ingewijd en waarvan de gewelfde constructie boven de stad uittorent.

Naast de 20e-eeuwse architectuur zijn er echter ook veel huizen uit de 19e eeuw, wat bijdraagt aan de charme van het stadje.

Musea

De glorietijd van de Noren
Norska húsið: dit interessante gebouw werd in 1828 opgetrokken door de ondernemer Árni Thorlacius. Het was het eerste huis met twee verdiepingen in het land. Nu biedt het pand onderdak aan het streekmuseum met een mooie oude woning en een oude winkel. Árni was de eerste die regelmatig waarnemingen van de weersomstandigheden deed. In 1845 werd in Stykkishólmur het eerste weerstation van het land opgericht.
norskahusid.is, juni-aug. dag. 11-17, andere maanden zie website, ISK1550, tot 18 jaar gratis, combikaartje met waterbibliotheek (zie blz. 212) ISK2080

Eendendons
Æðarsetur Íslands: in het eidereendencentrum staat deze eendensoort centraal, met informatie over het gedrag en het gebruik van het dons. Je kunt er ook producten kopen. Er is iemand aanwezig die de IJslandse teksten kan vertalen. De video over eidereenden en hun houderij is erg informatief.
Frúarstígur 6, eider.is, zomer dag. 13-17 uur, gratis, winter op afspraak, ISK2000

Slapen

Gemoedelijk
Bed & Breakfast Höfdagata: mooi en uitnodigend hotel in een voormalig nonnenklooster. De Scandinavische inrichting is licht van kleur en de kamers zijn allemaal een beetje anders.
Austurgata 7, tel. 422 11 01, fransiskus.is, €€

Eten

Verse vis
Sjavarpakkhusid: de pas gevangen vis wordt meteen bereid. Het meer dan 100 jaar oude pand is bezienswaardig. Het staat aan de haven, zodat je de drukte kunt bekijken terwijl je eet. Oude foto's herinneren aan de begintijd. Behalve vis zijn ook de mosselen een aanrader. Als je alles wilt proberen, neem dan het twaalfgangenmenu – bij voorkeur met meerdere personen.
Hafnargata 2, tel. 438 18 00, sjavarpakkhusid. is, dag. 12-22 uur, €€

Historisch
Narfeyrarstofa: een gezellig café en restaurant in een mooi oud huis met veel sfeer. Bovendien wordt er lekker eten geserveerd. In de zomer kun je zelfs op het terras zitten. Mosselen en vis.
Aðalgata 3, tel. 533 11 19, narfeyrarstofa.is, dag. 12-21 uur, €€-€€€

Shoppen

Kunstnijverheid
Galleri Lundi: Originele ambachtelijke winkel met lokaal handwerk.
Aðalgata, tel. 438 11 88, dag. 12.30-18 uur

De moderne kerk van Stykkishólmur is gebouwd op een lavaveld boven de stad. Zijn witte silhouet steekt zelfs van zeer grote afstand af tegen de donkere omgeving

Actief

Boottochten

Seatours: alles op het gebied van boottochten, zoals vissen op volle zee, mosselvangst, vogels kijken en walvissen kijken, met partner Láki Tours (zie blz. 210). Tochten naar Flatey of andere eilanden, culinaire excursies en individuele tochten zijn mogelijk.

Smiðjustígur 3, tel. 433 22 54, seatours.is, za. gesl.

Eropuit in een boot

Go West: boot- en vistochten in de Breiðafjörður vanaf Stykkishólmur.

Adres zie blz. 203

Zwemmen

Sundlaug: modern zwembad met zwembassin, glijbaan en hotpots. Het water heeft een pH-waarde van 8,45 en een minerale samenstelling die te vergelijken is met thermale baden, ideaal voor psoriasis en andere huidaandoeningen of gewoon om te ontspannen. Sommige IJslanders nemen het heilzame water in flessen mee naar huis.

Borgarbraut 4, tel. 433 81 50, juni-aug. ma.-do. 7.05-22, vr. 7.05-19, za., zo. 10-18, sept.-mei ma.-vr. 7.05-22, za., zo. 10-17 uur, ISK900

Info

• **Bus:** dag. van/naar Reykjavík en langs de noordelijke kust.
• **Veerboot:** seatours.is. De veerboot Baldur van Seatours vertrekt in de zomermaanden van Stykkishólmur om 9 en 15.45 uur, van Brjánslækur om 12.15 en 19 uur, verder zo.-vr. 1 keer per dag, za. vaart er geen veerboot. Op het eiland Flatey is een verblijf van enkele uren mogelijk. De veerboot in de middag is te halen als je de bus van Reykjavík naar Stykkishólmur neemt.

WATERBIBLIOTHEEK

Boven de haven van Stykkishólmur staat een interessant gebouw uit 1961 met een plat dak; in de voorgevel zitten grote ronde ramen. Sinds mei 2007 herbergt het gebouw de Waterbibliotheek (Vatnasafn), met een prachtige installatie van de Amerikaanse kunstenaar Roni Horn. In de lichtovergoten ruimte staan 24 glazen kolommen gevuld met water van de IJslandse gletsjers; de gele vloer met daarin de IJslandse weertermen werkt als ondersteuning van het zonlicht. De bezoeker kan hier genieten van het zicht over de uitgestrektheid van de hemel en de zee. De lichtinval laat het water en de ruimte glinsteren in steeds wisselende kleuren en reflecties (Bókhlöðustígur 19, libraryofwater.is, juni-aug. dag. 11-17, sept.-mei di.-za. 11-17 uur, kaartjes verkrijgbaar in museum Norska húsið, zie blz. 210).

• **Concerten:** in de zomer worden geregeld concerten gegeven in de nieuwe kerk, die een zeer goede akoestiek heeft.

Þingvellir en Helgafell
♀ **Kaart 3, B4**

De omgeving van Stykkishólmur biedt bezienswaardigheden van historisch belang. Ten zuiden van Nessvogur liggen de ruïnes van de Thingplaats **Þingvellir**, een van de vroegere vergaderplaatsen. In Hofsstaðir vergaderde IJslands eerste Thing al 30 jaar voordat de Althing werd opgericht in Þingvellir bij Reykjavík.

Al vóór de kerstening werd **Helgafell** beschouwd als een heilige plaats. Men geloofde dat het toekomstige leven zich in de heuvel zou afspelen. De witte plattelandskerk werd gebouwd in 1903. Voor het betreden van de heuvel dien je een toegangsprijs te betalen (ISK400).

Het eiland Flatey

♀ **Kaart 3, B 3**

Vanuit Stykkishólmur kun je boottochten maken over de Breiðafjörður met zijn ontelbare eilanden – het aantal ligt rond 2700. De fjord staat bekend om zijn rijkdom aan vogels, waaronder eidereenden, en als habitat voor verschillende zeehondensoorten. Het bekendste en enige nu nog bewoonde eiland is Flatey. Ongeveer twintig vogelsoorten hebben hun broedplaats op Flatey. Het eiland staat bekend om dat beroemde *Flateyjarbók*, een jaarboek van het eiland dat tot 1647 in particulier bezit was en daarna werd geschonken aan de bisschop van Skálholt.

De **eilandkerk** is beschilderd door de Spaanse schilder Baltasar, die in IJsland woonde. Het plafond toont scènes uit de geschiedenis en het plattelandsleven van IJsland. Steeds weer opent zich tijdens een wandeling een fantastisch uitzicht op het gevarieerde landschap, en er zijn geregeld zeehonden te zien.

Slapen, eten

Luxe gezelligheid

Hótel Flatey: gemoedelijke accommodatie met een beetje luxe. Het restaurant Samkomuhúsið maakt er deel van uit. Ontbijt, lunchgerechten, diner.
In het oude Pakkhús, tel. 555 77 88, hotel flatey.is, mei-aug., hotel €€€, restaurant €€-€€€

Info

● **Veerboot:** zie Stykkishólmur blz. 212.

Borgarnes ♀ Kaart 3, C 5

Saga-liefhebbers komen in Borgarnes zeker aan hun trekken. De eerste bewoners was Skallagrímur Kveldúlfsson, vader van de beroemde dichter Egill Skallagrímsson, de held Skallagrímssonar van *Egils saga*. Dat Skallagrímur Kveldúlfsson werkelijk zijn laatste rustplaats vond in Borgarnes is nog niet bewezen door archeologische vondsten, maar de Vikinggrafheuvel met het reliëf in het stadspark is hoe dan ook bezienswaardig. Als je door de stad wandelt, kom je andere sporen tegen, zoals het beeld bij Brákarsund, waar Skallagrímur Brák, de voedster van zijn zoon Egill, zou hebben vermoord. In *Egils saga* wordt Borgarnes overigens Digranes genoemd.

Het huidige stadje betrekt zijn warme water uit de 33 km verderop gelegen Deildartunguhver (zie blz. 215), de grootste warmwaterbron ter wereld. In de omgeving is de 173 m hoge **Grábrók** is een uitstapje waard. Zo'n 30 km ten noorden van Borgarnes leidt een goed gemarkeerd pad vanaf de parkeerplaats aan de Ringweg naar de kraterrand.

Het **Vestigingscentrum** (Landnámssetur) heeft twee tentoonstellingen: een over de geschiedenis van de eerste bewoning van IJsland en een over *Egils saga*. Beide onderdelen zijn zeer goed opgezet en informatief. Figuren en scènes zijn samen met IJslandse kunstenaars gemaakt. Licht, geluid en computeranimatie brengen de verhalen tot leven.
Landnámssetur: Brákarbraut 13-15, landnam. is, dag. 10-21 uur, ISK3500

De drie kraters van Grábrók zijn goed ontsloten met een wandelpad, deels als plankenpad, zodat de beklimming gemakkelijk is. Vanaf de top heb je een weids uitzicht over het berglandschap en de vulkaankegels

Slapen

In de oude stad

Englendingavík: gezellig ingericht met barbecue en bubbelbad op het terras, kleine kamers, ook familiekamers, woonen keukengedeelte mogen door gasten worden gebruikt. Gedeelde badkamer. Het hotel heeft een klein restaurant met een prachtig uitzicht en gerechten gemaakt met lokale ingrediënten. Skúlagata 17, tel. 555 14 00, englendingavik. is, hotel €, restaurant €–€€

Eten

Eten met wat cultuur

Landnámssetur: gezellig ingericht, wis-

selende gerechten zoals soep met brood, lunchbuffet (tot 15 uur), en 's avonds hoofdgerechten.
Brákarbraut 13-15, landnam.is/eng/restaurant, juni-aug. dag. 10-21 uur, €-€€

Shoppen

Zelfgemaakt
Ljómalind Farmers Market: van rabarber- of bosbessenjam tot gebreide truien of sokken, alles is hier zelfgemaakt.
Brúartorg 4, zomer dag. 10-18, winter 12-17 uur

Actief

Excursies
Hvítátravel: tocht met gids door de omgeving – Reykholt, Húsafell, Hvanneyri en meer – per minibus. Thematocht in de stad 'In het spoor van Egils saga' (ISK4200).
Tel. 661 71 73, hvitatravel.is

Ontdekken
Toeristenbureau: adres zie hieronder. Organisatie van saga-wandelingen met gids door de stad en omgeving, en verder ruiter- en wandeltochten.

Info

- **Toeristenbureau:** Ljómalind Local Market, Brúartorg 4, tel. 437 14 00, west.is, dag. 10-18 uur, in de zomer vaak tot 21 uur. Er is een bushalte.
- **west.is:** toeristische informatie over de regio.
- **Bus:** dag. van/naar Reykjavík, Akureyri en Snæfellsnes; enkele keren per week naar Reykhólar en in het weekend naar Reykholt.
- **IsNord Muziekfestival:** zomer, isnord. is. Musici uit IJsland en Scandinavië. Ook concerten in de openlucht.

Reykholtsdalur

📍 **Kaart 3, D5**

Er zijn talloze warmwaterbronnen in Reykholtsdalur. De grootste, **Deildartunguhver**, heeft een opbrengst van 180 liter per seconde, en het water is 97°C heet. Van hieruit lopen warmwaterleidingen naar Akranes en Borgarnes. De grootste plaatsen in het dal zijn Reykholt en Húsafell.

Reykholt

Als je door Reykholtsdalur rijdt over weg nr. 518, zie je al van ver het grote witte schoolgebouw van Reykholt, de vroegere districtsschool, en de felrode daken van de nieuwe **kerk** en de **Snorrastofa**, het centrum voor Europese en IJslandse middeleeuwse studies, dat eind jaren 90 werd geopend. Snorrastofa is genoemd naar de belangrijkste IJslandse dichter en politicus van de 13e eeuw, Snorri Sturluson (1179-1241). Snorri speelde in zijn tijd een invloedrijke rol in IJsland. Maar er is geen plaats in het land waarmee hij sterker verbonden is dan Reykholt, zijn laatste en ook belangrijkste woonplaats. Bij de oude school, die werd ontworpen door architect Guðjón Samúelsson, herdenkt een monument de belangrijke dorpeling. Aan de achterkant van het gebouwencomplex met Snorrastofa en de nieuwe kerk staat een **houten kerk** uit 1885-1886, die na zorgvuldige restauratie zijn oude karakter heeft teruggekregen. Direct naast de houten kerk ligt de **begraafplaats**, waar Snorri waarschijnlijk begraven is. Hier is een gedenksteen geplaatst. Snorri wist een bad in warm water al te waarderen, want

BADHUIS KRAUMA

In het wellnessbadhuis Krauma in Reykholtsdalur kun je baden en ontspannen in het water van de bron Deildartunguhver. De zes bassins van diverse afmetingen hebben verschillende temperaturen, met als afsluiting het koudwaterbad van 5-8°C, dat de bloedsomloop weer op gang brengt. De faciliteit omvat ook een stoomsauna en een ontspanningsruimte met muziek. Voor lekker eten met regionale producten zorgt het restaurant (Deildartunguhver, tel. 555 60 66, krauma.is, zomer dag. 10-23, winter dag. 11-21 uur, ISK6800).

hij liet de **Snorralaug** aanleggen. Het water loopt via ondergrondse kanalen van de bron Skrifla naar de hottub. Tegenwoordig voorziet de bron ook het binnenzwembad van Reykholt van water en verwarmt de huizen. Snorri werd vermoord in de ondergrondse gang die achter de houten deur begint.

Snorrastofa: snorrastofa.is, mei.-aug. dag. 10-17, sept.-apr. ma.-vr. 10-17 uur, ISK1500, met rondleiding van 30 min. ISK2500, er is ook een audiogids

Info

- **Toeristenbureau:** in de Snorrastofa, snorrastofa.is, zie boven.
- **Bus:** straeto.is, van/naar Borgarnes en Reykholt.
- **Reykholt-kamermuziekfestival:** laatste week van juli, reykholtshatid.is. Festival met klassieke muziek, internationale gastmusici.

Hraunfossar ⭐ ♀ Kaart 3, D5

Bijzonder mooi zijn de Hraunfossar-watervallen die kort voor Húsafell rechtstreeks uit de lava tevoorschijn stromen. Het kristalheldere water gaat onder het lavaveld Hallmundarhraun door en stort dan in talloze cascaden over een lengte van 1 km over de lavarand in de troebele gletsjerrivier Hvítá. Er ontstaat steeds een prachtig kleurenspel van blauw tot turquoise, terwijl in september de struiken en bomen in de omgeving in geelrode herfstkleuren getooid gaan.

Húsafell ♀ Kaart 3, D5

Húsafell is een populaire locatie voor buitenactiviteiten. IJslanders houden vooral van het rijke bomenbestand – er staan dan ook veel weekendhuisjes. Diverse wandelpaden in de omgeving leiden naar watervallen en bronnen.

Grotten zijn te vinden in de direct aangrenzende lavagebieden. De beroemdste is **Surtshellir** in het lavaveld Hallmundahraun, die tevens de diepste in de regio is met een lengte van ongeveer 1900 m. **Vidgelmir** is 1585 m lang en is met zijn volume van 148.000 m^3 een van de grootste grotten van IJsland. De onverharde weg **Kaldidalur** over het hoogland leidt van Húsafell naar Þingvellir. Het stenige morenelandschap wordt gedomineerd door de schildvulkanen Skjaldbreiður en Ok en de gletsjers Þórisjökull en Langjökull.

Slapen

Voor alle andere accommodatie wordt

bemiddeld door het toeristenbureau (zie hierna).

(zie hierna)

Tussen de bomen
Hotel Húsafell: soms heb je zin in luxe! De architectuur is goed geïntegreerd in het landschap, aan de muren hangen werken van de kunstenaar Páll, de keuken is zeer goed en de bediening is vriendelijk – al met al een plek om je goed te voelen. De prijs is inclusief toegang tot het naburige zwembad. Vanuit het hotel vertrekken onder andere gletsjertochten.
Borgarbyggd 311, tel. 435 15 51, husafell. com, €€€

Actief

In de gletsjer
Into the Glacier: vanuit Húsafell of Reykjavík kun je een ijsgrot bezoeken in Langjökull.
intotheglacier.is, ter plaatse of vanuit Húsafell, 2-4 uur, v.a. ISK19.920

Zwemmen
Sundlaug: mooi gelegen buitenzwembad met moderne bassins en twee hotpots; je kunt hier ook terecht voor floating.
Juni-aug. dag. 10-22, winter ma.-vr. 13-19, za., zo. 12-20 uur, dec.-jan. gesl., ISK3800

Wandelen
Toeristenbureau Húsafell: wandelingen en excursies met gids.
Adres zie hierna

Info

• **Toeristenbureau:** bij de camping, tel. 435 15 50, husafell.is/english. Informatie voor uitstapjes in de regio, ook voor paardrijden of grotexcursies.

Akranes en omgeving ♥ Kaart 3, C6

Soms laat men Akranes links (of rechts) liggen, maar de stad die vanuit Reykjavík goed zichtbaar is, heeft een schilderachtige ligging aan de Faxaflói-baai. In 880 waren de Ierse broers Þormóður en Ketill Bresason de eerste bewoners die zich in dit gebied vestigden. Ter bevestiging van de bestendige banden tussen IJsland en Ierland schonk de Ierse Republiek in 1974 een granieten monument aan de stad, dat nu voor het museum staat. Het zandstrand **Langisandur** nodigt je 's zomers uit om te zonnen of in zee te zwemmen. Als je meer geïnteresseerd bent in de bergen, is een wandeling over de **Akrafjall** (643 m) een aanrader. Boven heb je een prachtig uitzicht over de omgeving.

Op het meest westelijke punt van Akranes staat de oude vuurtoren **Breiðin** (ma.-vr. 10-16, za., zo. 12-15 uur). Deze werd gebouwd in 1918 en dient nu, na een uitgebreide restauratie, onder andere als ruimte voor tijdelijke tentoonstellingen. Boven heb je ook een fantastisch uitzicht. Het bij de vuurtoren opgerichte monument herdenkt een schipbreuk aan het begin van de 20e eeuw waarbij elf opvarenden verdronken.

Museum

Het best met een rondleiding
Museumterrein Garðar: op het terrein staat het Garðahús met een interessante historische collectie. Deze biedt een goed overzicht van de geschiedenis van de stad en veel wetenswaardigheden over de zeevaart. Naast het huis staat de kotter Sigurfari van 85 ton, die

in 1885 werd gebouwd van eikenhout. Bezienswaardig zijn verder het mineralenmuseum en het tunnelmuseum. Op het terrein vind je ook een gezellig café waar men heerlijke taarten serveert. Een interessant weetje is dat de enige IJslandse cementfabriek sinds 1958 cement produceert in Akranes. IJslands cement wordt gemaakt van schelpenzand.

Garðar: museum.is, 15 mei-15 sept. dag. 11-17, anders za. 13-17 uur, ISK1300

Slapen

Functioneel
Gallery Guesthouse Kirkjuhvoll: eenvoudige, lichte inrichting, gemeenschappelijke badkamer en zitkamer met televisie. Van juni tot augustus kun je tegen meerprijs een ontbijt krijgen. Verhuur van tandems.

Merkigerði 7, tel. 868 33 32

Eten

Gewoon van alles
Gamla Kaupfélagið: hier komen mensen bij elkaar om voetbal te kijken, hamburgers af te halen of gezellig te eten. Mexicaans-Italiaans georiënteerd.

Kirkjubraut 11, tel. 431 43 43, gamlakaup felagid.is, ma.-do. 11.30-21, vr., za. 12-22, zo. 17-21 uur, €€-€€€

Shoppen

Biologisch
Kaja organic: interessant voor wie zelf kookt. De enige winkel waar men gecertificeerde biologische producten verkoopt. Internationaal georiënteerd. Verder ook kunstnijverheidsartikelen.

Kalmannsvellir 3, tel. 431 16 22, kajaorganic. com, ma.-vr. 14-18, za. 11-16 uur

Info

● **Toeristenbureau:** in de vuurtoren Breiðin, tel. 894 25 00, 894 30 10, west. is, skagalif.is/is/visit-akranes, mei-sept. Wandelkaart voor de omgeving.
● **Bus:** dag. bussen van/naar Reykjavík, naar het noorden en naar Borgarnes.
● **Ierse dagen:** 2e week van juli. Meerdaags familiefeest met sport, drinken, eten, muziek, optredens. De dominerende kleur is natuurlijk groen.

Hvalfjörður

♥ Kaart 3, C 6

De tunnel onder het water van de Hvalfjörður werd in 1998 voltooid en is ongeveer 6 km lang. De tunnel verkort de route van Akranes naar Reykjavík met bijna 50 km en is het enige stuk weg in IJsland waar tol wordt geheven. Economisch gezien is de tunnel van grote waarde voor de ferrosiliciumfabriek en de aluminiumfabriek in Grundartangi.

De rit rond de Hvalfjörður voert langs een bijzonder mooi landschap. Vanuit Akranes bereik je fjordweg nr. 47 via de nr. 51. Sinds de aanleg van de tunnel kiezen slechts weinig IJslanders ervoor om rond de fjord te rijden, waardoor je meestal ongestoord kunt genieten van het schilderachtige landschap met zijn steile bergen, groene hellingen en talrijke watervallen. Als je bijvoorbeeld aan het eind van de fjord de rivier de Botnsá volgt, kom je bij Glymur, de hoogste waterval van IJsland, die zich over meer dan 200 m de diepte in stort. Er zijn paden langs beide oevers van de rivier, maar de oostelijke is beter gemarkeerd en geeft een goed uitzicht op de meerdelige waterval.

Toegift

De onbeschrijfelijke lichtheid

Eiderdons weegt niets

E rla Friðriksdóttir is bedrijfslei-
der van King Eider in Stykkishólmur, maar ze is eigenlijk de
koningin van het eiderdons. Ik
ontmoet haar in het eideren-
dencentrum (zie blz. 210) en
op haar bedrijf. In het kleine centrum
liggen dons en donzen dekbedden
uitgestald om aan te raken: Wat een
ervaring! Licht, lichter dan welke veer
ook. 'Het bijzondere van eiderdons is de
structuur, het zijn geen veren. Het dons
heeft kleine haakjes, zodat de deeltjes
samenkomen en ballen vormen. Je kunt
ze tot kleine balletjes knijpen en als je
ze loslaat ploffen ze gewoon uiteen.' Erla
laat het me zien, het is echt geweldig.
Daarom is het isolerend vermogen zo
uitstekend. 'Maar kleding gevuld met eiderdons is erg duur. Een donzen dekbed
met een vulling van 800 tot 1000 g kost
ongeveer €4500.' De boeren verzamelen
het dons twee keer per jaar. 'De eidereenden arriveren in mei, broeden en
verlaten eind juni
het nest met de
kuikens. We con-
troleren de nesten
aan het begin van
het broedseizoen
en verzamelen
het eerste dons.
Daarna halen we
eind juni nog eens
dons. Eén nest le-

*Wie ooit onder een dekbed van eider-
dons heeft geslapen zal enthousiast zijn,
al kost het wel heel wat*

vert 50-70 g dons op. Als kind ging ik
regelmatig met mijn vader mee naar
zijn eilanden in de Breiðarfjörður. Deze
eilanden, bijvoorbeeld een groep van
240 kleine eilandjes, had hij samen met
vrienden gekocht. En daar broedden de
eidereenden. Eén eiland is zo klein dat
er maar één eend nestelt.' De oevers en
eilanden van de Breiðarfjörður vormen
het grootste broedgebied van eiderеen-
den in IJsland. Voor Erla's vader was
het een hobby, maar zij heeft een bedrijf opgebouwd dat het dons reinigt
en verscheept en ook donzen dekbedden maakt. Hier laat ze me de processen zien. Je moet vooral bij de eerste
schoonmaakbeurt voorzichtig zijn, zodat het dons niet door de hitte wordt
vernietigd. Voor de laatste zorgvuldige
reiniging heb je mankracht nodig, het
is nauwgezet detailwerk. Maar je voelt
het resultaat: gecertificeerd dons dat
naar het buitenland wordt verscheept.
Behaaglijke donzen dekbedden – warm
in de winter en koel in de zomer. ∎

Warm in de winter en koel in de zomer

Het hoogland

Reuzenwereld — hier wonen ze, de trollen, reuzen, elfen en ook de vogelvrijen, ze verstoppen zich achter rotsblokken of in groene oases, spelen met de bergen als bouwstenen, en smijten ze over de uitgestrekte vlakten.

Hveravellir

De warmwaterbronnen glinsteren in alle tinten blauw, zoals de Fagrihver met zijn turquoise water. Natuurlijk kun je gewoon lekker baden in een bassin met de goede temperatuur.

Een goede wandeluitrusting is essentieel in het hoogland.

Te voet in de Kerlingarfjöll

Het gebied is ideaal voor wandelaars met solfataren en ijsvelden, of voor bergbeklimmers met de top van de mooie ryolietberg. Je kunt hier verscheidene dagen doorbrengen en steeds een andere route volgen over de gemarkeerde paden.

Erin duiken

Þjóðveldisbærinn

De reconstructie van een boerderij van de eerste bewoners geeft een indruk van het leven in de middeleeuwen.

Nýidalur

Uitstekend uitgangspunt voor verkenningen in de omgeving van de nabijgelegen gletsjer.

Aldeyarfoss

De rivier de Skálfandafljót stort zich 20 m diep in een smalle kloof met fraai gevormde basaltzuilen.

blz. 229
Ódáðahraun ⭐

De grootste aaneenge-
sloten lavawoestenij in
IJsland is met zijn grijs-
zwarte gesteente ook de
meest mysterieuze. Aan
de randen liggen groene
oases als Herðubreiðar-
lindir.

blz. 231
Askja

De grote caldera met
het diepste meer van
het land, het Öskjuvatn,
heeft een bijzondere
charme. Op de bodem
ervan gaat al meer dan
een eeuw een treurig
geheim schuil. Bij de
noordoever glinstert het
turqooisblauwe krater-
meer Vití.

blz. 233
Landmanna-laugar

De misschien populair-
ste 'badkuip' van het
eiland in een mooi berg-
landschap, het grootste
ryolietgebied van IJs-
land. Je kunt het best
in het voorjaar in de
warme bron duiken, dan
is het water nog schoon
en ben je bijna alleen.

Ogen
open! In
het hoog-
land kun
je deze
trollen-
vrouw
tegen-
komen.

blz. 230
Herðubreið

'Koningin der bergen'
luidt de bijnaam van de
1682 m hoge tafelberg.
Ze torent majestueus
ruim 1000 m uit boven
de omgeving.

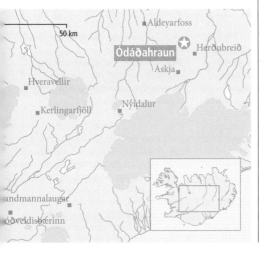

50 km

Aldeyarfoss

Ódáðahraun ⭐   Herðubreið

Askja

Hveravellir

Nýidalur

Kerlingarfjöll

andmannalaugar

óðveldisbærinn

'… uit de hemel vallen de heldere
sterren, vuur en rook woeden, grote
hitte stijgt zelfs naar de hemel.'
(Profetie van de zieneres, strofe 57)

beleven

Mysterieuze en magische natuur

D ompel je onder in de ongerepte natuur, die zowel desolaat, woestijnachtig als zeer divers is. Het hoogland van lavavelden, gletsjers en vlakten met rolstenen strekt zich uit over duizenden vierkante kilometers en ligt overwegend niet meer dan zo'n 500 m boven de zeespiegel. Het gebied wordt gedomineerd door monolithische vulkanen, zoals de imposante gletsjers Hofsjökull, Langjökull en Vatnajökull, die glinsterend wit oprijzen boven het plateau. Wanneer de vlakte is gehuld in mist of zandstormen of laaghangende wolken, krijgt het gebied een mysterieus en magisch karakter. Het is dan ook niet verwonderlijk dat men in IJsland vaak nog zegt dat deze kale grindwoestijnen ook nu nog worden bevolkt door trollen en elfen. In vroegere eeuwen zochten de vogelvrijen vaak hun toevlucht in dit onherbergzame gebied.

Zelfs in de middeleeuwen liepen de kortste verbindingsroutes tussen het noorden en het zuiden van IJsland door het hoogland. De huidige paden volgen de oude routes: Sprengisandsleið, Kjalvegur en Öskjuleið zijn zulke noord-zuidroutes. Landmannaleið en Fjallabaksleið nyrðri, 'het noordelijke

TER ORIËNTATIE **O**

fi.is: de IJslandse wandelclub draagt niet alleen zorg voor de meeste hutten in het hoogland, maar realiseert ook wandeltochten.
Auto: voor het hoogland heb je altijd een terreinwagen nodig, waarbij je bij voorkeur eerdere rijervaring en ervaring met het oversteken van rivieren hebt. Over de Kjalvegur (nr. 35) kun je ook met je eigen auto rijden.
Bus: sommige verbindingen in het hoogland worden verzorgd met bussen. Ze staan aangegeven met de afzonderlijke routes.

pad achter de bergen', waren vroeger belangrijke verbindingsroutes tussen het zuidwesten en het zuidoosten van het eiland. Langs de routes liggen verschillende oases met bronwater en weiden voor de paarden. Hveravellir was bijvoorbeeld al in de 9e eeuw bekend als rustplaats. De hete bronnen werden destijds gebruikt om te koken en voor de paarden was er voldoende gras, dat snel groeide op de warme bodem. Andere vegetatierijke plaatsen, zoals Landmannalaugar, Herðubreiðarlindir, Nýidalur en Þjórsárver, dragen bij aan de charme van deze verder tamelijk schrale regio.

Kjalvegur 📍F35

Noodlottige route

Veel IJslanders kennen deze noord-zuidroute, die al in het *Landnámabók* (Vestigingsboek) wordt genoemd, alleen onder de naam van de vallei Kjölur en niet onder de wegaanduiding Kjalvegur. De vallei loopt tussen de twee gletsjers Langjökull en Hofsjökull door en ligt ongeveer 600 tot 700 m boven de zeespiegel. De oorspronkelijke route liep dwars door de Kjalhraun en in het verlengde daarvan zuidwaarts naar Þingvellir, maar werd gewijzigd na een tragisch ongeluk in 1780. In die tijd stuurden boeren uit het noorden drie mannen en een elfjarige jongen naar het zuiden om schapen te kopen. Ze slaagden in hun aankoop van schapen en gingen op 28 oktober op pad voor hun terugreis met een kudde van 180 schapen en 16 paarden. Maar ze hadden het bewoonde gebied nog maar net achter zich gelaten of ze werden in het hoogland verrast door een langdurige sneeuwstorm. Ze wisten de noordoostelijke rand van de berg Kjalfell nog te bereiken, maar daar stierven ze van uitputting. Het volgende voorjaar werden hun lichamen en de karkassen van de dode dieren daar gevonden. Vanwege de vele botten werd de heuvel Beinahóll (Bottenheuvel) genoemd. In 1971 is op deze plek een monument opgericht om de ramp te herdenken.

De huidige route voert over zandvlakten en heidegebieden, waar je uitzicht hebt op zowel de Langjökull, de op een na grootste gletsjer van IJsland, als de Hofsjökull. Midden in de lavawoeste-

De IJslanders gebruiken de Kjalvegur al sinds de tijd van de eerste bewoning om het hoogland te doorkruisen. Langs de route ligt het bijzonder mooie wandelgebied van de bergrug Kerlingarfjöll

nij liggen de fascinerende werelden van de geothermische gebieden Hveravellir en Kerlingarfjöll.

Info

• **Bus:** grayline.is. In de zomer meerdere keren per week tussen Reykjavík/Hveravellir met langere tussenstops in Gullfoss. Verder zijn er excursies naar het gebergte Kerlingarfjöll.

Hveravellir ♀ Kaart 3, F 5

Aan de noordrand van het lavaveld Kjalhraun van 450 km² ligt de geothermische oase Hveravellir. Vooral de indrukwekkende sinterafzettingen bij de grootste bron, de **Bláhver** (Blauwe bron), zijn een geliefd fotomotief. De mooiste bron is de **Fagrihver**, die charmeert met helder, glinsterend turquoise water. Paden met houten planken en informatieborden leiden naar de verschillende bronvijvers. Een grote attractie is het warme bad met aangename watertemperatuur naast een hut. Waarschijnlijk de beroemdste vogelvrijverklaarde van IJsland, Fjalla Eyvindur (zie blz. 236), woonde enige tijd in Hveravellir met zijn vrouw Halla. Hun lavagrot **Eyvindarhellir** kan worden bezichtigd. Er wordt gezegd dat ze hun vlees voor de maaltijd in het bronwater van de nabijgelegen **Eyvindarhver** hielden om het te koken. Hveravellir is niet alleen interessant om het fascinerende geothermische landschap, maar ook om de wandelmogelijkheden in de omgeving (zie Ontdekkingsreis blz. 225).

Slapen, eten

Idyllisch
Hutten Hveravellir: de twee hutten met maximaal 55 bedden zijn idyllisch gelegen, maar op sommige dagen is het hier erg druk. Als je zelf wilt koken, moet je alles zelf meenemen, maar er zijn kookfaciliteiten aanwezig. Er is ook een kampeerterrein.
Tel. 452 42 00, hveravellir.is, 2 pk €€, slaapzakplek in de oude hut €, ontbijt €

Geirsalda ♀ Kaart 3, F 5

De ideale plek voor een tussenstop om het landschap in je op te nemen is Geirsalda. De bergpas is een van de hoogste punten van Kjalvegur, 672 m hoog, en vormt de waterscheiding tussen noord en zuid. Een monument herdenkt de directeur van de wegenbouw Geir G. Zoëga (1889-1959), die waarschijnlijk verantwoordelijk was voor de aanleg van de eerste wegen in IJsland. Het uitzicht op de gletsjer en het bergmassief Kerlingarfjöll is overweldigend.

Kerlingarfjöll ♀ Kaart 3, F 5

Het trollengebergte
De indrukwekkende bergketen strekt zich uit van het zuidoostelijke deel van de Kjalvegur tot de zuidelijke gletsjerrand van de Hofsjökull. De rijkdom aan kleur – van groen-grijs tot wit – is fascinerend. De berg kreeg de naam Kerlingarfjöll ('Vrouwenberg') omdat een van de rotspieken een versteende trollenvrouw zou zijn. De hoogste ryoliettoppen in dit deels glaciale gebergte zijn **Snækollur** (1477 m), **Loðmundur** (1432 m) en **Mænir** (1335 m). In de dalen liggen tal van warmwaterbronnen en solfataren in de valleien, waarvan sommige vlak naast het ijs. Het gebied is ontsloten door talrijke goed gemarkeerde wandelroutes, variërend

ONTDEKKINGSREIS
Warme bronnen, groene valleien en een gletsjermeer

Mooie wandelbestemmingen vanaf Hveravellir

Info

Begin:
Hveravellir, ♀ 3, F 5
Duur:
3 uur tot 3 dagen
(afhankelijk van de tocht)
Wandelkaart:
Sérkort Kjölur,
1 : 100 000,
Mál og menning

Een gemakkelijke wandeling voert van de hooglandoase **Hveravellir** door de Kjalhraun naar de **Strýtur**, een schildvulkaan met een opvallende krater (groen, 13 km heen en terug). De route gaat met een lichte gestage stijging rechtstreeks naar de top.

Een ander goed gemarkeerde route, de oude westelijke route van de **Kjalvegur** (Kjalvegur vestri) – loopt van Hveravellir naar het **Hvítárvatn** (zwart, 40 km gemakkelijk). De route kan gemakkelijk in drie dagen worden afgelegd. Eerst doorkruis je de **Þjófadalir**, prachtige groene dalen op de stuwwalrand van de Langjökull, dan loop je langs de gletsjerrand zonder grote hoogteverschillen te hoeven overwinnen naar de hut **Hvítárnes** bij het Hvítárvatn.

In dit gletsjermeer van 30 km² kalft een gletsjertong van de Langjökull af. Dit oude ruiterpad is nu een uiterst populaire wandelroute dankzij de hutten die een dag lopen uit elkaar liggen. Een goede wandeluitrusting is absoluut noodzakelijk.

Als je in de hutten wilt overnachten, meld je dan tijdig aan bij de IJslandse wandelclub Ferðafélag Íslands (fi.is). De bus van Grayline (grayline.is) stopt in Hvítárnes.

van enkele kilometers tot een rondgaande route van 50 km.

Slapen, eten

Kerlingarfjöll: groot complex met hotelkamers, hutten, glamping, hostels, een camping en een restaurant. Voor in- en ontspanning zijn er onder meer hotpots en worden tal van activiteiten georganiseerd zoals sneeuwmobiel- en skitrips. Groot resort in een fantastische omgeving. Tel. 571 12 00, highlandbase.is, accommodatie €-€€€, restaurant €€€

Sprengisandsleið (F 26)

Tussen angst en hoop

De naam Sprengisandur voor de onherbergzame woestenij is afgeleid van het werkwoord *sprengja*, dat zoveel betekent als 'afjakkeren' ('overhaast weggalopperen'). De ruiters deden er namelijk alles aan om het gebied zo snel als ze konden te verlaten. In de 19e eeuw verwoordde Grímur Thomsen deze gemoedstoestand op indrukwekkende wijze in het bekende gedicht *Sprengisandur*, dat later op muziek werd gezet en een van de populairste volksliedjes werd.

De kale steenwoestenij in het middendeel van Sprengisandur wordt gedomineerd door de twee gletsjers Vatnajökull en Hofsjökull. Alleen afgezonderd staande bergen zijn te zien langs het pad naar Nýidalur, zoals de Þveralda (728 m), vanwaar je een goed uitzicht hebt op de ryolietberg Hágöngur. De roze bloemen van de stengelloze silene schitteren als kleine kleurspatten in deze bijna eindeloze bruingrijze uitgestrektheid.

Deze oude noord-zuidroute werd in de middeleeuwen gebruikt, en dan vooral door de bisschop van Skálholt als hij op weg was naar het oosten van IJsland. In de 18e en de 19e eeuw werd het pad herontdekt als route door het land, maar er was altijd iets sinisters aan, vooral omdat het noordelijke deel langs de woeste Ódáðahraun loopt, waar struikrovers zich vaak schuilhielden. De oorspronkelijke route liep verder naar het westen, maar vanwege de waterkrachtcentrales en de daarmee verbonden bruggen loopt de route nu ten oosten van de Þjórsá.

Info

- **Bus:** op dit moment zijn er geen bussen of tours naar dit gebied.

Stöng ♀ Kaart 3, E/F 6

Tijdens de uitbarsting van de Hekla in 1104 werd het zeer vruchtbare gebied verwoest door de vallende puimsteenas. Nu staan hier nog maar twee boerderijen, maar in de middeleeuwen stonden er twintig boerderijen in de Þjórsárdalur, zoals blijkt uit opgravingen. Een van deze opgegraven boerderijen is **Stöng**. Het opgravingsterrein is overdekt en kan te allen tijde worden bezocht.

Ten noordoosten van Stöng ligt de **Gjá-kloof**, waarin verschillende kleine watervallen storten, waarvan de Gjáinfoss de grootste is. Langs de Fossadalur, kom je aan het noordeinde bij de op een na hoogste waterval van IJsland, de **Háifoss** (122 m).

Laatste tankstation voor het grote niemandsland: als je over de Sprengisandsleið reist, gooi je tank dan nog even vol in het hooglandcentrum Hrauneyar nabij de Hrauneyarfoss

Krachtcentrale Búrfell en omgeving   ♀ Kaart 3, E 7

Waterkracht en waterval

De krachtcentrale **Búrfell**, in gebruik genomen in 1969, is de oudste van de drie waterkrachtcentrales aan de rivieren Þjórsá en Tungnaá. Het bedrijfsgebouw is versierd met een reliëf van de beeldhouwer Sigurjón Ólafsson (1908-1982). De Þjórsá, de langste rivier van IJsland, legt een afstand van 230 km af en voert 400 m³ water per seconde mee. Vanaf de Hofsjökull overwint hij een totaal hoogteverschil van 690 m. De Tungnaá ontspringt van de Vatnajökull en mondt bij Sultartangi uit in de Þjórsá. Bij de centrale zijn de waterval

Hjálparfoss, die wordt omringd door basaltzuilen, en een replica van het langhuis **Þjóðveldisbærinn** op nr. 32 een bezoekje waard. De in 1939 opgegraven boerderij Stöng vormde de inspiratie voor de reconstructie, waartoe in 1974 werd besloten ter gelegenheid van de viering van het 1100-jarig bestaan. Je kunt er een grote middeleeuwse boerderij bekijken met een inrichting die een goede indruk geeft van het leven in voorbije eeuwen (thjodveldisbaer. is, juni-aug. dag. 10-17 uur, ISK2800).

Onderweg naar het hoogland kom je langs de andere twee centrales: **Hrauneyjarfoss**, ter hoogte van de gelijknamige waterval, en **Sigalda** boven het Krókslónmeer. De drie stations zijn eigendom van het staatsenergiebedrijf Landsvirkjun.

PLANNEN VOOR NATIONALE PARKEN

Het is een goed idee: om de kwetsbare natuur van een van de laatste wildernissen in Europa te beschermen zou het hele hoogland een park moeten worden. Hoewel het nationaal park Vatnajökull gestaag is uitgebreid, is dit volgens de ideeën van milieuorganisaties niet genoeg. Tot nu toe zijn alle IJslandse politici een constructieve ontwikkeling en een positieve beslissing uit de weg gegaan. Mogelijke economische perspectieven speelden hierbij een rol. Kijk voor meer informatie op vatnajokulsthjodgardur.is.

Slapen, eten

Het centrum in niemandsland
Hooglandcentrum Hrauneyjar: je hebt hier volop keus uit accommodatie en er is natuurlijk ook een restaurant. Het tankstation met een klein assortiment goederen voor noodgevallen is nuttig. Natuurlijk krijg je ook deskundige informatie over de mogelijkheden in de omgeving, zodat het ook een ideale locatie is als je dagtochten wilt maken. Wandelkaarten en visvergunningen zijn verkrijgbaar.
Aan de F 26, tel. 487 77 82, thehighlandcenter. is, het hele jaar door, 2 pk €€, in het nabijgelegen hotel €€€

Sprengisandur   📍 G 4/5

Op een hoogte van bijna 800 m bevind je je in een vrijwel vegetatieloos, grijszwart gebied. Alleen in de trogvormige dalen duiken af en toe flarden groen mos op. Bij mooi weer kun je erg genieten van deze rustgevende, uitgestrekte monotonie; bij mist of regen heeft het een bijna mystiek effect. De fascinerende woestenij Sprengisandur strekt zich uit over 70 km in een noord-zuidrichting. In oude tijden werd het gebied niet alleen gevreesd om zijn zandstormen, elfen, trollen en vogelvrijen, maar ook omdat de weidegronden voor de paarden meer dan een dag rijden uit elkaar lagen.

Het uitzicht vanuit de hut in de vallei **Nýidalur** is indrukwekkend. De omgeving is ondanks de hoge ligging van 800 m boven de zeespiegel aangenaam groen. De op twee na grootste gletsjer van IJsland, **Hofsjökull**, domineert het landschap in het westen met een oppervlakte van 995 km² en een hoogte van 1760 m. Recent onderzoek heeft uitgewezen dat er een voorheen onbekende caldera onder de gletsjer ligt. Vanuit de Nýidalur kun je het beschermde natuurgebied **Þjórsárver** bereiken. Het ligt aan de zuidoostelijke rand van de Hofsjökull, die een oppervlakte heeft van 375 km². Þjórsárver is een drassig gebied met typische moerasvegetatie en wordt doorsneden door talloze uitstromingen van de Hofsjökull, terwijl er ook talrijke meren en plassen liggen. Bovendien is Þjórsárver een favoriet broedgebied voor kortsnavelganzen: ongeveer 60 tot 75% van de hele eilandpopulatie leeft hier, zo'n 11.000 broedparen.

Ook de regio rond de gletsjer **Tungnafellsjökull** (1520 m) met een van de grootste thermale gebieden van het land nodigt uit tot wandelen.

Als je de F 26 naar het noorden volgt, kom je eerst bij het meer **Fjórðungsvatn**, dat in de zomer vaak opdroogt. Bijna precies op deze plek ligt het middelpunt van IJsland. Verder naar het noorden bereik je de rotskloof **Kiðagil**, die over een afstand van 6 km ten westen van de Skálfandafljót loopt. De kloof, die in het 'Sprengisandur-lied' wordt bezongen als een langverwachte bestemming, markeert het noordelijke uiteinde van het gebied.

Slapen

Hutten Nýidalur: twee hutten met 79 slaapplaatsen. Kookgelegenheid, douches, wc en een tentplaats zijn beschikbaar. Hier kun je ervaren hoe reizigers zich vroeger voelden: eindelijk water en slaap. Tel. 860 33 34, fi.is, €

Aldeyjarfoss　　　　♀H3

Watervalcharme
Het eindpunt van de Sprengisandsleið is de schilderachtige waterval Aldeyjarfoss. Hier stort de rivier de Skálfandafljót zich 20 m omlaag in een smalle kloof die bestaat uit prachtig gevormde basaltzuilen. Deze 4500 jaar oude zuilen zijn ontstaan na een uitbarsting van de schildvulkaan Trölladyngja aan de noordelijke rand van de Vatnajökull.

Öskuleið (F 88)

Het bijna 90 km lange jeepspoor Öskjuleið naar het zuiden is een van de spannendste hooglandpaden in IJsland, omdat de rivieren die moeten worden overgestoken vaak een uitdaging zijn voor jeep en bestuurder. Bij het in 1875 ontstane lavaveld Nýjahraun met de oude explosiekrater Hrossaborg begint het Askjapad door de lavawoestenij Ódáðahraun ('Misdadigerswoestenij'), waar alleen afgezonderde tafelbergen en schildvulkanen staan. Als je deze route neemt, zorg dan beslist voor voldoende water!

Ódáðahraun　　♀H/J4

Verschrikkelijk mooi
De naam 'Misdadigerswoestenij' alleen al is genoeg om angst voor de reis in te boezemen. Wat staat je hier te wachten? Allereerst een lavawoestenij van meer dan 4550 km², die zich uitstrekt tussen de rivieren Skálfandafljót en Jökulsá á Fjöllum. Ódáðahraun is het grootste aaneengesloten lavagebied van IJsland. Het strekt zich uit op een hoogte van 500 tot 700 m boven de zeespiegel en wordt gekenmerkt door lava, zand en palagonietbergen, die zwart, dor en droog zijn. Afgezonderd gelegen schildvulkanen verheffen zich majestueus boven de vlakte. In de losse en poreuze gesteenten, waarvan sommige meer dan 5000 jaar oud zijn, sijpelt de regen zo snel weg dat het vocht niet behouden blijft voor planten. Alleen aan de randen van de lavawoestenij, waar het grondwater in kleine bronnen opborrelt, ontstaan groene en vruchtbare oases, zoals Herðubreiðarlindir of Grafarlönd. In deze woestenij zochten de vogelvrijen, de 'misdadigers', hun toevlucht want niemand begaf zich uit vrije wil in dit gebied, waar de lavaformaties lijken op

VOORZICHTIG: GEVAAR!

Op slechts enkele kilometers van de toeristische centra van het hoogland, zoals Nýidalur en Hveravellir, verkeer je in een volledige verlatenheid. Hoe uitnodigend het hoogland er vanuit de bus ook uitziet, wie er alleen op uittrekt, te voet, per mountainbike of per jeep, moet goed voorbereid zijn. Er zijn geen tankstations of winkels en de gewone mobiele telefoon heeft hier geen bereik.

dreigende spoken die plotseling uit de mist opdoemen. Bewolkte dagen met verrassende verschijningen zijn hier in het hoogland niet ongewoon.

Herðubreiðarlindir   ♀ J4

Oase nr. 1

Herðubreiðarlindir is een lieflijke oase, die je na de vorige indrukken eigenlijk nauwelijks meer verwacht. Uit de lava ontspringen talrijke bronnen die samen de rivier de Lindaá vormen. Meer dan honderd verschillende plantensoorten gedijen hier en ook de vogelwereld is divers. Een gemarkeerd pad door het lavaveld leidt naar de voet van de berg **Herðubreið**, de 'koningin der bergen'. Deze tafelberg met boven een krater verheft zich 1682 m boven de zeespiegel en ruim 1000 m boven zijn omgeving.

Hij werd voor het eerst beklommen in 1908. Door de losse gesteentemassa's en het fijne glashoudende vulkanische materiaal is een beklimming niet alleen uiterst zwaar, maar ook gevaarlijk: vooral door vallende rotsblokken. De veiligste klimroute is de westkant, maar overleg eerst bij Herðubreiðarlindir met de parkwachter.

Slapen

Bij de bron

Hut Þorsteinsskáli: de hut biedt plaats aan 30 personen en wordt beheerd door een hutwachter. De bijbehorende camping is goed uitgerust en heeft een idyllische ligging. In de struiken zijn vogels te horen. Een genot na de stilte van de lavawoestenij.
Ferðafélag Akureyrar, tel. 462 27 20 of 822 51 91, ffa.is, €

Als je een plek op aarde wilt zien die buitenaards aandoet, ga dan in het IJslandse hoogland naar de grote caldera Askja met zijn kratermeren

Askja　　　♥ H/J4

Askja is een attractie en een mythe, niet in de laatste plaats omdat er tragische verhalen aan deze plaats verbonden zijn. De rit voert langs de 8 km lange bergkam van de Herðubreiðartögl. Al snel krijg je zicht op de schildvulkaan **Vaðalda** (941 m) en ten westen daarvan het vulkaanmassief **Dyngjufjöll**. Maar eerst doorkruis je een enorme vlakte van lichtgekleurde puimsteenas, die door een van de geregeld voorkomende zandstormen uit het zuiden over afstanden van meer dan 100 km vervoerd kan worden. Het vulkaanmassief Dyngjufjöll bestaat uit tal van bergen rond de grote caldera **Askja**, en is in 1978 tot natuurmonument verklaard. De toppen steken 600 tot 700 m boven de omgeving uit, met de **Þorvaldstindur** (1510 m) als hoogste aan de zuidkant van het massief.

De eerste bekende uitbarsting van Askja vond plaats in 1875, waarbij de Víti-krater werd gevormd. Een enorme laag neergeslagen as bedekte het land ten oosten van de Askja, en veel inwoners van de regio Jökuldalsheiði verlieten hun boerderijen en emigreerden naar de Verenigde Staten. Door aanhoudende westenwinden werd de as tot in Zweden meegevoerd. Enkele weken na de Víti-uitbarsting stortte de caldera in het zuidoostelijke deel in, waardoor het meer Öskjuvatn ontstond. De laatste uitbarsting deed zich voor in 1961 en bedekte een gebied van 11 km² met lava. Tegenwoordig leidt een spoor door het jonge lavaveld **Víkrahraun** tot dicht bij de Víti, waar ook de grootste spleet van de Dyngjufjöll ligt. Deze **Öskjuop** vormt de gemakkelijkste toegang tot de caldera.

De **Víti** op de noordoever van het Öskjuvatn heeft een doorsnede van zo'n 100 m. Het water is warm, maar is alleen geschikt om te baden voor wie geen last heeft van de opstijgende zwaveldampen.

NAAR DE DRAKEN　

Meteen achter de Dreki-hut leidt een pad naar de fascinerende 'drakenkloof' **Drekagil**. Je volgt de loop van de beek, die zich diep in de rotsen van Dyngjufjöll heeft ingegraven. Je vindt hier grillige lavaformaties die doen denken aan drakenkoppen of zelfs versteende dinosaurussen. In de deels loodrechte en bemoste wanden zitten lavabrokken met een glanzend, glasachtig oppervlak ingesloten, en op sommige plaatsen storten massa's water langs de wanden omlaag. Een bezienswaardige bestemming voor de wandeling is de meertraps waterval aan het eind van de kloof.

In het **Öskjuvatn**, met 217 m het diepste meer van IJsland, verloren de geoloog Walther von Knebel en de Berlijnse schilder Max Rudloff in 1907 om onduidelijke reden hun leven. Als je op de noordoever het pad volgt vanaf de Víti, zie je op een heuvel een plaquette die hieraan herinnert. Het kleine kratereiland Eyja in het zuiden van het meer werd gevormd tijdens een uitbarsting in 1926.

Slapen

Beschut

Hut Dreki: het is bijna een klein huttencomplex samen met het washok en de hutwachterswoning. De twee slaaphutten bieden plaats aan 60 personen. Kookfaciliteiten met serviesgoed zijn aanwezig. Ernaast ligt ook een groot kampeerterrein. Aan het begin van de Drekagil-kloof aan de oostkant van de Dyngjufjöll.

Ferðafélag Akureyrar, hut (60 personen), tel. 822 51 90 of 462 27 20, ffa.is, €

Hvannalindir　♀ J5

Oase nr. 2

De F 88 eindigt bij de Askja. Via de F 910 bereik je een andere groene oase aan de F 903: Hvannalindir. Te midden van het desolate landschap borrelen een paar waterstromen op onder de lava vandaan. Hoewel Hvannalindir ongeveer 650 m boven de zeespiegel ligt, is de rijkdom aan hoger groeiende plantensoorten indrukwekkend. Ook hier staan nog ruïnes in de lava die verwijzen naar de vogelvrijverklaarde Fjalla-Eyvindur.

Kverkfjöll　♀ J5

Vuur en ijs

De Kverkfjöll ligt aan de noordrand van de Vatnajökull tussen de twee gletsjers Dyngjujökull en Brúarjökull aan de F 902. Het is een grote centrale vulkaan met bovenin een met ijs gevulde caldera. Aan de westkant ga je het geothermische gebied **Hveradalur** binnen. Onder de gletsjer vormen zich nog steeds fascinerende ijsgrotten en -tunnels. Twee hutten, een aan de voet van de Kverkfjöll bij Biskupsfell en een op de gletsjer, maken langer verblijf mogelijk op deze plek die zo duidelijk vuur en ijs verenigt.

Info

● **Mývatn Tours:** tel. 861 19 20, askja tours.is. Regelmatige dagtochten van Mývatn naar Herðubreiðarlindir en Askja. Vertrek vanaf juli dagelijks om 8 uur vanaf Arnarnes, weg nr. 848, 2 km ten zuiden van Reykjahlíð op Mývatn (ISK32.000).

JONGSTE LAVAVELD

Het jongste lavaveld in de regio is **Nýja Holuhraun**, dat in 2015 werd gevormd tijdens de zes maanden durende uitbarsting van Bárðarbunga, een vulkaan onder de gletsjer Vatnajökull. Nu is een gebied van 85 km² bedekt met grijze, uit de vulkaan afkomstige en extreem scherpgerande lava. Door het aangeduide gebied zijn enkele paden aangelegd, maar probeer beslist niet op de vlijmscherpe lava te lopen: je schoenen zullen je dankbaar zijn. Toch is het een belevenis waarbij je bijna zoiets ervaart als de astronauten tijdens hun training op lava in 1968 voor de eerste maanlanding. Let op de borden. Je kunt Nýja Holuhraun bereiken via de F 910 in zuidelijke richting.

Landmannaleið en Fjalla baksleið nyrðri (F 225, 208)

De hooglandroute voert door het geologisch fascinerende, vulkanische natuurgebied Fjallabak. Hier ligt in het midden het 470 km² grote gebied Landmannalaugar. Via deze 'warmwaterbronnen van de landmannen' te midden van kleurrijke ryolietbergen kom je bij de kilometerslange eruptiespleet Eldgjá aan de zuidwestkant van de Vatnajökull. Het eerste deel van de route loopt via Landmannaleið ten noorden van het Hekla-massief. De onverharde weg Fjallabaksleið nyrðri begint verder naar het noorden bij de krachtcentrale Sigalda. Beide paden komen samen ten oosten van de Hekla.

Noordelijk van de Hekla

📍 **Kaart 3, F7**

Het lavaveld **Sölvahraun** ten noorden van de Hekla was tot 1980 een idyllisch graslandschap, dat sinds de uitbarsting van de Hekla bedekt is met zwarte as. Van dit lavalandschap met zijn spleten en kraters gaat een sfeer van het einde der tijden uit. Nadat je de lava van de Hekla in oostelijke richting bent overgestoken, bereik je een vallei waar je in het zuiden de berggroep **Rauðufossafjöll** kunt zien, die zijn naam te danken heeft aan de opvallend roodachtig gekleurde waterval.

Het pad gaat verder door het graslandschap **Kringla**, omringd door enkele 1000 m hoge bergen, met als hoogste de **Löðmundur** (1074 m) in het noorden.

Landmannalaugar

📍 **Kaart 3, F7**

Warme bronnen en bonte bergen
Bijna geen enkele plaats in IJsland biedt zoveel zwemplezier in een warmwaterbron als Landmannalaugar. Overigens wordt de pret momenteel wel iets ingeperkt, omdat de waterkwaliteit duidelijk wordt aangetast door de vele gasten in de zomer. Je kunt er beter in het voorjaar gaan baden.

De 'warmwaterbronnen van de landmannen' liggen midden in het grootste ryolietgebied van IJsland. Ryoliet is een kiezelzuurhoudend, roodachtig, geelbruin of groenachtig uitvloeiingsgesteente. Afhankelijk van de stand van de zon en de luchtvochtigheid schitteren de ryolietbergen in de meest oogverblindende kleuren. Naast het indrukwekkende berglandschap biedt deze locatie, zoals de naam al aangeeft, warmwaterbronnen, die in vroegere eeuwen dienden als badplaats voor de reizigers uit het hoogland.

Net voordat je het meer **Frostastaðavatn** bereikt, kun je de kleurrijke bergen van Landmannalaugar al zien. Bij het meer komen de wegen Landmannaleið en Fjallabaksvegur nyrðri samen. Vanaf dit punt leidt ook een pad naar de laagte **Ljótipollur**, een explosiekrater met een doorsnede van 1 km, waarin donkerblauw water glinstert. Langs de gletsjerrivier Jökulgilskvísl kom je bij Landmannalaugar.

Van de **Bláhnúkur** (943 m), met een opvallende blauwgroene kleur, heb je een goed uitzicht, evenals van de **Brennisteinsalda** (881 m), waar aan de voet een solfatarenveld ligt. Dit veld kun je bereiken door het labyrint van het Laugahraun. De 30 tot 50 m hoge, afgekoelde lavastroom bestaat uit obsidiaan, een pikzwarte, glasachtige en kiezelzuurhoudende lava die snel gestold is.

Als je een stuk lava kapotslaat, zie je de schelpvormige structuur. Verdere wandelingen zijn mogelijk in de indrukwekkende kloven, of je kunt een vierdaagse tocht naar Þórsmörk ondernemen.

Slapen

Geliefd
Hut Landmannalaugar: er is plaats voor 75 personen, maar de hut is bijna altijd volledig bezet. Reserveer beslist van tevoren. In juli-augustus staat er een levensmiddelenwagen bij de grote camping. Het is een populaire plek die is uitgegroeid tot een reusachtig tentenkamp.
Ferðafélag Íslands, tel. 860 33 35, fi.is/en/mountain-huts/all-mountain-huts/landmannalaugar, €

De aanblik van de Eldgjá beneemt je de adem! Voor een volledig uitzicht op de kloof beklim je de berg Gjátindur

Vulkaanspleet Eldgjá ♀ G7

De F 208 bereikt zijn hoogste punt bij de **Herðubreiðarháls** (769 m). Vanaf deze berg heb je een uitstekend uitzicht in alle richtingen en krijg je een goede indruk van de afmetingen van de Eldgjá.

De Eldgjá ('Vuurkloof') strekt zich uit over 30 km van de Mýrdalsjökull in het zuidwesten tot de berg Gjátindur in het noordoosten, waar de kloof ook het indrukwekkendst is. De Eldgjá is de grootste vulkanische spleet op aarde. Hij vormt een 5 km lange kloof die tot wel 600 m breed en tot 270 m diep is. De kloof werd in 1893 ontdekt door Þorvaldur Thoroddsen. De Eldgjá werd gevormd door verschillende uitbarstingen, waarvan de laatste plaatsvond in 938. Op een heldere dag is het beslist aan te raden om een wandeling te maken langs de kloof met vaak adembenemende uitzichten (zie Ontdekkingsreis blz. 235).

Slapen

Ontspannend
Hólaskjól: van slaapzakplekken tot individuele hutten en campings, je hebt hier alle mogelijkheden om te overnachten. Er zijn ook kookfaciliteiten beschikbaar.
7 km zuidelijk van de Eldgjá, tel. 855 58 12, holaskjol.com, €

Info

- **Reykjavík Excursions:** re.is, half juni-begin sept dag. bussen van Reykjavík naar Landmannalaugar met een tussenstop van 3 uur in Landmannalaugar.
- **Trex:** trex.is, half juni-half sept. dag. bussen tussen Reykjavík en Landmannalaugar. Het bedrijf biedt een hikerspas aan voor wandelaars op de Laugarvegurroute.

ONTDEKKINGSREIS
In de grootste kloof ter wereld

Wandelingen naar de Ófærufoss en op de Gjátindur

Mooie dagtocht (zwart)

Een zandweg buigt af van de F 208 naar **parkeer-plaats 1** in de Eldgjá. Vanaf dit punt loopt een wan-delpad omhoog (128 m hoogteverschil) langs de beek in de kloof naar de waterval **Ófærufoss**. Na ongeveer 2 km krijg je het eerste mooie uitzicht op de waterval-len, die zich in twee fasen omlaag in de kloof storten. Je kunt aan de zijkant boven het eerste deel van de waterval omhoog lopen. Hierna keer je terug langs dezelfde route (totaal 4,4 km) of wandel je verder naar de **Gjátindur**. Vanaf de top van de Gjátindur (935 m) heb je een adembenemend uitzicht op de vulkaan-spleet Eldgjá (zie foto links). Om hier te komen, ga je aan het einde van de kloof omhoog naar de rand en loop je vervolgens rechtstreeks naar de bergtop. Boven kun je genieten van een fascinerend uitzicht. Voor de terugweg naar **parkeerplaats 1** kun je een andere route volgen langs de rand van de krateraf-grond (totaal 14,5 km).

Korte varianten (rood en groen)

Een ander pad buigt af van de F 208 naar de parkeerplaat-sen boven de kloof Eldgjá en brengt je dichter bij de Gját-indur. Van **parkeerplaats 2** is het slechts 15 minuten lopen naar de waterval Ófærufoss. Voor de beklimming van de Gjátindur volg je de loop van de kloof en loop je vervolgens aan het noordeinde door het losse grind omhoog (30 min.). Vanaf **parkeerplaats 3** is de klim naar de top het kortst, met heen en terug in totaal slechts 5 km.

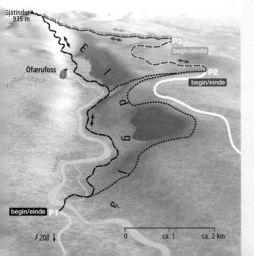

Gjátindur
935 m

Ófærufoss

P3
begin/einde

P2
begin/einde

begin/einde P1

F 208

0   ca. 1   ca. 2 km

Vlucht naar de lavawoestenij

Het lot van de vogelvrijen

De ware helden van IJsland zijn de bannelingen: mannen die vogelvrij waren verklaard en zich voor hun vervolgers verborgen hielden in de uitgestrekte lavawoestenij. Er is literatuur in overvloed geschreven over deze stoutmoedige mannen die niet terugschrokken voor eenzaamheid, kou, vijand of gevaar. De grootste lavawoestenij in het centrale deel van IJsland is het Ódáðahraun. Het kreeg de naam 'Misdadigerswoestenij' omdat veel misdadigers tot in de 19e eeuw hun toevlucht zochten in dit onherbergzame gebied in het hoogland. Volgens de middeleeuwse wet van de *grágás* werd verbanning beschouwd als de zwaarste straf, waarbij de veroordeelde vogelvrij werd verklaard en ongestraft door iedereen mocht worden gedood.

Prominente bannelingen in de middeleeuwen waren Eirík Rauði (Erik de Rode, zie blz. 265), Gísli de Banneling en Gunnar van Hlíðarendi. Stoere mannen die angst en schrik verspreidden, maar ook – tot op de dag van vandaag – bewondering en sympathie opriepen: de incarnatie van de IJslandse eenzame held. De beeldhouwer Einar Jónsson (1874-1954) verbeeldde dit aspect in het bijzonder in zijn beeldhouwwerk *Útlagar* (Bannelingen): een man draagt zijn dode vrouw op zijn rug en zijn zoontje in zijn armen, naast hem loopt behoedzaam zijn enige vriend, de hond. Zijn blik is angstig en onzeker, zijn gezicht bezorgd en getekend door het lot. Het bronzen beeld is te zien op de hoek van Suðurgata en Hringbraut bij de begraafplaats in Reykjavík en aan de Eyrarlandsvegur nabij het gymnasium in Akureyri.

Tijdens tochten door het hoogland kom je herhaaldelijk sporen tegen van waarschijnlijk de beroemdste vogelvrije uit de 18e eeuw, Fjalla-Eyvindur, ofwel 'Eyvindur uit de bergen', die meer dan 20 jaar doorbracht in deze barre streken. Aanvankelijk vestigden zijn vrouw Halla en hij zich in de lavawoestenij Hveravellir (zie blz. 224), nadat ze waren beschuldigd van herhaalde diefstal en niet langer in de westelijke fjorden mochten blijven. Ze bouwden een hut in de lava, waarvan de resten nu nog bewaard zijn en waar een gemarkeerd pad naar toe leidt in Hveravellir. Halla en Eyvindur leefden voornamelijk van het beroven van reizigers die over de Kjalvegur reden. Verder stalen ze loslopende schapen. Toen het in dat gebied te onveilig voor hen

Gunstig aan zijn grot was dat er een kleine bron in opwelde, verder was hij net groot genoeg voor hem om er ineengedoken te zitten.

werd, verhuisden ze naar het gebied ten zuidoosten van de Hofsjökull – dat nu Eyvindarver heet – waar ze nog 5 jaar bleven. Nadat ze bij toeval gevangen waren genomen, werden ze naar Reykjahlíð bij het Mývatn gebracht. Daar wist Eyvindur te ontsnappen, waarna hij naar het Ódàðahraun vluchtte.

In de oase Herðubreiðarlindir (zie blz. 230) vond hij een schuilplaats die hem voldoende bescherming bood om een van de strengste winters van de eeuw te overleven. Zijn enige voedsel was het rauwe vlees van een paard en de daar veel voorkomende plant engelwortel. Gunstig aan zijn grot was dat er een kleine bron in opwelde, verder was hij net groot genoeg voor hem om ineengedoken te zitten. Een plaquette bij de schuilplaats in Herðubreiðarlindir spreekt met trots en bewondering van Eyvindur, die de eenzaamheid, kou en onherbergzame natuur trotseerde als een echte Viking-telg. Na-

tuurlijk slaagde Eyvindur erin zijn vrouw Halla een paar jaar later te bevrijden. Na 20 jaar ballingschap kregen ze gratie en konden ze terugkeren naar de westelijke fjorden, waar nu hun graven liggen.

Vogelvrijen werden in de oude saga's vaak beschreven als supermensen. Zo is Gunnar in de *Njáls saga* stralend en daadkrachtig (zie blz. 90), en zelfs de nogal norse en prikkelbare Eirík Rauði in *Eiríks saga rauða* heeft de nodige eigenschappen van een held. Interessant is dat de personages in de latere saga's – zoals Grettir en Gísli – in veel mindere mate worden beschreven als overwinnaars. Ze lijken tegenslag over zich af te roepen, bijna als hun noodlot, en zijn ook niet erg sociaal ingesteld. Alleen hun kracht is indrukwekkend, zoals in het geval van Grettir. Zo wordt hij tegenwoordig – toeristisch – neergezet als een voorbeeld, zoals tijdens de Grettir-dagen in Bjarg in Noordwest IJsland. ∎

Bij de aanblik van de vegetatieloze lavawoestenij in het hoogland is het bijna niet te geloven dat mensen hier konden overleven; de foto toont het lavaveld Ódáðahraun met de afgezonderde vulkaan Herðubreið

De kleine lettertjes

Vuurtorens zoals deze in Akureyri staan op bijzonder prominente landtongen langs de IJslandse kust

Aankomst

... met het vliegtuig

Vanaf Amsterdam en Brussel gaan er vrijwel dagelijks vluchten naar Keflavík, de internationale luchthaven van IJsland. Een rechtstreekse verbinding is vanaf Schiphol mogelijk met Icelandair, Transavia en Play. Vanuit Brussel alleen met Icelandair. Van de luchthaven rijdt de Flybus naar Reykjavík (ca. 45 min., vanaf ISK3899, kaartjes te koop bij het loket in de aankomsthal, flybus.is). Actuele informatie vind je op de sites van de luchthaven en de luchtvaartmaatschappijen.
keflavikairport.is

... met de boot

De autoveerboot Norröna van Smyril Line vaart bijna het hele jaar. Smyril Line biedt bovendien rondreizen in IJsland aan (inclusief de reis heen en terug). Interessant is verder de mogelijkheid een paar dagen op de eilandengroep Faeröer door te brengen.
smyrilline.fo

Actief en onthaasten

Fietsen

Voor velen is de fiets de populairste vorm van vervoer in IJsland, en je zult dan ook een groot aantal fietsers zien. Op de website van de IJslandse Mountain Bike Club vind je informatie over kleding, wegen en adressen voor fietsverhuur en fietswerkplaatsen. Alle fietsers zijn ook welkom in het clubhuis. De toeristenbureaus hebben lijsten met verhuurders van mountainbikes en aanbieders van fietstochten.
Mountainbike-clubhuis, Brekkustigur 2, 101 Reykjavík, tel. 562 00 99, fjallahjola klubburinn.is

IN HET KORT **K**

Ligging en afmetingen: IJsland ligt op de Mid-Atlantische Rug tussen 63°17'30" en 67°07'05" noorderbreedte en 13°16'07" en 24°32'12" westerlengte. De noord-zuidafstand is circa 300 km, de oost-westafstand circa 500 km.
Aantal inwoners: circa 376.000
Grootste steden: Reykjavík (135.700 inw.), Kópavogur (39.000 inw.), Hafnarfjörður (29.800 inw.), Akureyri (19.600 inw.)
Tijd: winter -1 uur, zomer -2 uur (IJsland kent geen winter- en zomertijd)
Staat en bestuur: IJsland is een parlementaire republiek met een rechtstreeks door het volk gekozen president als staatshoofd. IJsland is verdeeld in acht districten: Reykjanes, Reykjavík, Vesturland, Vestfirðir, Norðurland vestra en eystra, Austurland en Suðurland.
Economie: de economie is gebaseerd op visserij en energie-intensieve industrieën zoals de productie van aluminium. De belangrijkste exportproducten zijn wat de zee opbrengt, aluminium en ferrosilicium. Het toerisme is de laatste jaren een belangrijke bron van deviezen geworden en scoort wat inkomsten betreft allang veel hoger dan de visserij.

Golf

Golf is een zeer populaire sport in IJsland, en je vindt dan ook golfbanen bij kleine steden in het hele land. Alle golfbanen zijn beschikbaar voor buitenlandse bezoekers, er wordt alleen een kleine vergoeding per dag gevraagd. Sommige banen zijn prachtig gelegen op het platteland.
The Golf Union of Iceland, golf.is

Klimsport

Deze sport is aantrekkelijk in IJsland omdat je bijna nooit langs platgetreden routes gaat, maar het is niet helemaal veilig vanwege het instabiele gesteente van veel bergen. Voordat je een berg beklimt, is het raadzaam de weersverwachting en de omstandigheden op de berg te controleren. Het is ook raadzaam om een bericht achter te laten bij de juiste personen, zoals de hutwachter. Het is belangrijk bij verslechterend weer te wachten tot het weer opknapt: daarom is een nooduitrusting met bivakzak en een isolatiedeken van aluminiumfolie altijd onderdeel van een bergtocht. Alleen echt ervaren bergbeklimmers kunnen misschien zonder lokale berggidsen, alle anderen kunnen zich beter aansluiten bij georganiseerde groepen. De wandelclubs geven informatie:
Ferðafélag Íslands, fi.is
Útivist, utivist.is

Belangrijke informatie over veiligheid:
safetravel.is

Marathon en andere afstanden

Elk jaar rond 20 augustus wordt de Reykjavík Marathon gehouden. Bij de Laugevegur Ultra Marathon gaat het zelfs om een route van 55 km van Landmannalaugar naar Þorsmörk. Bij de Suzuki Midnight Sun Run in juni in Reykjavík zijn drie afstanden mogelijk: halve marathon, 10 km en 5 km. Je kunt je ook inschrijven voor alle drie de afstanden. Eind mei/begin juni wordt de Mývatn Marathon gehouden. Inschrijven:
reykjaviksport.is
myvatnmarathon.com

Paardrijden

Er zijn vele mogelijkheden, van korte ritten voor beginners tot hooglandtochten die enkele weken duren. Informatie is te vinden in ruitertijdschriften en op de Hey Iceland-website *Self-Drive in Iceland*, waar boerderijen met mogelijkheden voor paardrijden staan vermeld.
heyiceland.is

Rafting

Deze populaire sport kan op veel plaatsen worden beoefend. Informatie is verkrijgbaar bij de toeristenbureaus en op:
arcticrafting.is

Vissen

IJsland wordt beschouwd als een paradijs voor het vissen op zalm en forel. Een mooie maar dure en omslachtige hobby, want de vergunningen moeten tijdig worden besteld en als je je eigen visgerei meeneemt, moet die worden ontsmet voordat je het land binnenkomt (zie blz. 242). Visvergunningen voor forel zijn op korte termijn verkrijgbaar bij boerderijen en ook bij tankstations in de buurt van de wateren. Informatie over visvergunningen voor zalm:
Icelandic River Owners, angling.is

Wandelen

Een hoogwaardige uitrusting die bestand is tegen de sterk wisselende weersomstandigheden is beslist nodig. Dagenlange zandstormen zijn niet ongewoon, en temperatuurdalingen of langdurige zware regen met harde wind zijn altijd te verwachten. Daarom moeten meerdaagse wandelingen zeer zorgvuldig worden gepland en kun je het best advies inwinnen bij ervaren IJsland-wandelaars. Het spreekt voor zich dat je moet weten hoe je een kaart, kompas en gps moet gebruiken, maar je kunt er nooit van uitgaan dat de kaart altijd klopt, want rivierlopen veranderen in de loop der tijd. Bij wandelingen in het hoogland moet je vaak (gletsjer)rivieren oversteken met sterke stromingen en lage temperaturen. Steek niet over zonder waadstok –– telescoopstokken zijn ideaal. Luister naar de waarschuwingen van IJslandse gidsen en ervaren wandelaars, want overmoed brengt toeristen elk jaar in levensgevaarlijke situaties. Populaire routes hebben meestal het voordeel dat ze gemarkeerd zijn met stokken. Er zijn geen wandelpaden in IJsland zoals je die elders kent. Als je een lavawandeling wilt maken, kun je je alleen maar oriënteren met behulp van de kaart. De wandelclubs verstrekken informatie: Ferðafélag Íslands, fi.is Útivist, utivist.is

Belangrijke informatie over veiligheid op: safetravel.is

Wandelkaarten: wandelkaarten (Sérkort, 1:100 000), een hooglandkaart met gps-coördinaten bij kruispunten en hutten, Íslands Atlas (1:100 000). Verkrijgbaar bij: Forlagið, Landakort, Bræðraborgarstíg 7, 101 Reykjavík, tel. 575 56 00, forlagid.is, Ferðakort, Brautarholt 8, 105 Reykjavík, tel. 517 72 10, mapoficeland.com

Wandelen toegestaan – wildkamperen en met drones vliegen verboden!

Wellness

In Reykjavík en de Blue Lagoon (zie blz. 61) zijn speciale wellnessaanbiedingen, maar IJsland is vooral het land van de hottubs. Elk zwembad en veel hotels en zomerhuisjes hebben zo'n ontspannend bad met een prachtig uitzicht en soms zelfs borrelend water.

Shoppen

De winkels zijn geopend ma.-vr. 9-18, za. 10-16 uur. Sommige supermarkten zijn tot middernacht open, zelfs op zondag, bijvoorbeeld in Reykjavík. Tijdens de zomermaanden (juni-augustus) zijn sommige winkels gesloten, behalve de souvenirwinkels. Onder andere de grote winkelcentra Kringlan (kringlan.is) in Reykjavík en Smáralind (smaralind.is) in Kópavogur zijn do. lang en zo. geopend. Beide winkelcentra bieden zowel bekende internationale merken als grote IJslandse merken en kleine designwinkels. Kiosken (*sjópa*) verkopen meestal tot 23.30 uur, naast snoep en drank kun je er ook wat eten. De mogelijkheid om btw terug te vragen maakt aankopen vanaf ISK6000 goedkoper, zie kader blz. 242.

Reisdocumenten

Voor burgers van Schengenlanden is er geen paspoortcontrole, maar het is raadzaam je paspoort of identiteitskaart mee te nemen. Voor vreemdelingen met een verblijfsvergunning in Nederland of België is een paspoort wel noodzakelijk. Het moet na de terugreis nog drie maanden geldig zijn. Elk kind dat naar het buitenland reist heeft een eigen paspoort nodig. Er is een limiet op contant geld van €10.000, daarboven moet het bedrag worden aangegeven.

TAXFREE

T

Buitenlandse toeristen kunnen de btw voor bepaalde in IJsland gekochte artikelen terugvragen, ofwel 15% van de aankoopwaarde. Het bedrag op de kassabon moet minstens ISK6000 zijn. Er hangen taxfree bordjes bij de winkels. Info: skatturinn.is.

Douanebepalingen

Belastingvrij mag per volwassene (voor alcohol minimaal 20 jaar) worden ingevoerd: 1 l alcohol tot 47 %, 0,75 l wijn en 3 l bier, óf 3 l wijn en 6 l bier, óf 1 l alcohol tot 47% en 6 l bier, óf 1,5 l wijn en 12 l bier, óf 18 l bier; 200 sigaretten of 250 g andere tabakswaar, levensmiddelen tot 3 kg. Niet ingevoerd mogen worden: dieren, roes- en verdovende middelen, vers vlees, zuivelproducten, eieren en wapens.

tollur.is (in het Engels onder de rubriek Duty Free Imports)

Met de eigen auto

Bij aankomst in IJsland met een auto moet je je paspoort, internationaal rijbewijs, kentekenbewijs en internationale verzekeringspolis tonen. De groene kaart of een andere verzekering is verplicht, en zonder bewijs daarvan moet je bij aankomst een WA-verzekering afsluiten. Bij aankomst in IJsland wordt het voertuig geïnspecteerd en wordt een invoervergunning voor 12 maanden afgegeven. Gedetailleerde informatie over de invoer van voertuigen verstrekt de IJslandse douane op:

skatturinn.is/english/individuals/customs-matters/vehicles/

Met sportuitrusting

Hengelsportartikelen en kleding en uitrusting voor paardrijden die eerder al buiten IJsland zijn gebruikt, moeten van tevoren door een dierenarts worden gedesinfec-teerd. Daarvan moet je bij aankomst een officieel bewijs kunnen tonen. Anders worden de spullen alsnog op jouw kosten gedesinfecteerd.

Eten en drinken

Uit eten gaan

In Reykjavík en wat grotere steden en dorpen kun je een veelzijdig aanbod aan restaurants vinden, met typisch IJslandse gerechten zoals langoest en lamsvlees en ook internationale gerechten als sushi en tapas. Bij een goed diner hoort een drankje vooraf, dat je aan de bar of in een gezellige lounge kunt drinken terwijl de voorgerechten worden bereid. Na het voorgerecht volgt het hoofdgerecht bij wijn en kaarslicht. Als je genoeg hebt gegeten en afziet van het dessert, kun je in elk geval nog een kop koffie met bijvoorbeeld cognac of een likeur nemen. Zo'n rijkelijk voorziene avond veroorloven de IJslanders zich bij voorkeur in het weekend, en daardoor is dan reserveren noodzakelijk om nog een plaatsje te krijgen in het restaurant van je keuze. Voordelig zijn de lunchgerechten en dagschotels (*dagsréttur*) die enkele restaurants aanbieden. Meestal staan de prijzen buiten al op een menukaart aangegeven. Buiten de grote plaatsen hebben de hotels meestal een restaurant; deze hotelrestaurants zijn van verschillende kwaliteit. In kleine gehuchten biedt vaak het tankstation de enige mogelijkheid om iets te eten, want hier hoort doorgaans een cafetaria met fastfood bij. Het aanbod bestaat meestal uit verschillende soorten hamburgers, maar sommige cafetaria's serveren ook visgerechten.

Maaltijden van de dag

Ontbijt: het ontbijt (*morgunmatur*) is vrij stevig en meestal wordt bij de accommodatie een buffet aangeboden. Naast sappen is er thee, koffie en natuurlijk verse melk. De granen variëren van muesli tot cornflakes in verschillende soorten. De cornflakes zijn inmiddels traditioneel en worden gegeten met *súrmjólk* (zure melk) en bruine suiker. Naast toast zijn er verschillende soorten brood, meestal ook het IJslandse zoete, donkere roggebrood. Naast jam, boter, kaas en vleeswaren staat er vis op het menu, met haring (*síld*) in vele variaties of zalm. Tomaten, paprika's en komkommers worden in plakjes gesneden.

Lunch: de kleine lunch (*hádegismatur*) eet men over het algemeen tussen 12 en 14 uur. Dit is ook de tijd dat de werknemers van bedrijven en overheden pauze hebben; de restaurants in de grotere steden worden dan ook druk bezocht. Sommige restaurants bieden een relatief goedkope lunch bestaande uit soep en een dagschotel. Buiten staat dit op borden – meestal in het Engels – aangegeven. Hierbij hoort dan nog brood, water en koffie. Andere aanbiedingen bestaan uit een saladebuffet, vaak gecombineerd met soep.

Diner: het avondeten (*kvöldmatur*) is de hoofdmaaltijd van de dag en wordt genuttigd tussen 18 en 21 uur. Als je in de avond uit eten gaat, zul je aanzienlijk meer moeten betalen voor je maaltijd dan tijdens de lunch. Een lamsgerecht kost meestal meer dan een visgerecht – met uitzondering van wilde zalm en kreeft.

Voor tussendoor: in de loop van de middag, tussen 15 en 17 uur, is er een ruim aanbod van allerlei soorten gebak. Naast suikerzoete taarten met veel slagroom biedt men ook *pönnukökur* (flinterdunne pannenkoeken) gevuld met room of jam, *kleinur* (gebak met reuzel) of *vinarbrauð* (Deens gebak). Voor een hartige toevoeging kun je *hangikjöt* eten op *flatbrauð* (gerookt

ZEKER PROEVEN

Jonge IJslanders hebben ook een lievelingsgerecht: *pylsur*, in de rest van de wereld bekend als hotdog. Maar hier kun je ook speciale sauzen en ui krijgen. Als je alles erop en eraan wilt hebben, bestel je *með öllu* (met alles). Hotdogfans zeggen dat de IJslandse worstjes voortreffelijk smaken.

lamsflees op een sneetje roggebrood). Een broodje met *rækja* (krab) telt ook als middagsnack.

Prijscategorieën
€ tot 25 euro
€€ 25 tot 50 euro
€€€ boven 50 euro
Prijs voor een hoofdgerecht of een menu.

Feestdagen

1 januari: nieuwjaar
Do. en vr. voor Pasen, 2e paasdag
3e do. in april: 1e zomerdag
1 mei: Dag van de Arbeid
Hemelvaartsdag
Pinksteren
17 juni: nationale feestdag
1e ma. in augustus: handelsfeestdag
24 dec. vanaf middaguur: kerstavond
25-26 dec.: Kerstmis
31 dec. vanaf middaguur: oudjaar

Toeristeninformatie

visiticeland.com
Dit is de officiële site waar IJsland zich presenteert: natuur, cultuur, economie, politiek enzovoort. Goede reisinformatie en vooral prachtige foto's.

avontuurinijsland.nl

Veel informatie over het land met het accent op de pracht van de natuur en de activiteiten die hier mogelijk zijn. Met een overzicht van de touroperators die reizen naar IJsland aanbieden.

ontdekijsland.nl

Actuele informatie over IJsland met veel aandacht voor de natuur en de cultuur; ook tips voor boeken en muziek.

nat.is

Een schat aan informatie in het Engels over de regio's, afzonderlijke plaatsen met boekingsmogelijkheden en dergelijke. Je moet wel even doorklikken, maar het is een goed begin, vooral met aanbiedingen.

grapevine.is

Informatie in het Engels over reizen en verblijven in IJsland, vooral gericht op jongere reizigers.

Ter plekke

Bij het grootste toeristische informatiecentrum in Reykjavík zijn meestal alle regionale brochures en informatiebronnen beschikbaar, zodat je je reis hier van tevoren goed kunt indelen. Verder worden bij de beschrijving van de plaatsen de lokale informatiepunten vermeld. Het personeel spreekt meestal ook Engels.

Internet

Vrijwel het hele land heeft een goede internetverbinding. Veel accommodaties, restaurants, cafés en dergelijke stellen hun gasten gratis wifi ter beschikking.

Kinderen

IJsland is ideaal voor gezinnen, niet in de laatste plaats omdat IJslanders erg gesteld zijn op kinderen. Er zijn overal kortingen voor kinderen tot 12 jaar, en voor kleine kinderen hoef je vaak niets te betalen. Campings zijn meestal uitgerust met een speelplaats, en in de steden zijn mooie zwembaden. Bij een vakantie op de boerderij of in een eigen hut is er volop kindvriendelijke afwisseling.

Klimaat en reisperiode

Klimaat

De uitdrukking 'Als het weer je niet bevalt, wacht dan even' zegt genoeg over de veranderlijke weersomstandigheden in IJsland. Ze worden door verschillende factoren beïnvloed. Warme, vochtige, deels tropische luchtmassa's uit het zuiden ontmoeten droge, koude luchtmassa's uit het poolgebied. De Irmingerstroom, een zijtak van de Golfstroom met watertemperaturen tot 12°C omspoelt vanuit het zuiden de zuid- en westkust. En vanuit het noorden stroomt de koude Oost-Groenlandstroom langs het noordwesten; deze brengt koud water van 0-3°C mee.

Ondanks de noordelijke ligging kent het eiland geen extreme temperaturen: de zomers zijn kort en momenteel nog relatief koel, de winters zijn lang maar vrij mild. De overwegend zuidelijke en zuidwestelijke winden brengen wolken en een hoge luchtvochtigheid mee. Terwijl het in het noorden koel en droog is, regent het vaker in het warmere zuiden. Winden van gemiddelde sterkte zijn kenmerkend voor het IJslandse weer; in de winter zijn zware sneeuwstormen niet ongewoon.

Reisperiode

Het hoogseizoen is nog altijd de zomer van juni tot augustus, maar het begint zich langzaam uit te breiden met mei, wat tot uiting komt in de prijzen. Toeristische aanbiedingen zijn er dan volop, de IJslanders zijn dan het levendigst, de toeristen

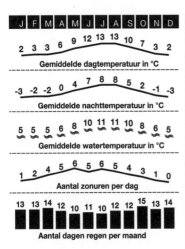

| J | F | M | A | M | J | J | A | S | O | N | D |

2 3 3 6 9 12 13 13 10 7 3 2

Gemiddelde dagtemperatuur in °C

-3 -2 -2 0 4 7 8 8 5 2 -1 -3

Gemiddelde nachttemperatuur in °C

5 5 5 6 8 10 11 11 10 8 6 5

Gemiddelde watertemperatuur in °C

1 2 4 5 6 5 6 5 4 3 1 0

Aantal zonuren per dag

13 13 14 12 10 11 10 12 12 15 13 14

Aantal dagen regen per maand

Het klimaat in Reykjavík

het talrijkst en de natuur het uitbundigst. De campings en trekkershutten zijn in deze periode ook geopend, waardoor weinig een actieve outdoorvakantie in de weg staat. De zomermaanden juni, juli en augustus zijn ook de periode met het langste daglicht. In juni gaat de zon tegen 23:30 uur onder en komt circa 3:30 uur weer op. In juli gaat de zon pas tegen 24 uur onder en komt circa 3 uur op. In augustus worden de dagen weer iets korter. De herfst duurt slechts van september tot half oktober – een goede tijd voor een vakantie, want er zijn minder toeristen in het land. Ervaren bestuurders van terreinwagens kunnen nu nog in het hoogland rijden, en het landschap baadt in warme gouden tinten. Ook worden nu de schapen en paarden bijeengedreven, wat een populair volksfeest is.

De wintermaanden zijn het goedkoopst – met uitzondering van de kerstdagen en de jaarwisseling – maar dan moet je het doen met niet meer dan 4 uur daglicht! Daar staat tegenover dat de sneeuw het landschap betovert en watervallen in ijspaleizen veranderen. De talrijke wintersportaanbiedingen zijn interessant, zoals als gletsjertochten met terreinwagens. In december zijn de straten van Reykjavík feestelijk verlicht en in kerstsfeer. Het hoogland zijn in deze periode niet toegankelijk.

Kleding en uitrusting

Goede regenkleding en zwemspullen, en natuurlijk zonnebrandcrème en een zonnebril zijn onontbeerlijk. Pas verder je kleding aan het veranderlijke klimaat aan. Zorg ervoor dat je een fleecejack of trui en lichte T-shirts inpakt. Zelfs een hoofdbedekking en handschoenen kunnen in de zomer nodig zijn. Voor tochten door het hoogland – gemotoriseerd of te voet – zijn stevige schoenen en winddichte kleding belangrijk. Voor chique restaurants of disco's in Reykjavík heb je gepaste kleding nodig – de IJslanders houden van stijl. Een tent, slaapzak en kookgerei geven je de vrijheid om in het hoogland te overnachten. Bijna elk dorp heeft een aangewezen tentplaats. Bezuinig niet op de kwaliteit van de tent, want die moet bestand zijn tegen storm.

Voor wandeltochten kun je het best telescoopstokken meenemen, omdat het terrein niet altijd vlak is. Vooral als je een rivier moet doorwaden, zijn de stokken handig voor je evenwicht, vooral omdat sommige gletsjerrivieren een sterkere stroming hebben. Kies voor een lange wandeltocht waterdichte schoenen voor het doorwaden, of neem trekkingsandalen of rubberlaarzen mee. Bagage kan ook tijdens busreizen worden blootgesteld aan water, stof en zand: de meeste toeristen reizen daarom met een stevige rugzak.

Jan	Feb	Mrt	Apr	Mei	Juni	Juli	Aug	Sept	Okt	Nov	Dec

Hoogseizoen — Laagseizoen — Voorseizoen — Hoogseizoen — Naseizoen — Laagseizoen — Hoogseizoen

Een Reykjavik-trip is elke dag van het jaar interessant

Beste tijd voor Reykjavik

Beste tijd om te wandelen

Beste tijd om walvissen te kijken

Reizen in het hoogland

Slechts 4-5 uur daglicht

Middernachtzon

Slechts 4-5 uur daglicht

Beste tijd om het noorderlicht te zien

Beste tijd om het noorderlicht te zien

Gletsjertochten

Beste tijd om zelf met een auto op pad te gaan

Skiseizoen

○ 1 jan. nieuwjaar

○ 3e do. van apr. 1e zomerdag

○ 1 mei Dag vd Arbeid ○ 17 juni nationale feestdag

○ mei Pinksteren ○ juni Hemelvaartsdag

○ half/eind apr. Pasen

○ 1e ma. van aug. handelsfeestdag

○ 24.-26 dec. Kerstmis

○ 31 dec. oudjaar

Leestips

Eva Björg Aegisdóttir: *IJskoude leugens*, 2022. Als een depressieve alleenstaande moeder verdwijnt, wordt aangenomen dat het zelfmoord is, tot haar lichaam op een lavaveld wordt gevonden. Rechercheur Elma stuit bij haar onderzoek op huiveringwekkende zaken.
Kristín Marja Baldursdóttir: *Hart van vuur en ijs*, 2010. Het aangrijpende levensverhaal van de kunstenares Karítas Jónsdóttir, vol verzet en strijd om erkenning, speelt zich af in IJsland, Parijs en Rome.
Dominique Biebau: *IJslands Gambiet*, 2015. In deze ingenieuze thriller wordt op een hotelkamer in Reykjavík een vermoorde man aangetroffen. Het blijkt te gaan om een vervalser, spion en schaker die raadselachtige informatie heeft achtergelaten.
Hallgrímur Helgason: *101 Reykjavik*, 2002. Een cultroman, zeker ook dankzij de verfilming. Een werkloze thuiszitter en televisieverslaafde zwerft 's nachts door de stad op zoek naar betekenis en naar vrouwen.
Arnaldur Indriðason: *Koudegolf*, 2006. In een meer ten zuiden van Reykjavík wordt het lijk van een man gevonden. Na een aardbeving is het waterniveau drastisch gedaald waardoor het skelet zichtbaar is geworden. De naspeuringen voeren naar het naoorlogse Leipzig waar een tragische geschiedenis van liefde, verlies en wreedheid begon.
Halldór Laxness: *Atoomstation*, 1957. De roman, waarvoor Laxness in 1955 de Nobelprijs ontving, geeft de onrust in IJsland weer toen het parlement besloot vliegveld Keflavík als basis aan de Verenigde Staten ter beschikking te stellen.
Jenny Lund Madsen: *Dertig dagen duisternis*, 2020. De Deense schrijver Hannah zoekt inspiratie in IJsland. Na enkele dagen wordt een lijk opgevist uit

zee. Ze besluit zelf onderzoek te doen en stuit op gevaarlijke geheimen.

Reizen met een beperking

Met een goede planning is reizen in IJsland heel goed mogelijk voor wie een beperking heeft. Grotere supermarkten zijn meestal toegankelijk voor rolstoelgebruikers. Ook veerboten en luchtvaartmaatschappijen zijn voorbereid op passagiers met een beperking. Op voorafgaand verzoek staan enkele regionale bussen beschikbaar voor rolstoelgebruikers voor speciale tochten. Informatie:
Sjálfsbjorg, Hátun 12, 105 Reykjavík,
tel. 550 03 60, sjalfsbjorg.is (in het IJslands)

Reisplanning

Eerste kennismaking met IJsland
Een dag in Reykjavík met een bezoek aan het Nationaal Museum, een broodje krab in de haven of een kop koffie op de Austurvöllur geeft je een eerste indruk van IJsland. Maar Reykjavík is niet alleen de hoofdstad, het is ook een uitstekende locatie waar je het hele jaar door dagtochten kunt ondernemen. Het nabijgelegen schiereiland Reykjanes, met zijn lavavelden en het geothermische gebied Krýsuvík, lijkt al iets op het IJslandse hoogland. In het vissersdorpje Grindavík kom je meer te weten over gezouten vis als methode om vis te conserveren. Rijd voor ontspanning naar de Blue Lagoon en relax in de vreemdste badkuip van IJsland. Als je de Vatnajökull in het oosten van het eiland wilt zien, vlieg dan naar Höfn en maak een gletsjertocht – en keer 's avonds gewoon terug naar Reykjavík.

Aanraders
Naast Reykjavík zijn de vulkanische landschappen van IJsland het reisdoel voor de

meeste bezoekers. Vooral op de hiernavolgende plaatsen zijn ze indrukwekkend. Via het door UNESCO tot cultureel erfgoed uitgeroepen Þingvellir bereik je de geisers in de vallei Haukadalur. Als je een rondreis maakt, wandel dan in het zuiden naar de vulkaan Hekla en maak een tussenstop in Skógar bij de 60 m hoge waterval Skógafoss en aan de voet van de Vatnajökull voor het gletsjermeer Jökulsárlón. In het oosten ligt het mooie dorpje Seyðisfjörður met zijn oude huizen in een schilderachtig berglandschap dat een omweg waard is. Naast de stad Akureyri met zijn musea zijn de hoogtepunten in het noorden bovenal het meer Mývatn en de kloof Jökulsárgljúfur met de imposante waterval Dettifoss. Onderweg naar het westen kom je langs de voormalige bisschopszetel Hólar met interessante de opgravingen en een fraaie kerk. In het noordwesten, ofwel het gebied van de westelijke fjorden, zijn de kliffen van Látrabjarg een van de grote bezienswaardigheden van IJsland. Het zijn de hoogste kustrotsen en ze zijn rijk aan vogels. In het westen trekt het schiereiland Snæfellsnes bezoekers met de opvallende gletsjer Snæfellsjökull en mooie stranden in het nationaal park. Het hoogland is iets wat je moet meemaken, en als je weinig tijd hebt, moet de lavawoestenij Ódáðahraun rond de berg Herðubreið als eerste worden genoemd: vanaf het Mývatn vormt dit een indrukwekkende dagtocht.

Welk wandelgebied is het mooist?

Voor wie alleen dagwandelingen wil maken, zijn het natuurgebied Skaftafell en de bergketen Kerlingarfjöll aan te bevelen. De wandelmogelijkheden variëren van tochten van 2 uur tot een dag. Als je langer wilt wandelen met rugzak, tent en voldoende eten en drinken, ga dan naar het hoogland en loop van Snæfell in het oosten naar Lónsöræfi. Dit gevarieerde wandelgebied heeft gletsjers, kloven met watervallen en een van de mooiste ryolietbergen, glinste-

rend in alle kleuren. Hornstrandir in het noordwesten is bijna legendarisch, met vele interessante baaien, warme bronnen en mooie kampeerterreinen.

Bus of jeep – wat is het beste vervoermiddel?

Het reguliere busnetwerk – lijndiensten en tourbussen – is in de zomermaanden uitstekend. Elk punt van het eiland is bereikbaar, en omdat je de flexibiliteit hebt om overal in IJsland in en uit te stappen, is reizen met de bus erg prettig – al is het niet per se goedkoop. Als je graag zelf rijdt en het eiland op eigen gelegenheid verkent, dan is een huurauto natuurlijk het aangewezen vervoersmiddel. In het hoogland heb je beslist een terreinwagen nodig. Let op: de wegen in het hoogland zijn veeleisend. Het is beter nog eens te aarzelen en voorzichtig te blijven dan in een gletsjerrivier af te drijven!

Bespaartips

Je kunt op internet goede deals vinden voor zowel luchtvaartmaatschappijen als accommodatie. Verder kun je als algemene regel hanteren: bezoek IJsland in de herfst of de winter als je goedkoper uit wilt zijn (zie blz. 244). Voor levensmiddelen is het de moeite waard inkopen te doen bij de discountwinkels Bónus en Krónan. Als je van plan bent grotere aankopen te doen, zoals kleding, kijk dan of ergens een *útsala*, een opruiming, wordt aangekondigd. Bij sommige boerderijen zie je een bord dat hier groente goedkoper te verkrijgen is: een buitenkans voor wie zelf kookt.

Veiligheid en noodgevallen

Raadpleeg bij elke wandeltocht of bergbeklimming van tevoren de aanbevelingen voor de veiligheid op safetravel.is. Hier vind je gedetailleerde informatie over wegafsluitingen, gevaar voor aardverschuivingen, afsluitingen van bruggen, gevaarlijke oversteekplaatsen van rivieren, enzovoort. In IJsland is het alarmnummer 112 voor brandweer, politie en ambulance. road.is is de Engelstalige website over de toestand van de IJslandse wegen.

Consulaten

Nederlands consulaat-generaal
Tryggvagata 11, 2e verdieping
101 Reykjavík
Tel. 533 10 02 of 848 34 50
holland@holland.is

Belgisch ereconsulaat
Gardaber Lynghels 2
110 Reykjavík
Tel. 570 03 00 of 696 44 44
magnus@garri.is

Overnachten

Hotels

De meeste hotels zijn van gemiddeld niveau en hebben kamers met douche/wc. Hotels van vier of meer sterren bieden in elk geval een hoog niveau. De Icelandair-hotels zijn het hele jaar door geopend en hebben meestal relatief goede voorzieningen. De hotels in de Iceland Hotel Collection hebben drie tot vier sterren. Tot de Icelandair-keten behoren ook de Edda-hotels.

icelandhotelcollectionbyberjaya.com
islandshotels.is
keahotels.is
centerhotels.com

Pensions en particuliere accommodatie

In bijna elk dorp in IJsland zijn dergelijke overnachtingsmogelijkheden (gistiheimili, gistihúsið) aanwezig. Pensions bieden vaak ook de mogelijkheid van slaapzakaccommodatie. Overigens heeft deze accommodatiecategorie allesbehalve een uniforme standaard. Zo variëren de voorzieningen in kamers van twee smalle bedden met twee stoelen en enkele kledinghaken tot een goede comfortabele accommodatie. De prijzen zeggen niet noodzakelijkerwijs iets over de kwaliteit en het niveau.

Vakantie op de boerderij

Onder de naam 'Hey Iceland' bieden de bij een overkoepelende organisatie aangesloten boerderijen en pensions naast accommodatie een scala aan activiteiten, zoals paardrijden, vissen, jagen, zwemmen en schapen drijven. Overnachting (ook in slaapzak) met ontbijt wordt aangeboden in de boerderijen, aparte huisjes of zomerhuisjes.
Hey Iceland, heyiceland.is

Vakantiehuizen

Er zijn verschillende manieren om een zomerhuis of vakantiehuis te huren. Ten eerste horen zomerhuizen vaak bij een boerderij of pension. Informatie hierover vind je in de brochures *Self-Drive in Iceland* (heyiceland.is/tours). Ten tweede verhuren veel IJslanders huizen als vakantiehuis. Sommige touroperators bieden deze huizen aan, maar je moet vaak een hele week boeken, zoals bij buroscanbrit. nl. Je kunt natuurlijk ook een kijkje nemen op airbnb.nl/ijsland.

Jeugdherbergen

Een groot aantal van de 29 jeugdherbergen/hostels is ook buiten de zomermaanden geopend en staat open voor iedereen zonder enige leeftijdsgrens. Er is een ruim aanbod aan kamers en activiteiten. Omdat hostels een goedkope overnachtingsmogelijkheid zijn en ook populair bij gezinnen, is het raadzaam om in de zomer vroeg te boeken. Informatie met beschrijvingen van de afzonderlijke herbergen en boekingen:
hostel.is

Trekkershutten

De IJslandse trekkershutten zijn eigendom van de wandelorganisaties en hun regionale afdelingen. Ze zijn voor iedereen toegankelijk, en als je niet vooraf hebt betaald, wordt van je verwacht dat je het geld in de daarvoor bestemde dozen in de hutten stopt. De prijzen staan aangegeven in de hutten.
Ferdafélag Íslands, fi.is
Útivist, utivist.is

Kampeerterreinen

Er zijn meer dan tweehonderd kampeerterreinen met uiteenlopende voorzieningen, waarvan de meeste geopend zijn van juni tot augustus. Het niveau varieert aanzienlijk. Naast de veertig campings van de Camping Card zijn er andere locaties in veel kleine plaatsen, waarvan de meeste direct aan een zwembad liggen. De kampeerterreinen staan vermeld op:
nat.is/camping-in-iceland

Prijscategorieën

€ tot150 euro
€€ 150 tot 300 euro
€€€ meer dan 300 euro
Prijs voor een tweepersoonskamer of een huisje.

CAMPING CARD

Zo'n veertig kampeerterreinen hebben zich aaneengesloten en bieden gezamenlijk de Camping Card aan. Deze geeft recht op overnachting op een van de campings gedurende 28 dagen (maximaal 4 nachten op dezelfde camping). De kaart is geldig vanaf het begin van het kampeerseizoen tot 15 september en kost €179. Info: campingcard.is.

Binnenlands vervoer

Vliegtuig

Icelandair vliegt vanaf Reykjavík en is de belangrijkste luchtvaartmaatschappij. Bestemmingen zijn Akureyri, Egilsstaðir en Ísafjörður; vanuit Akureyri zijn er verbindingen naar Grímsey, Þórshöfn en Vopnafjörður. Daarnaast biedt Icelandair dagtochten aan. Deze vluchten vertrekken ook vanaf het vliegveld van Reykjavík. Eagle Air vliegt enkele keren per week naar Bíldudalur, Gjögur, Heimaey, Húsavík en Höfn. Deze luchtvaartmaatschappij biedt ook chartervluchten en rondvluchten aan. Norland Air vliegt naar Bíldudalur, Gjögur, Akureyri en andere bestemmingen in het noorden.
icelandair.com
norlandair.is

Bus

Bij het BSÍ-busstation in Reykjavík kun je overstappen op de juiste bussen naar de betreffende accommodatie. Het busnetwerk is goed ontwikkeld en in de zomer worden diverse buspassen aangeboden. Losse kaartjes kun je kopen bij de chauffeur. Het is mogelijk om op elk punt van de route in of uit te stappen. De buspassen zijn echter niet per se goedkoper dan een huurauto. Vergelijk daarom eventueel van tevoren de prijzen.
Reykjavík Excursions: lijnbussen door het zuiden naar het oosten en westen. Info: re.is.
SBA: tochten in het noordoosten, vooral hooglandroutes. Info: sba.is.
Sternatravel: bustochten over het eiland. Info: sternatravel.com.
Strætó: de busmaatschappij van Reykjavík verzorgt ook veel routes over het eiland. Info: straeto.is. Een goed overzicht van de busverbindingen en -maatschappijen vind je op de downloadbare kaart:
publictransport.is

Huurauto

In alle wat grotere steden zijn auto's te huur. Boeken via internet (ruim vooraf) is altijd de moeite waard. Vooral bij boekingen via portals (bijvoorbeeld rentalcars. com en sunnycars.nl) zijn de prijzen gunstig. Voor het huren van een auto is een creditcard nodig. De bestuurder moet minstens 20 jaar zijn – 23 jaar voor auto's met vierwielaandrijving – en minstens een jaar een rijbewijs hebben. Houd rekening met een fikse boete als je met een gewone auto in het hoogland rijdt.

Tanken: een actuele kaart van tankstations kun je vinden op de websites van de exploitanten van tankstations: n1.is/en/locations, olis.is/english/stations. Print voor een reis de recentste kaart uit en bereken de af te leggen afstand op basis van de tankinhoud van je voertuig. Bedenk ook dat het brandstofverbruik op hooglandwegen hoger is dan op de Ringweg. In Reykjavík en de wat grotere steden zijn de tankstations meestal tot middernacht open. Met prepaidcards en creditcards kun je ook buiten kantooruren tanken bij kleine tankstations.

Je bent veilig op de weg met een terreinwagen met grote wielen – als je hier tenminste rijervaring mee hebt!

Verkeersregels

De maximumsnelheid is 50 km per uur in de bebouwde kom, 60 km per uur op autowegen binnen de stad, 80 km per uur op onverharde wegen en 90 km per uur op asfaltwegen. In woonwijken is de maximumsnelheid vaak slechts 30 km per uur. Veel wegen zijn grindwegen, alleen de Ringweg en de straten in de bebouwde kom zijn vrijwel geheel geasfalteerd. Binnenwegen en bruggen zijn vaak smal (eenbaans). De regel hier is dat degene die het dichtst bij de brug is het eerst rijdt, en dat de ander aan de kant van de weg wacht. Onoverzichtelijke stukken zijn meestal, maar niet altijd, gemarkeerd met een waarschuwingsbord met de tekst *blindhæð*. Loslopende schapen hebben voorrang – rij langzaam langs de dieren. Tijdens het rijden moeten auto, motor en brommer dimlicht voeren. Veiligheidsgordels zijn verplicht voor alle passagiers. Voor kleine kinderen is een kinderzitje verplicht. Rijden onder invloed is verboden. Voor hooglandroutes heb je een auto met vierwielaandrijving en ervaring nodig. Controleer de diepte van het water voordat je door een beek rijdt, want auto's worden vaak meegesleurd. Hooglandwegen mogen in de zomer pas worden bereden als ze zijn vrijgegeven (tel. 17 77, road.is). Het is ten strengste verboden buiten de rijstroken te rijden. **vegagerdin.is:** informatie over het weer en de toestand van de wegen; de Engelse versie geeft een samenvatting. Je kunt ook voorlichtingsbrochures downloaden over autorijden in IJsland.

Toeristische woordenlijst

UITSPRAAK **U**

De 'á' wordt uitgesproken als 'au'; 'æ' als 'ei'; 'ð' als het Engelse 'th' in 'breathe'; 'þ' als het Engelse 'th' in 'thin'; 'au' als 'eui' in 'feuilleton'. De 'r' is rollend. De klemtoon ligt altijd op de eerste lettergreep. Ook de plaats- en straatnamen en persoonsnamen worden in het IJslands verbogen.

Algemeen

Hallo	Hæ, sæl(l)
Goedendag	Góðan daginn
Goedenavond	Góða kvöldið
Goedenacht	Góða nótt
Dank je	Takk fyrir
Alsjeblieft	Gerðu svo vel
Sorry	Afsakið
Tot ziens	Bless bless
Tot gauw	Sjáumst
ja/nee	já/nei
niet	ekki

Onderweg

rechtdoor	beint áfram
rechts	hægri
links	vinstri
terug	til baka
bushalte	stoppistöð
tankstation	bensínstöð
autoverhuur	bílaleiga
garage	(bíla)verkstæði
parkeerplaats	bílastæði, bifreiðstædi
weg, landweg	vegur
brug	brú
kaartje	miði
vliegveld	flugvöllur
zwembad	sundlaug(-ar)
kerk	kirkja

museum	safn
veerboot	ferja
fiets	hjól
taxi	leigubíll
post	póstur
telefoon	sími
informatie	upplýsingar

Tijd

vandaag	í dag
gisteren	í gær
morgen	á morgun
's ochtends	á morgnana
's middags	hádegi, í hádeginu
's avonds	á kvöldin
vroeg	tímanlega
laat	seint
zondag	sunnudagur
maandag	mánudagur
dinsdag	þriðjudagur
woensdag	miðvikudagur
donderdag	fimmtudagur
vrijdag	föstudagur
zaterdag	laugardagur

Noodgevallen

help!	hjálp!
pech	óhapp
bergingsauto	björgunarbíl
ongeval	slys
politie	lögregla
apotheek	apótek
arts	æknir
tandarts	tannlæknir
ziekenhuis	sjúkrahús
buikpijn	magaverkur
hoofdpijn	hausverkur
nekpijn	hálsbólga
kiespijn	tannpína, tannverkur
verkouden	kvef
koorts	hiti
hoest	hósti
overgeven	kasta upp, æla

Accommodatie

hotel	hótel
pension	gistiheimili
jeugdherberg	farfuglaheimili
hut	kofi
noodhut	neyðarskýli
kampeerterrein	tjaldsvæði, tjaldstæði
zomerhuis	sumarhús
eenpersoonskamer	einkaherbergi
tweepersoonskamer	tveggja manna herbergi
slaapzak-accommodatie	svefnpokaplás
douche	sturta
badkamer	bað
toilet	snyrtingar

Shoppen

gesloten	lokað
geopend	opið

winkel	verslun
kiosk	sjoppa
bank	banki
creditcard	kreditkort

Getallen

1	einn	18	átján
2	tveir	19	nítján
3	þrír	20	tuttugu
4	fjórir	21	tuttu-guogeinn
5	fimm		
6	sex	30	þrjátíu
7	sjö	40	jörutíu
8	átta	50	fimmtíu
9	níu	60	sextíu
10	tíu	70	sjötíu
11	ellefu	80	áttatíu
12	tólf	90	níutíu
13	þrettán	100	hundrað
14	fjórtán	101	hundrað-ogeinn
15	fimmtán		
16	sextán	200	tvöhun-druð
17	sautján		

B

BELANGRIJKE ZINNEN

Algemeen

Ik heet …	Ég heiti …
Hoe heet u/jij?	Hvað heitir þú?
Ik kom uit België, Nederland.	Ég er frá Belgia, Niðurlönd.
Spreek je Engels?	Talar þú ensku?
Ik versta je niet.	Ég skil ekki.
Ik spreek geen IJslands	Ég tala ekki íslensku
Hoe gaat het?	Hvað segir Þú?
Leuk je te ontmoeten	Gaman að kynnast Þér
Dank je, goed.	Allt fínt.
Dat geeft niet.	Allt í lagi.
Waar is …?	Hvar fæst …?

Onderweg

Hoe kom ik in/bij…?	Hvar er til …?
Waar vertrekt de bus?	Hvar er rúta?
Waar is …?	Hvar er …?
Kunt u/kun je me … laten zien?	Gætir þú sýna mér …?

Noodgevallen

Kunt u/kun je me helpen?	Gætir Þú hjalpað mér?
Ik heb een dokter nodig.	Ég þarf að komast til læknis.

Accommodatie

Hebt u nog een kamer vrij?	Ertu með laust herbergi?
Ik heb een kamer gereserveerd.	Ég pantaði herbergi.

Shoppen

Hoeveel kost …?	Hvað kostar …?
Wanneer gaat … open/dicht?	Hvenær er opið/lokað …?

In het restaurant

Mag ik de menukaart?	Gét ég fengið matseðilinn?
Mag ik de rekening?	Gét ég fengið reikninginn?
Ik wil graag …	Má ég fá …

Culinaire woordenlijst

Algemeen

aðalréttur	hoofdgerecht
diskur	bord
eftirréttur	dessert
egg	ei
forréttur	voorgerecht
gaffall	vork
grænmetisréttir	vegetarisch gerecht
hádegismatur	lunch
hnífapar	bestek
hnífur	mes
kokkteilsósa	cocktailsaus (mix van tomaten-ketchup en remoulade, populair bij aardappelen)
kvöldmatur	diner
morgunmatur	ontbijt
pipar	peper
salt	zout
samloka	sandwich, broodje
sjálfsafgreiðsla	zelfbediening
skál	proost
skeið	lepel
súpa	soep
sykur	suiker
Þjónn	ober
Þjónustustulka, frøken	serveerster

Bereiding

grillaður, steiktur	gegrild
gróf(ur), gróft	grof
heitur, heitt	heet
hita	verwarmd
hrá(r), hrátt	rauw
kaldur, kalt, köld	koud
krydd	gekruid
ofnbakaður	in de oven gebakken
ostur	kaas
reyktur	gerookt
saltur	gezouten
smjör	boter
soðinn	gekookt
stappað	gestampt
steiktur	gebraden
sætur	zoet

Vis en zeevruchten

bleikja	zeeforel
fiskur	vis
hákarl	haai
harðfiskur	stokvis
hrogn	rog
humar	langoest
hvalur	walvis
karfi	roodbaars
krabbar	krab
lax	zalm
lúða	heilbot
makrill	makreel
rauðspretta	schol
rækjur	garnalen
sandhverfa	tarbot
síld	haring
silungur	forel
steinbítur	zeewolf
ufsi	koolvis
ýsa	schelvis
þorskur	kabeljauw

Vlees en gevogelte

beikon	bacon
blóðmör	bloedworst
folald	veulen
fuglakjöt	gevogelte
grís	varken
hangiálegg	lamsvlees (plak)
hangikjöt	gerookt lamsvlees
hreindýr	rendier
hrossakjöt	paardenvlees
kálfakjöt	kalfsvlees
kindakjöt	schapenvlees
kjúklingur	haantje
kjötréttur	vleesgerecht
kótilettur	kotelet
lambakjöt	lamsvlees

lifrarkæfa	leverpastei
lifrarpylsa	leverworst
lund, lundir	filet
lundi	papegaaiduiker
nautakjöt	rundvlees
pylsa, pylsur	worstje, hotdog
rjúpa	sneeuwhoen
skinka	ham
svartfugl	alk, zeevogel
svínakjöt	varkensvlees
túnfiskur	tonijn

Groente en bijgerechten

agúrka	augurk
baunir	bonen
blómkál	bloemkool
brauð	brood
ertur	erwten
franskar	frites
grænmeti	groente
gúrka	komkommer
hvítlaukur	knoflook
jöklasalat	ijsbergsla
kartöflur	aardappelen
kínakál	chinese kool
laukur	ui
rabarbari	rabarber
rauðkál	rodekool
rúnnstykki	broodje
salat	salade
sveppur	paddenstoel
tómatur	tomaat

Fruit

appelsínur	sinaasappel
bananar	banaan
bláber	bosbes
brómber	braam
epli	appel
ferska	perzik
hindber	framboos
hrútaber	aalbes
jarðaber	aardbei
kirsuber	kers
pera	peer
rúsinur	rozijn
sítróna	citroen
vínber	druif

Nagerechten

ábætisréttur	dessert
búðingur	pudding
eplakakka	appeltaart
ís	ijs
jógúrt	yoghurt
jólakaka	rozijnenkoek
jurtaís	vruchtenijs
konfekt	snoep
krap	sorbet
kökur	koek, biscuit
ostaterta	kaastaart
pönnukaka	pannenkoek
rjómaterta	slagroomtaart
rjómi	slagroom
skyr	skyr (vergelijkbaar met magere kwark/ yoghurt
súkkulaðikaka	chocoladetaart
sulta, marmelaði	jam, marmelade

Dranken

ávaxtasafi	vruchtensap
bjór	bier
brennivín	sterkedrank, brandewijn
búst	smoothie
djús	geconcentreerd vruchtensap
glas	glas
gosdrykkur	limonade, niet-alcoholisch drankje
hvítvín	witte wijn
kaffi	koffie
kaffirjómi	koffieroom
kakó	cacao
kampavín	champagne
klaki	ijsblokje
kók	cola
kókómjólk	chocolademelk
mjólk	melk
pilsner	pils, gewoon bier
rauðvín	rode wijn
safi	sap
sódavatn	mineraalwater
te	thee
vatn	water
viski	whisky

Het

magazine

Op het schiereiland Stokksnes met de rotsachtige toppen van de Vestrahorn lijk je beland in een andere wereld

De polsslag van de aarde

Uitbarsting na uitbarsting — het sist, kookt, stoomt en borrelt. De aarde beeft, aswolken uit IJsland leggen het vliegverkeer in Europa lam. Er gebeurt voortdurend iets, soms met grote gevolgen, soms met minder grote consequenties.

Een blik op de kaart verklaart alles: IJsland ligt precies op de Mid-Atlantische Rug, met de breukzone die van noord naar zuid door het midden van het land loopt. Twee continentale platen, de Noord-Amerikaanse en de Euraziatische, drijven hier uit elkaar. Het is dus geen wonder dat er voortdurend beweging is.

Gevormd door vuur en ijs

In geologisch opzicht is IJsland een kleuter: met een leeftijd van 15-20 miljoen jaar – tegenover de 3,5-4 miljard jaar van de aardkorst – is het eiland bij de Noordpoolcirkel een van de jongste gebieden ter wereld. De landmassa werd gevormd toen opstijgend magma uit de continentale kloof een hotspot ontmoette, een bijzonder heet gebied in de aardkorst. De gezamenlijke magmaproductie veroorzaakte sterke regionale vulkanische activiteit, en als gevolg daarvan kwamen basaltgesteenten uit de zee omhoog. Terwijl de platen uit elkaar dreven, met een

gemiddelde snelheid van 2 cm per jaar tot op de dag van vandaag, groeide het eiland langzaam tot zijn huidige omvang van 103.000 km². Een langzame klimaatverslechtering begon 8-9 miljoen jaar geleden en de opeenvolgende tien à twintig ijstijden veranderden het oppervlak van IJsland: enorme ijsstromen kerfden diepe dalen, fjorden en diverse bergvormen uit het lavaplateau. Tot op heden bepalen ijs, vuur, wind en de zee de oppervlakte van het land.

Vulkanen als in een prentenboek

Je zou ook kunnen zeggen: IJsland zit nog in de impulsieve, uitdagende fase. De vulkanische activiteit beperkt zich niet tot de eigenlijke breukzone die door het land loopt van Öxarfjörður in het noor-

De recentste uitbarsting van de Bárðarbunga in 2014 hield meer dan zes maanden aan

den tot Reykjanes in het zuiden, maar strekt zich ook uit over twee secundaire zones: het schiereiland Snæfellsnes met de stratovulkaan Snæfellsjökull en het centrale deel van Zuid-IJsland met de zeer actieve vulkaan Katla. In totaal vertoont een kwart van het oppervlak van het eiland tekenen van vulkanisme, verdeeld over ongeveer dertig vulkanische systemen. De meeste van deze sterk vertakte systemen hebben een centrale vulkaan, vaak een afgezonderde vulkaankegel of een bergmassief met een min of meer uitgesproken caldera – een ronde grote depressie – zoals de Askja.

Het landschap van IJsland wordt gekenmerkt door verschillende vulkanische formaties: hoge tafelbergen, zoals de Herðubreið, en lange tufsteenruggen, zoals Bláfjöll, uit de glaciale perioden, en gewone vulkanen, vulkanische delen en lavavelden uit de perioden tussen de ijstijden. De bijzondere vorm van de tafelbergen en tufsteenruggen kwam tot stand door uitbarstingen van vulkanen die onder een gletsjer lagen en die door snelle afkoeling tufsteen en kussenlava produceerden. Ook sintelkraters, lavakringen, schildvulkanen – die verder alleen op Hawaï in deze perfectie te zien zijn – en tefrakraters van as en puimsteen zijn opvallend aanwezig in het landschap. De langste reeks kraters, de Lakigigar, strekt zich uit over 24 km, en enkele aardspleetzones met geulformaties kunnen meer dan 100 km lang zijn, zoals in Þingvellir.

'Al het leven werd gewoon verstikt door de puimsteenas, die 220 km noordelijker nog 10 cm dik was'

Over lava

Meer dan 90% van alle lavastromen in IJsland bestaat uit basalt of andesiet, en kan worden verdeeld in twee typen. De gelaagde lava is een dunne, gasarme lava die stolt tot platte lagen, waarvan het oppervlak vaak een touwachtige gedraaide structuur heeft, de zogenaamde gebreide lava. Deze lavavelden zijn prachtig om overheen te lopen, maar de meer gewone sintellava is heel anders. Het oppervlak van deze stroperige en gasrijke lava bestaat uit losjes opgestapelde sintelbrokken en is ruw en brokkelig. Bijzonder zijn de vrij zeldzame zure-lavastromen; een van deze lavavelden ligt bij Landmannalaugar en bestaat uit obsidiaan, een zwart, glasachtig gesteente.

Verwoesting door de uitbarstingen

Zo fascinerend deze vulkanische landschappen vandaag de dag zijn, zo hoog was de prijs voor de bevolking in de 1100 jaar van bewoning. In deze periode vonden ongeveer 250 uitbarstingen plaats, waarvan sommige vele maanden of jaren aanhielden, in vijftien vulkanische systemen. Dit leverde 45.000 m^3 gesteente op. De actiefste centrale vulkanen zijn Hekla, Katla en Grímsvötn, met soms meer dan twintig uitbarstingen per vulkaan. Thermische en vulkanische activiteiten in de met gletsjers overdekte caldera's Grímsvötn en Katla veroorzaken enorme gletsjerstromen, die een paar 100.000 m^3 water per seconde kunnen vervoeren. De laatste keer dat dit gebeurde was in het najaar van 1996, toen de Báðarbunga uitbarstte onder de Vatnajökull. Destijds werd alleen de Ringweg aan de voet van de Vatnajökull verwoest. Heel anders ging het 650 jaar geleden: tussen 1362 en 1727 waren er verschillende uitbarstingen die het landschap van Öræfi volledig verwoestten. De boerderijen werden weggevaagd door de gletsjerstromen en mensen en dieren verdronken. Een echt dramatische uitbarsting was die van de Hekla in 1104. De destijds florerende nederzetting in de Þjórsárdalur verdween. Al het leven werd gewoon verstikt door de puimsteenas, die 220 km noordelijker nog 10 cm dik was. Alleen al in de 18e eeuw waren er drie grote uitbarstingen: Katla in 1755, Hekla in 1766 en de meest verwoestende in 1783-1784 van de Lakikraters. Veertien boerderijen werden vernietigd en de as bedekte een gebied van 2000 km^2. Kooldioxide en zwavelzuur verontreinigden weilanden en oppervlaktewater. Door de daaropvolgende epidemieën en hongersnood stierven 50% van het vee, 79% van de schapen, 76% van de paarden en ongeveer 10.000 mensen.

Vulkanen onder observatie

In maart 2010 deed zich een spectaculaire uitbarsting voor in het zuiden van IJsland. De vulkaan onder de gletsjer Eyjafjallajökull barstte uit en al snel trof de

kilometershoge askolom niet alleen de IJslandse landbouw, maar ook het Europese vliegverkeer. Aardbevingen komen ook relatief vaak voor in IJsland en zijn het gevolg van de schuivende aardplaten. Soms luiden deze een vulkaanuitbarsting in, zoals bij de aardbeving van augustus 2014 die werd gevolgd door de uitbarsting van de Bárðarbunga onder de Vatnajökull, die pas in februari 2015 tot stilstand kwam.

Tegenwoordig zijn vulkaanuitbarstingen niet meer zo schrikwekkend, vooral omdat seismografische waarschuwingssystemen steeds verder zijn ontwikkeld, zodat mensen zich erop kunnen voorbereiden en tijdig passende maatregelen kunnen nemen. Als er een uitbarsting plaatsvindt, is dat ook een toeristische attractie. Tijdens de laatste uitbarstingen van de Hekla werden bijvoorbeeld rondvluchten en zelfs kleine vliegroutewijzigingen aangeboden. In het najaar van 2018 registreerden vulkanologen activiteit bij de vulkaan Katla, die mogelijk een aanloop was voor een uitbarsting, zeiden ze. De vulkaan Fagradalsfjall is echter het meest actief. Hij barstte sinds 2021 al meerdere keren uit. ∎

Haringen stapelen vanaf hun geboorte voortdurend vet op. Ze bereiken hun hoogste vetgehalte in augustus, en het visseizoen duurt dan ook van juni tot augustus. Maar in IJsland wordt nu nauwelijks nog op haring gevist

Vaarwel haring, leve de haring

Wat te doen? — afhankelijk van het seizoen ziet Djúpavík eruit als een spookstad, zelfs de gerenoveerde gebouwen kunnen nauwelijks iets aan die indruk veranderen. De betonmuren van de oude haringfabriek en het scheepswrak ervoor zijn aangevreten door weer en wind.

Toch was Djúpavík ooit het grootste haringverwerkingscentrum van het land, zelfs van Europa. Van 1934 tot 1944 duurde het zilveren tijdperk voor de stad, die pas in 1919 was gesticht, toen de eerste grote scholen haring voor de kust verschenen. Vanaf 1944, toen de haring door overbevissing begon te verdwijnen, werd het kaken en zouten tot 1954 in stand gehouden, maar daarbij kon niet worden voorkomen dat het steeds slechter ging. Overigens beschreef Halldór Laxness de hoogtijdagen van de haringvisserij in zijn alleen in het Duits vertaalde roman *Die Litanei von den Gottesgaben* ('De litanie van Gods gaven'). Van de glorieuze jaren van de haringhausse bleven alleen verlaten fabrieken en nederzettingen over, die nu nog te zien zijn in de regio Strandir, de noordelijkste punt van de westelijke fjorden.

Terug naar het verleden

In Strandir bedekt de esthetiek van het verval als een sluier de krachtige natuur en het nieuwe heden. Deze mengeling kan aantrekkelijk zijn en vormt juist de charme van Djupavík. De enorme hal van de voormalige haringfabriek is met een lengte van 90 m ronduit indrukwekkend. De hal is twee verdiepingen hoog en uitgerust met de modernste technologie van die tijd. Sinds 1986 wordt de fabriekshal gebruikt voor tentoonstellingen en evenementen, en worden de oude arbeiderswoningen gebruikt als hotel. Ook filmregisseurs waarderen de locatie, geen wonder, de hal werkt als een ontdekkingsreis. De schoonzoon van de hoteleigenaren geeft ook wel rondleidingen. In een ruime kamer staan enkele oude auto's die zijn schoonvader Ásbjörn Thorgilsson verzamelde en die nu patina en stof verzamelen. Boven staan nog oude machines, rondslingerend gereedschap en foto's laten zien hoe het er in de actieve tijd uitzag. De verwerende inventaris en de grijze betonnen muren geven het terrein een onwerkelijke sfeer, vergelijkbaar met een bovenmaatse installatie. We klimmen over buizen en trappen met geïmproviseerde leuningen. Vismeel en traan waren de belangrijkste producten van de fabriek, en drie grote tanks staan nog steeds naast het gebouw. De akoestiek binnen is zo geweldig dat de band Sigur Rós hier een concert gaf.

Oud en nieuw leven

Na deze wandeling door het verleden verbaast het eigenlijk dat je buiten niet duizenden haringvaten ziet, en vrouwen die vis zouten. Je kunt je hier goed voorstellen dat ooit alles vervuld was van het lawaai van machines en mensen. In de haringtijd werkten er alleen al zestig arbeiders in de fabriek en tweehonderd op de afdeling voor het zouten. Maar de fabriek was niet alleen een bron van inkomsten voor de plaatselijke arbeiders, hoewel de lonen niet zo hoog waren als in Reykjavík, maar ook voor de boeren in de omgeving die de arbeiders van voedsel voorzagen.

We lopen verder langs de baai, slechts begeleid door het geluid van de branding en, afhankelijk van welke kant de wind op waait, het geklater van de waterval. Het rode gebouw dat nu een hotel is, was ooit het onderkomen van de vrouwelijke arbeiders; de seizoensarbeiders sliepen destijds op de MS Suðurland, het roestende wrak bij de aanlegsteiger in de haven.

Haringstarters

Djúpavík charmeert ook veel reizigers die van natuur houden. Het is een ideale plek om tot rust te komen en op de meest aangename manier een dag door te brengen. Dit is te danken aan Eva Sigurbjörnsdóttir en Ásbjorn Þorglisson, die Djúpavík nieuw leven inbliezen toen ze het hotel eind jaren 80 openden. Het was voor hen vooral belangrijk om de authentieke sfeer niet te verdoezelen en ruimte te laten voor het verleden. Hun succes bewijst hun gelijk – soms heb je alleen een goed idee en een beetje moed nodig om van iets uit het verleden iets prachtigs te maken. Als je verblijft in de eenvoudige, maar zeer gezellige kamers van het familiehotel, kun je veel ontdekken over de natuur en de geschiedenis.

In het restaurant serveert men IJslandse streekgerechten. Eigenlijk zou het wel een ster verdienen (voor informatie over Hótel Djúpavík, zie blz. 196).

Het vermogen om zichzelf steeds opnieuw uit te vinden is typisch iets van IJslanders. Soortgelijke ontwikkelingen hebben ook elders plaatsgevonden, bijvoorbeeld in Siglufjörður (zie blz. 168), dat in de afgelopen jaren ook nieuwe stimulansen kreeg. Eerst kwam er in 2010 een autotunnel, die het dorp rechtstreeks verbond met Ólafsfjörður en dus ook met Akureyri, gevolgd door de opening van een hotel en restaurant. Een filmploeg en de eerste skiërs lieten niet lang op zich wachten, en plotseling is Siglufjörður op weg om de skihoofdstad van het land te worden. Wie herinnert zich nog het verlaten haringdorp in een verre uithoek … ∎

EXPORTHIT VIS E

De uitvoer van visproducten is nog steeds goed voor zo'n 40% van de totale export van IJsland. De 200-mijlszone wordt dan ook nog steeds fel verdedigd, en het is het centrale punt bij alle overwegingen om wel of niet tot de Europese Unie toe te treden. Bovendien hanteert IJsland een strikt quotasysteem. Natuurlijk zijn schommelingen in individuele vissoorten in het verleden een probleem geweest. Het is echter niet mogelijk precieze voorspellingen te doen voor de toekomst, omdat door de opwarming van de aarde de zeetemperaturen stijgen, en de vissen zelfs al op zeer kleine veranderingen reageren. Momenteel is haring een van de belangrijkste vissen voor de export en sinds enkele jaren ook de makreel.

De helden van de zee

De eerste vestiging — uitgerust met een goed schip, nieuwsgierigheid, moed en in sommige gevallen wapens trokken Noormannen op verkenning naar het westen om via IJsland en Groenland in Vínland (Canada) aan land te gaan.

Aan het eind van de 9e eeuw was Harald Schoonhaar van plan heel Noorwegen onder zijn kroon te verenigen. Dit kwam niet overeen met het vrijheidsgevoel van veel Noren, zij wilden onafhankelijk blijven. Een nieuw schip stelde hen in staat ver weg te varen: de Knörr. Dit was een 15 m lang koopvaardijschip met een brede, lompe romp. Bij de boeg en de achtersteven waren halve dekken aangebracht en in het midden bevond zich het ruim voor proviand en het hele huishouden. Naast het vee was er plaats voor ongeveer twintig personen.

Eiland van vrijheid

De reizen van de Noormannen worden genoemd in verschillende IJslandse sagen en een van de grootste helden is zelfs de naamgever van de internationale luchthaven in Keflavík: Leifur Eiríksson. Als eerste bewoner van IJsland beschouwt men Ingólfur Arnarson. Door geschillen met een bloedige afloop waren hij en zijn bloedbroeder Leifur Hróð-

marsson genoodzaakt Noorwegen te verlaten. Ze gingen uit op verkenning – na de eerste pogingen tot bewoning door Flóki Vilgerðarson vanaf 865 besloten ze zich uiteindelijk hier te vestigen. In 874 begonnen ze eindelijk een nieuw leven op te bouwen op het eiland – de vestiging begon. De eerste bewoners kwamen als een golf in IJsland aan: rijke Noorse boeren met hun gevolg, maar ook vrouwen, slaafgemaakten en vee. Het nieuwe land in het noorden beloofde hun een vrij en onafhankelijk leven. De afkondiging van de IJslandse Vrijstaat in Þingvellir (zie blz. 65) in 930 was de afsluiting van de vestigingstijd, die werd gedocumenteerd in het *Landnámabók* (Vestigingsboek).

Leifur en de woeste voorvaders

De voorouders van Leifur Eiríksson kwamen uit Noorwegen. Zijn grootvader Thorvald Avaldsson moest als vogelvrijverklaarde – wegens moord – het land verlaten en hij vestigde zich met zijn zoon

Eirík Rauði (Erik de Rode) – de vader van Leifur – in 960 in het noordwesten van IJsland. Net als Thorvald behoorde Eirík niet tot de vreedzaamste tijdgenoten. Hij werd voor drie jaar verbannen uit IJsland wegens doodslag – reden voor Eirík om nog verder naar het westen te varen. Om erachter te komen hoe het hem op deze reizen verging, kun je *Grænlendinga saga* doorbladeren. Hij bereikte Groenland in 982, verkende daar de oost- en westkust en vestigde zich in het zuidwesten bij Tunugdliarfik (Eiríksfjord). Na zijn terugkeer promootte hij het 'groene land', zoals hij het noemde, in IJsland. Hij nam terecht aan dat 'mensen veel meer geneigd zullen zijn erheen te gaan als het land een mooie naam heeft'. Toen hij in 985 of 986 terugging naar Groenland om zich daar voorgoed te vestigen, voeren 25 schepen met hem mee, waarvan er 14 het 'groene land' bereikten. Er ontstonden twee nederzettingsgebieden, de Eystribyggd (oostelijke nederzetting) in Zuid-Groenland en 400 km verder naar het noorden, in het gebied van het huidige Nuuk, de Vestribyggd (westelijke nederzetting). Men schat dat er omstreeks 1300 ongeveer 4500 kolonisten in Groenland woonden. Zij vormden een onafhankelijke staat, georganiseerd

Eens per jaar komen Vikingen uit de hele wereld bijeen in Hafnarfjörður en spelen ze veldslagen na, maar ook het dagelijks leven in de middeleeuwen

naar IJslandse principes. Als je meer van de geschiedenis van Eirík wilt weten, kijk dan in de recentere *Eiríks saga rauða* uit de 13e eeuw.

Leifur de zeeman

Leifur was het oudste kind van Eirík, geboren in IJsland tussen 970 en 980 en opgegroeid in Groenland. Toen hij in het jaar 1000 met 35 man naar het westen vertrok, volgde hij informatie van Bjarni Herjólfsson, die de kust ten westen van Groenland al in 985 had waargenomen. Leifur landde op drie plaatsen, die hij als volgt noemde: Helluland, Markland en Vínland. In Vínland bouwde hij volgens de sage een groot huis en vond hij druiven. Uit archeologische opgravingen blijkt dat de drie plaatsen waarschijnlijk Baffin Island, Labrador en Newfoundland waren. Bijna 500 jaar eerder dan Columbus had een Noorman dus als eerste Europeaan voet gezet op Amerikaanse bodem.

IJslanders in de Nieuwe Wereld

Verdere pogingen tot vestiging volgden: in 1010 vertrok Þorfinn Karlsefni met 'zestig mannen, vijf vrouwen en allerlei dieren' om zich in Vínland te vestigen. Hij was getrouwd met Guðríður Þorbjarnardóttir (zie blz. 204), die ook deelnam aan de expeditie. Maar van een permanente vestiging kwam het niet, ze bleven er slechts 2 jaar, mede vanwege conflicten met de inheemsen. Þorfinn gaf het op en verhuisde met zijn gezin terug naar IJsland. Niettemin werd zijn oudste zoon Snorri hier geboren. Zelfs na de mislukte vestiging gingen de in Groenland wonende Noormannen hier nog geregeld heen voor het hout en de jacht. De Noorse archeoloog Helge Ingstad en zijn vrouw Anne Stine konden de exacte beschrijving van de plaatsen in de sagen

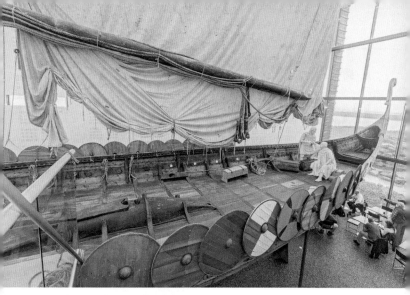

In 2000 heeft een replica – de Íslendingur – de route van Leifurs reis naar Vínland opnieuw afgelegd. De replica van de boot is te zien in de Vikingwereld Vikingaheimar (zie blz. 54)

bevestigen tijdens hun opgravingen bij L'Anse aux Meadows in Canada, een voormalige nederzetting van de Noormannen.

In het spoor van Vikingen

Zowel op serieus als speels vlak vind je Vikingen in IJsland. In het Vikingdorp en het Viking Restaurant in Hafnarfjörður kun je eten en overnachten in 'Vikingstijl' (zie blz. 52). In Eiríksstaðir volgt de replica van een langhuis met zijn inrichting de historische voorbeelden (zie blz. 202). In Landnámssetur in Borgarnes zijn scènes uit *Egils saga* uitgebeeld (zie blz. 214). Natuurlijk kun je ook Vikinghelmen, drinkhoorns en plastic zwaarden kopen; de souvenirwinkels hebben er duizenden. Maar vergeet niet dat de oorspronkelijke helmen geen hoorns hadden: dat bedachten de filmregisseurs in de jaren 50. Nep blijft altijd bestaan! ∎

WIE WAREN DE VIKINGEN?

De term Noormannen verwijst naar iedereen die in de vroege middeleeuwen in het Scandinavische gebied woonde en vervolgens naar het westen trok. Vikingen waren slechts een klein deel van deze groep. De naam Viking verwijst naar de mannen die op Vikingreis gingen, een rooftocht per schip naar nieuwe landen. Deze groep kan weer worden onderverdeeld: Vikingen die zich na succesvolle plunderingen in de nieuwe landen vestigden en de gebruikelijke landbouw bedreven, en Vikingen die voor hun levensonderhoud doorgingen met plunderen. Deze laatste groep werd ook in de eigen streek van afkomst niet alleen bewonderd, maar ook gevreesd.

Het leven is (g)een ponyboerderij

*Paardendrift bij
de Skagafjörður*

Paardrijden en werken — natuurlijk woont Claudia Hofmann niet op een ponyboerderij, want er zijn geen pony's in IJsland. IJslandse paarden zijn kleine paarden – vergeet dat nooit!

Claudia is de pensionhoudster van paardenboerderij Brekkulækur in het noorden van IJsland, ook al zegt ze dat niet van zichzelf. Haar partner Arinbjörn Jóhnnsson, roepnaam Abbi, is de eigenaar van de boerderij die voorheen van zijn ouders was, en is natuurlijk de baas. Maar Claudia draagt duidelijk bij aan het succes met haar charme, haar gastvrije houding en vooral met haar toewijding aan het werk. Ik ontmoette haar op de boerderij, ze vertelde me over haar leven in IJsland, het paardrijden en hoe ze hier eigenlijk terecht was gekomen.

Wat bracht je naar IJsland: waren het de paarden of de man?

Dat is niet zo gemakkelijk te beantwoorden. Van kinds af aan hield ik van paarden en ik hielp op een boerderij met het uitmesten en verzorgen van haflingers. In ruil daarvoor mocht ik er rijden en ik investeerde al mijn zakgeld in rijlessen. Later hielp ik op een ponyboerderij met IJslandse paarden. Ik vond ze meteen leuk. Toen ik mijn eerste geld verdiende, kocht ik samen met mijn zus een IJslands paard. Doro, de eigenaar van de ponyboerderij, had contact met Abbi. Ze was bij hem geweest en hij kwam naar Opper-Beieren voor diavoorstellingen. In 1996 ben ik met hem meegegaan naar IJsland voor een ruitertocht.

Dus je ging toch naar IJsland voor de paarden?

Nou ja, het was allebei.

Wat was toen je eerste indruk van het land?

We waren hier voor de paardendrift en ik vond het geweldig. De IJslanders behandelen hun paarden zo anders, het zijn werkdieren en ze zijn niet bedoeld voor toeristen. Dus zei Abbi meteen dat we de paarden moesten leiden. Naief dacht ik dat ik moest opstappen om het paard te leiden, maar nee, ik zat op het ene paard en had een handpaard aan de teugel. We reden over lava en door rivieren, alles op snelheid, dat wil zeggen in draf en telgang. Ik dacht steeds: arm paard.

Dus je had liever gelopen om het paard te sparen?

Zo ongeveer. Maar je leert al snel dat de ruiter zich moet overgeven aan het paard. Je zit erop en probeert het paard niet te storen. Hij kent de weg veel beter dan jij. Misschien moet je het paard af en toe ondersteunen, zodat het niet struikelt.

Zitten de ruiters daarom zo anders op de IJslandse paarden?

Dit was vroeger zo'n beetje de IJslandse boerenrijstijl: armen hoog en

'Ik had een goede baan, ik was pedagoog in een kindertehuis in Rosenheim, maar ik ging liever naar de paarden-boerderij'

benen weg. Dat is wel veranderd, maar het verschil is dat het een werkstijl is, dus een paard moet zich comfortabel voelen en graag willen lopen. De paarden worden nog steeds gebruikt om de schapen en andere paarden op te drijven. Voor het overige is paardrijden in IJsland een familiesport. Zo'n 70-80% van de IJslanders heeft iets met paarden, heel anders dan in Duitsland, waar het misschien om 5% van de bevolking gaat. Zelfs in Reykjavík hebben mensen een stal aan de rand van de stad, dat heb je vast weleens gezien. In het weekend gaat de familie erheen, oma brengt taart en past op de jongste kinderen, en soms is er ook een koffiehoek (*kaffistofa*).

Hoe ging het verder met jou en IJsland?

Nou, ik hield van paarden en het platteland, ik was erg enthousiast over het landschap. Abbi kwam ook regelmatig naar Duitsland en ik reisde in de zomer naar IJsland, maar aan emigreren had ik nooit gedacht. Op een gegeven moment kwam er liefde in het spel en moest er een beslissing worden

LANDSMÓT

Elk even jaar wordt een nationale paardenshow gehouden. De besten in hun klasse, zowel ruiter als paard, komen naar de show om hun vaardigheden te demonstreren. Enerzijds worden de verschillende gangen (stap, draf, galop, telgang en pasgang) gepresenteerd, anderzijds showen de fokkers hun beste hengsten en merries. Het kleine nationale toernooi is uitgegroeid tot een groot paardenfestival (landsmot.is).

genomen. Ik had een goede baan, ik was pedagoog in een kindertehuis in Rosenheim, maar ik ging liever naar de paardenboerderij. Eerst als proef, alleen met een rugzak voor een jaar, en bereid om elk moment terug te keren. Ik kende het werk in een pension, mijn ouders hadden een restaurant gehad; zij hadden nooit vakantie, nooit tijd voor zichzelf. Dat wilde ik niet en ik wilde ook niet als zelfstandige werken. Maar zoals zo vaak in het leven loopt het anders. Toen ben ik in 2000 verhuisd.

Hoe is je leven sindsdien veranderd, wat zijn je taken hier op de boerderij?

We zijn het hele jaar door geopend en bieden zowel ruitertochten als wandeltochten aan. En dan is er nog het runnen van het pension. Mijn werkdag loopt meestal van zeven tot zeven, maar het kan ook elf uur worden als zich nog een gast heeft aangemeld. Daarnaast help ik met de paarden, ik ben veelzijdig. Ik heb me waarschijnlijk aangepast; voor IJslanders hoort werk bij het leven. Mijn laatste vakantie was in 2017.

IJslandse paarden met een licht lijf en lichte manen en staart behoren tot de zogeheten izabellen

Zijn jouw ruitertochten anders dan die van andere aanbieders?

Ja, want we bieden alleen tochten aan voor ervaren ruiters. Abbi doet dit werk al 40 jaar en zodoende hebben we veel vaste gasten die de kwaliteit van de paarden en de originaliteit van het rijden met een pakzadel waarderen. Iedereen krijgt altijd een tweede paard. Wij zijn de laatste boerderij die deze traditie in stand houdt, en dat is in ons voordeel.

Hoeveel paarden heb je?

Meer dan tachtig, waarvan vijftig tot zestig rijpaarden worden gebruikt voor de boerderij. IJslandse paarden worden pas ingereden als ze vier jaar oud zijn.

Rij je ook mee met een tocht of alleen voor jezelf?

Ik heb nog nooit zo weinig gereden als hier. Het beetje vrije tijd dat ik heb is net genoeg voor de familie en mijn vriendschappen. Tussendoor lees ik ook nog graag, bij voorkeur biografieën uit de regio. Een boek kun je mee naar bed nemen, maar een paard niet. ∎

KLEURENSPEL **K**

In elke generatie fokken ze 3-4 paarden op Brekkulækur, meer tijd hebben ze niet. Andere paardeneigenaren hebben zich hierin gespecialiseerd en fokken bijvoorbeeld ook op kleur. De kleur van de vacht varieert in alle denkbare natuurlijke schakeringen, de fokkerij levert twee- en driekleurige gevlekte paarden op of donkere paarden met een contrasterende lichte bles. Er zijn schimmels, moren, vossen, bruinen en izabellen, muisgrijzen, appelschimmels en valen.

Wees welkom, miljoenen!

Een land aan de limiet — ongeacht de tijd van het jaar is IJsland een grote trekpleister. Natuurattracties lopen het risico overlopen te worden en kortetermijnverhuur zet de woningmarkt onder druk, maar er zitten ook positieve kanten aan.

De succesverhalen over het aantal toeristen zijn indrukwekkend: na de coronacrisis, die uiteraard ook IJsland trof, waren de cijfers in 2022 weer terug op het niveau van 2018. Het zou niet zo sterk te merken zijn als de bezoekers a) verdeeld waren over het hele eiland en b) gelijkmatig over het jaar. Maar zo gaat het niet. Het eiland verandert op talloze plekken en dat doen de IJslanders zelf ook. Er worden steeds meer hotels gebouwd in de stadscentra, vooral in Reykjavík, en de mensen die van het toerisme leven, willen dat er meer cruises aanmeren in de haven. Door de toename van het toerisme zijn veel dingen verslechterd, maar zoals altijd zijn er ook goede kanten.

Pro

Het toerisme heeft de IJslanders economisch geholpen toen ze dat het meest nodig hadden – in de jaren na de financiële crisis van 2008. Tegenwoordig stroomt er vooral via het toerisme buitenlandse valuta het land binnen. Het is niet alleen nu nodig, maar ook in de toekomst – als de hausse weer afneemt. Airbnb geeft iedereen die nog ruimte in zijn huis of appartement over heeft de kans wat bij te verdienen. Onmiddellijk na de crisis leek Reykjavík in het centrum en in sommige nieuwbouwwijken op een verwoeste stad. De bouwwerkzaamheden werden gestaakt, en bouwputten, bijvoorbeeld vlak naast het concertgebouw Harpa, bleven openliggen. Veel Reykjavíkers betrokken een half afgebouwde nieuwe woning zonder pleisterwerk of balkonhekken. Nu wordt zelfs het laatste gat gedicht, zijn nieuwe wijken levendig geworden en is het aantal restaurants en bars in het centrum toegenomen. Met de toeristen kwam ook het leven terug. De infrastructuur werd verbeterd, vooral bij de populairste toeristische bestemmingen, wat meer dan nodig was bij de geisers en het gletsjermeer Jökulsarlón. De nieuwe beweging 'Meet the locals' maakt het voor toeristen gemakkelijker om in contact te komen met IJslanders om zo het IJslandse leven en de IJslandse cultuur te leren kennen. Veel IJslanders bieden deze dienst ook bewust aan als tegenbeweging tegen de soms brutale aanbiedingen van hun 'inhalige' landgenoten. Met de toename van het toerisme is er steeds meer concurrentie tussen luchtvaartmaatschappijen, wat niet alleen goed is voor de bezoekers, maar ook voor de IJslanders. Voorheen waren er één of twee luchtvaartmaatschappijen, nu zijn het er tien tot vijftien geworden, en de vliegtarieven zijn daardoor verlaagd.

Contra

Veel toeristische hoogtepunten zijn hopeloos overvol, vooral de bezienswaardigheden langs de Gouden Cirkel en in het zuiden van IJsland. In de zomermaanden hanteren veel accommodaties zulke exorbitante prijzen dat het grenst aan 'roof'. Niet alleen de toeristen klagen hierover, maar ook de IJslanders, die zich nauwelijks een vakantie in eigen land kunnen veroorloven. Steeds meer automobilisten maken gebruik van de weinige wegen – en ze doen dat steeds slechter: toeristen stoppen gewoon zonder enige aankondiging en stappen midden op de weg uit. Anderen gebruiken terreinwagens om in het hoogland buiten de paden te rijden – wat eigenlijk verboden is – en vernietigen zo de kwetsbare vegetatie. Het oversteken van een rivier met een voertuig moet thuis worden geoefend en niet in IJsland, waar de kans van meegesleurd worden veel groter is. Sommige toeristen te voet gedragen zich niet veel beter: wandelen zonder kennis van de omgeving of lopen over gletsjers getuigt van grove nalatigheid. Steeds vaker moeten de vrijwillige (!) leden van de IJslandse reddingsdienst uitrukken om toeristen te redden. Steeds vaker vliegt het toiletpapier je tijdens wandeltochten om de oren. Ondanks de verbondenheid met de natuur lijken veel mensen niet te beseffen dat de IJslandse natuur geen openbaar toilet is. Voeten vernietigen eveneens de vegetatie, zoals te zien is aan de steeds breder wordende paden, bijvoorbeeld in het Dimmuborgir. Helaas zijn IJslanders ook geen engeltjes, want sommige huiseigenaren zeggen hun huurders gewoon de huur op om het appartement in de zomer aan te bieden via Airbnb. Vooral in Reykjavík bestaat goedkope huisvesting bijna niet. Andere IJslanders buiten hun buitenlandse werknemers in met name hotels of toeristische bedrijven meedogenloos uit. Gelegenheid schept hebzucht, dat geldt ook in IJsland. Zo worden ook entreeprijzen steeds hoger, met als beste voorbeeld de Blue Lagoon (zie blz. 61).

Hoe nu verder?

Naast Keflavík moeten ook andere vliegvelden, zoals Akureyri of Egilsstaðir, als internationale luchthaven worden gebruikt, zodat de bezoekersstroom beter over het land wordt verdeeld. Airbnb-verhuur moet worden beperkt tot maximaal 90 dagen per jaar. Steeds meer bedreigde natuurgebieden worden genationaliseerd en kunnen zo onder bescherming worden geplaatst. ■

Skógafoss – de beroemde waterval in het zuiden. Je moet in de menigte even zoeken naar de beste foto

In cijfers

Cijfers zie je snel over het hoofd — maar cijfers kunnen je ook de ogen openen. Neem even de tijd voor een paar verrassende inzichten. En lees wat telt in IJsland.

18,9

% was de prijsstijging voor appartementen en huizen in de afgelopen 3 jaar. Rond 2010 bedroeg de stijging slechts 9%.

6000

IJslanders krijgen elk jaar in december voedselhulp omdat ze over te weinig geld beschikken. Vooral rond Kerstmis mag het de kinderen aan niets ontbreken.

700

in kaart gebrachte routes voor heliskiën zijn er alleen al op het schiereiland Tröllaskagi. Voor wie van extreem houdt: als je genoeg geld meebrengt, word je naar elke gewenste top gebracht.

207.101

IJslanders hebben in totaal het coronavirus opgelopen. In december 2022 was het besmettingspercentage 0%.

112

is een getal dat je moet onthouden, want bij problemen, zoals een ongeluk of ziekte, bel je dit nummer voor politie, ambulance of brandweer.

758.000

km^2 is het zeeoppervlak waar de IJslanders vissen, ongeveer 7 keer zo groot als het eiland zelf. Daarom houden de IJslanders zo van hun afgelegen eilanden Grímsey en Surtsey, want zij tellen mee voor de 200-mijlszone. Hier zijn ook een paar van de grootste visbestanden in de oceaan te vinden.

5224

mannen heten in IJsland Jón, en de naam staat dan ook op de eerste plaats. Als je de statistieken voor pasgeborenen bekijkt, staat de naam dit jaar nog maar op de vijfde plaats. Alexander is duidelijk populairder geworden.

40.197

elektrische en plug-in-hybride auto's waren er in 2022 in IJsland. Dat zijn er ruim elf keer meer dan 5 jaar eerder.

37,5

% alcohol zit er in IJslands nationale sterkedrank *brennivín* – ook wel 'zwarte dood' genoemd. *Skál!*

4716

vrouwen in IJsland heten Guðrún, maar de populairste vrouwennaam voor pasgeborenen is momenteel Emilía. Klassieke IJslandse meisjesnamen staan pas op de 9e en 10e plaats met Katla en Hekla – namen van bijzonder actieve vulkanen, vermoedelijk voor de bijzonder temperamentvolle kinderen.

4126

leden had de Ásatrú-gemeenschap bij de laatste telling. Dit zijn mensen die in de Asen geloven. Het ledental is de laatste jaren gestaag gestegen vanuit een hang naar de noordse oorsprong.

287

km is de kortste afstand tot het dichtstbijzijnde buurland – Groenland. Geen wonder dat sommige ijsberen de oversteek wagen; helaas is het altijd hun laatste reis.

170

hottubs – baden met heet thermaal water – zijn er in het land te vinden. Deze omvatten zowel natuurlijke zwembaden als enkele zeer mooie door de mens aangelegde baden. Elk zwembad en elk goed uitgerust zomerhuis heeft wel een hottub. IJslanders zitten er graag met hun vrienden te kletsen.

490

soorten vaatplanten, zoals varens en wolfsklauw, gedijen in IJsland. Ter vergelijking: Ierland heeft 2328 soorten. Des te blijer is men met alles wat groen is en bloeit en nog bessen heeft.

1

staat in IJsland niet alleen voor de Ringweg, de nr. 1 verkeersroute, maar ook voor andere prestaties. Zo voert het land de wereldwijde vredesindex aan. Bovendien is IJsland de koploper, dus ook nummer 1, wat betreft gelijke rechten voor mannen en vrouwen.

2.500.000

paren papegaaiduikers nestelen in de zomer op het eiland. Dit is de grootste populatie ter wereld. IJsland is het vaderland van de papegaaiduiker.

Zacht, wol, zacht

IJslandse schapen — o, wat zien ze er aaibaar uit, deze blatende bolletjes wol op vier poten. Ze hebben een hoge knuffelfactor, maar sommige ontmoetingen met hen zijn niet zo knuffelig. Ze zijn eigenlijk alleen erg aaibaar als trui.

Wie in IJsland rondrijdt, zal herhaaldelijk dit verkeersbord zien: een rode driehoek met daarin een ooi en een lam. Dat is best grappig, zolang de wollige schatten niet op de weg staan. In de periode van eind mei tot half juni worden de ooien, die meestal twee lammeren hebben, in de wijde wereld losgelaten. Vaak brengen ze de eerste dagen in de wei bij de boerderij door, maar daarna gaan ze op pad de natuur in. Tot september zwerven ze rond om te grazen en het laatste groen van de berghellingen te verorberen. Soms zijn ze zelfs op grote hoogte te zien. Het kan gebeuren dat de lammeren volledig zoekraken, en dan is de ellende natuurlijk niet te overzien. Ze blaten luid om hun moeder, die hen zelf meestal ook roept om ze weer naar het rechte pad te leiden. op deze manier ontstaan echte blatende duetten.

Sommige schapen hebben niet de drang om naar boven of naar het achterland te trekken, zij geven de voorkeur aan de bermen langs de weg. Soms liggen ze heel ontspannen op het asfalt – misschien is dat lekker warm – en genieten van het leven. Zodra er een voertuig nadert, springen ze op en rennen naar het gras aan de zijkant. Maar nu, beste automobilist, is grote voorzichtigheid geboden, want niet altijd loopt de hele familie dezelfde kant op. De moeder gaat met het ene lam naar rechts, en het andere lam gaat naar links – tenminste, tot het zijn vergissing doorkrijgt. Dan rent het opgewonden de weg over naar de andere kant. Als je dan te snel wilde doorrijden, heb je een probleem. Je bent verplicht het aanrijden van een schaap te melden en je moet wachten tot de boer of de politie arriveert. Lamsvlees is kostbaar …

In IJsland leven ongeveer 390.000 schapen (2021), een relatief laag aantal in vergelijking met de jaren 80 van de 20e eeuw, toen er bijna 795.000 schapen waren. Er zijn tal van redenen voor de afname van het aantal dieren. Allereerst hebben de wollige vreetmachines in de loop der eeuwen grote delen van het land kaalgevreten en zo bijgedragen aan de bodemerosie. Zonder het beschermende plantendek wordt de vruchtbare bovengrond eenvoudigweg door de stormen weggeblazen. Ook nu nog richten de schapen die in de zomermaanden vrij over het land rondlopen grote schade aan door het wegvreten van de vegetatie. Sommige beschermde natuurgebieden worden daarom met omheiningen afgezet, zodat de schapen er niet kunnen komen. In die gebieden is dan ook te zien hoe

Loslopende schapen kom je op tal van plaatsen in IJsland tegen; soms staan ze zelfs midden op de weg …

weelderig de plantenwereld in IJsland kan zijn, bijvoorbeeld in Þórsmörk en in het beschermde natuurgebied Hornstrandir.

Verder is het hard werken voor de schapenhouders: ze moeten de dieren in de winter in de stallen voeren en er op tijd bij zijn voor het lammeren, en in de zomer moeten ze de weilanden regelmatig maaien zodat er genoeg kuilvoer en hooi voor de de winter klaarligt. En wat voor de toeristen meestal erg leuk is, is voor de deelnemers behoorlijk inspannend: de schapendrift. Geen wonder dat er aan het eind een groot feest is. De derde reden is het toerisme: veel boeren denken dat het gemakkelijker en sneller gaat om geld te verdienen met 'vakantie op de boerderij'.

De meeste schapenboerderijen liggen in het noorden van het land, vooral in Húnavatnsýsla. Het zuiden en het zuidoosten van IJsland staan op de tweede plaats. Schapen worden uitsluitend gefokt voor vlees en wol. Lamskoteletjes horen gewoon bij het barbecueseizoen. Het vlees is uitstekend omdat de lammeren zich alleen met kruiden en gras hebben gevoed. Ze hebben een kort, maar vrij leven. De IJslandse wol is uitstekend, bestaande uit een waterafstotende, langharige bovenvacht en een zachte, verwarmende ondervacht.

Met de renaissance van natuurlijke vezels hebben klassieke IJslandse truien de catwalks van de Reykjavíkse modeshows veroverd

Wol en het werken met wol hebben in het land een ware renaissance beleefd na de crisis van 2008. Het aantal truien is gigantisch toegenomen, iedereen slaat aan het breien en op veel plaatsen kun je de traditionele, zelfgebreide vesten met een patroon en een ronde hals vinden. Vroeger waren deze alleen verkrijgbaar in de schapenkleuren bruin, wit, zwart en grijs, maar tegenwoordig zijn ze er in alle kleuren van de regenboog. Je kunt stijlvolle modellen vinden in Reykjavik en op internet bij Icewear en Farmersmarket (icewear.is, farmersmarket.is).

Doe-het-zelven is helemaal hot: ga naar een wolwinkel in Reykjavík, naar de outlet van de wolfabriek Alafoss (in Mosfellsbær, Álafossvegi 23, alafoss.is, dag. 10-18 uur) of volg een breicursus (zie kader links). ■

Niet zomaar een sport

Sport in IJsland — natuurlijk zijn IJslanders sportliefhebbers en voetbal is vanouds een grote passie. In het handbal behoort IJsland allang tot de wereldtop, maar ook golf en de traditionele sport *glíma* hebben de nodige aanhangers.

Bij het EK van 2016 rees het IJslandse voetbalteam als een feniks uit de as en – nou ja – bij het WK van 2018 zonken ze als een feniks in de as (maar zoiets overkomt ook andere landen-teams). Golf heeft zich ontwikkeld tot een uiterst populaire volkssport – met 38 golfbanen, waarvan sommige op fantastische locaties.

Oudste nationale sport

Het traditioneel worstelen, *glíma*, is een IJslandse nationale sport die meer dan 1000 jaar teruggaat. De benaming *glíma* werd voor het eerst genoemd in de 12e eeuw, maar worstelwedstrijden zijn al gedocumenteerd sinds het begin van de bewoning. Het bijzondere van deze vorm van worstelen is de snelheid en het permanente voetenwerk; de enige toegestane grepen zijn de zogenaamde broekgrepen, die aan het begin van de 20e eeuw werden omgezet in gordelgrepen. Er werd een speciale riem ingevoerd die om het middel en de benen wordt gebonden. Bij glíma gaat het niet om fysieke omvang, gewicht of kracht, maar vaardigheid en behendigheid. De sport beleefde zijn absolute hoogtijdagen aan het begin van de 20e eeuw, toen het ook een uitdrukking was van de nationale strijdlust. Het eerste kampioenschap glíma werd gehouden in 1906. De winnaar kreeg – en krijgt – de Grettir-riem, genoemd naar de beroemde held en worstelaar uit het Saga-tijdperk (zie

blz. 172). Een jaar later werd de strijd gehouden in Þingvellir. Het evenement heette 'Glíma van de koning' en grote strijders uit het hele land namen eraan deel. Jóhannes Jósefsson kwam uit Akureyri en beloofde de eer van Noord-IJsland te verdedigen. Jóhannes verwierf niet alleen roem in IJsland, maar ging ook als artiest naar de Verenigde Staten. Toen hij in 1927 terugkeerde, had hij zoveel geld verdiend – onder andere met glíma – dat hij in Reykjavík het Hótel Borg liet bouwen (zie blz. 21).

Velen blijven trouw aan glíma

Tot aan de Tweede Wereldoorlog was glíma populair; tijdens de Olympische Spelen van 1936 in Berlijn werden zelfs demonstratiegevechten uitgevoerd, maar na 1945 was er een inzinking. In de laatste decennia is de situatie weer verbeterd. Jongeren en vrouwen mogen deelnemen aan worstelwedstrijden en glíma is als sport ingevoerd op basisscholen. Maar een bepaalde tegenzin onder jongeren is gebleven, omdat de traditionele sportkleding nu allesbehalve cool is: maillot en grijpriem. Maar glíma zal als sport zeker niet verdwijnen, want er is een internationale bond waarin vooral de Scandinavische landen goed vertegenwoordigd zijn, en er worden regelmatig internationale wedstrijden gehouden. Informatie over de regels en de grepen en een link naar internationale beoefenaars is te vinden op glima.is. ∎

Boekeneiland

IJslands schrijfplezier — IJsland is landschap, en dit landschap is ook literatuur. IJslandse auteurs hebben dit in gesprekken ook steeds weer bevestigd.

Het is de kracht van dit vulkanische eiland die ook hun creativiteit stimuleert, zoals ooit werd gezegd door Hallgrímur Helgason, wiens roman *101 Reykjavík* internationale aandacht kreeg. Voor de liefhebbers horen IJslandse boeken in hun bagage thuis, omdat de IJslandse romans zoveel meer over het land te kennen geven dan je ervaart als je alleen maar reist. Zelf waagde ik me eens aan een editie van de *Edda* omdat deze praktisch was voor iemand die met een rugzak reisde, maar voor een vakantie was deze keuze duidelijk te academisch. Aangenamer waren de romans van Halldór Laxness (1902-98), wanneer hij zijn koppige boeren

beschrijft of de opkomst en ondergang van de haringvisserij. Maar mijn favoriete boek van hem is zonder meer *Atoomstation*, waarin hij de stationering van de Amerikaanse luchtmacht in het land bekritiseerde. Een amusante en geestige roman. Halldór Laxness mocht de regering bekritiseren omdat hij als nationale dichter en Nobelprijswinnaar de tweede literaire trots van de natie was. De eerste waren uiteraard de saga's. Daarom leek Laxness' roman *De gelukkige krijgers* bijna heiligschennis. Hierin ontmaskerde hij de sagahelden als uiterst pathetische figuren.

Uit de schaduw de wereld in

De jongere auteurs slaagden er geleidelijk in uit de schaduw van de grote schrijver te stappen en de wereld te verblijden met amusante werken over hun land. Einar Kárason schreef de heerlijk grillige trilogie *Devils Island*, die zich afspeelt in Reykjavík in de jaren 50. Tijdens een interview met hem voor een radioprogramma spraken we ook over de IJslands-Amerikaanse relatie. Hij was toen een absolute voorstander: 'Ik zou graag weer meer Amerikaanse auto's in het land zien.' Overigens is hij ook een hartstochtelijke voetbalfan die, althans in het verleden, nooit een gevecht uit de weg ging.

Ook vele anderen hebben een passie voor hun land, zoals Hallgrímur

BOEKEN OP INTERNET **B**

literature.is: veel feiten over IJslandse schrijvers, met interessante interviews (in het Engels).
noordseliteratuur.nl/auteurs/ ijsland: informatie over IJslandse schrijvers en hun vertaalde boeken.
allesoverboekenenschrijvers.nl/ ijslandse-schrijvers-en-schrijfsters: veel informatie over IJslandse schrijvers en hun vertaalde werken, ook Duitse en Engelse vertalingen.
islit.is/en: de site van het IJslands Literair Centrum met informatie over vertalingen en literaire projecten.

Helgason, die als stand-upcomedian, schilder en auteur een man van publieke stellingnames is. In 2016 schreef hij kritische artikelen in internationale dagbladen naar aanleiding van de onthullingen van de Panama Papers. Steinunn Sigurðardóttir is ook een van de schrijvers die felle kritiek uitte, en daarbij ging het om het economische beleid van het land. Daarnaast schrijft ze verrukkelijke romans en poëzie. Wat mij altijd aanspreekt, zowel in een gesprek als bij het lezen, is de humor en het talent om verhalen goed te vertellen. Gudrún Eva Mínervudóttir publiceerde in 2008 een uiterst vreemde en grappige roman over een producent van sekspoppen, in het Engels vertaald als *Creator*. En Sjón, een lyrisch dichter, schrijft ook zinderende en meesterlijk vertelde romans.

Poëzie nabij de pool

IJslandse poëzie is mijn favoriet. Ik hou van de beeldspraak, het spel met natuur, geschiedenis en taal, hoe grote gevoelens gehuld zijn in schijnbare eenvoud. Ik heb ervan genoten bij evenementen met IJslandse dichters als gespreksleider te fungeren en schrijf ook graag over hun werk. Moderne, krachtige en

Snuffelen, kletsen, koffie drinken: net als de Eymundsson Bookstore and Coffee Shop op Austurstræti 18 in Reykjavík nodigen diverse boekhandels in IJsland uit om wat te blijven hangen en te lezen

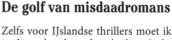

De middeleeuwse manuscripten die te zien zijn in het Cultuurhuis in Reykjavík worden door IJslanders even waardevol geacht als de kroonjuwelen door de Britten

maatschappijkritische poëzie begon pas halverwege de 20e eeuw. In de jaren tussen 1946 en 1953 debuteerden vijf dichters die zich de Atoomdichters noemden en die radicaal braken met de traditionele poëzie. Om de ingrijpende veranderingen als gevolg van de oorlog en de naoorlogse periode adequaat onder woorden te brengen, zochten ze naar nieuwe uitdrukkingsvormen. Ze gebruikten hun eigen symboliek en idioom, die voor de lezers niet onmiddellijk duidelijk waren. De term 'atoomdichter' werd aanvankelijk door de traditionalisten gebruikt als een belediging.

De stromingen van de hedendaagse poëzie zijn fascinerend divers en de gedichten hebben een humoristische benadering van het ritme en de melodie van het IJslands. Zo nodigen sommige gedichten van Sjón bij het voordragen bijna uit tot experimenteren. Andere dichters zijn Einar Már Guðmundsson, Gyrðir Elíasson, Linda Vilhjálmsdóttir en Steinunn Sigurðardóttir. In 2018 verscheen de dichtbundel *Freiheit* van Linda Viljálmsdóttir als tweetalige (Duits-IJslands) uitgave. Linda weet met een paar woorden een heel universum te scheppen.

De golf van misdaadromans

Zelfs voor IJslandse thrillers moet ik in dit verband een lans breken. In literair opzicht zijn ze meestal bescheiden, maar ze tonen het IJsland zonder schone schijn: gedwongen prostitutie, seksueel misbruik van kinderen, drugsgebruik, xenofobie, kortom alles wat men kent maar niet associeert met IJsland. De hausse aan misdaadfictie van de laatste jaren begon met Arnaldur Indriðason. Zijn misdaadromans volgen het zogenaamde Zweedse model en zijn maatschappijkritisch. Andere bekende auteurs zijn Viktor Arnar Ingólfsson en Yrsa Sigurðardóttir. IJslandse misdaadromans zijn populair in Duitsland, in Nederland zijn nog maar weinig vertalingen uitgebracht. Overigens is het land beslist vreedzaam. Het feit dat er in 2017 vier moorden op het eiland werden gepleegd leidde al tot discussie; gemiddeld zijn er in IJsland twee moorden per jaar. ∎

SCHRIJVERS IN MUSEA **S**

Gljúfrasteinn: bij Mosfellsbær, zie blz. 65. Het huis was 50 jaar de woning en de werkplek van de winnaar van de Nobelprijs voor literatuur Halldór Laxness en zijn gezin. Het huis is nog net zo als tijdens het leven van de schrijver.
Museum Þórbergssetur: in Hali, zie blz. 125. Het museum is gewijd aan de belangrijke IJslandse schrijver Þórbergur Þórðarson (1889-1974), die hier werd geboren. Het origineel vormgegeven gebouw werd ontworpen door architect Sveinn Ívarsson. In de oostzaal zijn oude foto's te zien, in de westzaal zie je een tentoonstelling over het leven en werk van de schrijver.

Terug naar de wortels

Eten — de koks van IJsland zijn in dubbel opzicht trots op hun wortels: ze koken volgens traditionele recepten met plaatselijke groenten, vis en lamsvlees.

Alleen al het lezen over sommige ingrediënten, zoals geschroeide lamskop of gefermenteerde haai, *hákarl* genoemd, laat zien dat de traditionele IJslandse keuken behoorlijk angstaanjagend kan zijn voor fijnproevers van het Europese vasteland. Of de haai, begraven tot hij begint te rotten, nog eetbaar is, hangt niet alleen af van de kwaliteit en de soort vis, maar ook van de bijgerechten: *brennivín*, een aardappelbrandewijn, en zoet zwart brood. Het brood is of werd ook begraven – in de hete grond waar het gaar werd. Als je van donker roggebrood houdt, zul je dit lekker vinden.

Veranderd eetgedrag

Sinds de jaren 80 is het aantal internationale restaurants gestaag gegroeid, en daarmee meteen ook het aanbod van fastfood. De typisch IJslandse lunch van *hangikjöt*, gerookt lamsvlees met erwten uit blik en gekaramelliseerde aardappelen, is vervangen door hamburgers en friet. In de supermarkten domineren de internationale levensmiddelen, maar in kleine viswinkels kun je nog terecht voor zeekoeteieren en papegaaiduikerborst. Tot ver in de 20e eeuw stonden zeevogels op het menu. Nu bieden alleen nog toprestaurants *svartfugl* aan.

De jonge creatieven

De jonge generatie koks is beïnvloed door de nouvelle cuisine, vaak na een opleiding in het buitenland. Ze ontwikkelt andere creaties, zoals zalm met honing, dwergvinvis met IJslandse wasabi en vlees van lammeren die twee maanden lang alleen engelwortel hebben gegeten. Er zijn ook salades en groenten uit IJsland, verfijnd met kruiden die op het land groeien, zoals tijm en rozemarijn. En ze werken met talloze paddenstoelen; van kraaibessen en bosbessen maken ze een heerlijke jam als bijgerecht, bijvoorbeeld bij rendiervlees.

Skyr verovert de wereld

Geen enkel ander IJslands product heeft zoveel fans als het eiwitbommetje skyr. Ooit was het gewoon een soort magere kwark die werd geserveerd met suiker, of misschien verfijnd met wat fruit. Tegenwoordig kan niemand die gezond wil eten hier nog omheen. Een internationaal bedrijf heeft het ook buiten IJsland in de supermarktschappen gebracht. ∎

FOOD AND FUN

Tijdens deze internationale wedstrijd verandert Reykjavík in maart in een fijnproeverstempel. Hier toveren de koks van de luxerestaurants culinaire hoogstandjes tevoorschijn met regionale ingrediënten. Data en locaties zijn te vinden op foodandfun.is.

Groen paradijs van Europa?

Leven in overvloed — het certificaat 'groen eiland' geldt zeker niet voor IJsland, dat erg veel kooldioxide uitstoot. Bij de hoogste emissie van broeikasgassen staat IJsland vierde na Luxemburg, de Verenigde Staten en Singapore.

Wat een overweldigende natuur, zo ongerept – tenminste op sommige plekken. En dan het gebruik van hernieuwbare energieën zoals geothermische energie en waterkracht! Maar de voorbeeldige ecologische energieproductie is slechts de halve waarheid, zoals Jukka Heinonen, hoogleraar milieutechnologie aan de Universiteit van IJsland, moest vaststellen toen hij de ecologische voetafdruk van IJsland bekeek.

Ingevoerd verbruik

Een reden voor de slechte prestaties van het eiland in termen van voetafdruk is de hoge consumptie van IJslanders, vooral van geïmporteerde producten. Allereerst worden er veel goederen ingevoerd, zoals allerlei soorten voertuigen, elektrische goederen en, in zeer grote hoeveelheden, dagelijkse levensbehoeften. Sinds 2016 is de invoer weer aanzienlijk groter dan de uitvoer.

Afval en de gevolgen

Omdat IJsland een rijk consumptieland is, bedraagt de hoeveelheid geproduceerd afval veel meer dan de OESO-waarde van 661,4 kg per inwoner in 2016. Deze afvalberg wordt alleen overtroffen door Noorwegen, Denemarken, Zwitserland en Nieuw-Zeeland. Alleen in 2008 was de hoeveelheid afval nog groter, omdat toen consumptie het favoriete tijdverdrijf van de IJslanders was, totdat de financiële crisis tot een daling leidde. De IJslandse economie heeft zich hersteld en daarmee zijn de oude gewoonten teruggekeerd. Nu is het met het toenemende aantal toeristen wel duidelijk dat de hoeveelheid afval toeneemt. Natuurlijk wordt afval gescheiden in IJsland, maar papier en plastic worden geëxporteerd voor recycling. Papier in alle vormen wordt naar Nederland gebracht, waar het wordt gesorteerd en dan verder vervoerd voor recycling. Plastic gaat per schip naar Zweden, waar het wordt gesorteerd en verder vervoerd. Metalen worden in IJsland gesorteerd en vervolgens geëxporteerd. De oprichting van recyclingfabrieken in het land is een idee, maar tot nu toe is er geen uitvoering.

De (ongerepte) natuur

De natuur is ook een belangrijke economische factor in IJsland, want de ongeveer 2 miljoen toeristen komen juist vanwege dit unieke landschap op het noordelijk halfrond. Zelfs als het industriële gebruik van water als hulpbron buiten beschouwing wordt gelaten, worden de zeer kwetsbare vegetatie en lavagebieden op veel plaatsen bedreigd door te grote aantallen bezoekers. In het gebied rond het Mývatn zijn barrières opgeworpen om de lavasculpturen van het Dimmuborgir te beschermen – mooi, maar kwetsbaar. Ongereptheid en uitgestrektheid worden nog steeds geassocieerd met het eiland. Milieuactivisten eisen dat het hele hoogland wordt uitgeroepen tot nationaal park om het voor de toekomst onaantastbaar te maken, maar politici hebben hier nog geen gehoor aan gegeven. Momenteel zijn slechts enkele gebieden beschermd, wat betekent dat in de toekomst stuwdamprojecten zoals dat bij Kárahnjúkar in het hoogland kunnen worden gerealiseerd (zie blz. 140).

Red IJsland – de milieubeweging
Het spanningsveld tussen milieubescherming en economische belangen

NATUURBESCHERMING N

Beschermde natuurparken zijn er al in IJsland sinds 1930. Þingvellir was het eerst, daarna volgden Skaftafell, Jökulsárgljúfur en Snæfellsjökull. Skaftafell bestaat niet meer, maar is nu deel van het steeds groter wordende nationaal park Vatnajökull. Dit heeft een oppervlakte van 13.600 km², wat ongeveer overeenkomt met 13% van de totale oppervlakte van het land. Het zelfstandige nationaal park Jökulsárgljúfur wordt hierbij meegeteld – daarmee wordt dus de hele gletsjer Vatnajökull beschermd, evenals de Lakagígar. Er zijn ook andere beschermde natuurgebieden en talrijke natuurmonumenten, zoals watervallen, vulkanen, kloven en eilandengroepen.

Plasticafval wordt niet gerecycled in IJsland zelf, maar voor recycling geëxporteerd naar Zweden

ligt maatschappelijk gevoelig – daarom is ook in IJsland een actief milieubeleid nodig. Sinds 1990 bestaat er een ministerie van Milieu, maar zolang de conservatieven aan de macht waren, hadden de zittende bestuurders vaak minder oog voor natuur en milieu dan voor de economie. Een verandering in deze opvatting is zelfs vandaag de dag nog niet echt zichtbaar. Eigenlijk is er een masterplan nodig, aldus de milieubeweging. Bij het begin van de bouw van de Kárahnjúkar-stuwdam (2003-2007) deed de geëngageerde milieubeweging voor het eerst van zich spreken. Een van de belangrijkste argumenten was de uitverkoop van het land. De beweging Saving Iceland verzet zich tegen de uitbreiding van de zware industrie in het land (zie savingiceland.org). Veel kunstenaars zijn betrokken bij de huidige IJslandse milieubeweging, onder wie zangeres Björk en schrijver Andri Snær Magnason, met zijn boek over het klimaatprobleem *Over tijd en water*. ∎

Er staat al een kerk in Þingvellir sinds de introductie van het christendom in het jaar 1000, de huidige kerk dateert uit 1859

Reis door tijd en ruimte

Wij hebben de verhalen — natuurlijk zijn er geschiedenis-boeken over IJsland en kijken de IJslanders trots naar de middeleeuwen, maar voor een Europees land is het niet heel veel.

Toevluchtsoord
650 tot 860 n.Chr.

Het is bekend dat er Ierse monniken van het midden tot eind van de 7e eeuw in IJsland verbleven. Op zoek naar afgelegen plekken vestigden ze zich eerst op de Faeröer en trokken daarna verder naar IJsland. Slechts in enkele grotten zijn sporen te zien, kruistekens. De Ieren zouden hier niet lang zijn gebleven, maar ze waren nog op het eiland toen de eerste Noormannen verschenen. Deze laatsten noemden de Ieren *papar* – priesters of priester – een term die doet denken aan het Nederlandse 'paap' en ook nog steeds te herkennen is in IJslandse plaatsnamen als Papey en Papafjörður.
Gaan bekijken:
IJslands Nationaal Museum, blz. 38

Daar gaan we aan land
tot 865 n.Chr.

De eerste 'Vikingen' arriveerden in de 9e eeuw, voordat de permanente bewoning echt op gang kwam. Naddoður kwam tijdens een storm in 860 op de oostkust van IJsland terecht. Hij bleef niet lang en voer weer verder. In hetzelfde jaar landde de Zweed Garðar Svarvarsson in het zuidoosten van het eiland, later Austurhorn, en overwinterde vervolgens aan de noordkust in wat nu Húsavík is. Garðar voer langs de hele kust

en ontdekte dat het een eiland was, dat hij Garðarshólmur (Garðars eiland) noemde. Het nieuws over het nieuwe eiland verspreidde zich snel, en al in 865 ging de Noor Flóki Vilgerðarson op weg. Flóki bracht twee winters met slecht weer door op IJsland, en toen had hij de juiste naam voor het eiland: IJsland.
Gaan bekijken:
Safnahúsið in Húsavík, blz. 151

De tijd van de eerste bewoning
874-930 n.Chr.

De eerste vaste bewoner in IJsland was Ingólfur Arnarson, die in 874 met zijn bloedbroeder Leifur Hróðmarsson uit Noorwegen vertrok. Bij het zien van de kust vroeg Ingólfur de goden te beslissen waar hij aan land moest gaan (zie blz. 36). Een golf van nieuwe bewoners kwam naar IJsland toen de politieke situatie in Noorwegen in de 9e eeuw veranderde en verschillende stamhoofden het land verlieten om zich verder in het noorden te vestigen. Men schat dat er in de 10e eeuw ongeveer 60.000 mensen op het eiland woonden. In 930 kwam de Althing, de volksvergadering, voor het eerst bijeen in Þingvellir en riep de onafhankelijke IJslandse Vrijstaat uit.
Gaan bekijken:
871 +/-2, The Settlement Exhibition, blz. 35

Het tijdperk van vrede en de saga's
1000-1230

In het jaar 1000 bekeerden de IJslanders zich tot het christendom, en daarmee veranderde ook de rechtspraak. In 1056 werd de eerste bisschopszetel gevestigd in Skálholt en 50 jaar later de tweede in Hólar; aan beide waren ook de eerste scholen verbonden. In de volgende decennia werden talrijke kloosters gesticht. De tiende was de eerste grondbelasting en bedroeg 10% van de inkomsten en 1% van het bezit. Deze belasting ging naar de kerk. Bijna 200 jaar lang leefden de IJslanders in vrede en voorspoed en beleefden ze tegelijkertijd hun eerste culturele hoogtijdagen, waarin de saga's werden geschreven. Een van de belangrijkste auteurs was de politicus en geleerde Snorri Sturluson (1179-1241).
Gaan bekijken:
Skálholt, blz. 72

Burgeroorlog, einde van de Vrijstaat
1230-1262

Aan het begin van de 13e eeuw was de macht geconcentreerd in de handen van enkele families. Iemand die met succes de macht voor zichzelf en zijn clan, de Sturlungar, uitbreidde was Snorri Sturluson. Hij regeerde het land tussen 1220 en 1235. De Sturlungar-periode werd gekenmerkt door clanstrijd om de suprematie in het land. Steeds vaker werd de Noorse koning gevraagd als bemiddelaar, die zo zijn macht in IJsland kon uitbreiden. De slag bij Örlygsstaðir in 1238 vernietigde uiteindelijk de familie Sturlungar. Pas in 1262 slaagde de Noorse koning erin IJsland weer onder de Noorse kroon te brengen. Het 'Oude Verdrag' (Gamli sáttmáli) voorzag in de vereniging van IJsland en Noorwegen in de persoon van de koning, maar noemde daarbij geen verdere beperking van het landrecht.
Gaan bekijken:
Snorrastofa in Reykholt, blz. 215

Een verschrikkelijke tijd
1380-1787

Via erfopvolging kwam IJsland in 1380 samen met Noorwegen onder Deens bestuur. De eerste zware klap kwam met de pestepidemie van 1402-1404, die de bevolking met een derde verminderde. Velen trokken naar de kust om handel te drijven met de Engelsen. De volgende grote verandering was de Reformatie. De laatste katholieke bisschop, Jón Arnason, werd in 1550 in Skálholt gevangengenomen en onthoofd. De eigendommen van de kerk vielen daarmee toe aan de Deense kroon. Een jaar later moesten de IJslanders het lutheranisme erkennen. De volgende klap kwam in 1602, toen koning Christiaan IV het handelsmonopolie voor IJsland vastlegde, waardoor Deense kooplieden carte blanche kregen om het volk uit te buiten. Ze stelden exorbitante prijzen vast en leverden wat hun goed uitkwam – vooral alcohol. Bij de eerste volkstelling in 1702-1703 telde de speciaal gezant Árni Magnússon (1663-1730) 50.358 inwoners; 6 jaar later, na een pokkenepidemie, waren er nog maar 35.000 in leven. De gevolgen van talrijke vulkaanuitbarstingen maakten de verarming nog schrijnender. In 1787 versoepelde de Deense regering het handelsmonopolie.
Gaan bekijken:
Cultuurhuis in Reykjavík, blz. 29

Op weg naar onafhankelijkheid
1830-1941

Jón Sigurðsson, geboren 17 juni 1811, was de pionier in de strijd voor een IJsland dat onafhankelijk was van Denemarken; hij beriep zich op het 'Oude Verdrag' van 1262. Koning Christiaan VIII stelde tenminste wel in 1843 de Althing in Reykjavík opnieuw in als een raadgevende vergadering met twintig gekozen vertegenwoordigers en zes door de koning benoemde leden. En 9 jaar later schafte hij eindelijk het handelsmonopolie af. Ter gelegenheid van de

1000e verjaardag van de eerste bewoning van IJsland in 1874 overhandigde Christiaan IX persoonlijk het handvest van de nieuwe grondwet, die de Althing wetgevende macht en het autonome beheer van de financiën verleende. Hannes Hafstein (1861-1922) werd in 1904 de eerste IJslandse premier en nam de plaats in van de Deense gouverneur. In 1918 trad het Unieverdrag met Denemarken in werking, waarin de soevereiniteit van beide staten werd erkend. Toen Denemarken in 1940 door Duitsland werd bezet, werd het contact met IJsland verbroken. Britse troepen namen de bescherming van het eiland in de strategisch belangrijke Noordzee over en werden vanaf 1941 afgelost door het Amerikaanse leger.

Gaan bekijken:
Hrafnseyri, blz. 190

Ongeacht waarvoor of waartegen, politieke demonstraties zijn er altijd op de Austurvöllur in Reykjavík

De republiek verandert
vanaf 1944

De IJslanders besloten het Unieverdrag te ontbinden en riepen op 17 juni 1944 in Þingvellir de Republiek IJsland uit. Twee jaar later trad IJsland toe tot de Verenigde Naties en in 1949 was het een van de oprichters van de NAVO. Met het begin van de Koreaanse Oorlog in 1950 werden Amerikaanse troepen in het land gestationeerd vanwege de defensieovereenkomst met de NAVO. Van 1952 tot 1975, tijdens de kabeljauwoorlogen, streden de vissers voor de bescherming van hun visgronden, waarbij de visserijzone werd uitgebreid tot 200 mijl.

Gaan bekijken:
Þingvellir, blz. 65

De turbulente 21e eeuw
vanaf 2001

In 2001 trad IJsland toe tot het Schengenverdrag. Hoewel niemand ze in het land wilde, was de teleurstelling groot toen de Amerikanen in 2006 hun legerbasis in Keflavík opgaven. IJsland was een van de rijkste landen ter wereld tot 2008, toen duidelijk werd dat het allemaal gebakken lucht was. In de loop van de internationale financiële crisis dreigde IJsland als natie failliet te gaan en ontving het land miljarden aan leningen uit het buitenland. Al in 2012 begon IJsland zowel de steunlening van het IMF als het hulpkrediet van de Noordse landen af te lossen. Het volgende politieke schandaal deed zich voor in 2016, toen de Panama Papers belastingontduiking door talrijke IJslanders, onder wie de premier, aan het licht brachten. In het najaar werden nieuwe verkiezingen gehouden. Maar de nieuwe regering moest na een paar maanden aftreden vanwege een doofpotschandaal bij een zedendelict. Na de verkiezingen in 2021 kwam een coalitie met Links-Groen aan de macht.

Gaan bekijken:
Austurvöllur in Reykjavík, blz. 20

Een en al gefladder en gekrijs

Zeevogels — ze zijn bijna overal met duizenden, zo niet miljoenen, omdat de IJslandse wateren rijk zijn aan voedsel.

Vogelkliffen vormen de ideale leefomgeving voor vele vogelsoorten, of het nu gaat om zeekoeten, meeuwen of papegaaiduikers. Zelfs de smalste rotsranden zijn een broedplaats

Noordse sternen (rechts) zijn in het broedseizoen zowel luidruchtig als zeer agressief. Ze leven op de gletsjerlagune Jökulsarlón. Hieronder: harlekijneenden op het Mývatn

Elk voorjaar komen miljoenen trekvogels naar IJsland om te broeden

Jan-van-genten (boven) duiken als torpedo's de zee in om een gespotte vis te vangen. Net als elders in IJsland leven op Flatey vele vogelsoorten; je mag alleen buiten het broedseizoen op het eiland wandelen

Schone energie voor allen

Pioniers van geothermische energie — vulkanen en warmwaterbronnen werden eeuwenlang beschouwd als de woonplaats van demonen en monsters, en hun uitbarstingen als straf van de goden. Inmiddels hebben de IJslanders geleerd de geothermische energie in hun eigen voordeel te gebruiken.

De momenteel grootste geothermische centrale, Hellisheiðarvirkjun, gebouwd in 2006, staat op het plateau Hellisheiði, een uitloper van het Hengill-gebergte bij Hveragerði. Warm water en stoom worden gewonnen uit vijftig boorgaten van circa 2000 m diep. De stoom wordt door turbines geleid om elektriciteit op te wekken, en het 180°C hete water wordt gebruikt om gletsjerwater uit het hoogland te verwarmen. Als het koude water een temperatuur van 85°C heeft bereikt, gaat het via leidingen naar de consument. Het is nog 78-80°C als het de huishoudens bereikt. In Reykjavík wordt het opgeslagen in de waterreservoirs van Grafarholt.

Vanuit de diepte van de aarde naar de woonkamer

Bijna 90% van de gebouwen in IJsland wordt verwarmd met op deze manier geproduceerd warm water, de rest met groene stroom. De geologische omstandigheden zijn ideaal voor goedkope energieproductie: ongeveer dertig gebieden met hoge temperaturen en hun zwavelhoudende modderbronnen en stoomgaten zijn te gebruiken voor de productie van elektriciteit en warm water – vijf daarvan zijn al ontsloten met krachtcentrales. Naast warm water produceren geothermische centrales 27% van de elektriciteitsbehoefte van het land. De tweede en grootste pijler van IJslands elektriciteitsproductie is waterkracht. De talrijke rivieren die uit de grote gletsjers ontspringen, leveren enorme hoeveelheden water die door middel van waterkrachtcentrales worden omgezet in elektriciteit. Zo'n 73% van het elektriciteitsverbruik van het land wordt gedekt door deze hernieuwbare energie. Ook hier zijn de kosten van elektriciteitsopwekking extreem laag. Dit zijn ideale omstandigheden om de prijzen laag te houden voor de bevolking, die het hoogste elektriciteitsverbruik per hoofd van de bevolking ter wereld heeft.

Energievretende industrie

De bevolking profiteert minder dan gedacht, want er zijn energie-intensieve industrieën gevestigd: drie aluminiumsmelterijen, een ferrosiliciumfabriek die jaarlijks 120.000 ton van de metaallegering produceert, en sinds 2018 een tweede siliciumfabriek plus krachtcentrale in Húsavík. De aluminiumprijs steeg enorm tot de wereldwijde economische crisis in 2008, waarna er eerst een diepe deuk in de vraag naar aluminium kwam. Toch hield de regering vast aan dit perspectief, tot verdriet van milieuactivisten en de bevolking van de betrokken regio's. Een tweede

Kárahnjúkar-stuwmeer (zie blz. 140), waarvan het water een krachtcentrale aandrijft die uitsluitend een aluminiumsmelterij van Alcoa van elektriciteit voorziet en een gebied van 57 km² in het hoogland onder water zet, is niet gewenst. De laatste jaren is de vraag naar aluminium wereldwijd weer aangetrokken, zodat ook de prijs weer is gestegen. Een belangrijke reden is de daling van de productie door de grootste aluminiumproducent in China.

Groene warmte voor groen

In het deel van het land met de meeste gebieden met hoge temperaturen – het zuidwesten – staan de meeste kassen. Met warm water en een constante temperatuurregeling groeien hier groentesoorten die tot voor kort moesten worden geïmporteerd. Sommige opbrengsten zijn indrukwekkend: in 2017 oogstten de tuinders 1334 ton tomaten, 1857 ton komkommers, 550 ton champignons en 191 ton paprika's. Deze ontwikkeling heeft een gunstig effect op de ecologische voetafdruk van IJsland dankzij de verminderde invoer. Maar de producten kun je alleen rechtstreeks bij de producent goedkoop verkrijgen; in de winkels zijn IJslandse tomaten aanzienlijk duurder: een geheim van de IJslandse markteconomie.

Welkom voor een bezoek aan de krachtcentrale

Een bezoek aan de geothermische centrale Hellisheiðarvirkjun is niet alleen interessant voor ingenieurs. Hier zie je hoe zo'n centrale werkt. De rondleiding begint met een lezing over de geschiedenis van de energievoorziening van Reykjavík. Na deze informatie gaan we naar de eerste verdieping, waar een touchscreenwand de energieproductie illustreert. Daartegenover, in een kleinere

ruimte, geven verschillende schermen informatie over de vegetatie en de vogels van de streek en de plaatselijke geschiedenis. Als je naar rechts loopt, bereik je een platform met zicht op de turbinehal. Er staan vier dreunende machines, maar je hoort ze alleen als de glazen deuren open zijn. In de zaal links kun je een korte film over geologie bekijken, een informatieve presentatie gericht op het gebied rond Hengill (info en tickets: geothermalexhibition.com).

Een interactieve tentoonstelling in de krachtcentrale Ljósafoss laat zien hoe waterkracht wordt gebruikt om energie op te wekken. De grondbeginselen van elektriciteit en de historische ontwikkeling van waterkrachtcentrales in IJsland worden op een onderhoudende manier uitgelegd. Je kunt ook de turbines bekijken, die nog uit 1937 stammen – toen de centrale werd geopend (nr. 36 ten zuiden van het Þingvallavatn, dag. 10-17 uur, landsvirkjun.com/visit). ∎

Het in 1909 opgerichte energiebedrijf Orkuveita Reykjavíkur voorziet 67% van de IJslandse bevolking van warmte en elektriciteit met zijn centrales Nesjavellir en Hellisheiði (foto)

Hotspot voor coole kunst

Made in Iceland — steeds weer kijkt men met verbazing naar de artistieke productiviteit van dit kleine land. De kunstenaars zijn geen echte trendsetters, maar ze hebben wel degelijk hun eigen vorm van expressie gevonden.

Sinds het begin van de 21e eeuw is IJsland hot – niet alleen met het grillige landschap, maar ook met de kunstwereld. Al op het vliegveld van Keflavík word je begroet door grote kunstwerken, waaronder *The Jet Nest* van Magnús Tómasson (1943), waarin een vleugelpunt uit een reusachtig metalen ei steekt.

Kunst in de ruimte

Hoewel het landschap kenmerkend is voor het artistieke werk van IJslandse beeldhouwers en schilders, schrikken ze ervoor terug om hun werk permanent in de natuur te installeren. Daarvoor zijn buitenlanders nodig, zoals de Italiaan Claudio Parmiggiani, die in 2000 een vuurtoren in de open lucht plaatste aan weg nr. 417 bij Hveragerði (zie blz. 77), of de Amerikaanse kunstenaar Yoko Ono, die in 2006 op het eiland Viðey de *Imagine Peace Tower* installeerde (zie blz. 34). IJslandse kunstenaars laten hun werk slechts korte tijd in de natuur staan om die te gebruiken voor een soort contrastwerking, zoals in het geval van Ásmundur Ásmundsson, of als enscenering, zoals in het geval van de Icelandic Love Corporation. Talrijke galeries, vooral in Reykjavík, zoals Living Art Museum, Kling & Bang Gallery, i8 en Safn, bieden jonge kunstenaars van alle disciplines voldoende ruimte, of het nu gaat om video-installaties, fotografie,

Imagine Peace Tower op het eiland Viðey

schilderkunst of performances. Sinds 2006 wordt elke jaar het kunstfestival Sequences gehouden, waar jonge IJslandse kunstenaars zich presenteren. De data lopen parallel aan het Iceland Airwaves Festival – meer kunst in een stad is nauwelijks mogelijk (voor alle festivaldata in Reykjavík zie blz. 42).

De productieve jaren 80

Begin jaren 80 stonden de IJslandse muziekgroepen nog niet op de mondiale kaart voor muziek. The Sugarcubes (1986-1992) waren de eerste band die de aandacht trok, en daarna volgde zij: Björk, een internationaal gerenommeerde artiest die zich met haar muziek steeds in een nieuwe gedaante presenteert. Maar in de voorgaande jaren waren er al talloze bands in de eilandstaat, ze waren alleen niet opgemerkt. Bijzonder productief was de groep Medusa, een samenwerkingsverband van jonge kunstenaars die zich verbonden voelden met het surrealisme. Tot deze groep, die tussen 1979 en 1986 actief was, behoorden Björk, Einar Örn en het literaire multitalent Sjón.

In 1986 werd het label Smekkleysa ('Slechte smaak') opgericht door leden van Medusa. Het is kenmerkend voor

Het Design Museum in Garðabær geeft een overzicht van in IJsland gemaakte mode, sieraden, meubels en porselein

deze kunstenaars dat ze niet bij één kunstvorm kunnen worden ingedeeld. In dit opzicht is de carrière van Björk symptomatisch – ze combineert muziek, beeldende kunst en film.

Eén stijl? Vele stijlen!

IJslandse muziekgroepen zijn moeilijk vast te pinnen op één stijl. Enerzijds wisselen de leden geregeld en anderzijds houden ze van experimenteren en nieuwe ervaringen. De vier organisten van Apparat Organ Quartet laten zich internationaal gelden met hun elektronische muziek op oude elektronische instrumenten, in elk geval sinds hun optreden op het Iceland Airwaves Festival in 2002. De groep Sigur Rós, die ook in het buitenland populair is, vindt zichzelf voortdurend opnieuw uit. In het begin traden ze alleen op als een vierkoppige band, maar voor hun volgende stukken voegden de muzikanten acht strijkers toe en wisten ze zelfs een heel orkest te integreren. In 2015 was er een toevallige ontdekking, de toen 16-jarige Steinunn Jónsdóttir, met haar album *Steingervingur* (in het Engels: *Petrifactions*), dat een prijs won. De elektronische muziek van de groep asdfhg. is heel bijzonder en heerlijk om naar te luisteren. Hun eerste publieke optreden was op het festival van elektronische muziek Sónar in Reykjavík in 2016. De indieband Of Monsters and Men is een vaste waarde in de muziekscene sinds het debuutalbum *My Head Is an Animal* in 2011.

Het Iceland Airwaves Festival werd in 1999 opgezet om internationale platenmaatschappijen te interesseren voor IJslandse acts (zie blz. 42). Tegenwoordig vindt het plaats in oktober en trekt het duizenden bezoekers. Er is muziek op vele plaatsen in de stad en inmiddels zeer bekende groepen, zoals Sigur Rós of Leaves, beleefden hier hun doorbraak. Naast

*Tijdens het muziekfestival Iceland Airwaves worden veel gebouwen,
zoals hier de Fríkirkja, omgetoverd tot sfeervolle podia*

IJslandse bands zijn er ook internationale acts: kortom, in oktober is het feest.

Terug naar de natuur

In de laatste twee decennia is ook de belangstelling voor IJslands design gewekt. Internationale tentoonstellingen hebben een beeld uitgedragen dat ver verwijderd is van volkskunst en schapenwollen truien. Als je door Reykjavík loopt, zie je de vele winkels met IJslands design – sieraden, kleding, gebruiksvoorwerpen en meer. Je ziet een enthousiasme voor het combineren van materialen, en vooral het gebruik van plaatselijke grondstoffen, zoals vissenhuid, lava, wol, bont enzovoort. Het bureau Iceland Design and Architecture werd in april 2008 opgericht om deze uitzonderlijke creaties te promoten. De missie van de club is niet alleen om IJslands design meer bekendheid te geven in het land, maar ook om het te exporteren en de samenwerking met industriële bedrijven te bevorderen. In maart 2009 werd de Design March voor het eerst gehouden, die inmiddels een jaarlijks evenement is geworden (zie blz. 42). Lezingen en stadsrondleidingen voor aspecten van de architectuur horen er net zo bij als tentoonstellingen, seminars en verkoop. De alomvattende benadering is cruciaal, en dus hoort ook stadsplanning hierbij. IJslands design wordt steeds meer een economische factor. ∎

DESIGN SHOPPEN   **D**

Het bureau Iceland Design and Architecture heeft op zijn website een lijst samengesteld van IJslandse ontwerpers en bedrijven met IJslands design. Zo kun je online snuffelen en lokaal winkelen: honnunarmidstod.is en dan zoeken op 'shops'.

300 Register

Hulp gevraagd!
De informatie in deze reisgids is aan verandering onderhevig. Het kan dus wel eens gebeuren dat je ter plaatse een andere situatie aantreft dan de auteur. Is de tekst niet meer helemaal correct, laat ons dat dan even weten. Ons adres is: ANWB Media Uitgeverij reisboeken Postbus 93200 2509 BA Den Haag anwbmedia@anwb.nl

Sabine Barth is gefascineerd door het noorden met zijn weidsheid en licht. Ze gaat er steeds weer heen, ze heeft ook een paar jaar in IJsland gewoond en als gids van het Goethe-Institut in Reykjavík gewerkt. Wat haar vooral aantrekt? In het bijzonder het woeste landschap, waar een enkele bloesem al een ontdekking is, en de natuurlijke sculpturen, of ze nu bestaan uit ijs of lava.

Fotoverantwoording
Sabine Barth, Köln: blz. 303 **DuMont Bildarchiv**, Ostfildern: blz. 8, 100 l, 151, 164 (Gerald Hänel); **Getty Images**, München: 74 r, 87 (Kolbeins87) **iStock.com**, Calgary: blz. 199 m (Fyletto); 14 r (Goddard_Photography); 220 r (kuddl-24); 101 ro (Moroz); 180 r (nimu1956); 199 rb (Sonyara); 49 ro (viorika); 220 l, 223 (wayra) **Johannes M. Ehmanns**, Keulen: blz. 48 r, 58; **Huber Images**, Garmisch-Partenkirchen: blz. 28 (Susanne Kremer) **Simon Koy**, München: blz. 49 m, 71 **Laif**, Köln: blz. 31 (Bilbao Gorostiaga/VWpics); 126, 238 (Gregory Gerault/hemis.fr); 266 (Guiziou/hemis.fr); 191 (Gerald Hänel); 39 (Markus Kirchgessner); 281 (Ana Nance/Redux); 219 (Kai Nedden); 49 rb, 73 (Anita Schiffer-Fuchs/SZ Photo); 139 (Tuul/hemis.fr); 61 (Tuul & Bruno Morandi) **Look**, München: blz. 24, 205 (age fotostock); 56 (mirau); 251, 286 (SagaPhoto) **Mauritius Images**, Mittenwald: blz. 7 lb, 7 r, 14 l, 42, 44, 53, 101 rb, 103, 259, 262, 278, 282, 292 lb, 293 o, 296/297, 298, 299 (Arctic Images/Alamy); 101 m, 114 (Stefania Barbieri/Alamy); 120 l, 123 (Bildagentur online/Alamy); 292 r (Buiten-Beeld/ Chris Stenger); 267 (Yvette Cardozo/Alamy); 268/269 (Andrew Chastney/Alamy); 23 (ChaviNandez/Alamy); 148 r, 292 lo (robin chittenden/Alamy); 2/3 (ClickAlps); 214 (Ashley Cooper/Alamy); 17 (Gary B/Alamy); 143 (Saverio Gatto/Alamy); 227 (Bill Gozansky/Alamy); 6 l,
161 (Della Huff/Alamy); 94 (Husband/Alamy); 277 (imagebroker/Harry Laub); 295 (imagebroker/Paul Mayall); 180 l, 188 (Mikko Karjalainen/Alamy); 12/13, 181 rb, 193 (Catharina Lux); 81, 221 ro (christopher miles/Alamy); 134 (Joanne Moyes/Alamy); 271 (MSE Stock/Alamy); 51 (nature picture library/Terry Whittaker); 121 ro (NielsVK/Alamy); 198 r, 211 (Anthony Palmer/Alamy); 241 (Alex Ramsay/Alamy); 289 (Reyr FCR/Alamy); 100 r, 111, 198 l, 208 (robertharding/Lee Frost); 6 r (Salasdaukas/Alamy); 149 ro (Maryam Schindler); 77 (Shepherd/Alamy); 197 (Stefannson/Alamy); 234 (Andy Sutton/Alamy); 7 lo (Tielemans/Alamy); 290/291 (Westend61/Stefan Schurr); 256/257 (Tracey Whitefoot/Alamy) **OmNom Chocolate**, Reykjavík: blz. 15 rb, 47 **Shutterstock.com**, Amsterdam: omslag, blz. 237 (Blesky); 149 m (de Jonge-Fotografie); 285 (Dobrovsky);104 (Edgar9); 179 (Elettrico); 159 (Evers); 221 m, 230 (fuxa); 199 ro (Gislason); 75 m, 97 (Green); 37 (Gudmundsson); 181 m (Henkeova); 120 r (IndustryAndTravel); 183 (Kadar); 148 l, 153 (Koziura); 131 (Lanaid12); 149 rb (Lin); 74 l (MicheleB); 173 (MikaelLG33); 75 ro (NewFabrika); 221 rb (Peter); 48 l (Photography by SC); 121 rb, 147 (Phung); 273 (Ping); 293 b (Popov); 181 ro, 184 (Schaefer); 121 m (Senkov); 119 (sladkozaponi); 201 (slimak); 168 (Stiop); 15 ro (Svetocheck); 15 m (TY Lim); **Marteinn Þórsson**, Hveragerði: blz. 75 rb, 99

Productie: ANWB Media
Coördinatie: Kirsten Bon
Tekst: Sabine Barth
Vertaling: Albert Witteveen
Herziening: Amir Andriesse
Eindredactie: Machiel Rebergen
Opmaak: Atelier van Wageningen
Ontwerp omslag: DPS
Concept: DuMont Reiseverlag
Grafisch concept: zmyk, Oliver Griep en Jan Spading

Cartografie: © KOMPASS-Karten GmbH, Innsbruck; DuMont Reiseverlag, Ostfildern

© 2023 DuMont Reiseverlag, Ostfildern
© 2024 ANWB bv, Den Haag
Tweede, herziene druk
ISBN: 978-90-18-05357-4

FAQ's*

Leven in IJsland nog Vikingen?
blz. 51

Worden in IJsland meer moorden gepleegd dan elders?
blz. 282

Hoe dik is de ijslaag op de rommelende vulkaan van de Vatnajökull?
blz. 123

Waarom eten IJslanders die smerige haai?
blz. 283

Elfen of demonen? Wie schuilen er tussen de lava?
blz. 51

Hoe laat wordt het noorderlicht aangezet?
blz. 147

Moet ik een zonnebril of een regenjack meenemen?
blz. 245

Kun je bij IJsland zwemmen in de Noordzee?
blz. 30

Van de brug der continenten vallen, kan dat?
blz. 59

Is skyr een noordse god? Of toch alleen maar IJslandse yoghurt?
blz. 283

Kun je in de Snæfellsjökull naar het 'middelpunt van de aarde' gaan?
blz. 205

Is in het hoogland de lucht ijler?
blz. 222

Gaat de zon eigenlijk onder in de zomer?
blz. 244

---

* Vragen over vragen – maar staat jouw vraag er niet bij? Mail dan naar anwbmedia@anwb.nl. Suggesties voor de volgende druk zien we graag komen.